SKETCHNOTES & GRAPHIC RECORDING

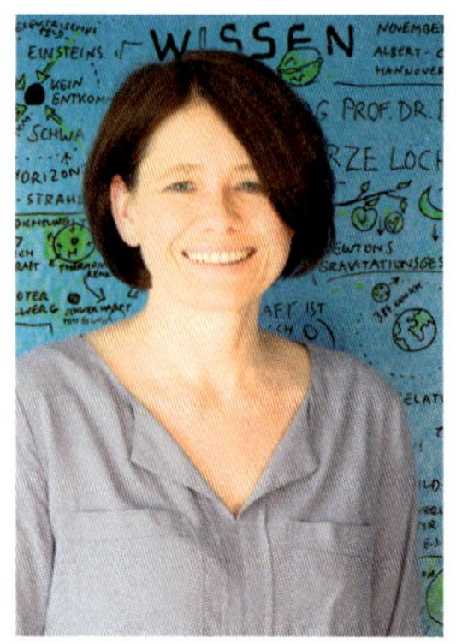

Anja Weiss ist Diplom-Designerin. Sie lebt und arbeitet als selbständige Grafik-Designerin und Illustratorin in Hannover. Vor einigen Jahren hat sie die Methode des Graphic Recording für sich entdeckt und das macht seitdem einen großen Teil ihrer Arbeit aus.

www.anja-weiss.com
www.zeichenagentur.de
facebook.com/anja.weiss.54
www.xing.com/profile/Anja_Weiss36

ANJA WEISS

SKETCHNOTES & GRAPHIC RECORDING

EINE ANLEITUNG

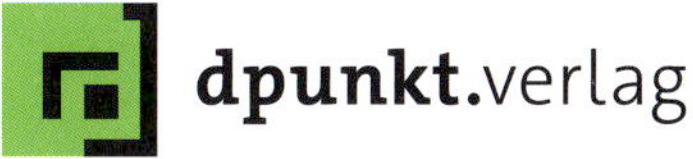

dpunkt.verlag

Lektorat: Barbara Lauer
Copy-Editing: Sandra Gottmann
Layout und Satz: Anja Weiss
Herstellung: Nadine Thiele
Umschlaggestaltung: Janine May
Druck und Bindung: Schleunungdruck, Marktheidenfeld

Bibliografische Information der Deutschen Nationalbibliothek
Die Deutsche Nationalbibliothek verzeichnet diese Publikation in der Deutschen Nationalbibliografie; detaillierte bibliografische Daten sind im Internet über http://dnb.d-nb.de abrufbar.

ISBN:
Print 978-3-86490-359-5
PDF 978-3-96088-008-0

1. Auflage 2016

Wieblinger Weg 17
69123 Heidelberg

5 4 3 2 1

1

VORWORT

Ich kenne viele Menschen, die gerne zeichnen. Aber noch viel mehr, die meinen, dass sie gar nicht zeichnen können. »Ich wünschte, ich könnte auch so zeichnen…« ist ein Satz, den ich oft zu hören bekomme. Ich ermutige in solchen Fällen und sage: »Zeichnen ist gar nicht schwer!« Aber ich habe den Eindruck, dass die wenigsten Menschen mir wirklich glauben. Dabei stimmt es. Zeichnen ist ganz einfach. Jedes Kind kann zeichnen!

Mit »Zeichnen« meinen wir in der Regel das anspruchsvolle, künstlerische Zeichnen eines geübten Menschen. Aber warum eigentlich? Zeichnen bedeutet, lineare Spuren zu hinterlassen. Nicht mehr, aber auch nicht weniger.

Als Kinder hatten wir keine Hemmungen, etwas aufs Papier zu bringen. Es kam nicht darauf an, ob etwas »ordentlich« oder »realistisch« oder »schön« gezeichnet war. Es kam nur darauf an, es zu tun. Die Hemmungen haben wir spätestens durch die Unterscheidung in »richtig« und »falsch«, die Bewertungsmaßstäbe und den Leistungsdruck unseres Schulsystems erlernt. Die Lust am freien Schaffen wurde uns damit gründlich abtrainiert. Schade. Aber es gibt eine gute Nachricht. Das lässt sich ändern!

In diesem Buch geht es nicht um das künstlerische, sondern das alltagstaugliche Zeichnen, das hilft, sich Dinge zu merken. Diese Art des Zeichnens nennt man heute Sketchnotes. Das ist eine Visualisierungsmethode, die mit Hilfe von Bildern, Wort-Bild-Kombination und Text eingesetzt wird, um Mitschriften zu erstellen, Situationen abzubilden oder Wissenswertes festzuhalten. Wenn man darin geübt ist, kann man diese Fähigkeit erweitern und Graphic Recorder werden. Graphic Recording nennt man das simultane Visualisieren auf großem Format in der Öffentlichkeit, z. B. während eines Seminars oder eines Vortrags.

Möchten Sie zeichnen? Dann fangen Sie an! Nehmen Sie Stift und Papier und zeichnen Sie drauflos. Vielleicht eine Sonne, eine Stehlampe, den ersten Kuss, Lean Management, Unternehmenskultur oder eine persönliche schmerzhafte Erfahrung. Und wenn Sie meinen, Sie brauchen dafür etwas Anleitung, dann lesen Sie vorher dieses Buch …

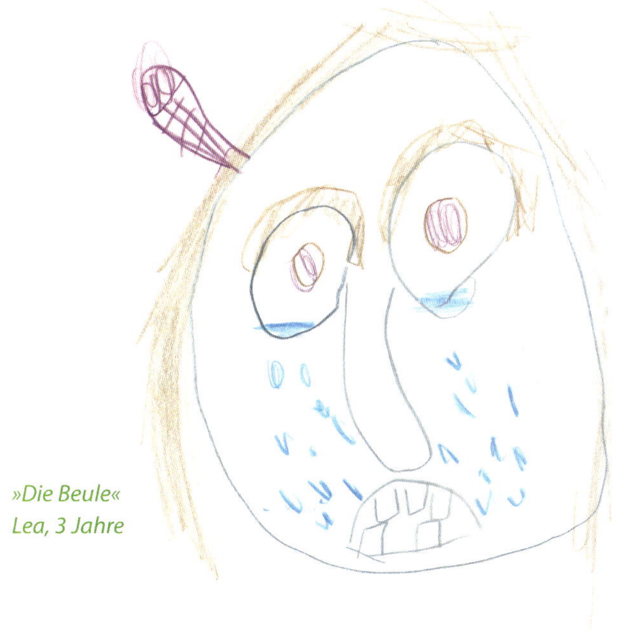

»Die Beule«
Lea, 3 Jahre

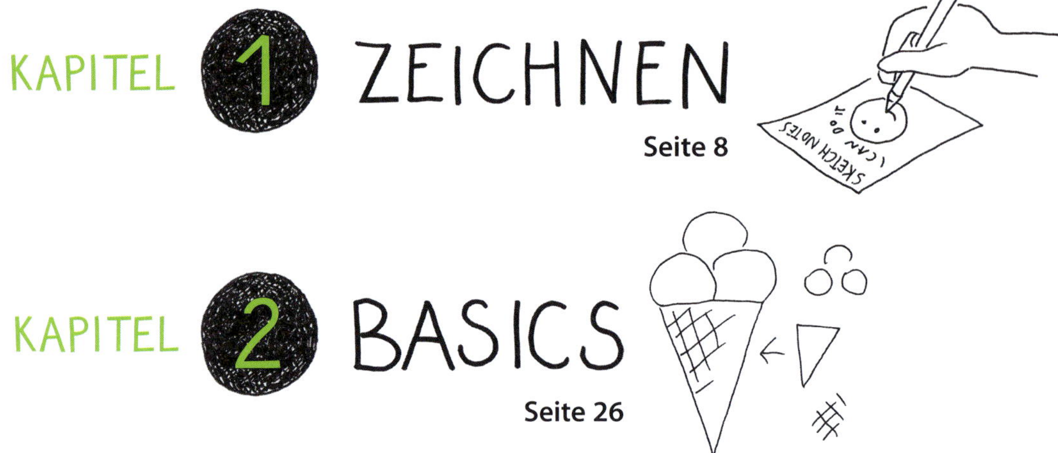

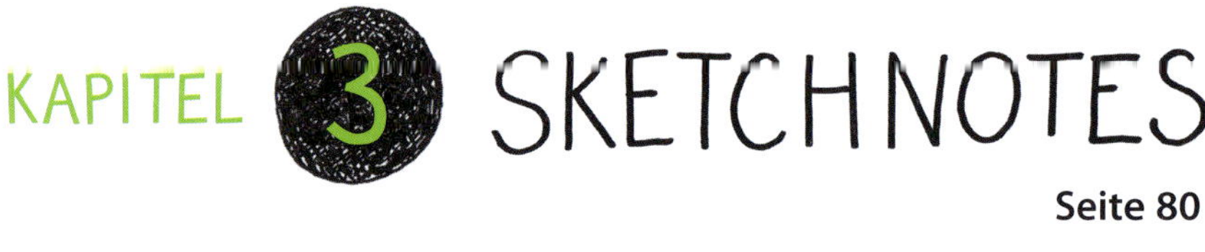

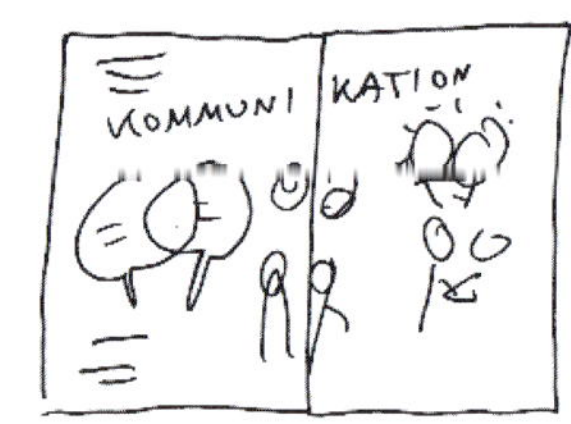
KOMMUNI
KATION

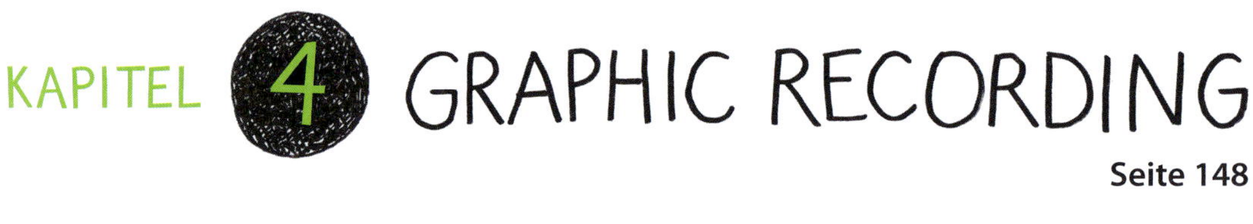

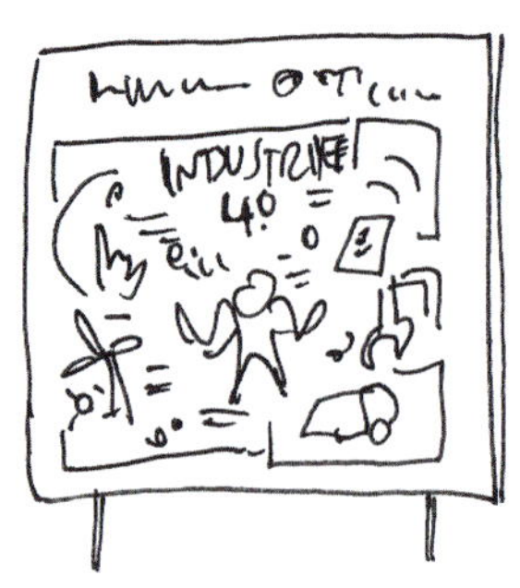

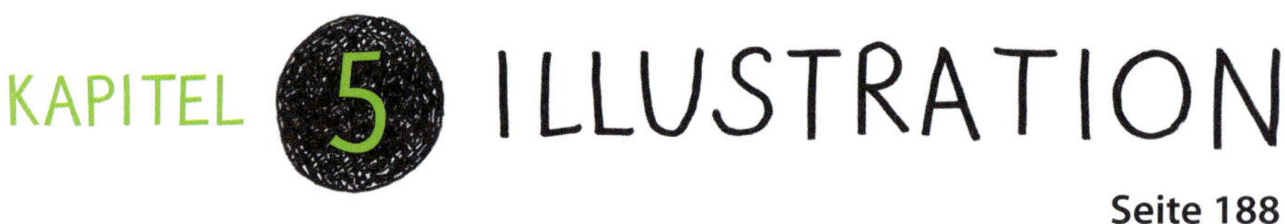

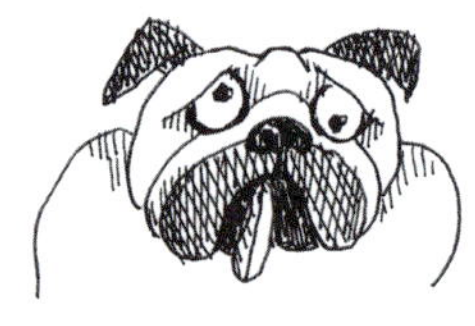

INHALT

ANFÄNGE

Ich hatte das große Glück, dass meine Mutter während meiner Grundschulzeit Kunst studiert hat. So hatten meine Schwester und ich schon früh einen Zugang zu kreativer Arbeit, jede Menge Rückseiten zum Bemalen und viel Ermutigung. Mein Lieblingsfach in der Schule war Kunst. In Mathematik war ich hingegen schwach (und daran hat sich bis heute nichts geändert).

Auch ich wollte nach dem Abitur Kunst studieren, allerdings war mein Vater aus Existenzsicherungsgründen strikt dagegen. Für eine Karriere im Finanzamt war ich wiederum absolut nicht zu begeistern. Also haben wir einen Kompromiss gefunden und ich habe Kommunikationsgestaltung studiert. Das war immerhin relativ dicht dran an der Kunst. Es muss eine gute Wahl gewesen sein, denn ich habe so gar keine Brüche in meinem beruflichen Lebenslauf. Nach dem Studium habe ich in mittleren, kleinen und großen Werbeagenturen gearbeitet und wertvolle Erfahrungen gesammelt. Dann habe ich zwei wunderbare Kinder bekommen und mit der Karriere in der Werbebranche war es vorbei. Die Chefetagen waren überall sowieso nur mit Männern besetzt, also wären die Chancen wahrscheinlich eh gering gewesen. Aber irgendwie musste es weitergehen, also geriet ich nach der Kinderphase in die Selbständigkeit. Damals hieß es Ich-AG, heute wäre es ein Start-up. Selbständigkeit stand auf meiner Wunschliste nicht an erster Stelle, aber es ist gut angelaufen, inzwischen ist viel Zeit vergangen und meine Existenz ist somit bislang gesichert. Ich komme jetzt sogar fast schon mit der Buchhaltung zurecht. Meine Schwerpunkte sind Corporate-Design-Entwicklung und Illustration. Immer schon habe ich Notizbücher mit Skizzen zu Ideen, Texten, kleinen Zeichnungen und Tagebucheintragungen gefüllt. Ich trage immer ein Büchlein mit mir herum, falls mir eine Idee kommt oder ich Zeit habe, mich mit Zeichnen zu beschäftigen.

Die Zeichnerszene im Internet ist vielseitig. Man findet so viele Bilder und Beispiele, wie und was Menschen zeichnen, und kann sich täglich neu inspirieren lassen. Ich könnte Tage damit verbringen und demütig staunen. Es war dann auch durch einen Erklärfilm im Internet, der mich entdecken ließ, dass es einen Namen für die spontane Zeichenmethode gibt und sie aus Amerika kommt: Sketchnotes. Eine Mischung aus Skizze und Notizen für den privaten Gebrauch, wie in meinen Büchlein, und Graphic Recording für Live-Visualisierungen im professionellen Bereich. »Fein«, dachte ich, »das kann ich auch!« Ich war schon immer eher schnell als ordentlich und kann Inhalte gut zusammenfassen. So habe ich angefangen, diesen Bereich zu entwickeln. Heute bildet Graphic Recording den dritten Schwerpunkt meiner Arbeit.

Aber man muss kein Grafik-Designer oder Künstler sein, um diese Methode zu nutzen. Man sollte zuhören und Inhalte filtern können und ein Bildspracherepertoire entwickeln. Und man sollte schnell sein. Am Anfang habe ich alles mitgezeichnet: Vorträge aus dem Internet, Sendungen auf YouTube, Gespräche mit Freunden und verschiedenste Veranstaltungen. Dann habe ich Gelegenheiten gesucht, meine neuen Fähigkeiten live anzuwenden. Mit der üblichen Akquise verbunden, kamen dann schnell erste Aufträge und diese ergaben neue Kontakte und weitere Aufträge und so weiter. Eine gute Möglichkeit, um erste Erfahrungen zu machen, sind Non-Profit-Veranstaltungen. Eine echte Win-win-Situation: Die Veranstalter freuen sich, wenn man seine Leistung zur Verfügung stellt und das eigene Portfolio wächst.

Gerade im Seminarbereich wird immer nach neuen Methoden gesucht. Graphic Recording ist inzwischen bekannt, so wie es Methoden wie Open Space, Fishbowl, Barcamps oder Design Thinking sind. Aber ich bin sicher, dass Graphic Recording mehr ist als eine Modeerscheinung, denn es bietet so grundlegende Vorteile zum Lernen, Merken und Erinnern, dass es sich mehr und mehr etablieren wird.

In diesem Buch möchte ich vor allem dazu anregen, selber zu zeichnen. Ob mit dem Ziel, später einmal als Graphic Recorder bei Veranstaltungen live zu visualisieren, oder auch nur, um es zum Lernen oder Erinnern zu nutzen. Zeichnen ist auf jeden Fall eine sinngebende Beschäftigung. Und es geht hier wirklich nicht um Kunst …

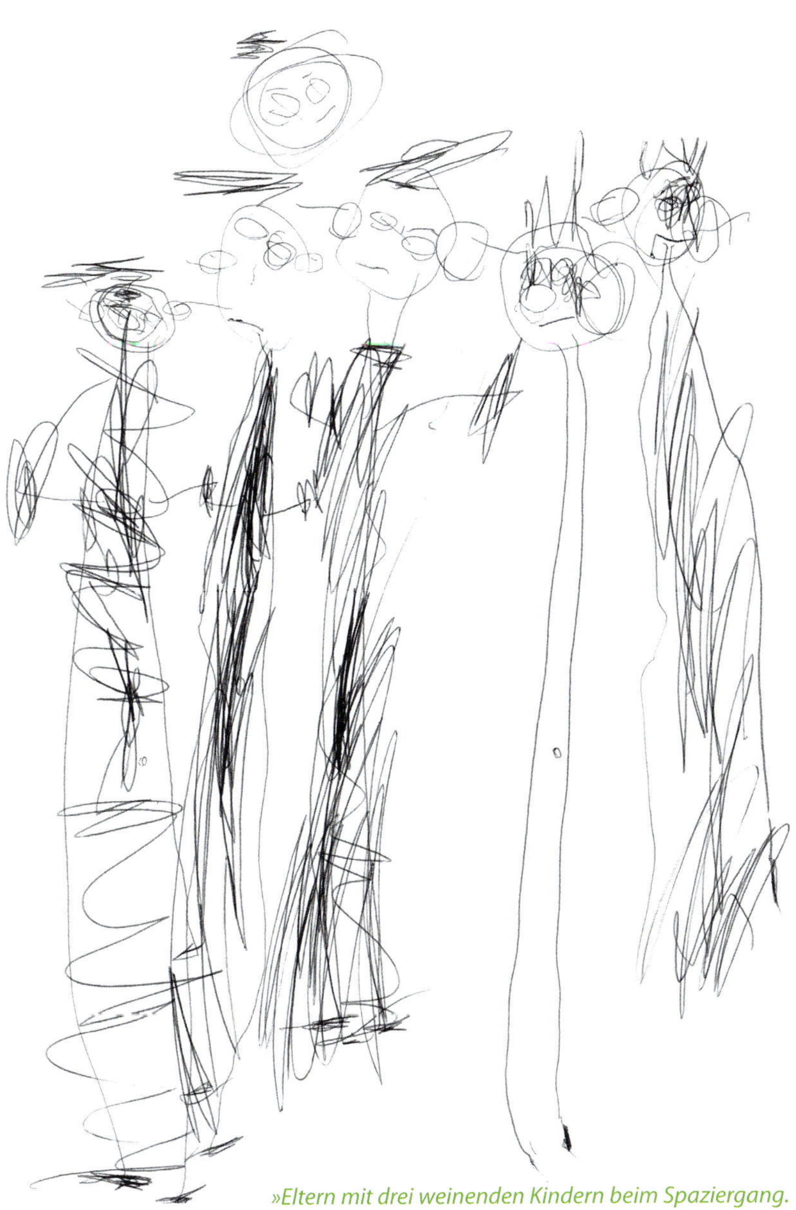

»Eltern mit drei weinenden Kindern beim Spaziergang. Die Sonne scheint.« Anja, 3 Jahre

VOM WELTBILD ZUR BILDERWELT

Menschen haben schon immer Abbildungen ihrer Welt angefertigt. Die Höhlenmalereien der Steinzeit belegen es. Man vermutet, dass es sich dabei um religiöse Rituale handelte. Der Felsbildforscher Jean Clottes meint: »Die Menschen haben damals aufgrund ihres Glaubens in Höhlen gemalt und graviert. Höchstwahrscheinlich glaubten sie einfach, dass die unterirdische Welt eine übernatürliche Welt ist. In den Grotten glaubten sie Geistern, Göttern, ihren Vorfahren, Verstorbenen zu begegnen. Die Bilder sollten als Mittler zwischen der hiesigen und der jenseitigen Welt dienen.«

Ich weiß nicht, wie er sich da so sicher sein kann. Es ist doch möglich, dass sich die Menschen damals einfach nur über die besten Jagdgründe und -methoden ausgetauscht haben und diskutierten, was als Nächstes zu tun sei. Dabei haben sie die wesentlichen Aussagen in Ermangelung einer Schriftsprache, für alle sichtbar, in Bildern festgehalten. Wahrscheinlich haben sie auf diese Weise junge Menschen in Jagdtheorie unterrichtet oder es war Steinzeitkino und diente mit Licht- und Schatteneffekten vom Lagerfeuer und untermalt mit Geräuschen zur Unterhaltung. Oder alles zusammen …

Wenn heute jemand etwas an eine Wand malt, ist es jedenfalls im seltensten Falle eine religiöse Handlung und so sehr unterscheiden wir uns heute ja nicht wirklich von den Menschen damals.

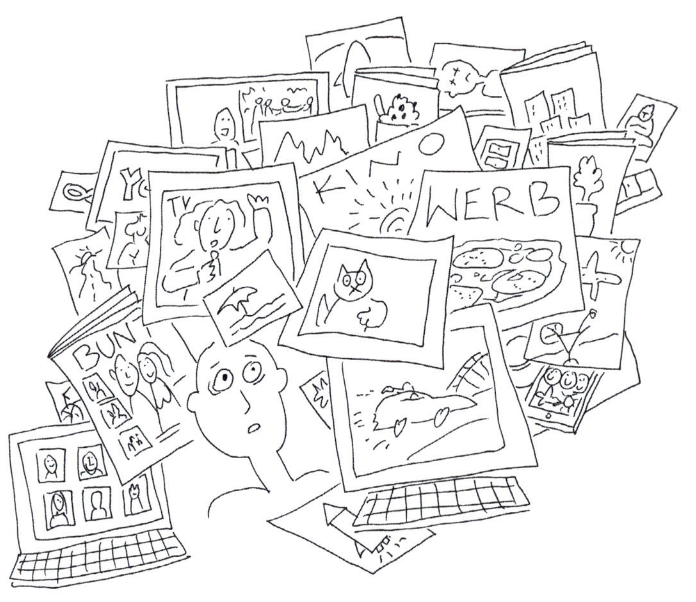

Fotos, Piktogramme, Verkehrsschilder, Emoticons – unsere Welt ist voller Bilder und Symbole und es werden scheinbar immer mehr. Haben Sie auch manchmal das Gefühl, in einer Bilderflut zu versinken? Wie viele Bilder haben Sie heute schon gesehen? Wie gut, dass es die selektive Wahrnehmung gibt und wir in der Lage sind zu filtern.

Es findet tatsächlich eine Verlagerung von der sprachlichen auf die visuelle Information statt. Kein Wunder, denn niemals zuvor war es so einfach, Fotos aufzunehmen und sie anderen zur Verfügung zu stellen. Auch in der Wissenschaft analysiert man zunehmend Bilder, um zu Ergebnissen zu gelangen. Dafür gibt es sogar ein Fachwort: Iconic Turn. Es bezeichnet die Wende von einer durch Schrift und Sprache geprägten Kultur zu einer, in der Visuelles wieder in den Vordergrund rückt.

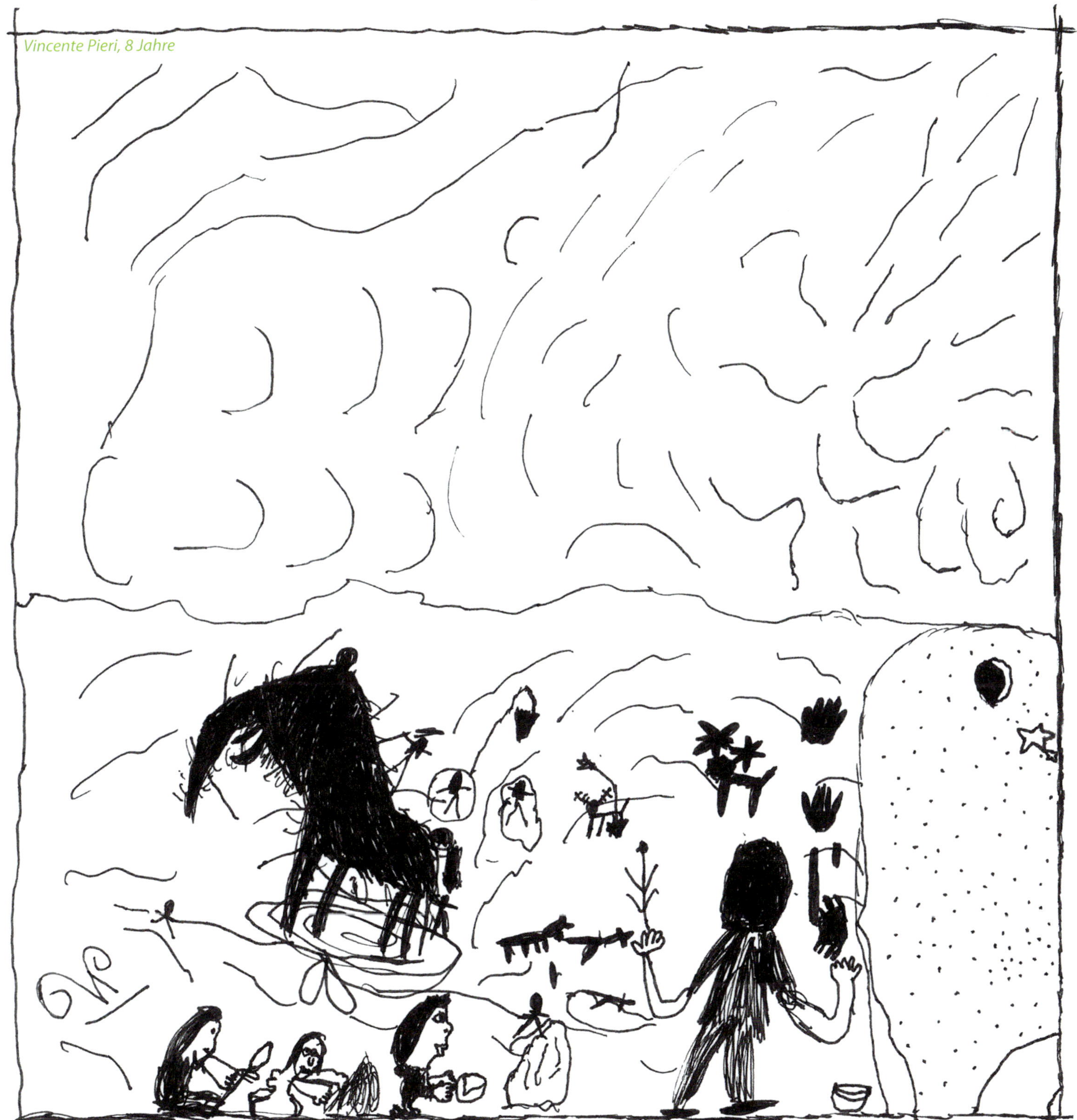

Vincente Pieri, 8 Jahre

ZEICHNEN

KAPITEL 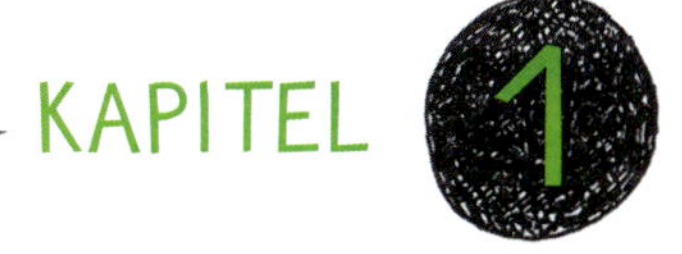

EIN PLÄDOYER FÜR DAS ZEICHNEN

Menschen zeichnen überall auf der Welt und haben es schon immer getan. Nicht nur, um damit etwas zu kommunizieren, sondern auch, weil es einfach Freude macht und ein sinnstiftender Zeitvertreib ist. Zeichnen kann Übersprungshandlung sein, z. B. beim Telefonieren oder beim Hören langweiliger Vorträge. In der Schule hat es mich oft gerettet. Die Zeichnung muss dabei gar nichts darstellen, wenn einfache grafische Spuren und Muster entstehen, kann es sehr meditativ und entspannend sein. Zeichnen dient aber auch dem Festhalten von Dingen, die erinnert werden möchten oder kommuniziert werden sollen. Überall dort, wo nicht fotografiert werden kann oder darf, wird das Zeichnen eingesetzt, z. B. im Gericht oder wenn es darum geht, Vergangenes oder Fiktives abzubilden und damit verständlicher zu machen. Selbst digitalen Hightech-Bildcomposings oder animierten Kinofilmen geht im Entstehungsprozess eine handgezeichnete Skizze oder ein Storyboard voraus.

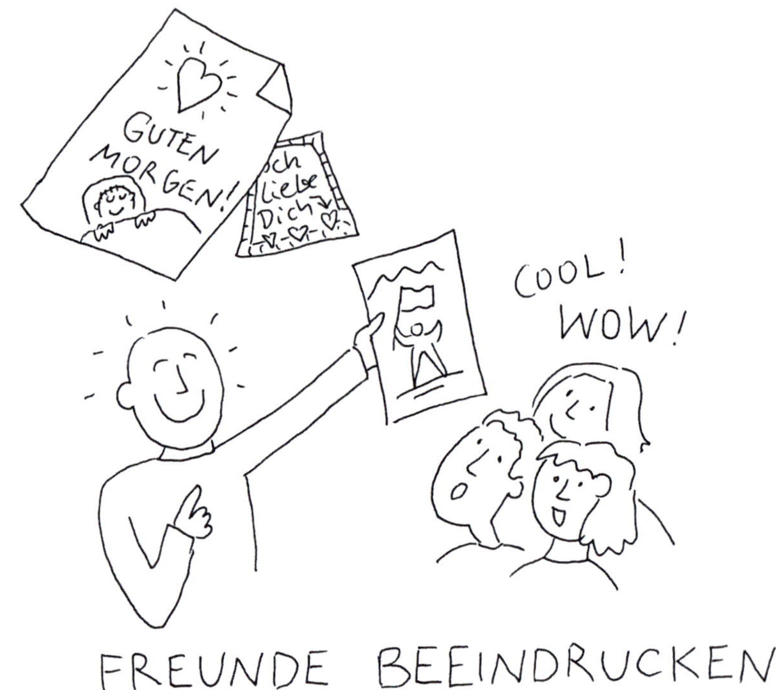

Das künstlerische Zeichnen ist eine wunderbare Sache und hat viele Liebhaber. Aber in diesem Buch geht es um das Zeichnen als eine Methode »um zu«: um sich Dinge besser zu merken, um Menschen eine Idee zu erklären, um unterschiedliche Perspektiven zusammenzubringen, um Wissen sichtbar zu machen oder um sich einen Überblick zu verschaffen. Vor allem soll es Mut machen und zum Selberzeichnen anregen.

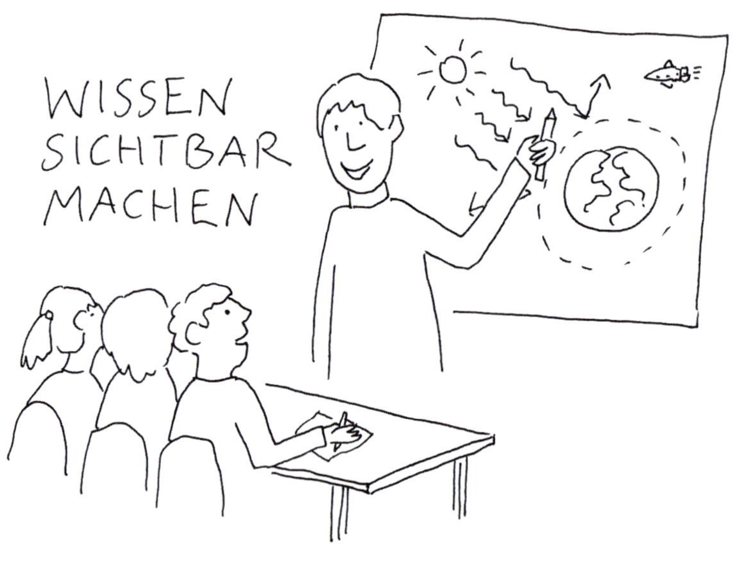

GEMEINSAM IDEEN ENTWICKELN

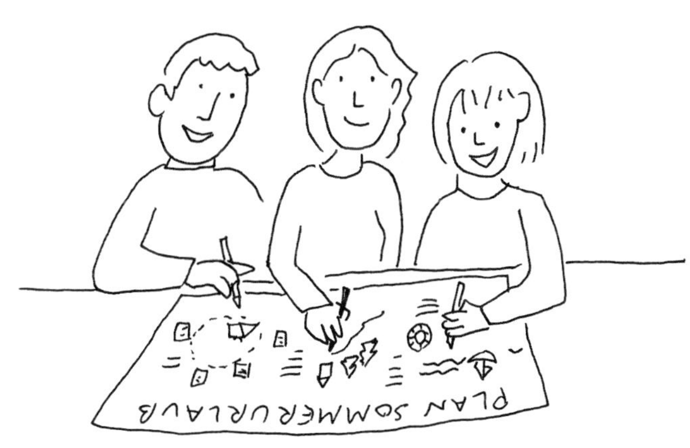

INHALTE VON MEETINGS VISUALISIEREN

PROZESSE ABBILDEN & AHA-ERLEBNISSE SCHAFFEN

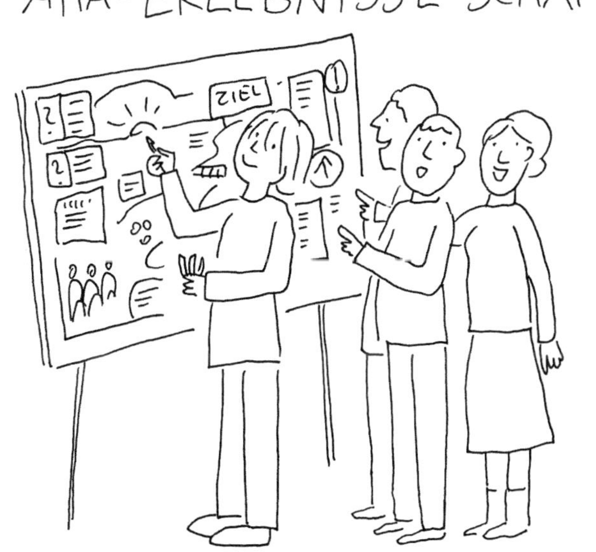

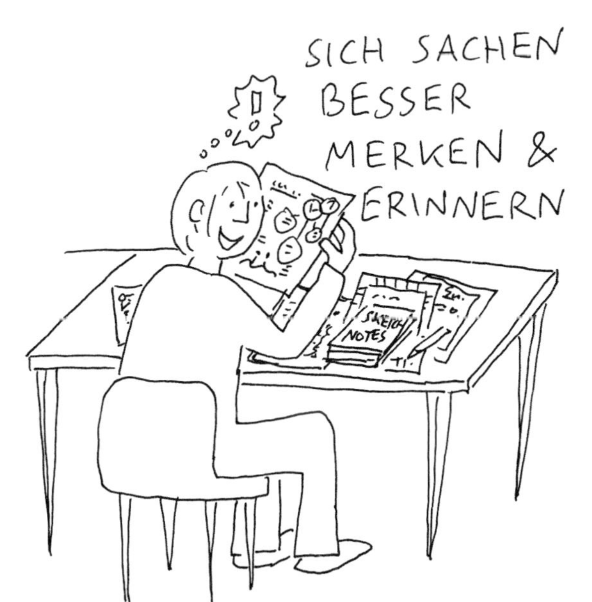

TRANSFORMATION

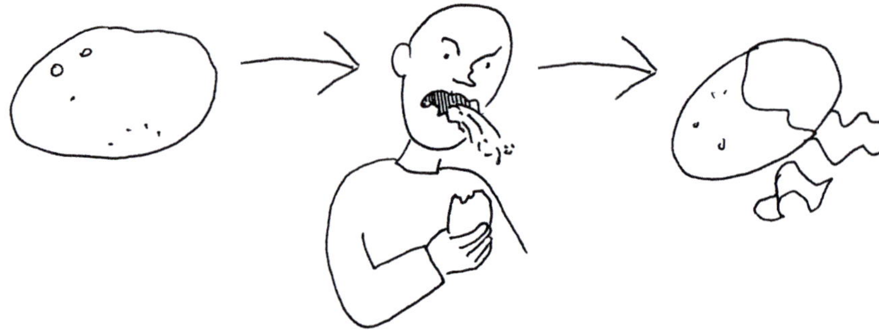

Die meisten von uns mögen Kartoffeln. Aber essen Sie mal eine Kartoffel – einfach so. Sie wird nicht schmecken und ob unser Verdauungssystem damit klarkommt, ist auch fraglich. Eine Kartoffel muss also einen Transformationsprozess durchlaufen. Sie muss gekocht, gebacken oder frittiert werden, damit sie schmeckt und unser Körper die darin enthaltenen Nährstoffe aufnehmen kann.

Auch Wissen aufzunehmen und vor allem, es zu behalten, ist nicht immer einfach. Auch dafür braucht es einen Transformationsprozess, damit unser Gehirn es aufnehmen und abspeichern kann. Manchen fällt das Lernen leichter als anderen. Jeder hat so seine eigenen Methoden. Unsere Kultur basiert in erster Linie auf Schrift, aber nicht jeder mag gern viel lesen. Bilder sind ein geeignetes Mittel, um Texte zu vervollständigen. Grafiken und Abbildungen helfen, da nicht nur die linke, sondern auch die rechte Gehirnhälfte eingebunden wird. Selber zeichnen ist noch besser, denn durch die Hand begreifen wir – im wahrsten Wortsinn. Dabei müssen Bilder nicht zwingend »schön« sein. Aber sie müssen erkannt werden, sonst ist es sinnlos und braucht wieder Erklärungen. Meine eigenen Bilder sind oft nicht schön, ich könnte sie besser zeichnen. Vieles ist der Schnelligkeit geschuldet, anderes meinen persönlichen Grenzen. Es braucht Mut, Dinge stehen zu lassen und zu akzeptieren, dass das Ergebnis manchmal hinter den eigenen Erwartungen zurückbleibt.

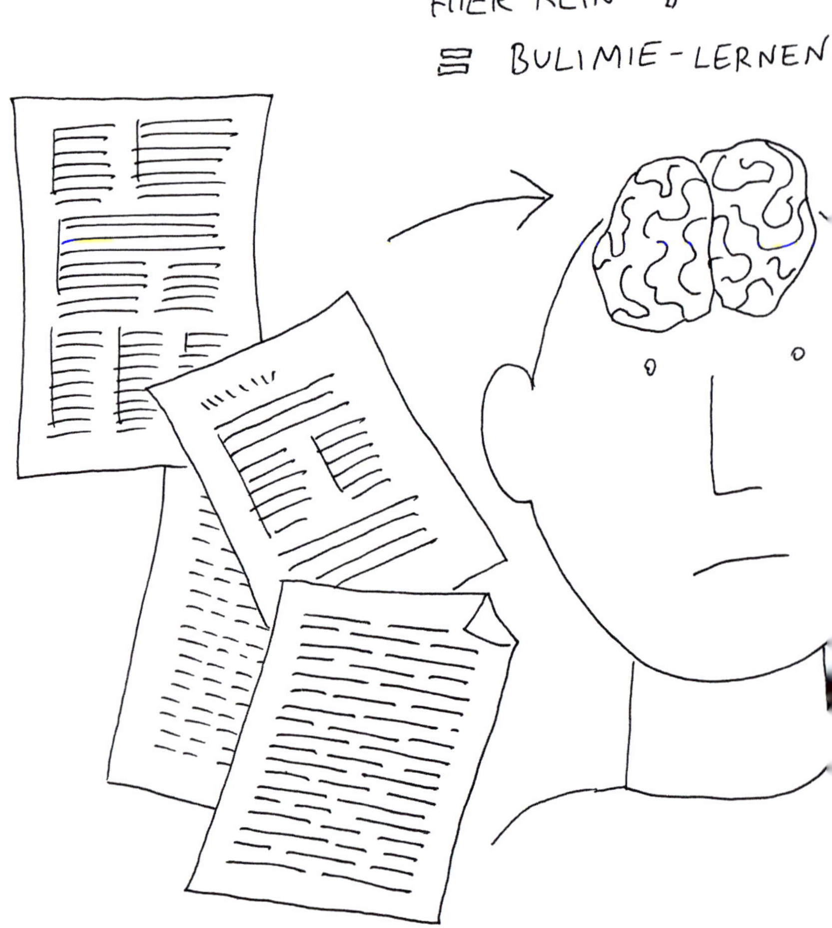

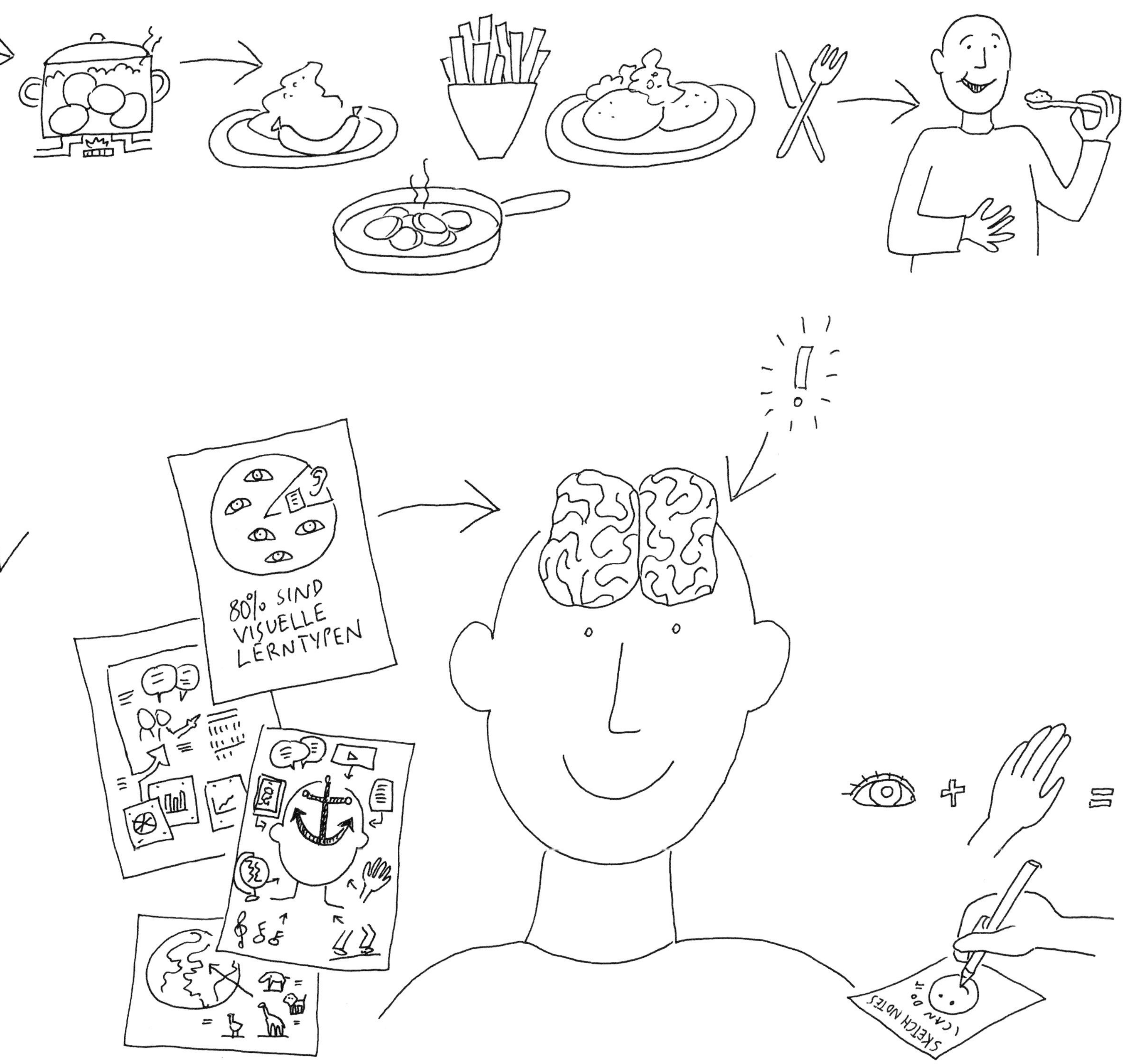
80% SIND
VISUELLE
LERNTYPEN
SKETCH NOTES
I CAN DO IT

WIE BILDER WIRKEN

Es gibt die Theorie, dass wir alle als Genies mit großem Potential geboren werden. In der Zeit des Heranwachsens in einem sozialen Umfeld und mit dem Lernen bilden sich bestimmte Hirnareale und Fähigkeiten heraus, andere verkümmern. Unser gesamtes Bildungssystem ist auf Logik, Analytik, Sprache und Schrift ausgerichtet. In unserem Schulsystem haben naturwissenschaftliche und sprachliche Fächer hohe Priorität, der Kunst und der Musik wird ein geringerer Stellenwert eingeräumt. Sie sind »Nebenfächer«. Dabei schaffen gerade diese nonverbalen Lernfelder wichtige Voraussetzungen für die Hirnentwicklung. Bilder werden im Wesentlichen mit der rechten Gehirnhälfte wahrgenommen. Diese ist es auch, die für Emotionen verantwortlich ist. Mit Bildern lassen sich emotionale Zugänge zu einem Lernfeld schaffen. Zeichnen ist ein schöpferischer Prozess und führt nachweislich zu einer Steigerung der neuronalen Verbindungen im Gehirn. Diese Verknüpfungen beider Hirnhälften ist Voraussetzung für Kreativität und befähigt uns Menschen dazu, Wissen abzurufen. Je mehr Verknüpfungen es gibt, desto leichter fällt es uns, Erinnerungen abzurufen.

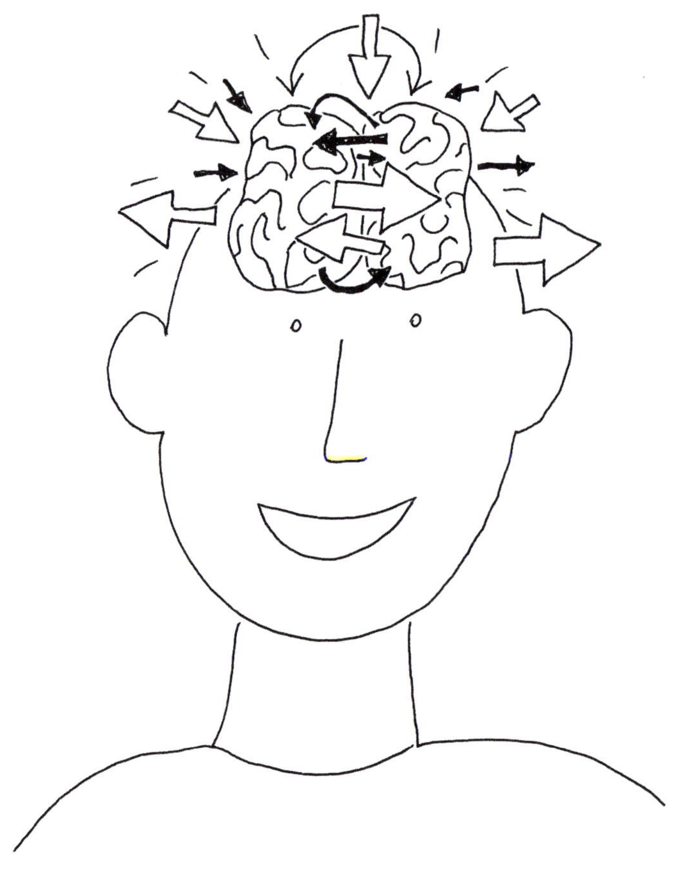

Kleine Kinder malen einfach drauflos. Ältere Kinder und Erwachsene haben dann oft anerzogene Hemmungen, etwas falsch zu machen oder nicht gut genug zu sein. Das ist schade und zeigt, dass mit unserem Bildungssystem etwas nicht stimmen kann. Aber das ist ein anderes Thema …

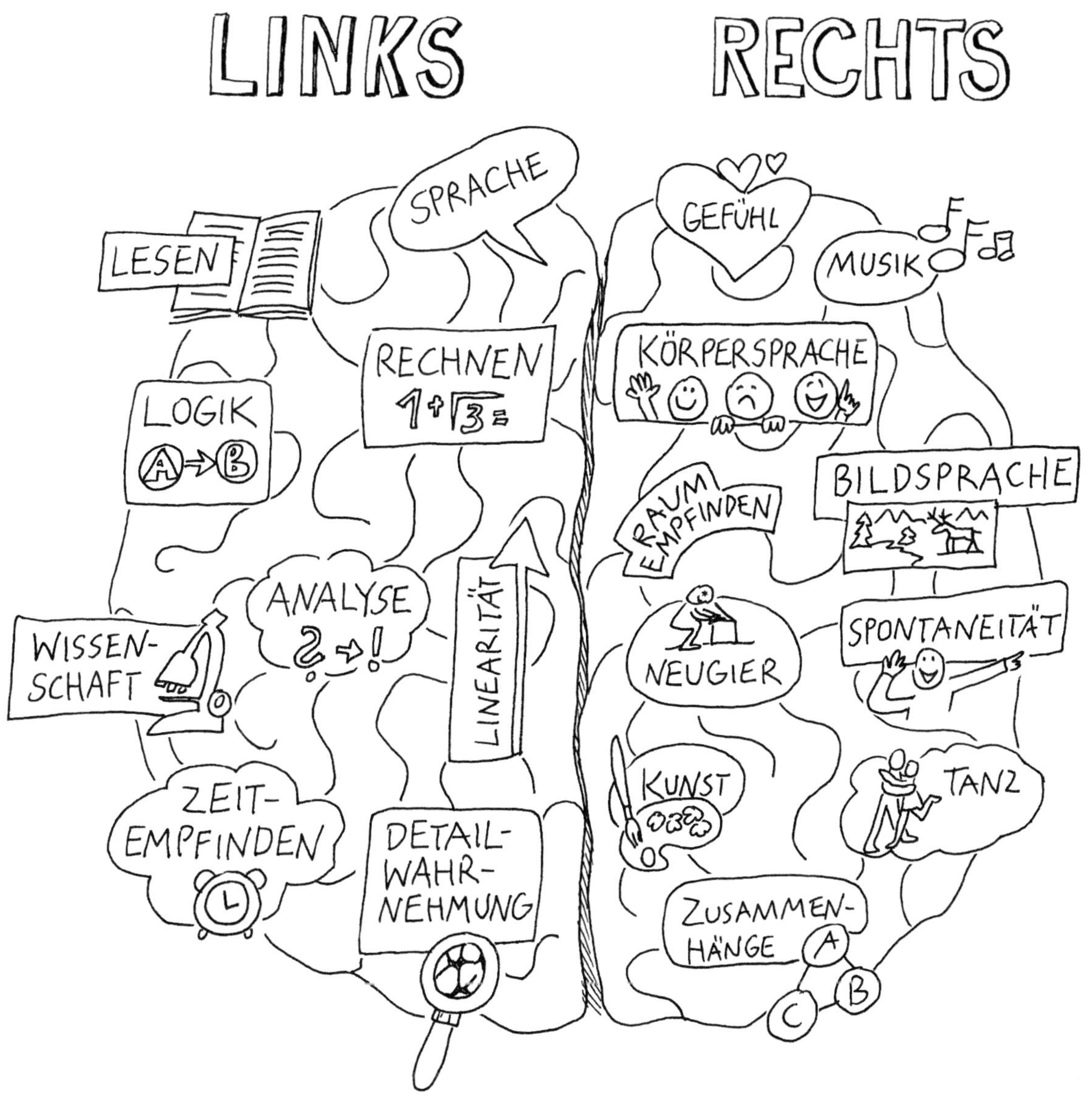
LINKS
RECHTS
SPRACHE
LESEN
RECHNEN
LOGIK
A → B
ANALYSE
? → !
LINEARITÄT
WISSEN-
SCHAFT
ZEIT-
EMPFINDEN
DETAIL-
WAHR-
NEHMUNG
GEFÜHL
MUSIK
KÖRPERSPRACHE
BILDSPRACHE
RAUM
EMPFINDEN
NEUGIER
SPONTANEITÄT
KUNST
TANZ
ZUSAMMEN-
HÄNGE
A
B
C

NUR MUT

Bilder an einer Wand sind beliebt, um etwas in den Köpfen der Menschen zu verankern. Im Stadtbild sind es Großformatplakate mit Werbung, bei Vorträgen ist es eine Folienpräsentation. Eine gut gemachte Präsentation wertet einen Vortrag auf, eine schlechte tut das nicht. Verschiedene Präsentationstechniken und -methoden greifen diese Erkenntnis auf, z.B. Pecha Kucha, eine Präsentationsmethode aus Japan, bei der 20 Folien in je 20 Sekunden präsentiert werden. Diese Art der Präsentation hat aber den Nachteil, dass alles schnell wieder aus dem Blickfeld verschwunden ist und es so nur einen mäßigen Merk- und Lernerfolg hat.

Bei Sketchnotes für private Aufzeichnungen und Graphic Recording als Aktion in der Öffentlichkeit ist das anders. Bei diesen Techniken finden sich alle Inhalte auf einem Format und alles ist gleichzeitig sichtbar. Das schafft Überblick und hilft beim Merken und Erinnern.

Wenn Sie das Zeichnen nicht gewöhnt sind, werden Sie eine natürliche Hemmung spüren, etwas auf das leere Papier zu bringen. Das ist normal und liegt an den hohen Ansprüchen, die wir an uns selber haben. Aber das lässt sich überwinden. Der Trick liegt darin, nicht viel zu denken, einfach loszuzeichnen und schon gar nicht zu bewerten. Zeichnen hat gar nichts mit Talent zu tun. Es ist eine Fähigkeit und Fähigkeiten müssen trainiert werden. Das ist wie beim Sport oder beim Klavierspielen. Um das Üben kommt niemand herum, wenn wir etwas lernen wollen. Es gibt keine Umwege. Zeichnen Sie jeden Tag, setzen Sie sich kleine Ziele und vor allem: Geben Sie nicht auf!

ÜBUNG:

Eine Übung zum Mutmachen, Auflockern und Entspannen. Zeichnen Sie Linien, gleich hier: kleine und große, kreuz und quer, mit Rhythmus oder wild durcheinander.

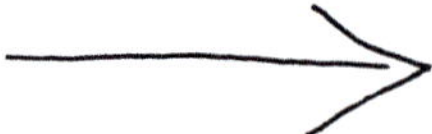

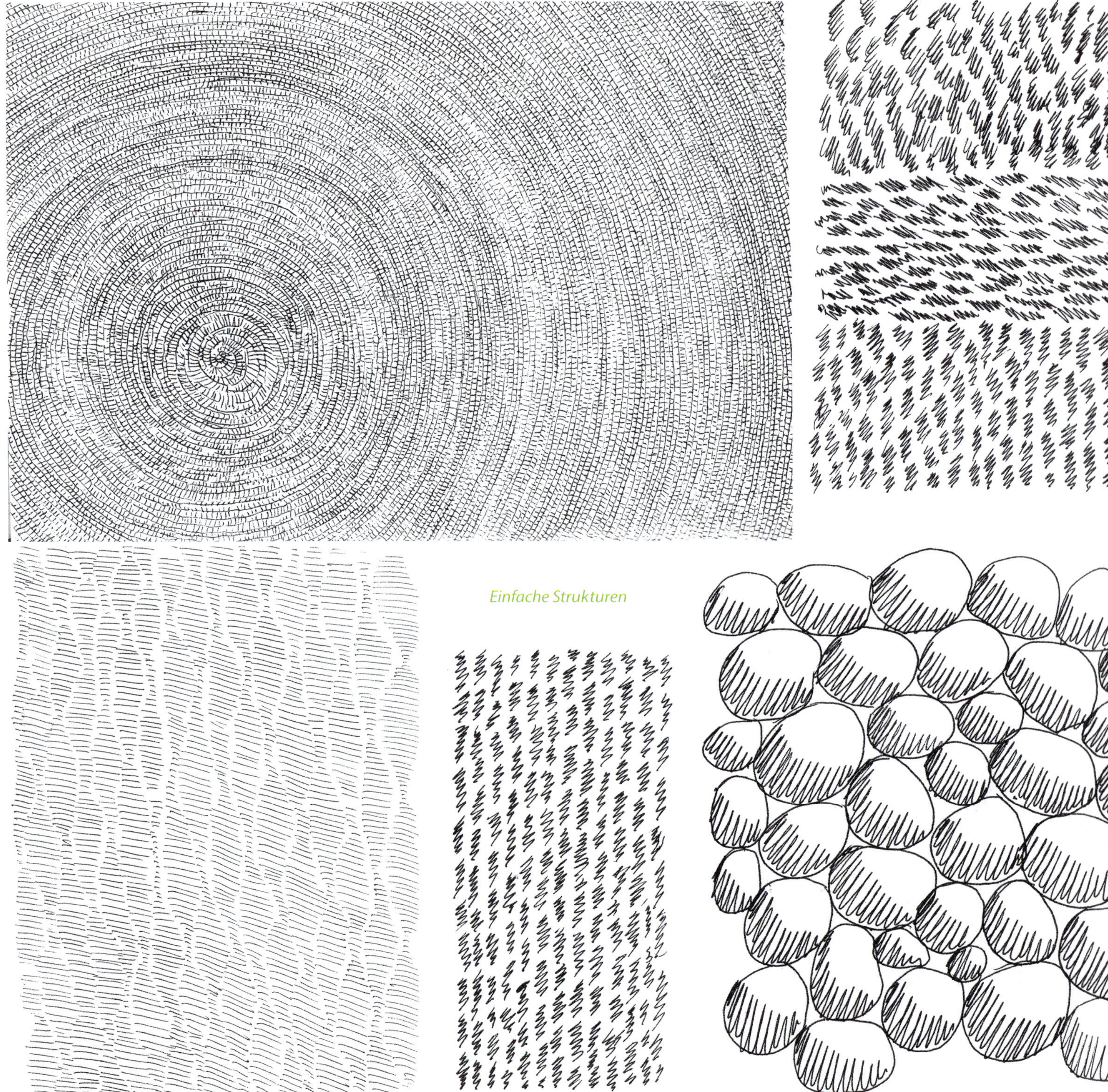

Einfache Strukturen

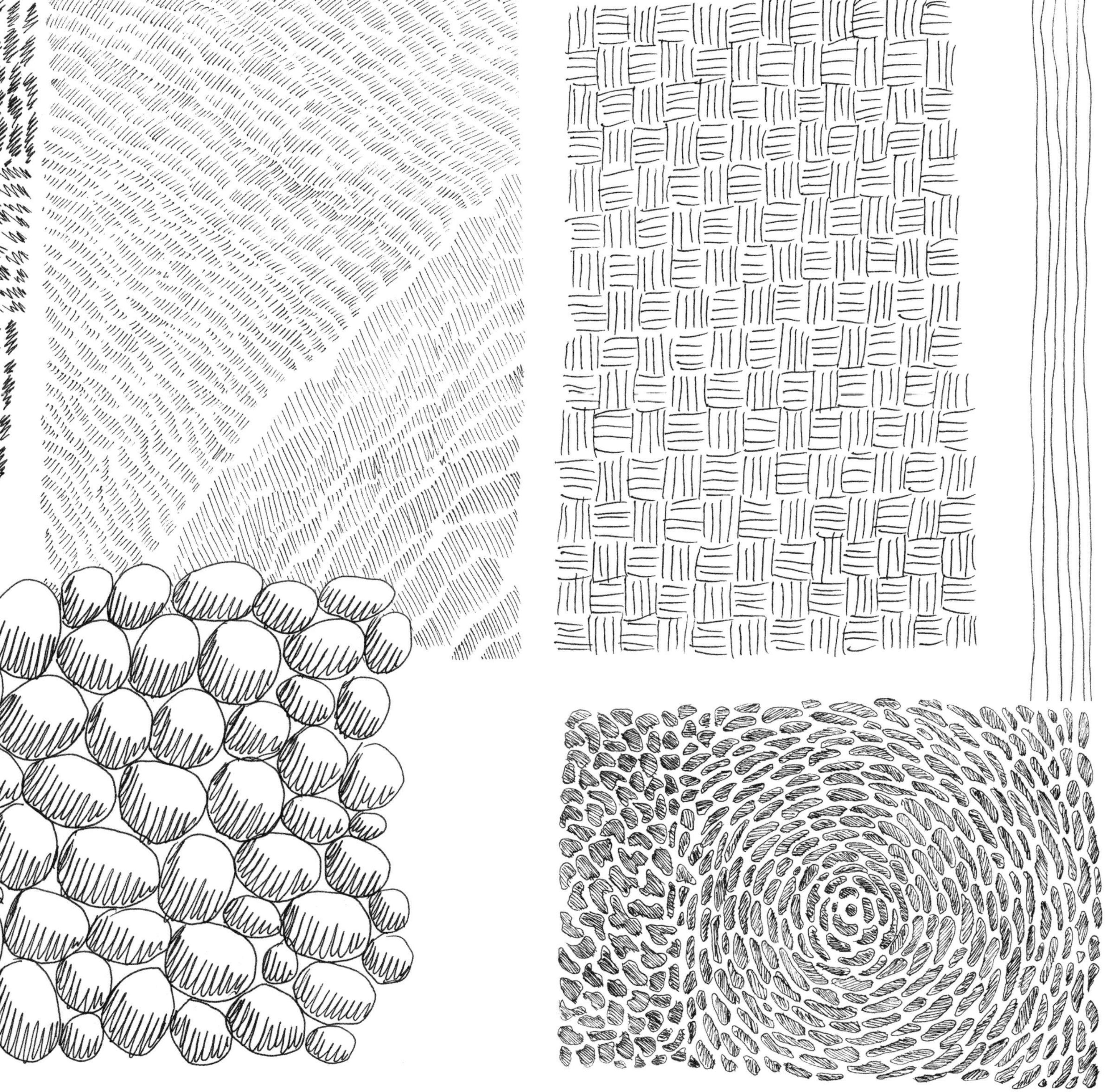

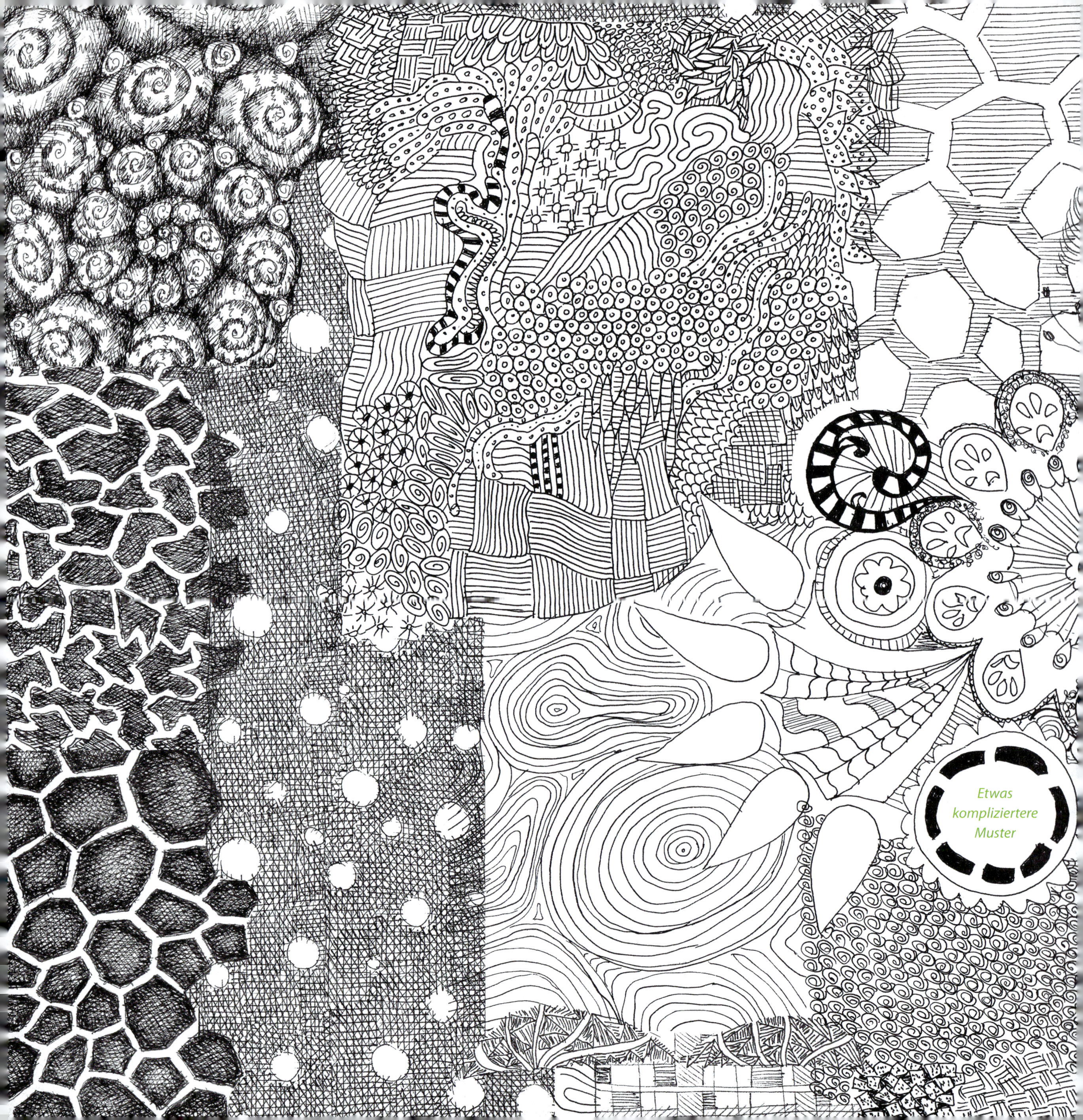
Etwas kompliziertere Muster

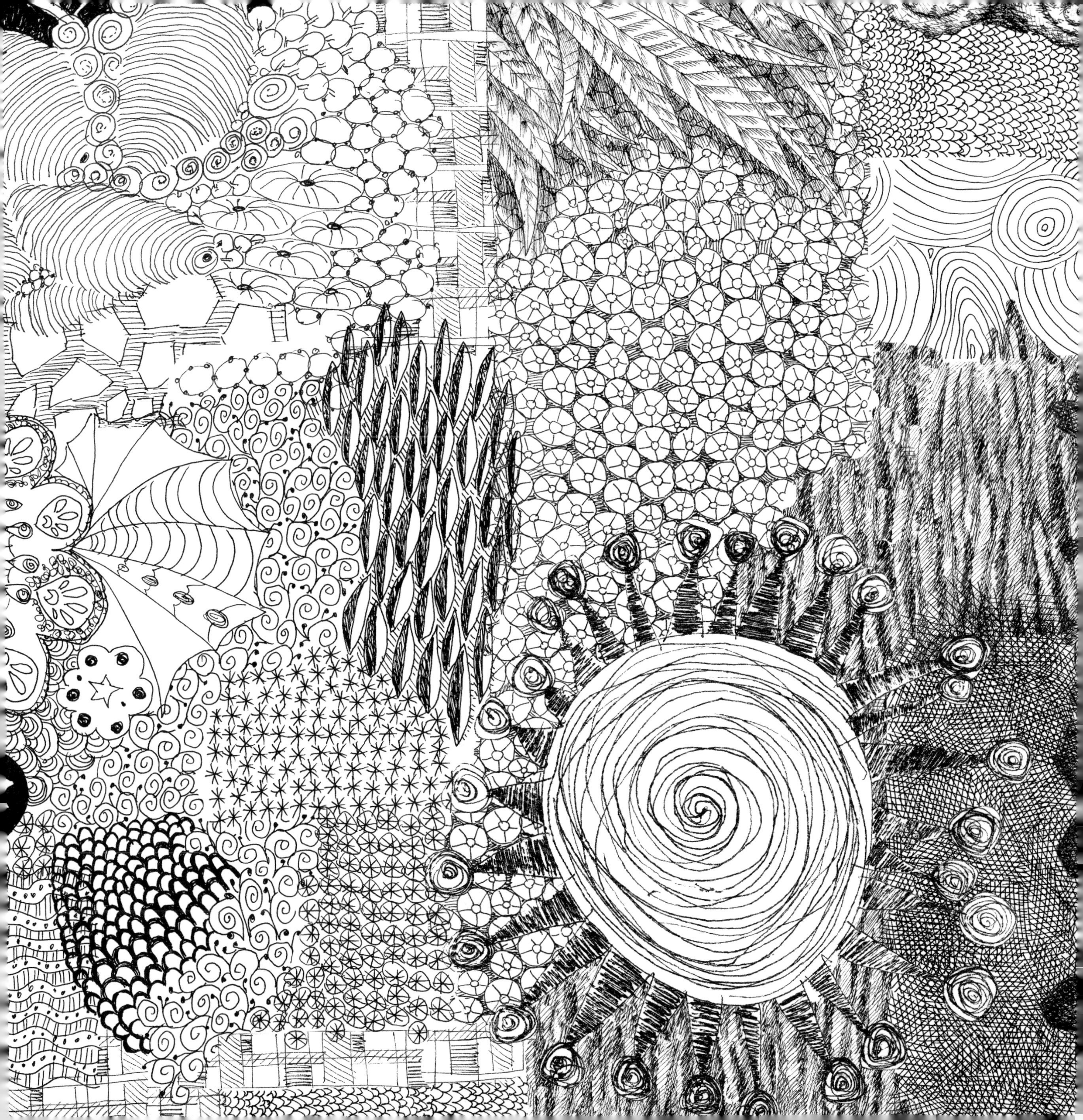

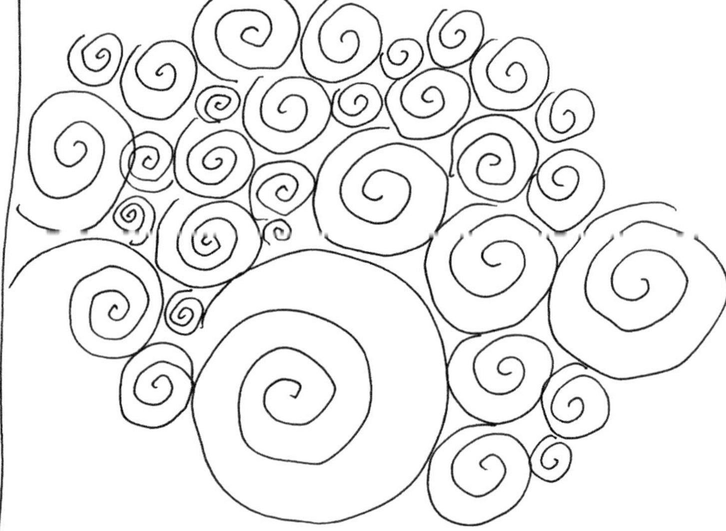

BITTE ERGÄNZEN

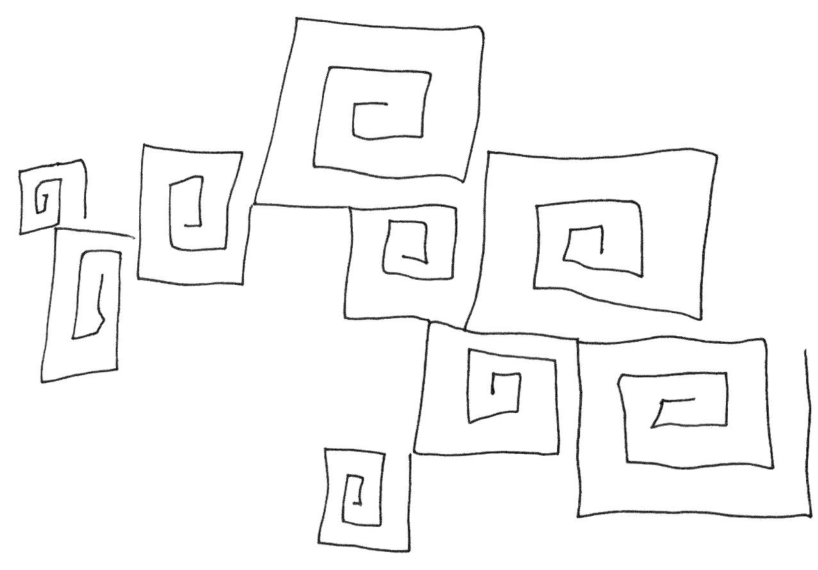

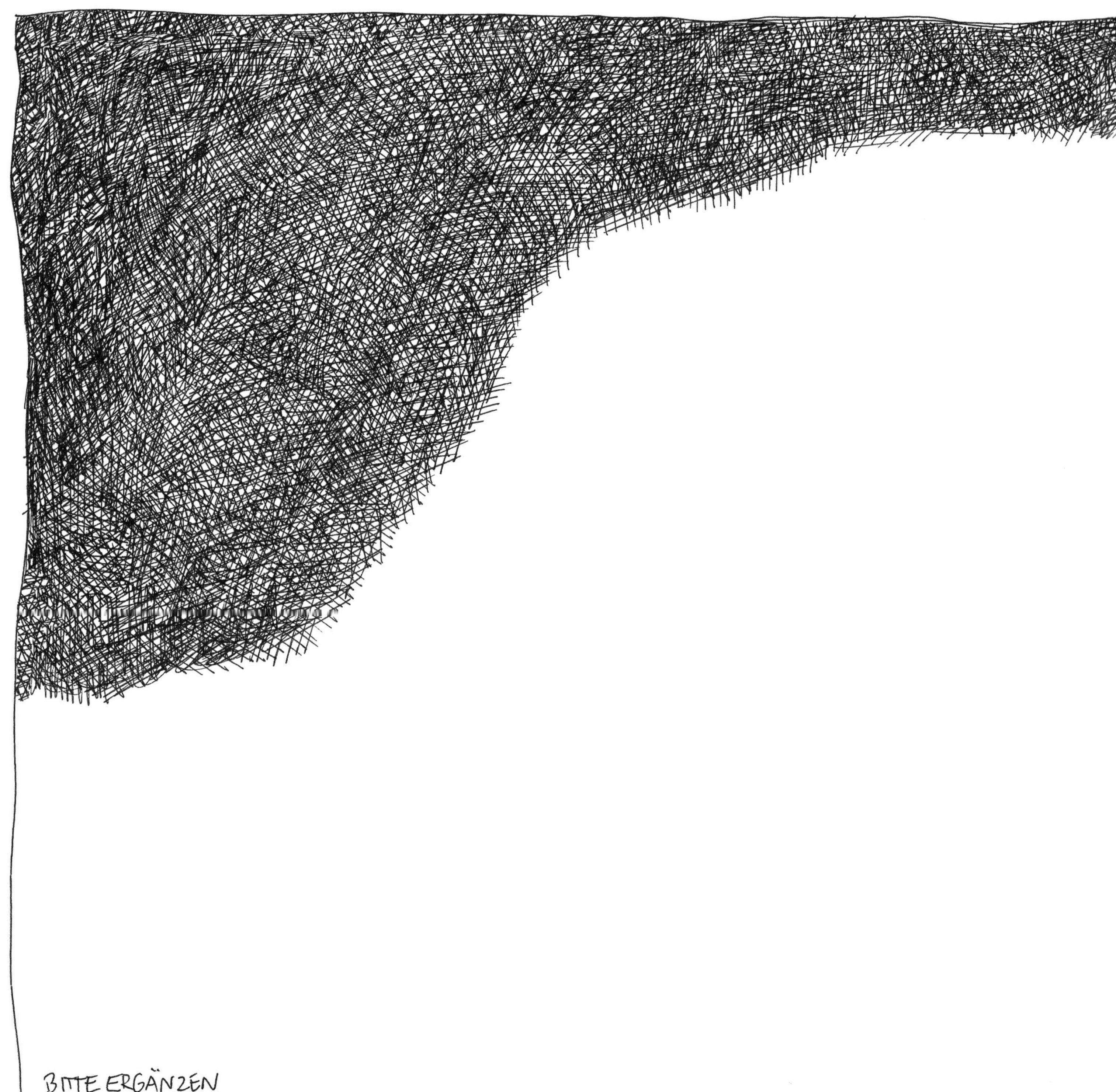
BITTE ERGÄNZEN

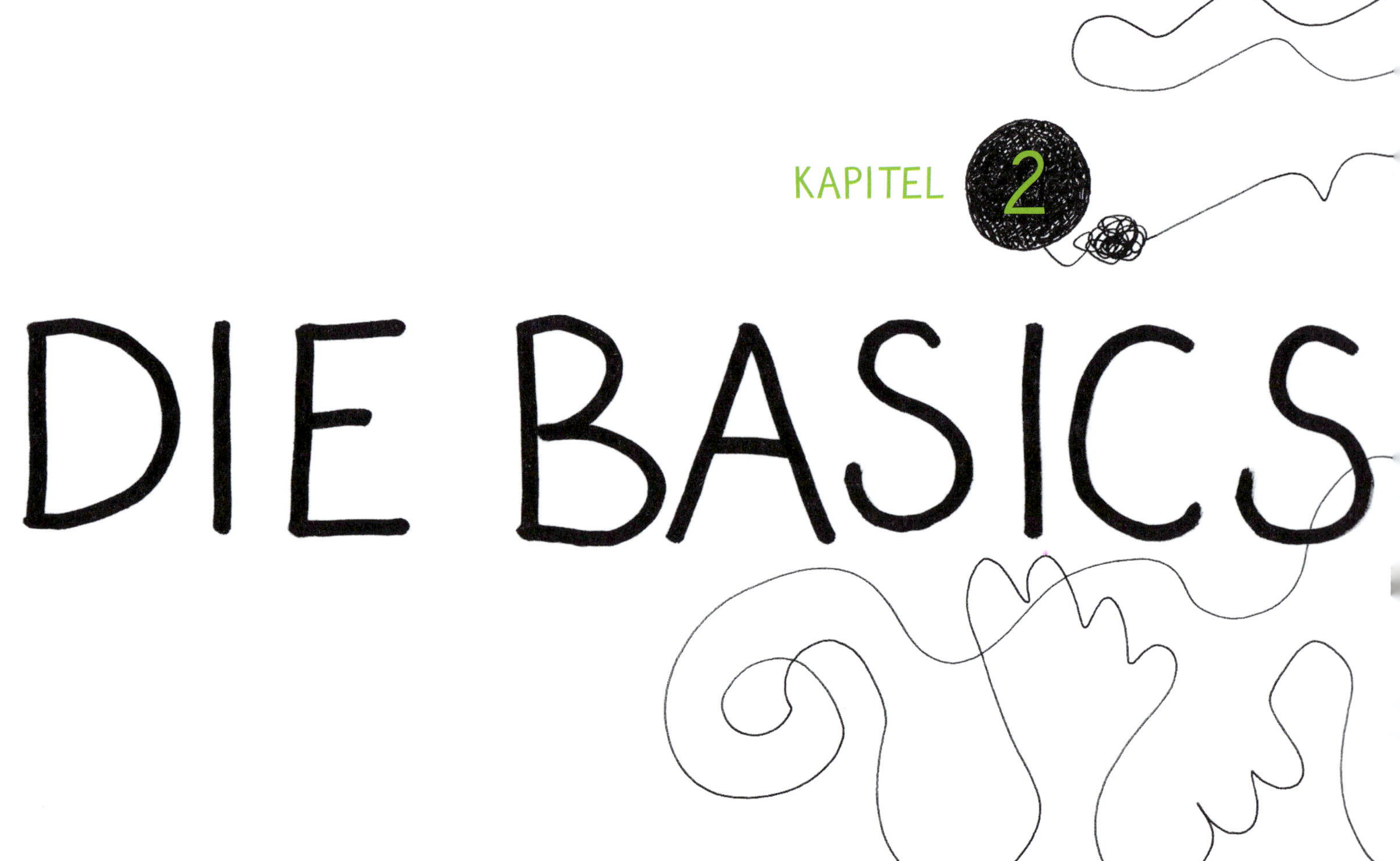

KAPITEL 2

DIE BASICS

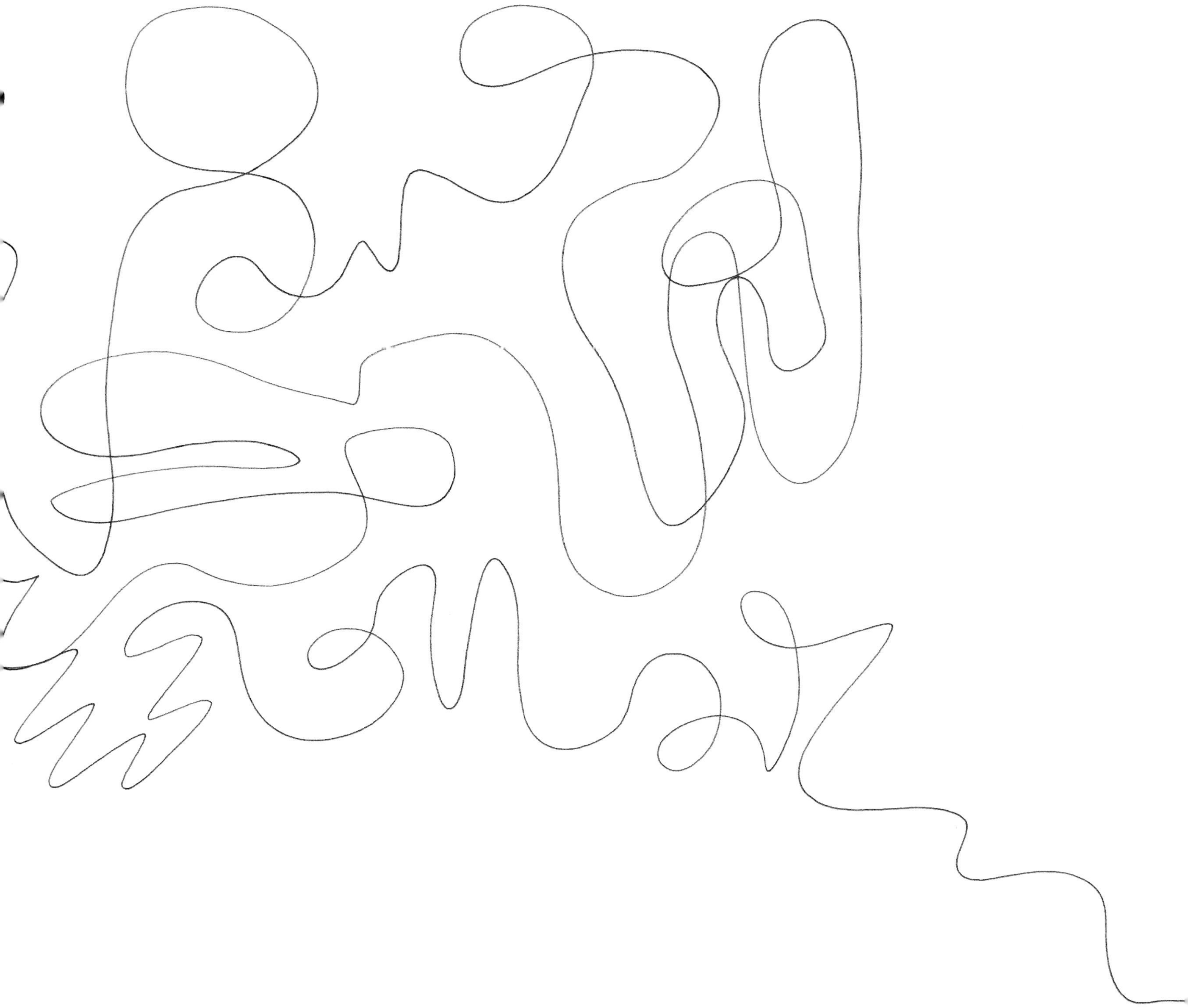

DAS MATERIAL

Ein schwarzer Stift und weißes Papier – mehr braucht es eigentlich nicht zum Zeichnen. Aber natürlich gibt es unendlich viele Möglichkeiten und man sollte auf jeden Fall Verschiedenes ausprobieren. Ein dünner schwarzer Stift, ein etwas dickerer, ein grauer Stift, um Schatten zu setzen, und ein paar gute Farbstifte für die Effekte sind für die Grundausstattung eine gute Basis. Und natürlich braucht man einen großen Zeichenblock und ein kleines Büchlein für unterwegs. Hier gibt es unterschiedliche Papierqualitäten. Am besten geeignet ist ein nicht zu saugfähiges Papier mit einer glatten, geschlossenen Oberfläche, aber nicht zu geschlossen, sonst verwischen die Stifte. Liegt Ihnen Hoch- oder Querformat?

Wenn Sie Ihre Sketchnotes nachträglich colorieren möchten, brauchen Sie Bunt- und Filzstifte oder Aquarellfarben. Beim Colorieren mit Aquarellfarben sollten Sie sich dann doch besser für etwas saugfähiges und dickeres Papier entscheiden, sonst verzieht es sich und schrumpelt. Pastellkreiden sind schön für größere Farbflächen. Sie lassen sich auf glattem Papier mit einem Taschentuch verwischen und so entstehen schöne Verläufe.

Im Schreibwaren- oder im Kunstbedarfshandel finden Sie ein großes Angebot. Probieren Sie aus, was Ihnen gefällt und gut in der Hand liegt, oder lassen Sie sich beraten und schaffen Sie sich eine Auswahl an Material an.

Viele Menschen nutzen zum Zeichnen auch einen Tabletcomputer. Es gibt es verschiedene einfach zu bedienende Zeichenprogramme und Apps, mit denen man mit dem Finger oder einem Pen zeichnen kann. Die Farben sind brillant, Fehler lassen sich leicht korrigieren und es hat den Vorteil, dass man den Zeichenprozess an die Wand projizieren kann, die Bilder digital vorliegen und sofort in die sozialen Netzwerke eingespeist werden können. Ich selber nutze das allerdings nur selten und auch nur für private Zwecke. Das Handgemachte ist ja gerade das, was ich an meiner Arbeit schätze. Es ist für jeden nachvollziehbar, ganz echt und damit auch sehr ehrlich. Fehler bleiben sichtbar – das ist sehr menschlich und mir gefällt es einfach besser.

Also zeichnen Sie, probieren Sie aus und schauen Sie, was Ihnen am meisten liegt.

Wenn der Stift nicht mehr richtig schreibt …

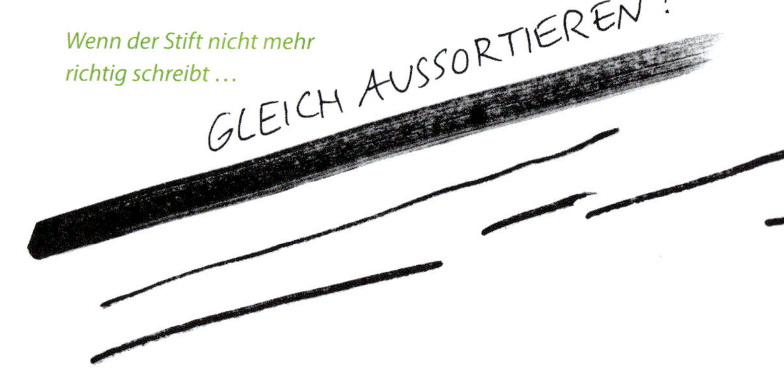

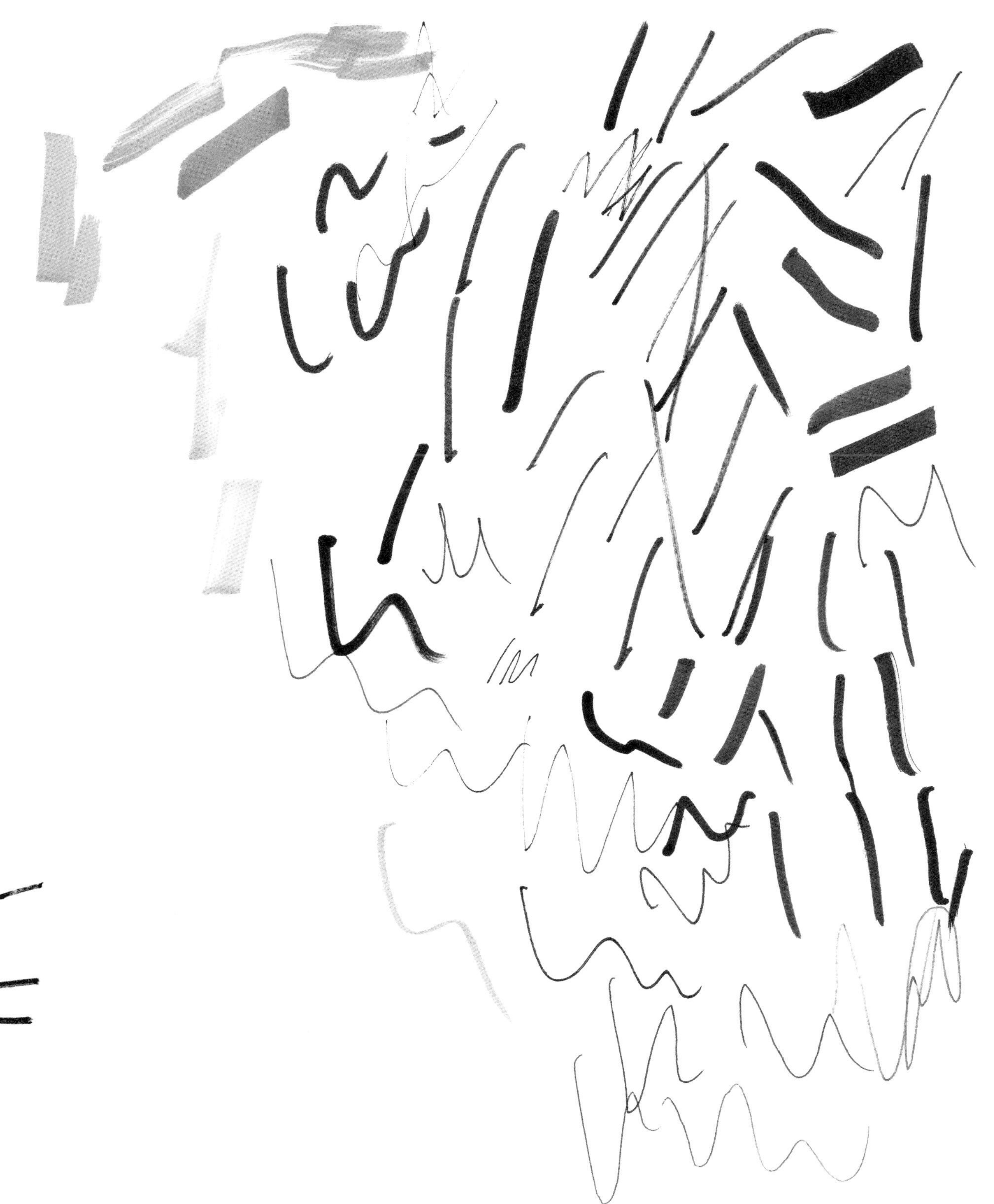

EINFACH LOSZEICHNEN

Kritzeln Sie herum, um ein Gefühl für den Stift und das Papier zu bekommen. Zeichnen Sie einfach nur eine Linie auf eine Fläche. Mit Schwung, gerade, durcheinander, alles zusammen, schauen Sie, was sich entwickelt. Führen Sie die Hand mal schnell, mal ganz langsam. Schauen Sie, wie sich Ihre Linie dabei verändert. Zeichnen ist eine sehr sinnliche Erfahrung …

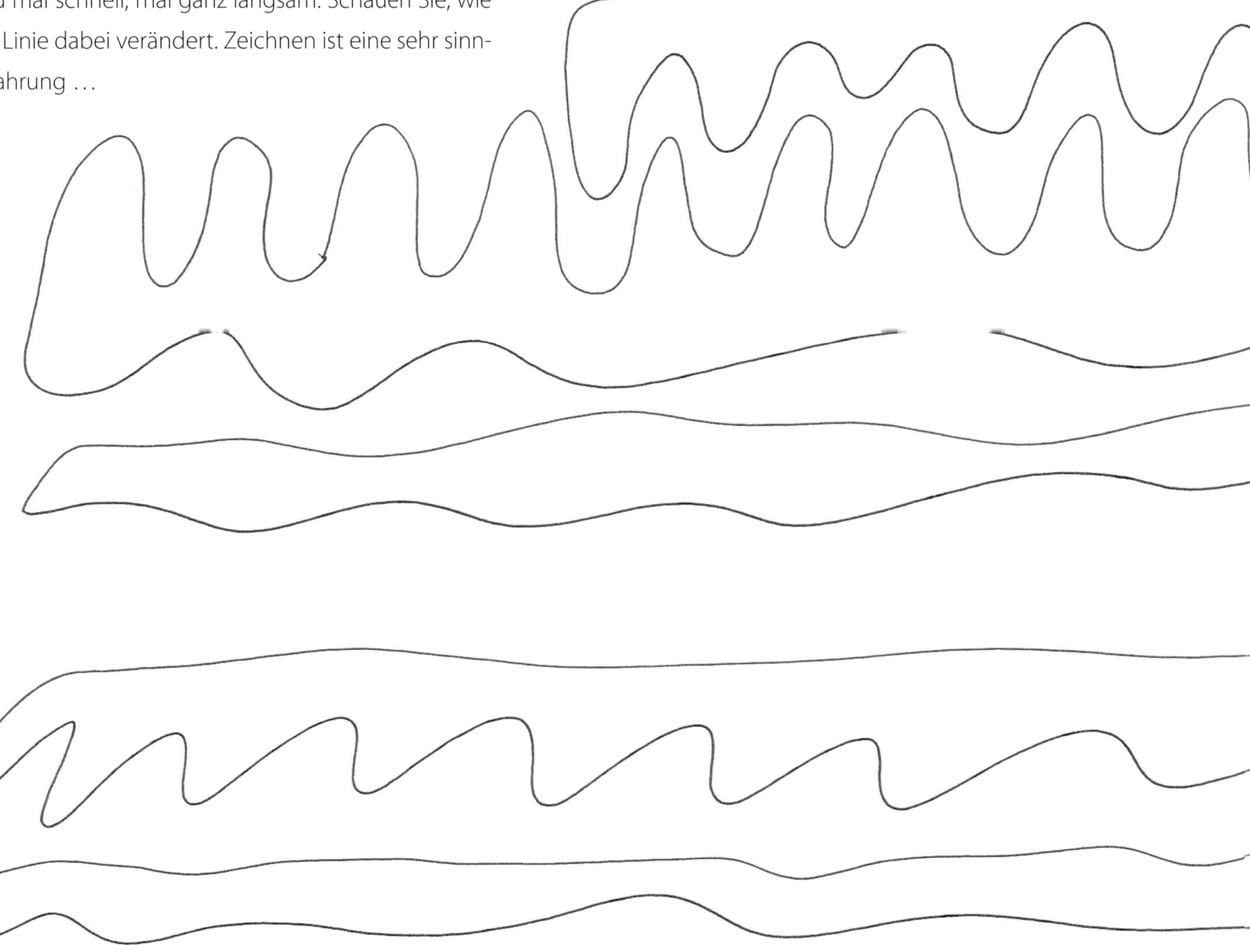

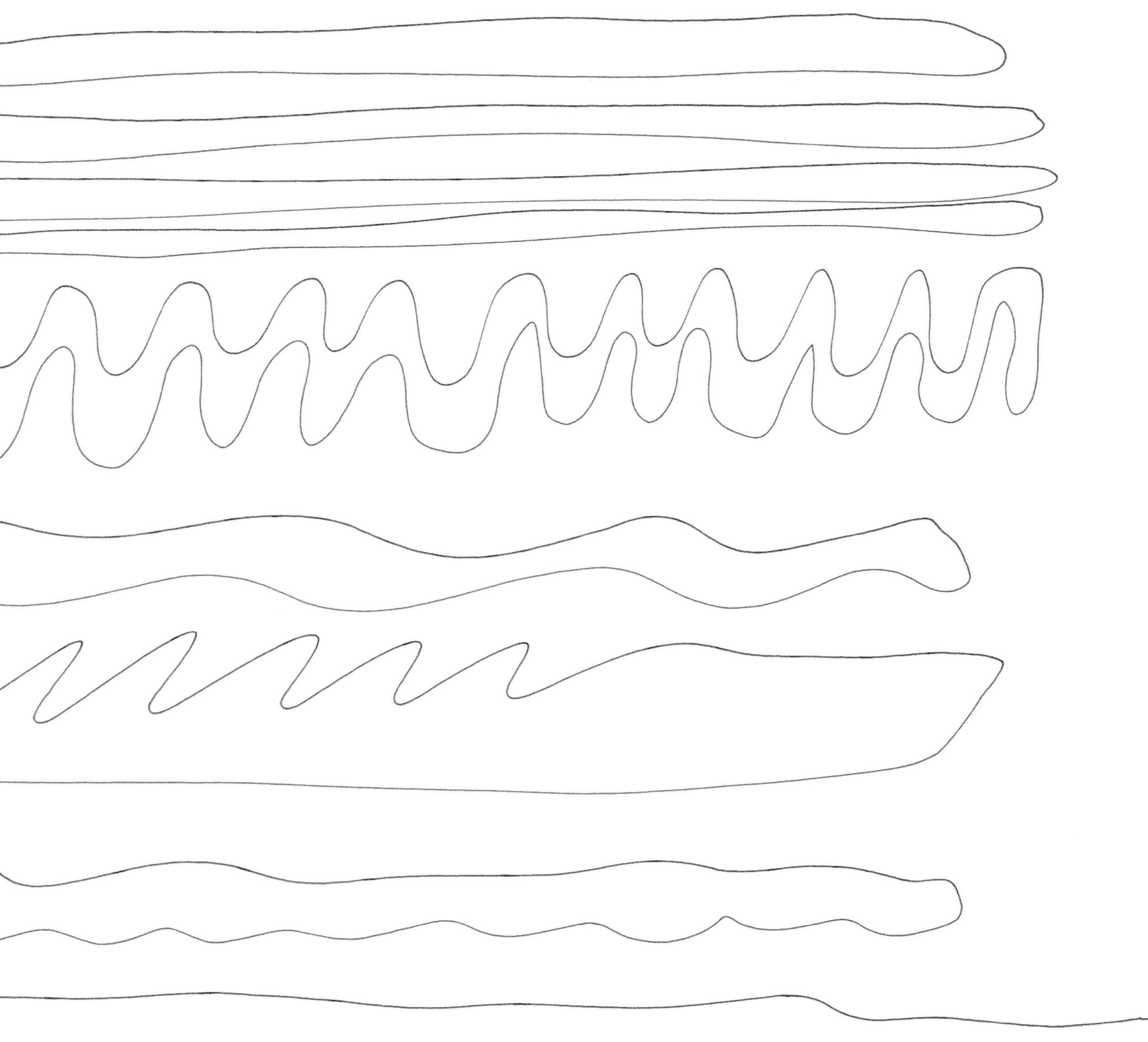

LANDSCHAFTEN

Ich könnte viel Zeit damit verbringen, einfach nur Linien zu zeichnen. Eine einzelne Linie kann schon eine Bedeutung haben, eine Landschaft sein oder eine Demonstration. Linien zu zeichnen ist gleichzeitig aufregend, weil immer etwas Neues entsteht, es kann aber gleichzeitig entspannend bis meditativ sein.

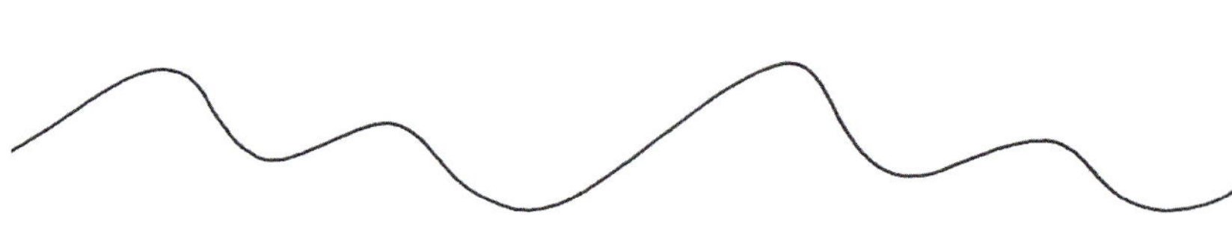

ÜBUNG:

Zeichnen Sie jede Menge Silhouetten von Landschaften und Orten aus einer Linie.

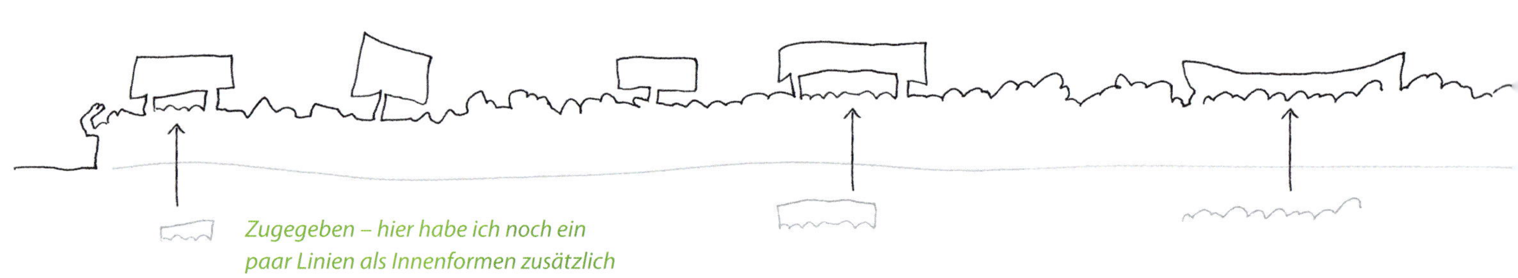

Zugegeben – hier habe ich noch ein paar Linien als Innenformen zusätzlich hinzugezeichnet.

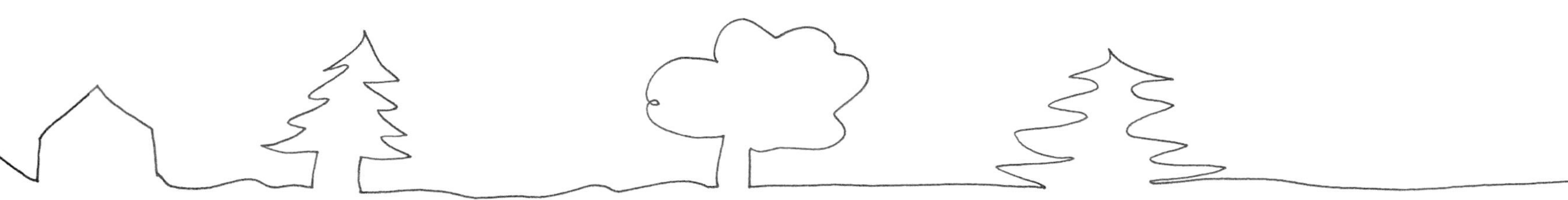

GRUNDFORMEN

Für die Arbeit mit Sketchnotes braucht es ein Grundvokabular an Bildsprache. In diesem Kapitel betrachten wir die Basiselemente. Das ist sozusagen die Grammatik. Darauf bauen wir dann mit dem Bildvokabular auf. Sie werden für sich eine eigene Bildsprache entwickeln und Ihre eigene Symbolik für Dinge finden, die immer wiederkehren, das passiert ganz automatisch. Sie werden Ihren eigenen Stil entdecken.

PUNKT

Im Buchhandel gibt es eine Reihe von Bildsprachevokabelbüchern. Die kann man nutzen, indem man die Dinge abzeichnet und diese Zeichnungen in seinem eigenen Bildsprachebüchlein sammelt. So eignet man sich schnell ein eigenes Repertoire an.

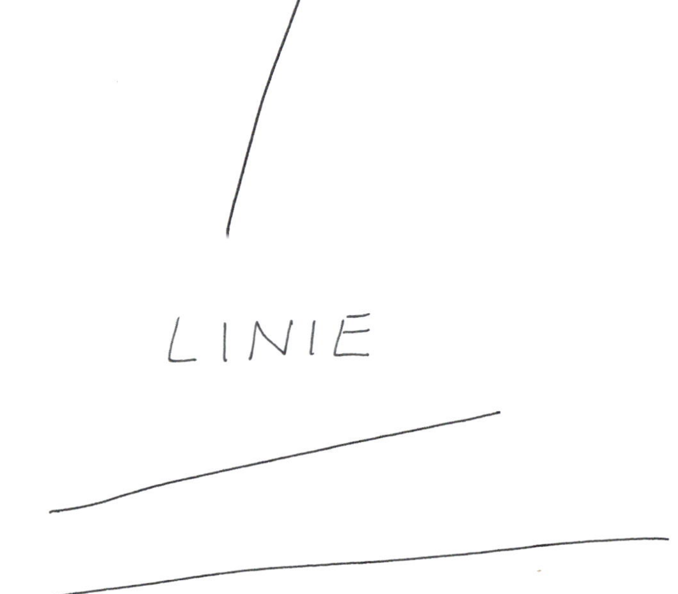

Außer der Linie gibt es noch ein paar ganz einfache Grundformen, auf denen alles andere aufbaut und die jeder zeichnen kann. Erinnern Sie sich: Es geht nicht um Kunst! Es geht darum, dass unsere Zeichnungen erkannt werden sollen. Erstmal vor allem von uns selbst – jedenfalls am Anfang: Punkt, Linie, Kreis, ein Drei- und ein Viereck. Und ein Stern.

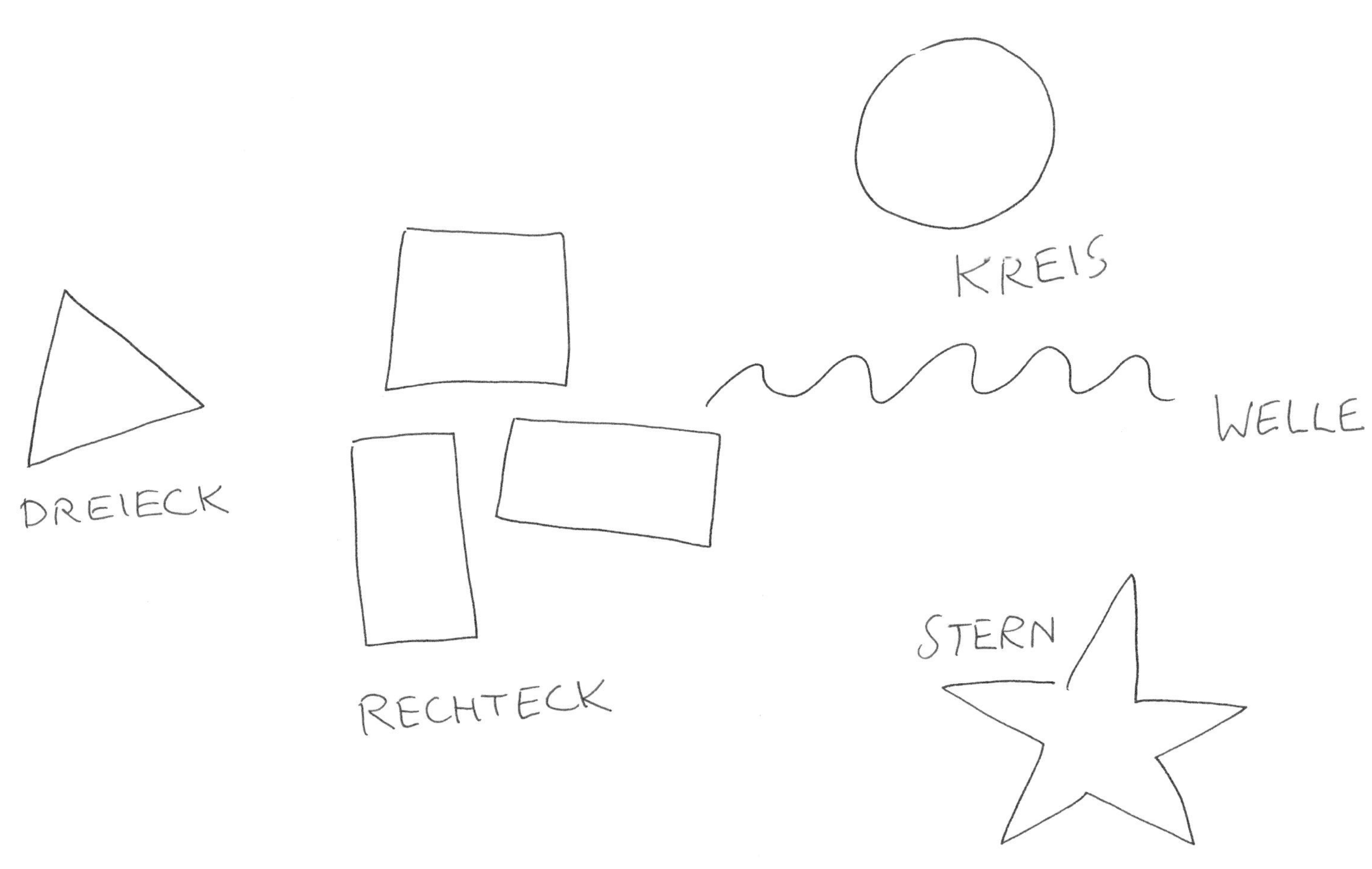
KREIS
DREIECK
WELLE
RECHTECK
STERN

DIE GRUNDFORMEN NUTZEN

Hier sehen Sie ein paar Beispiele für einfache Formen aus den drei Grundformen. Mit ein paar einfachen Linien an den richtigen Stellen entstehen schnell erkennbare Gegenstände. Es gibt auch Bücher mit Schritt-für-Schritt-Anleitungen zum Zeichnen von Gegenständen, aber am besten erschließt es sich durch Hinschauen und Nachmachen.

Um z.B. einen Computer zu zeichnen, braucht es drei Rechtecke und einige Linien – schon ist er fertig. Das ist nicht schwer, oder?

ÜBUNG:

Schauen Sie sich um, reduzieren Sie die Dinge, die Sie sehen, auf die Grundformen und zeichnen Sie sie ab.

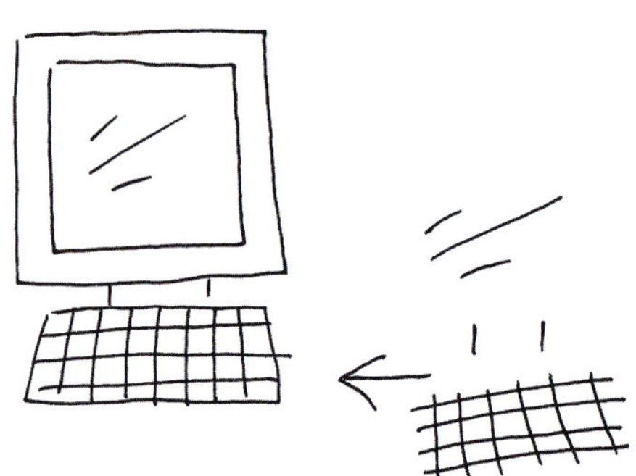

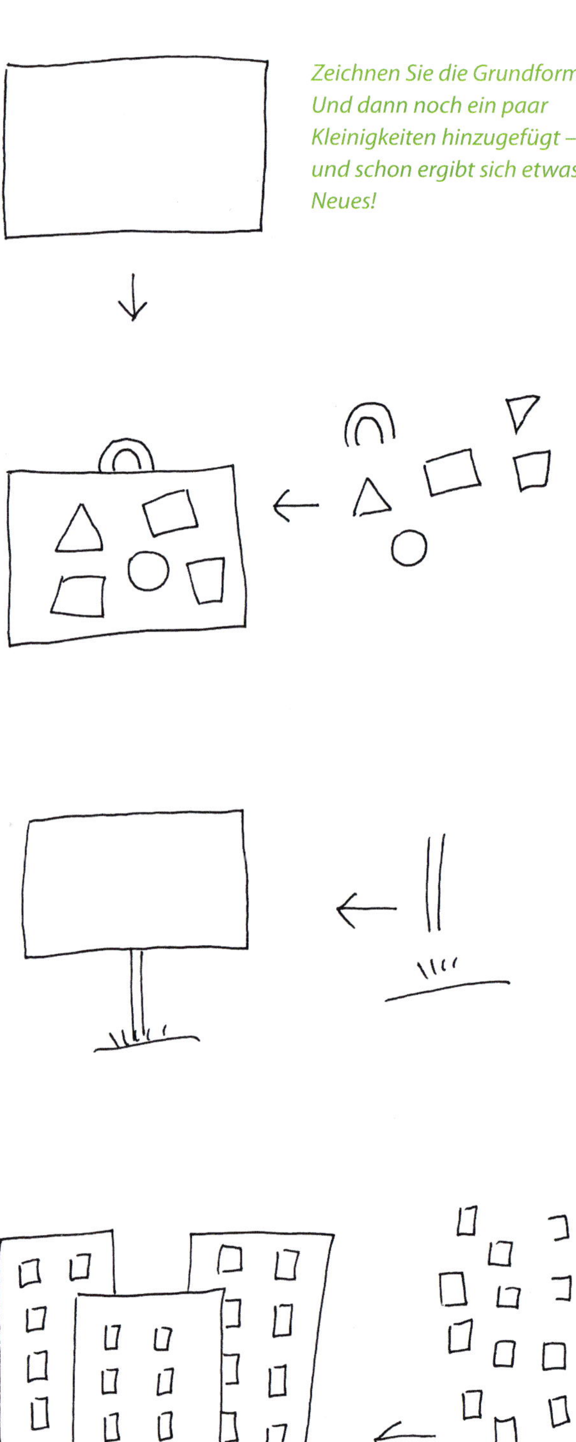

Zeichnen Sie die Grundform. Und dann noch ein paar Kleinigkeiten hinzugefügt – und schon ergibt sich etwas Neues!

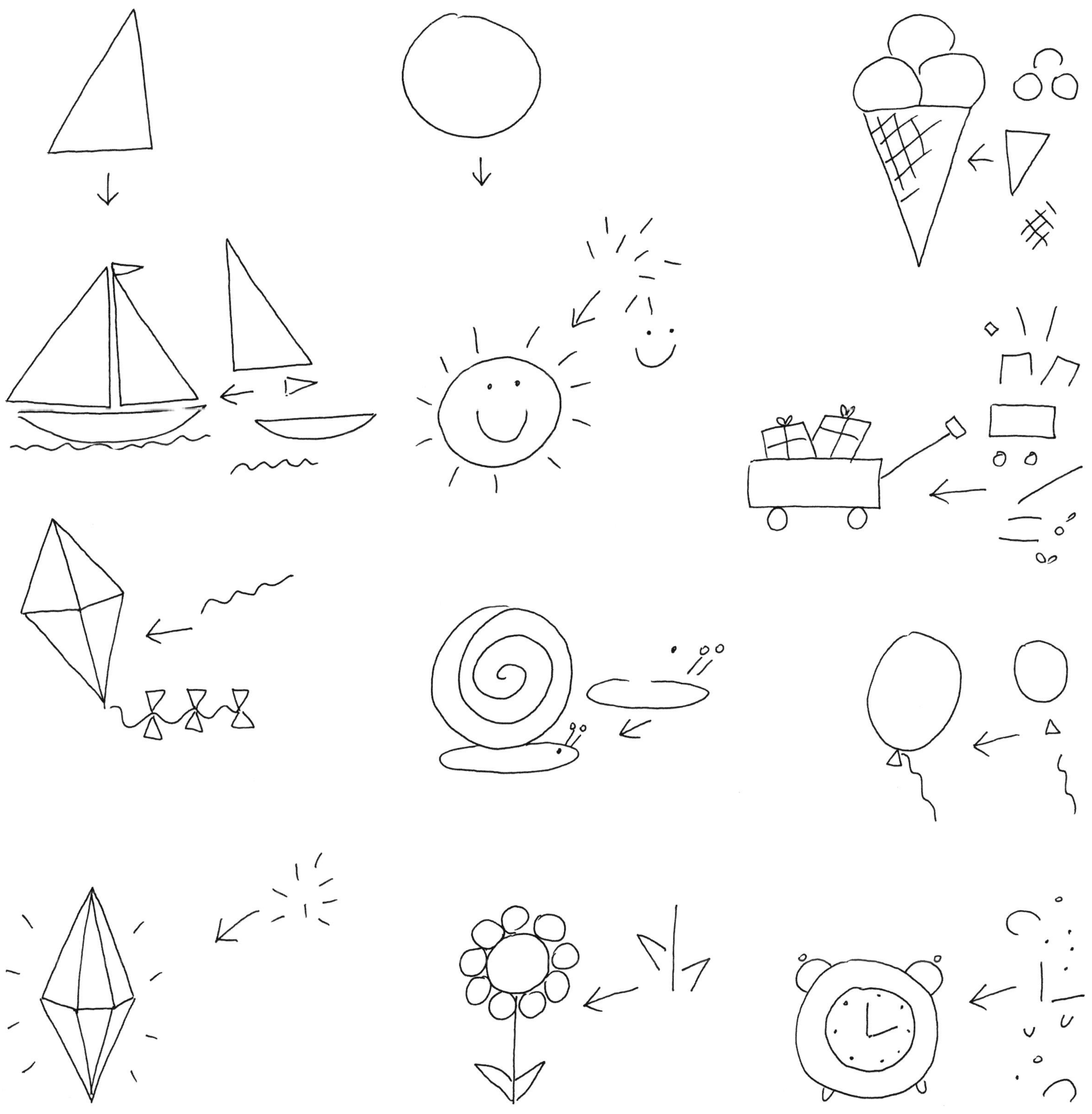

MENSCHEN

Viele meinen, Menschen zeichnen ist am schwierigsten. Daher starten wir direkt damit. Menschen zeichnen ist in Wirklichkeit gar nicht so schwer, denn wir müssen ja kein Porträt zeichnen, wo es auf die Ähnlichkeit mit einer ganz bestimmten Person ankommt. Wir müssen nur erkennen, dass es ein Mensch ist. Zeichnen Sie einen Stern und mit ein paar kleinen Modifikationen und ein wenig Übung ist es schon ein Mensch! Mit der Haltung und den Details kann man dann experimentieren, und so ist man bereits in der Lage, Menschen in verschiedenen Situationen abzubilden.

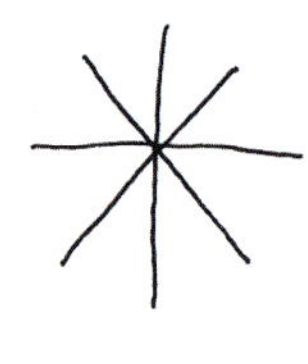

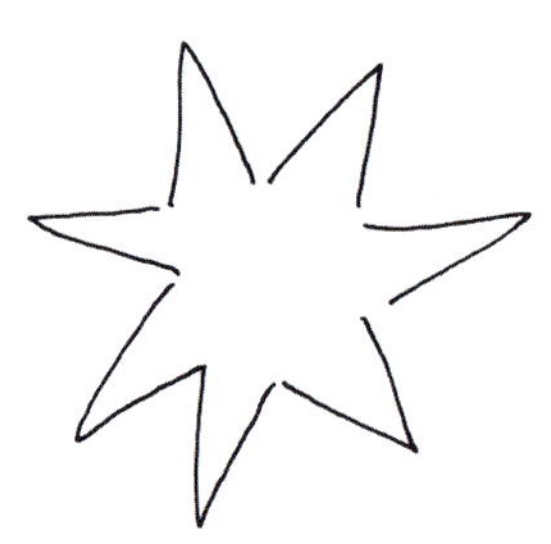

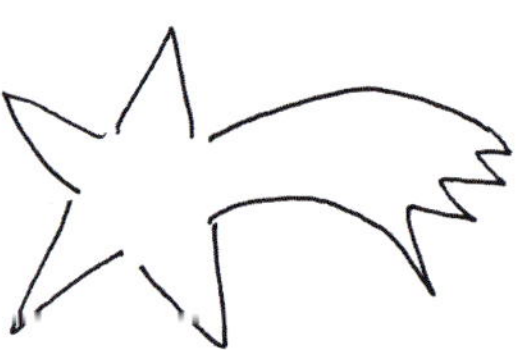

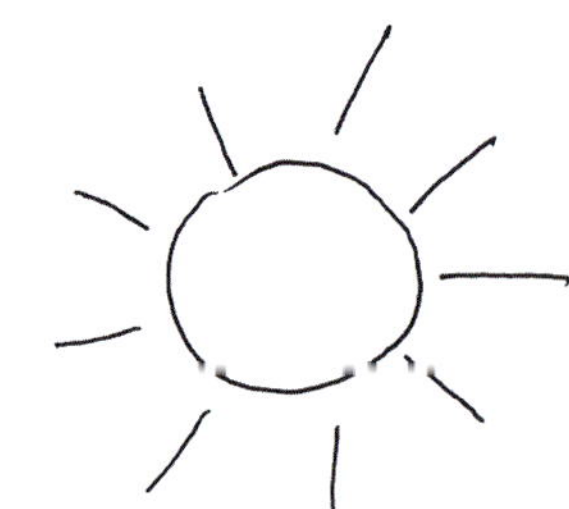

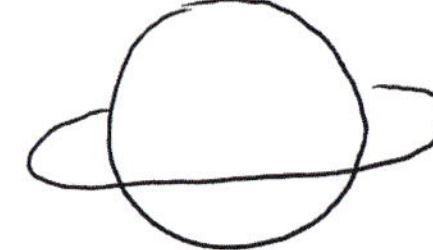

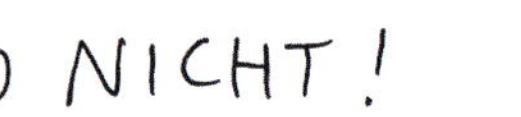

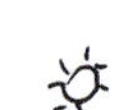

ABER SO:

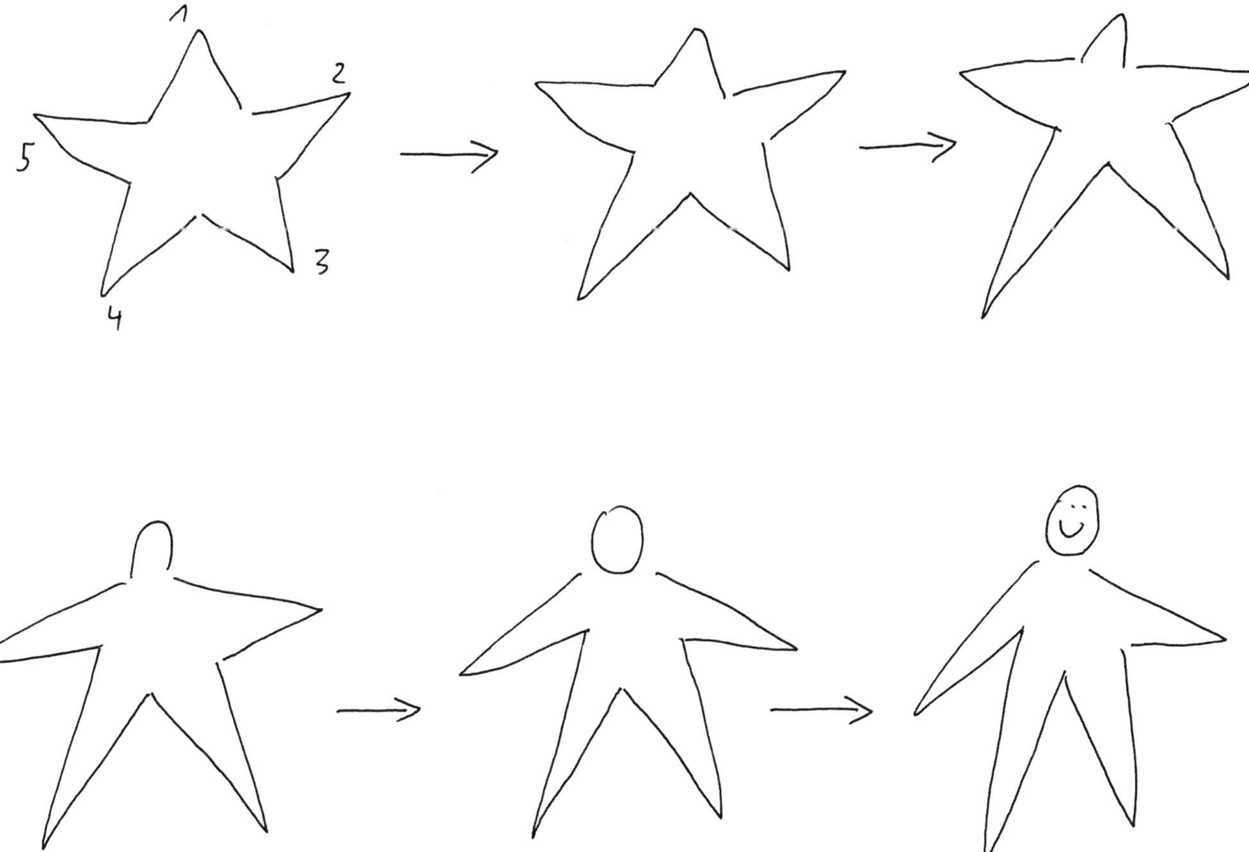

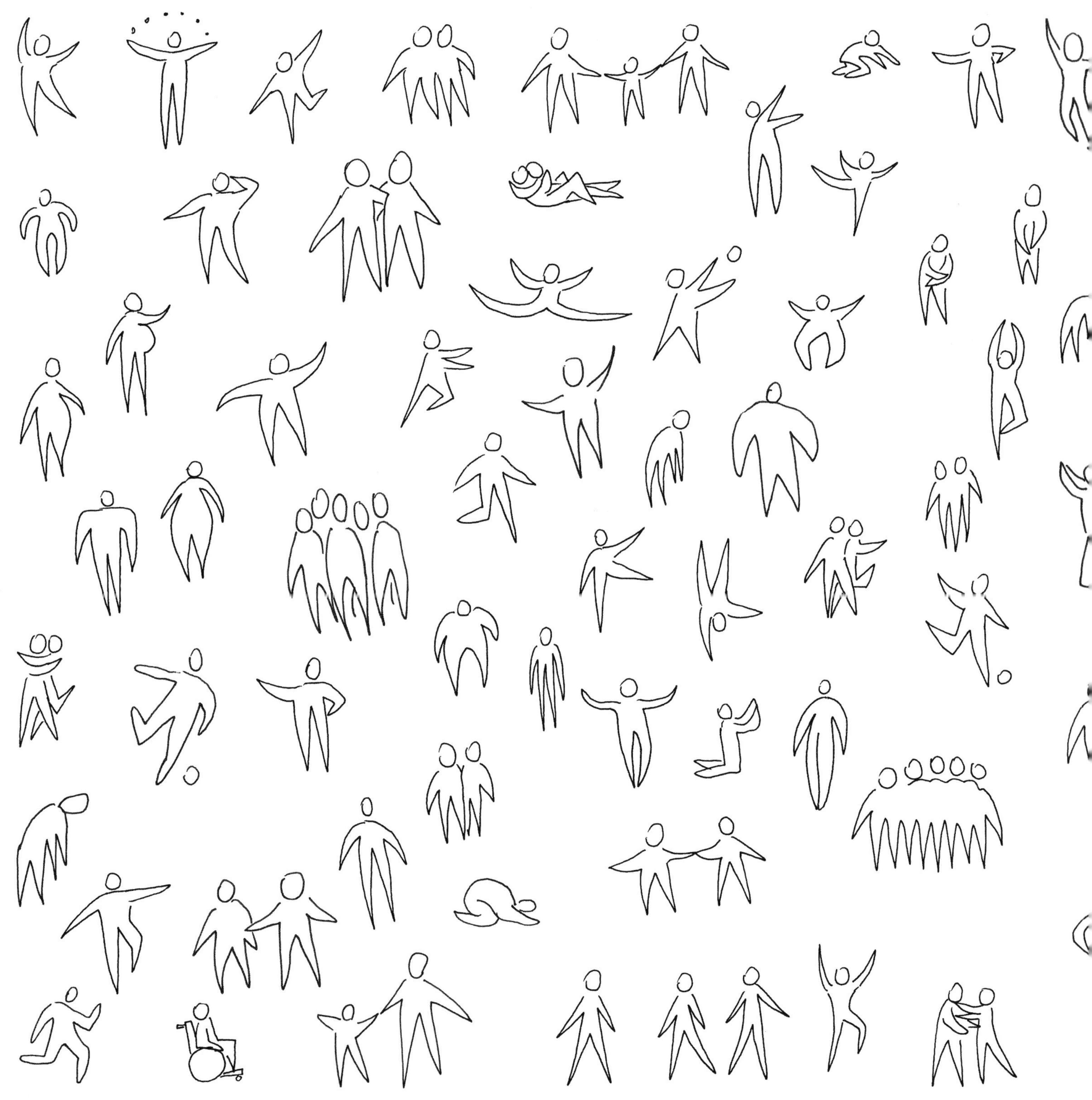

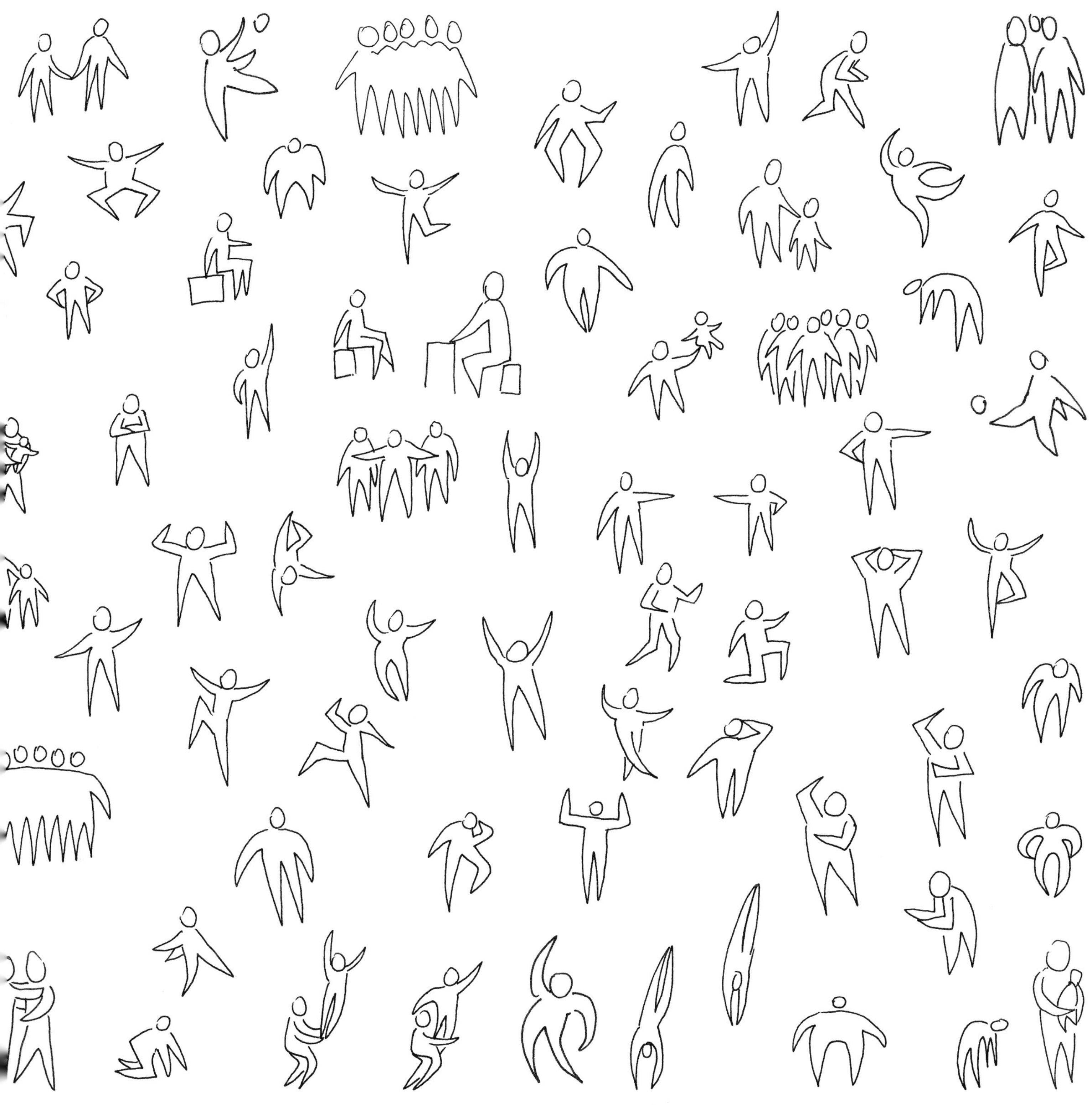

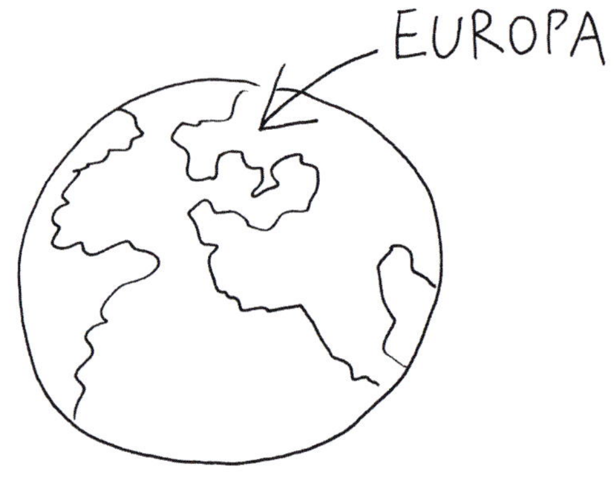

ORTE

Oft ist es wichtig, den Ort eines Geschehens festzuhalten oder den Standort zu definieren. Hier sind einige Beispiele, wie man einen Ort darstellen kann. Etwas komplizierter ist es, wenn man konkreter werden möchte. Die wichtigsten Bauwerke sind immer ein gutes Wahrzeichen für eine Stadt. Hier kann man nahezu alle Städte als Silhouetten im Internet finden und abzeichnen. Aber noch einfacher ist es, den Ort zu schreiben und in einen Rahmen zu setzen.

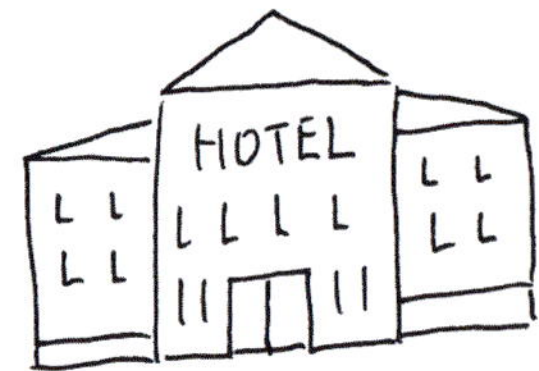

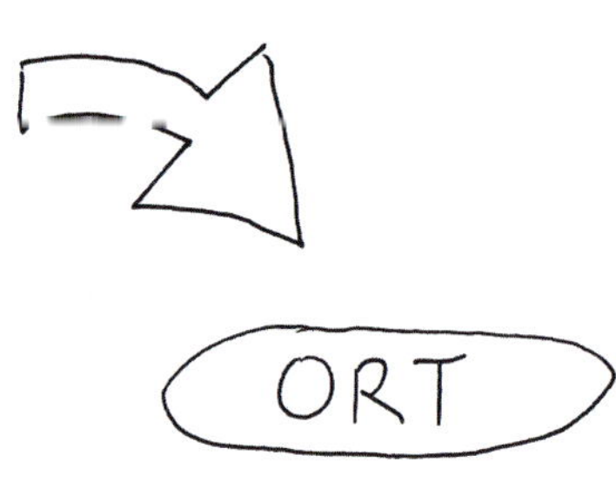

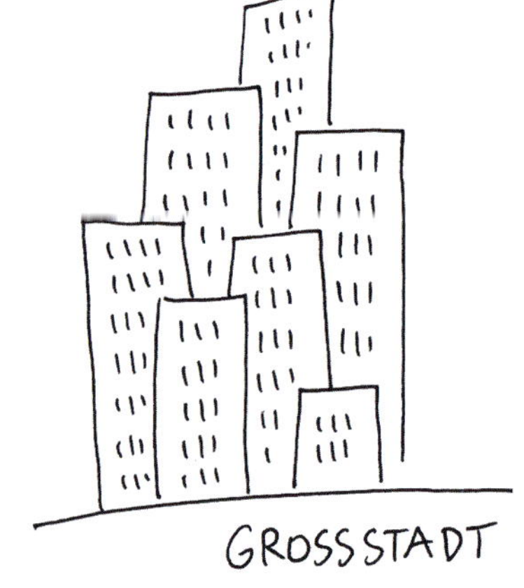

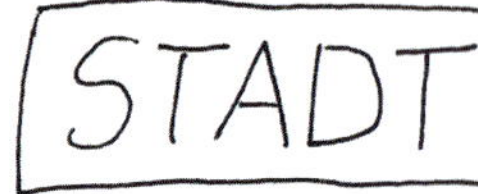

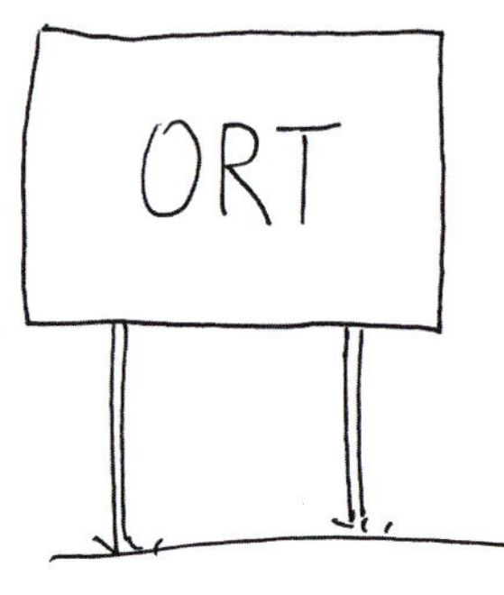

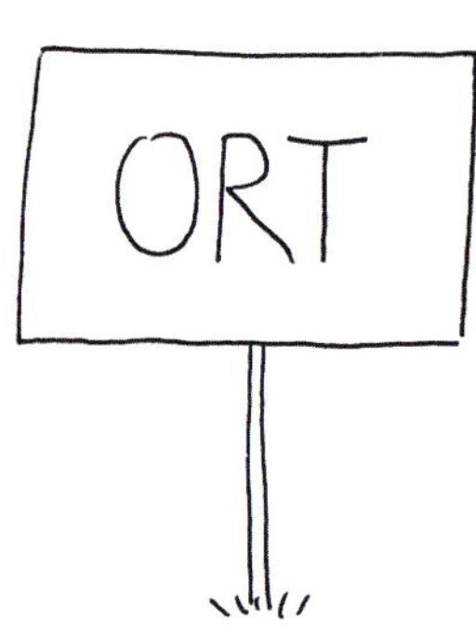

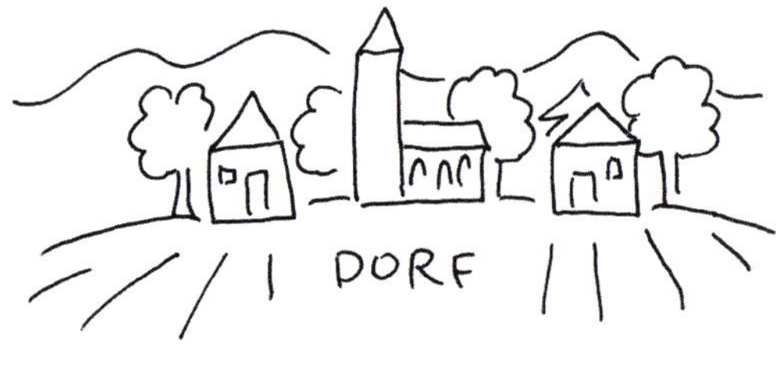

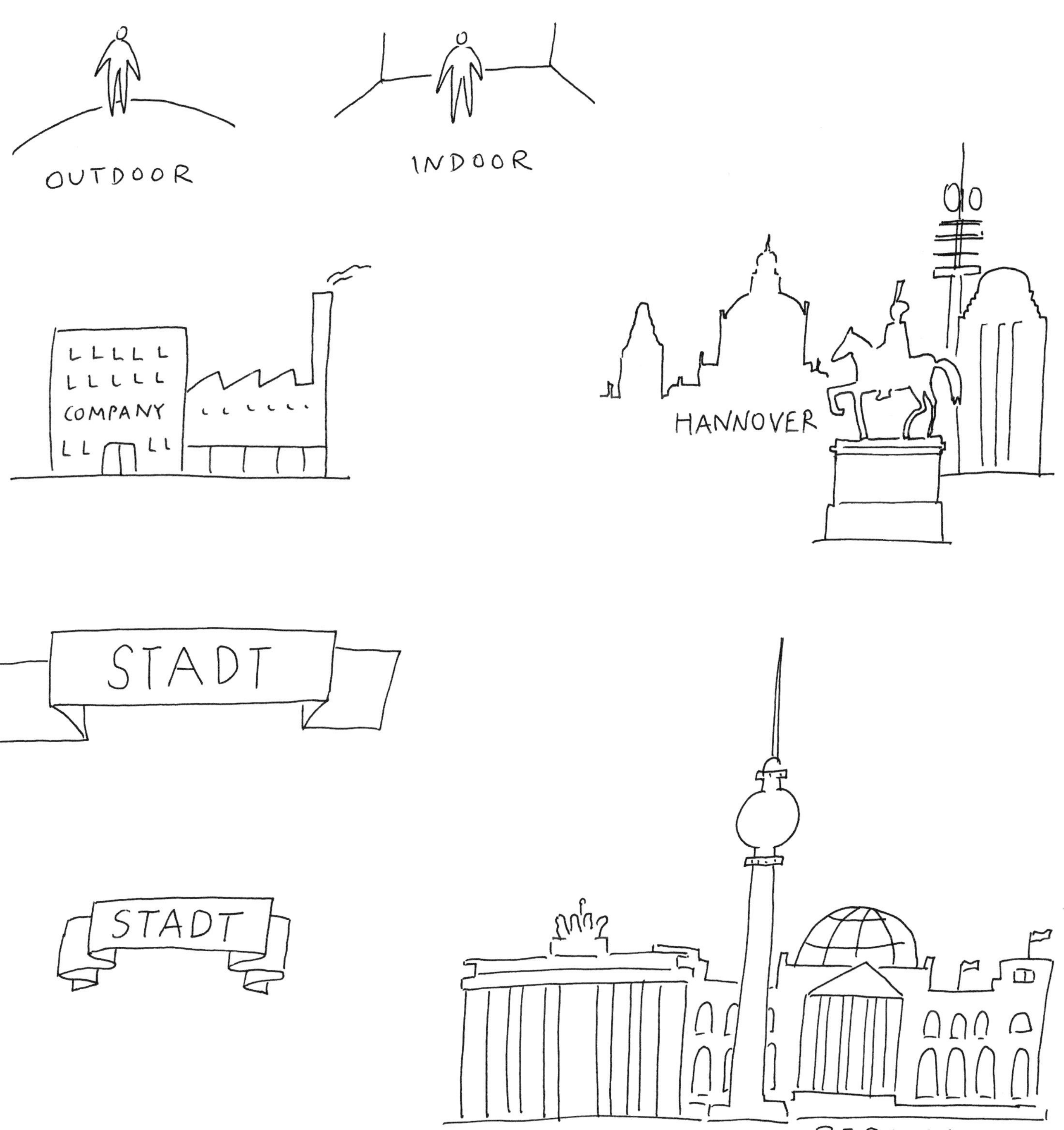
OUTDOOR
INDOOR
COMPANY
HANNOVER
STADT
STADT
BERLIN

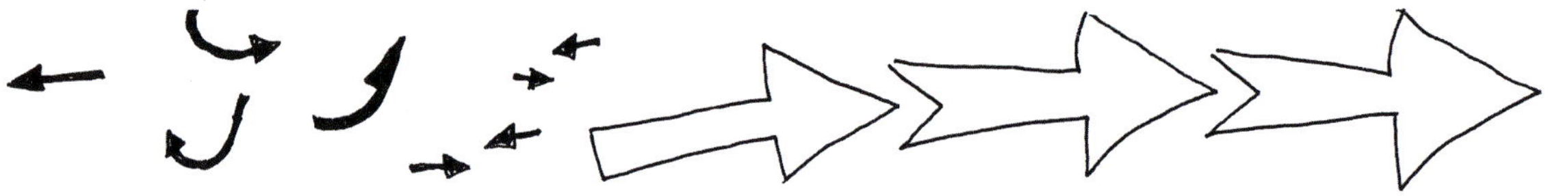

PROZESSE

Wie lassen sich Prozesse, also zeitliche Abläufe, am besten darstellen? Die Antwort kommt meistens sofort: als Pfeil. Die Art des Pfeiles kann dabei schon einiges an Zusatzinformation transportieren. Läuft ein Prozess geradlinig, gibt es verschiedene Prozessschritte, die aufeinander aufbauen, oder ist der Prozess eher chaotisch? Alles lässt sich zeichnerisch einfach darstellen.

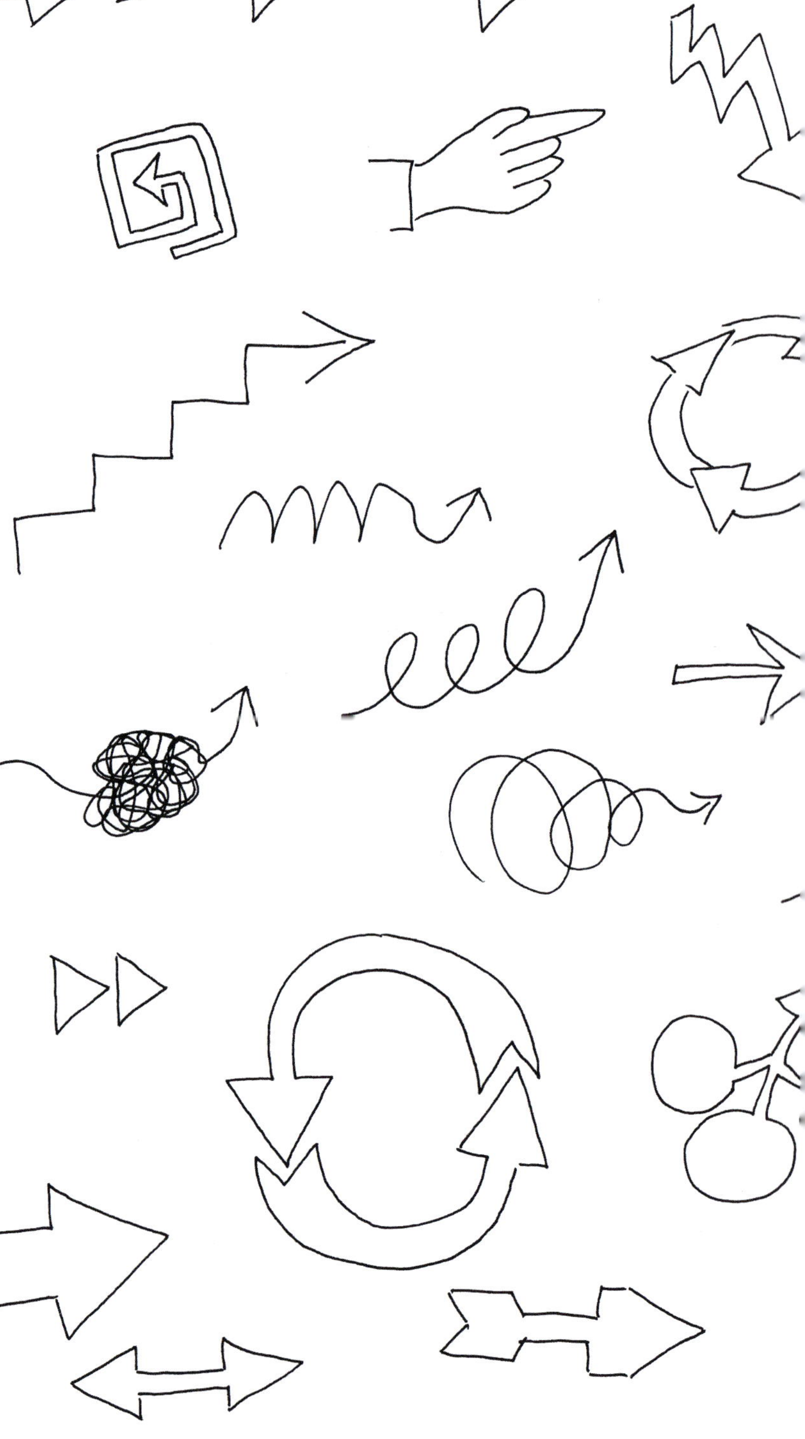

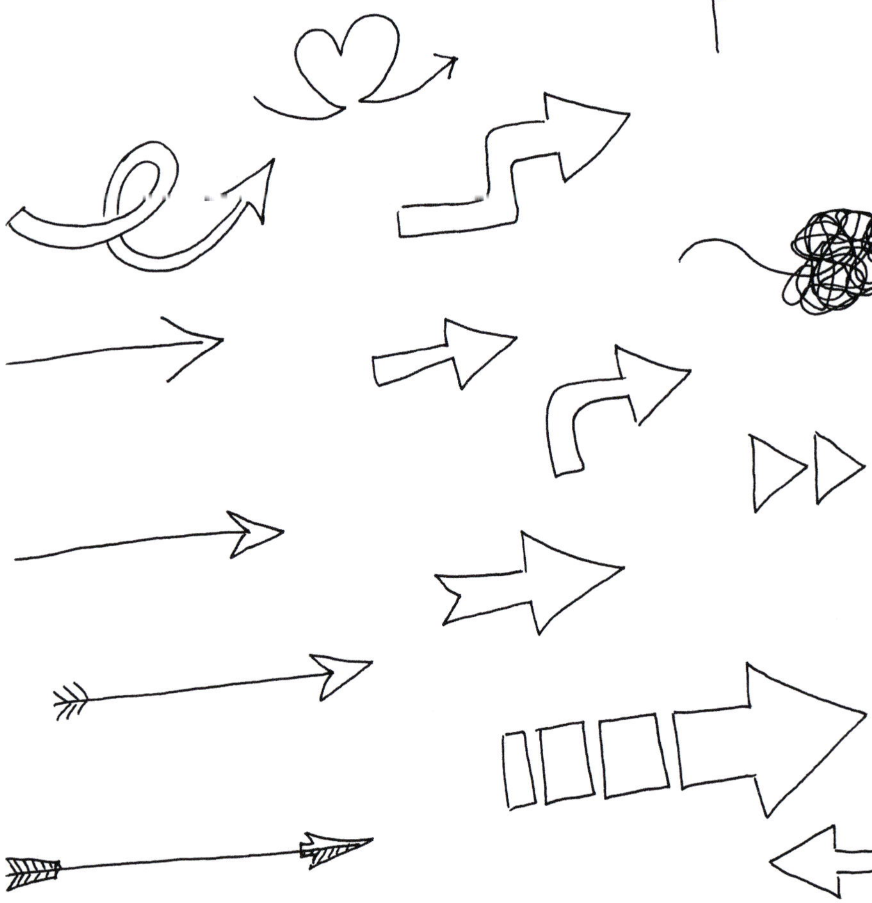

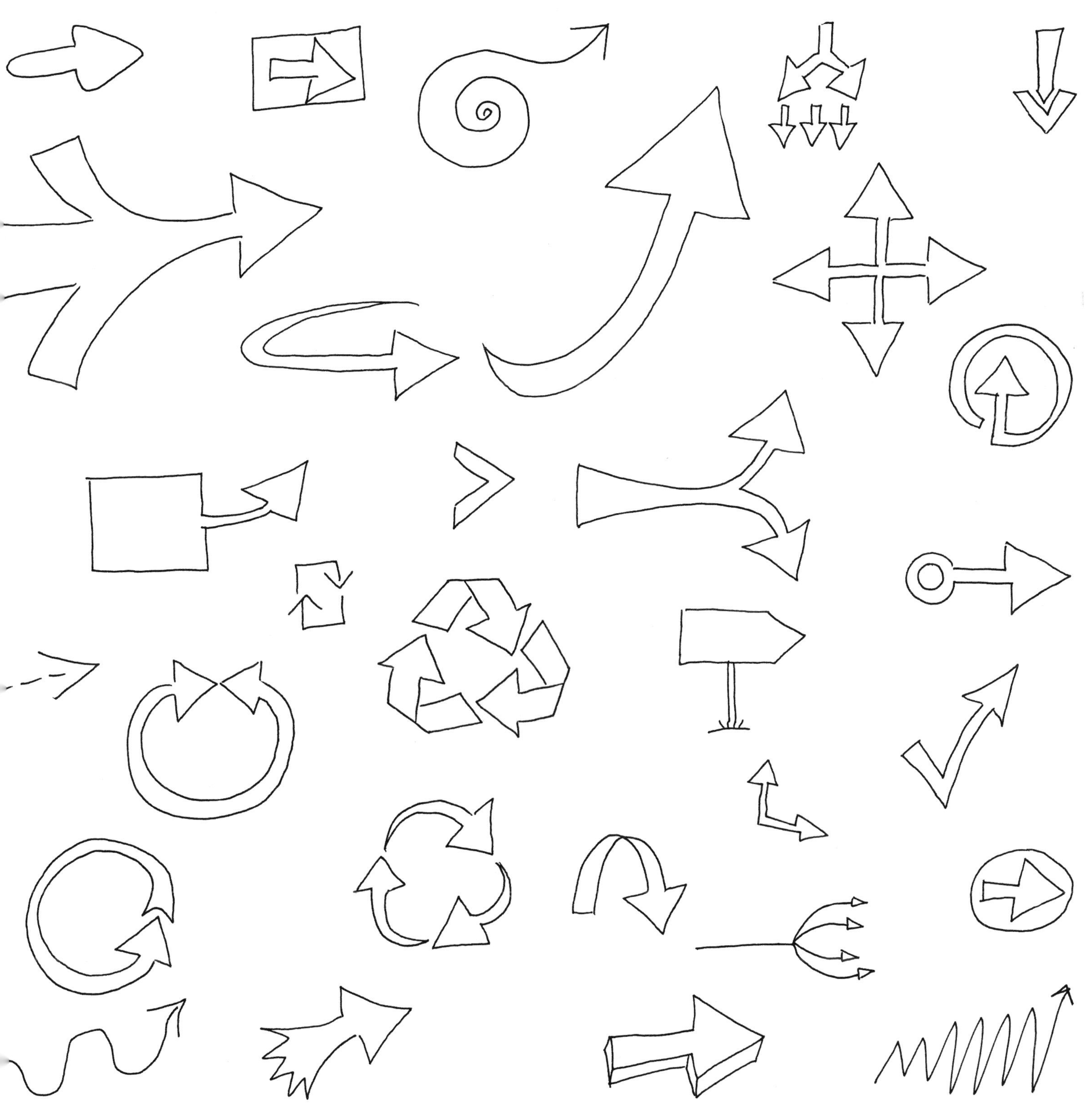

TYPOGRAFIE

Ohne Schrift kommen weder Sketchnotes noch ein Graphic Recording aus. Texte sind ein wichtiges Gestaltungsmerkmal. Es gibt verschiedene Arten, Schrift einzusetzen: Überschriften, Auszeichnungsschriften, um Dinge hervorzuheben, und sogenannten Fließtext, wenn es mal nötig ist, längere Mitschriften zu machen. Von den Layoutprogrammen kennt man es: Schriftart, Schriftschnitt (kursiv, bold, light, extra bold, heavy, condensed …), Zeilenabstand, Bündigkeit etc.

Diese grundsätzlichen Gestaltungsmöglichkeiten lassen sich auch in Handgeschriebenes übertragen. Wenn Sie erst einmal anfangen, bewusster auf Schriften und deren optische Einsatzmöglichkeiten zu achten, werden Sie vieles in Ihrer Umgebung neu wahrnehmen. Nach und nach eignen Sie sich Ihr eigenes Repertoire an Schriften an, die Sie dann für Ihre Sketchnotes einsetzen können.

ÜBUNG:

Schreiben Sie! Schreiben Sie einzelne Worte. Schreiben Sie ab: von Etiketten, aus Zeitschriften, aus einer Speisekarte, überall, wo Ihnen ein schöner Schriftzug begegnet.

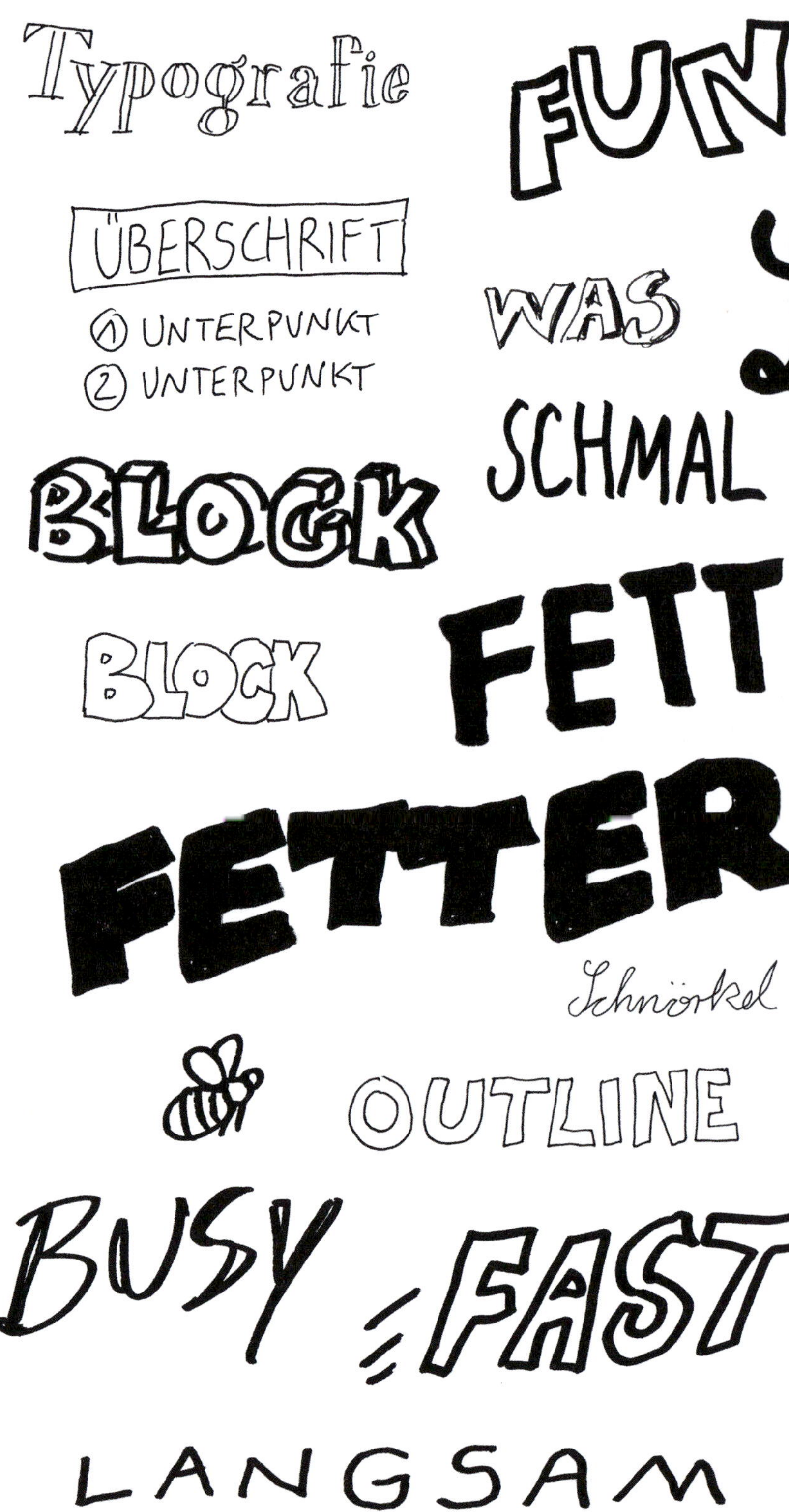

LICHT

SCHATTEN

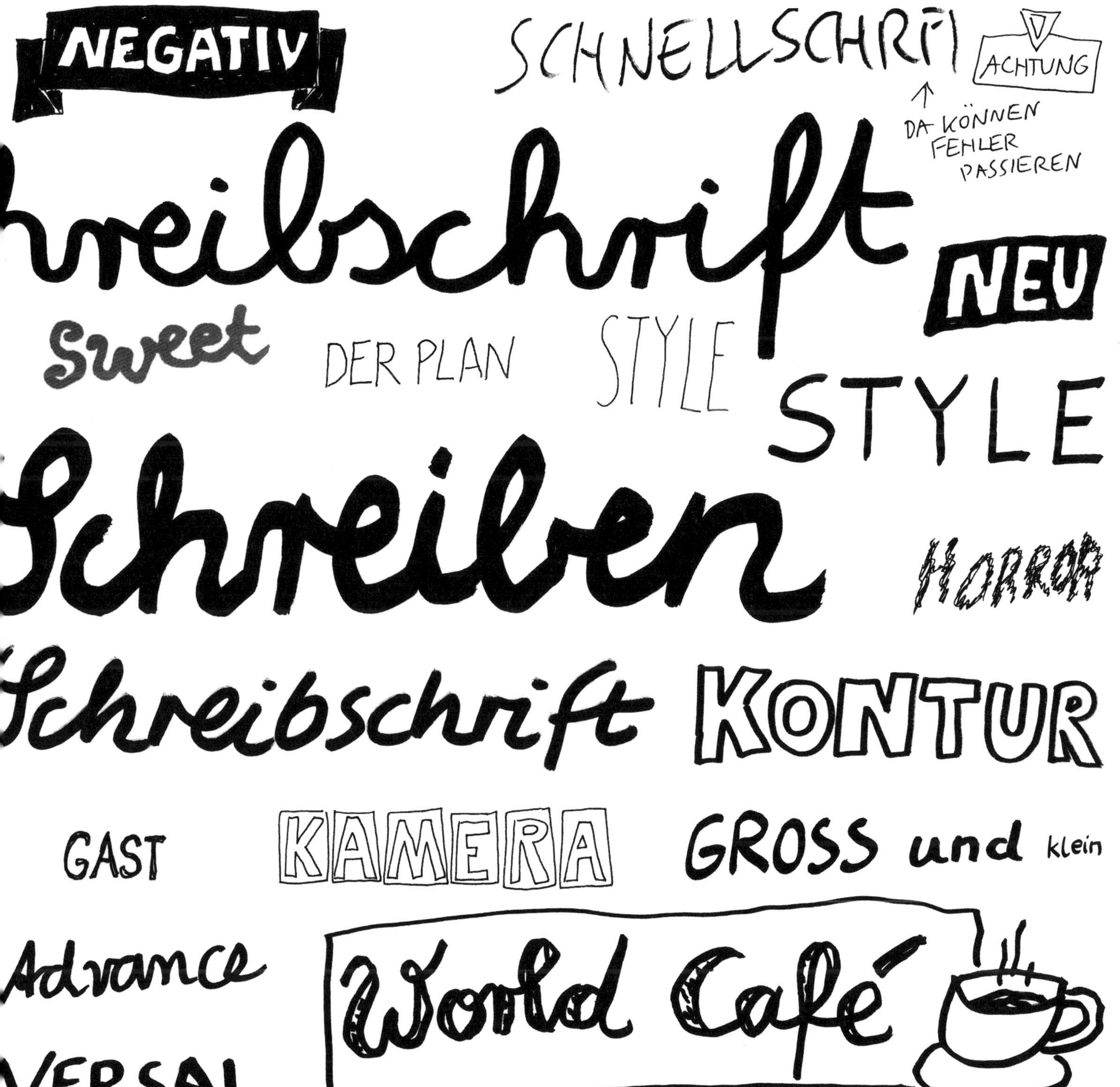
NEGATIV
SCHNELLSCHRFT
ACHTUNG
DA KÖNNEN FEHLER PASSIEREN
hreibschrift
NEU
Sweet
DER PLAN
STYLE
STYLE
Schreiben
HORROR
Schreibschrift
KONTUR
GAST
KAMERA
GROSS und klein
Advance
VERSAL
World Café

SCHATTEN
Eis
NO!
HEIMA
Wasser
ÖKOSYS
zart
Impuls
WERTE
Huiles Essentielle
Ruh
WOMAN
RUHE
KRAFT
ANFANG
Genusswelten
Come
Diversit
Please
Mops
Wein
ERHEBEND
HEKTIK
Fresh
SKILL

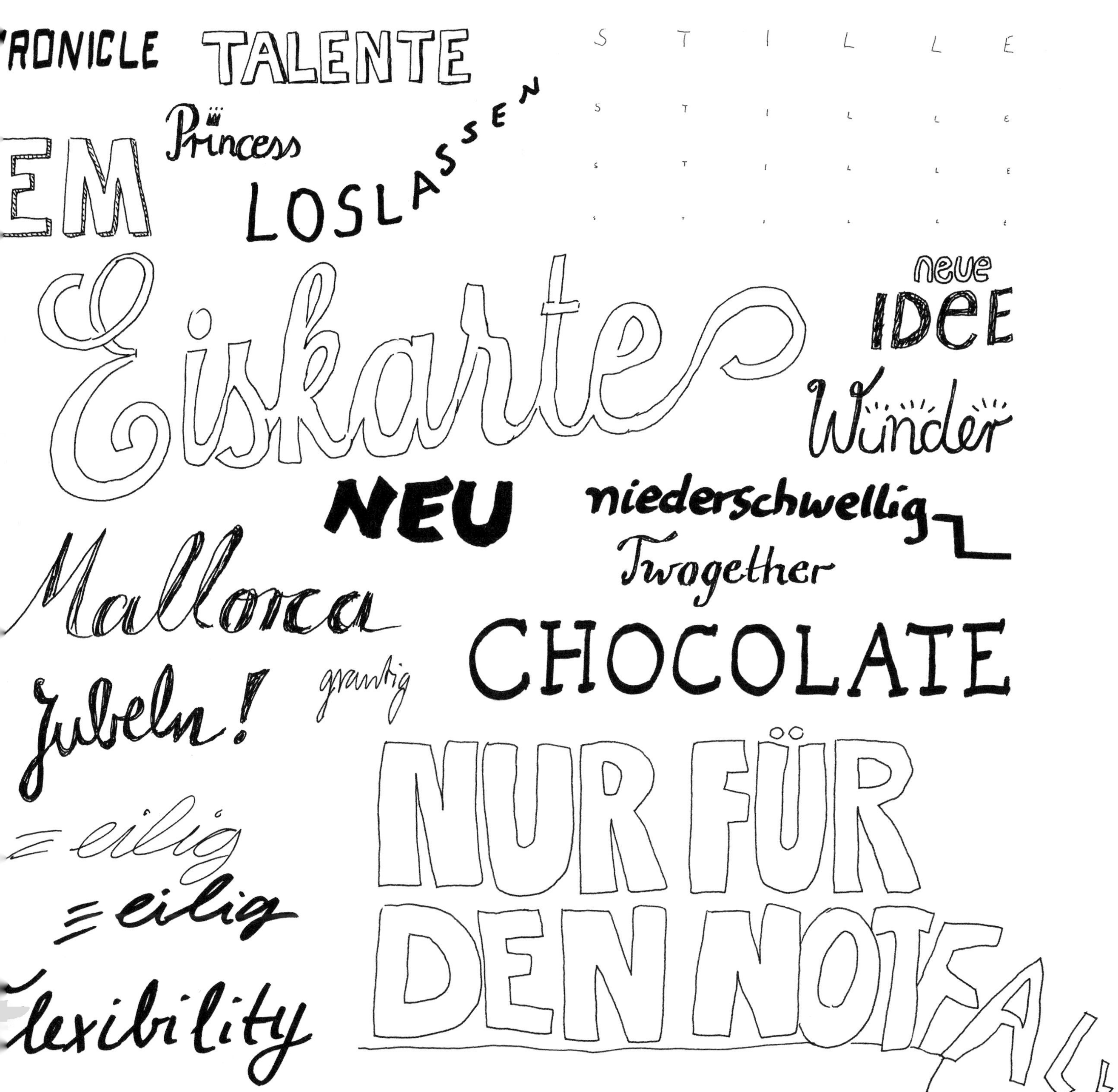
RONICLE
TALENTE
STILLE
STILLE
STILLE
STILLE
EM
Princess
LOSLASSEN
Eiskarte
neue
IDEE
Wunder
NEU
niederschwellig
Twogether
Mallorca
CHOCOLATE
Jubeln!
grantig
eilig
eilig
lexibility
NUR FÜR
DEN NOTFALL

FLIESSTEXT

Selbst wenn man Sketchnotes einsetzt, ist es manchmal erforderlich, über längere Strecken mitzuschreiben, vor allem, wenn es darauf ankommt, das Gehörte später wirklich nachzuvollziehen und auch lernen zu wollen. Lesbar schreiben zu können gehört unbedingt dazu.

Gehören Sie zu den Menschen, die später ihre eigene Handschrift nicht mehr lesen können? Oder schreiben Sie bereits leserlich? So oder so, die eigene Handschrift ist etwas Besonderes. Wenn es bei einer Mitschrift sehr schnell gehen muss, sollte es beim Sketchnoting trotzdem lesbar bleiben. Es hilft, sich vorzustellen, dass auch andere es anschließend lesen können sollen. Sich ein neues Schriftbild anzueignen, ist nicht einfach. Irgendwann stößt man an seine persönlichen Grenzen, und die gilt es zu akzeptieren.

ÜBUNG:

Schreiben Sie! Schreiben Sie Texte ab oder schreiben Sie drauflos, was Ihnen so einfällt. Es kommt nicht auf den Inhalt an. Üben Sie Schreib- und Blockschrift, Groß- und Kleinschreibung. Nehmen Sie am Anfang liniertes oder kariertes, später weißes Papier.

Meine Handschrift ist wirklich nicht lesbar und auch nicht schön (leider).

DER GROSSE BALL AM SILVESTERABEND WAR ES, DER DEN RUHM VON JUNKER CASS' UND SEINER VÄTER GASTLICHKEIT BIS IN GRAUE ZEITEN ZURÜCK AUSMACHTE. DIE GANZE GESELLSCHAFT VON RAVELOE UND TARLEY – MOCHTE ES SICH UM ALTE, DURCH LANGE, BESCHWERLICHE ENTFERNUNGEN GETRENNTE ODER ABGEKÜHLTE, UM ZERSTRITTENE, DURCH MEINUNGSVERSCHIEDENHEITEN ÜBER ENTLAUFENE KÄLBER ENTZWEITE ODER UM UNGLEICHE, AUF ZEITWEILIGER HERABLASSUNG FUSSENDE BEKANNTSCHAFTEN HANDELN, KURZ, ALLE RECHNETEN BEI DIESEM ANLASS DAMIT, EINANDER ZU TREFFEN UND SICH DEN UMSTÄNDEN ENTSPRECHEND GEGENSEITIG ZU BETRAGEN. DIES WAR DIE GELEGENHEIT, DA SCHÖNE DAMEN, DIE AUF REITKISSEN KAMEN, IHRE PUTZKASTEN VORAUSSCHICKTEN, WELCHE NICHT NUR IHRE ABENDKLEIDER ENTHIELTEN, DENN DAS FEST ENDETE KEINESWEGS NACH EINEM EINZIGEN ABEND WIE DIE LUMPIGEN STADTVERGNÜGEN, WOBEI DER GESAMTE VORRAT AN ESSWAREN SOGLEICH AUF DEN TISCH GELEGT WIRD UND DIE SCHLAFGELEGENHEITEN SPÄRLICH SIND.

AUS GEORGE ELIOT: SILAS MARNER

GANZ ANDERS WIRKT DIESE SCHLANKE SCHRIFT. IN EINER KLASSISCHEN SATZSCHRIFT NENNT MAN DIESEN SCHNITT „CONDENSED". DAS WIRKT ELEGANT, VOR ALLEM IN VERSALIEN.

Aber auch in Groß- und Kleinschrift

Eine Antiquaschrift eignet sich zum Schnellschreiben eher nicht – aber ausprobieren!

DRUCKBUCHSTABENSCHÖNSCHRIFT: ACHTEN SIE DARAUF, BEI LÄNGEREN TEXTEN NICHT KLEINER ODER GRÖSSER ZU WERDEN UND DEN ZEILENABSTAND ZU HALTEN.

DAHER SCHREIBEN SIE, WO IMMER ES MÖGLICH IST, UND TRAINIEREN SIE SCHNELLIGKEIT, LESBARKEIT & AUSGEGLICHENE BUCHSTABEN.

NATÜRLICH HÄNGT VIELES DAVON AB, WAS FÜR EINEN STIFT MAN ZUM SCHREIBEN BENUTZT. GUT SIND STIFTE MIT EINER KALLIGRAFISCHEN SPITZE. SIE IST FLACH UND SORGT AUTOMATISCH FÜR DICKE UND FEINE LINIEN. DAS SIEHT GUT AUS UND IST NICHT AUFWENDIG.

Eine schöne Handschrift mit geschwungenen Ober- und Unterlängen ist wunderschön, wenn man eine hat.

ABCDEFGHIJ
KLMNOPQR
STUVWXYZ
„ " , . - ? ! » «
1234567890
abcdefghijkl
mnopqrstuv
wxyz

ABCDEFGHIJ
KLMNOPQRS
TUVWXYZ
„ " , . - ? ! » «
1234567890
abcdefghijklm
nopqrstuvw
xyz

DRUCKSCHRIFT

OHNE TEXT GEHT ES BEIM GRAPHIC RECORDING UND BEI SKETCHNOTES NICHT. INHALTE SOLLEN FESTGEHALTEN WERDEN. DABEI MUSS ES SCHNELL GEHEN UND LESBAR BLEIBEN. MEINE PER-SÖNLICHE HANDSCHRIFT IST LEIDER UNLESERLICH. MANCHMAL KANN ICH SIE SELBER NICHT ENTZIFFERN. WENN ES ALSO SPÄTER LESBAR SEIN SOLL, ENTSCHEIDE ICH MICH FÜR DRUCKBUCH-STABEN. SO WIRD DAS SCHRIFTBILD EINIGERMASSEN GLEICHMÄSSIG. ABER AUCH DRUCKSCHRIFT MUSS GEÜBT WERDEN. WIR SIND ES KAUM NOCH GEWÖHNT, VIEL MIT DER HAND ZU SCHREIBEN, SO IST ES ETWAS BESONDERES, EINEN HANDSCHRIFTLICHEN BRIEF ZU BEKOMMEN...

ÜBUNG: Schreiben Sie jemandem einen Brief mit der Hand.

Schreibschrift

Können Sie noch so schreiben, wie Sie es als Kind in der Grundschule gelernt haben? Versuchen Sie es mal! Meistens hat sich diese Art zu schreiben tief in unserem Gedächtnis eingeprägt und es ist relativ einfach, sie zu reaktivieren. Leider sind schöne Handschriften inzwischen selten geworden.

„Rettet die Schreibschrift!"

Sie können dazu beitragen. Und sogar Kalligraph werden, wenn Sie viel schreiben und richtig gut sind ...

Das Original:

24.4.75 Hausaufgabe

Die Waschmaschine gehört zum modernen Haushalt Die Waschmaschine wascht die Wäsche der Familie. Die Waschmaschine wäscht so-gar den schmutzigen Arbeits-anzug.

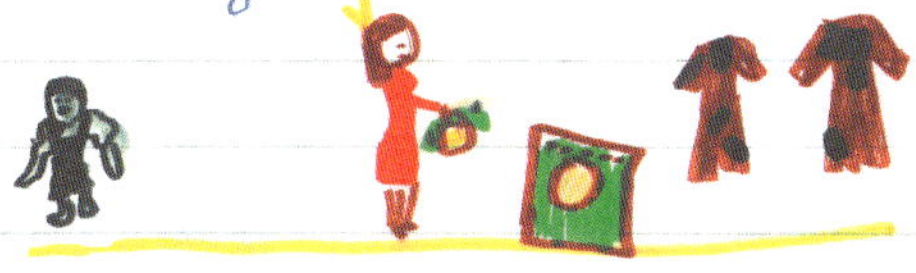

ÜBUNG: Schreiben Sie einen Text in Ihrer Grundschulschrift.

TEXTE GESTALTEN

ÜBUNG:

Spielen Sie mit Buchstaben und Texten. Probieren Sie verschiedene Materialien aus. Schreiben Sie mit flüssiger Farbe, Kohle, Zuckerguss oder in Sand. Schreiben Sie mit Pinsel, Pipette, Taschentuchzipfeln oder dem Finger …

Bei der Abbildung rechts habe ich flüssige Farbe direkt mit einer Pipette aufgetragen.

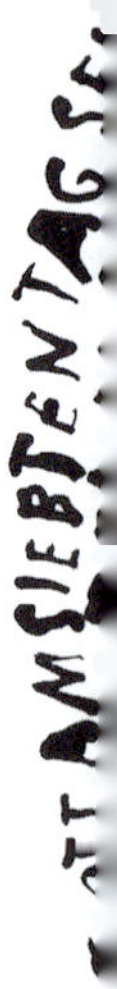

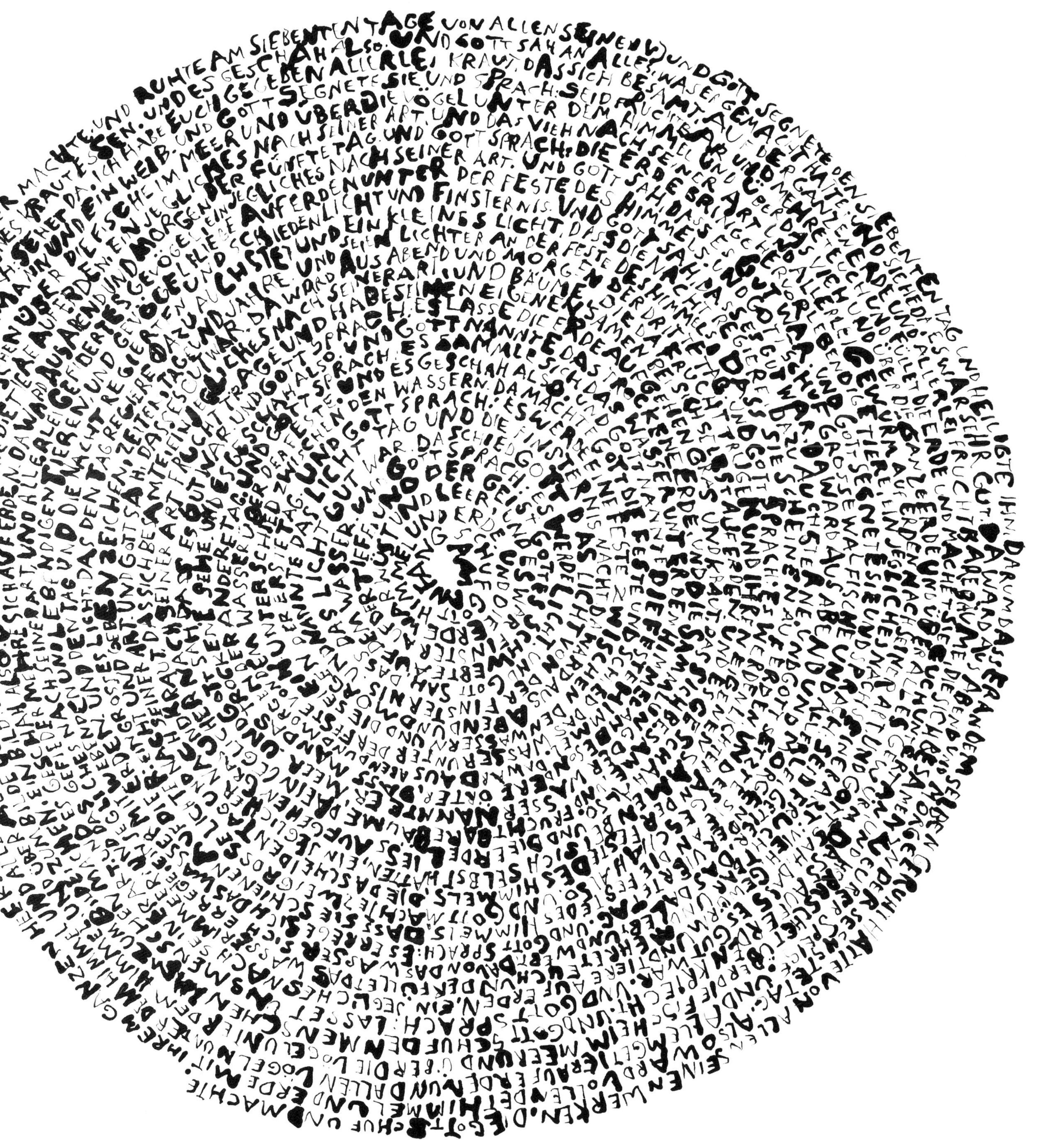

SPRACHE

Gesprochenes lässt sich am besten durch Sprechblasen ausdrücken. Das kennen wir aus den Comics. Auch das Aussehen der Sprechblase kann bereits eine Geschichte erzählen. Es gibt viele Möglichkeiten, hier sind einige Beispiele.

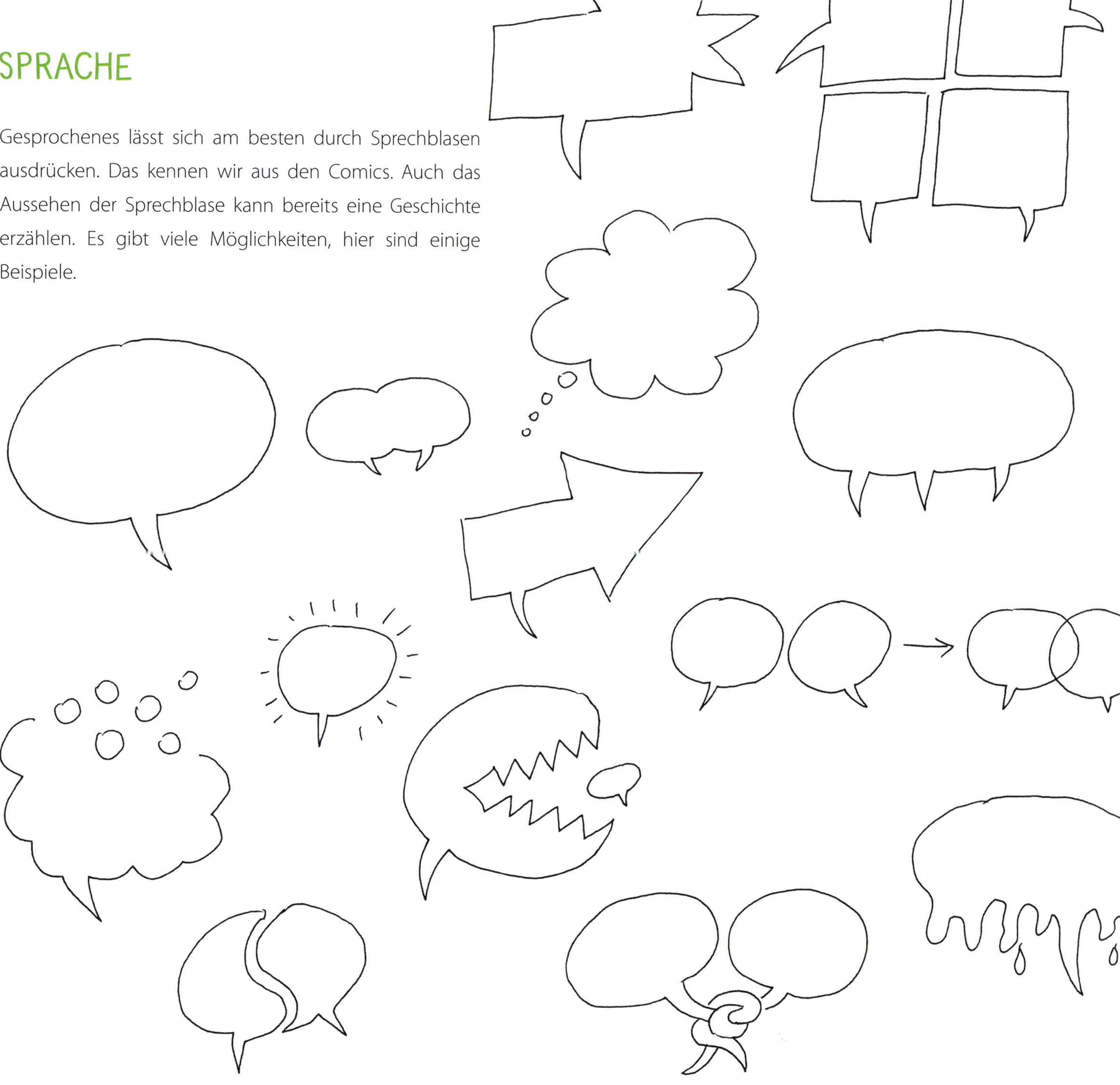

RAHMEN UND BANNER

Rahmen, auch Container genannt, fassen etwas zusammen. Damit sind sie eines der wichtigsten Hilfsmittel beim Sketchnoting, denn es gibt immer inhaltliche Punkte, die zusammengehören. Ein Rechteck ist die einfachste Form für einen Rahmen. Aber die Formen können vielfältig sein und auch schon etwas ausdrücken. Ein Banner sieht toll aus und macht viel her. Erst ist es etwas schwierig, aber wenn man es ein wenig geübt hat, wird es ganz einfach. Achtung: Immer zuerst schreiben, dann den Rahmen drumherum zeichnen, sonst bekommt man schnell ein Platzproblem.

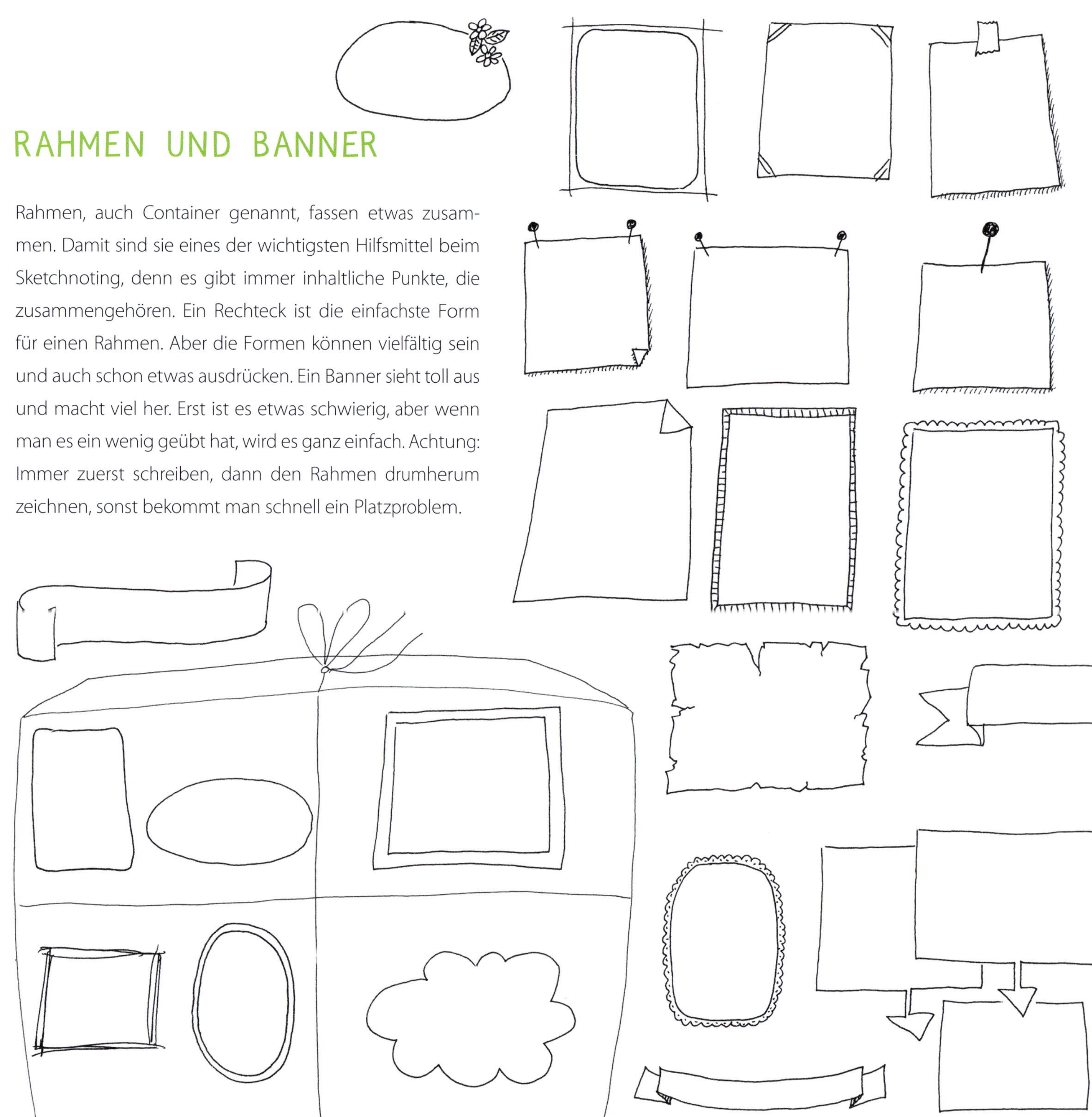

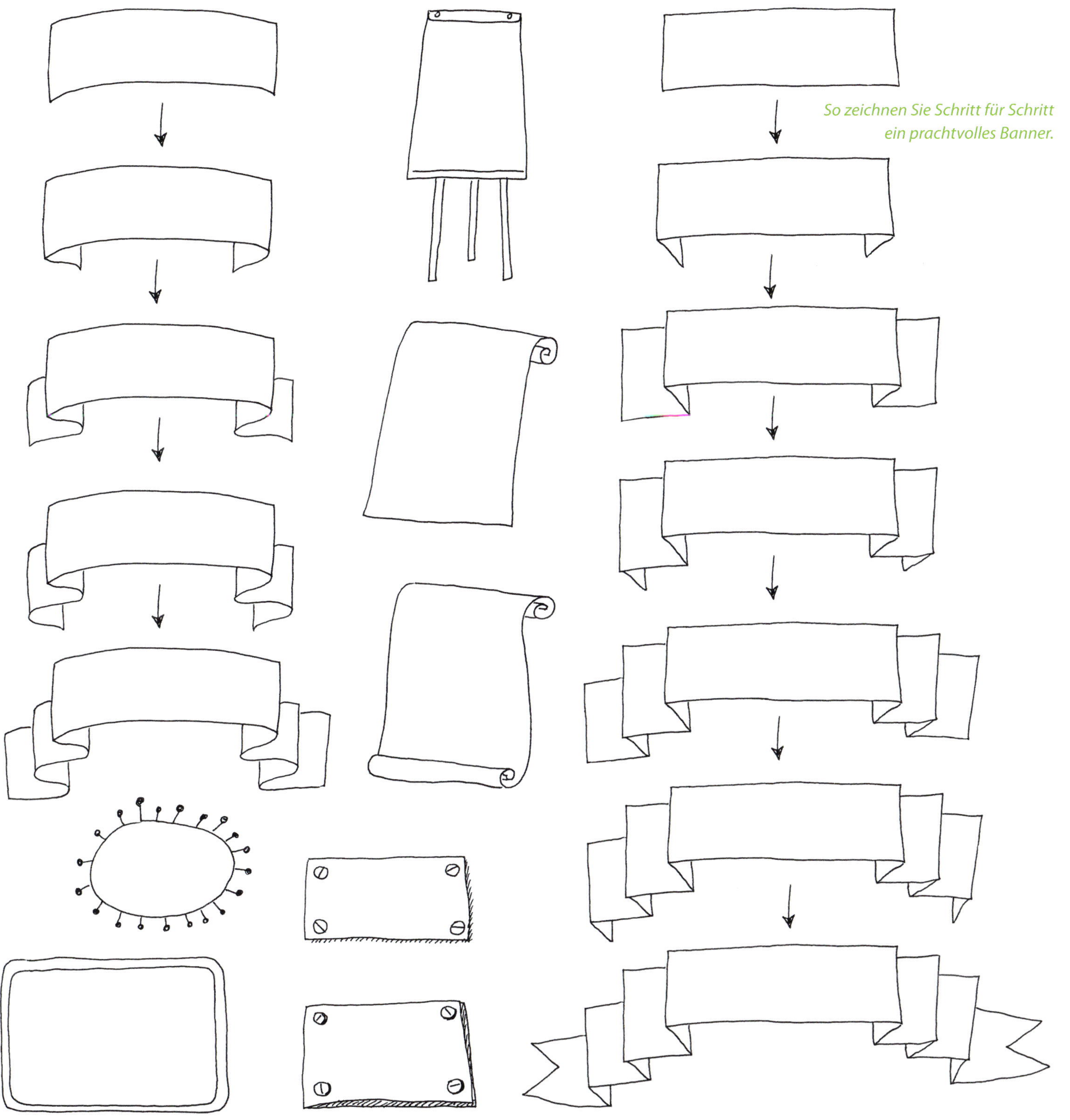

So zeichnen Sie Schritt für Schritt ein prachtvolles Banner.

FARBE UND EFFEKTE

Mit wenigen Mitteln kann man eine Zeichnung aufwerten. Nehmen Sie Grau für Schatteneffekte hinzu. Das sieht toll aus und gibt der Zeichnung Tiefe. Nehmen Sie Farbe hinzu und das Bild wird noch eindrucksvoller.

Mit Linien kann man ebenfalls gute Effekte erzielen und den Ausdruck verstärken. Bewegung lässt sich durch ein paar einfache Linien darstellen.

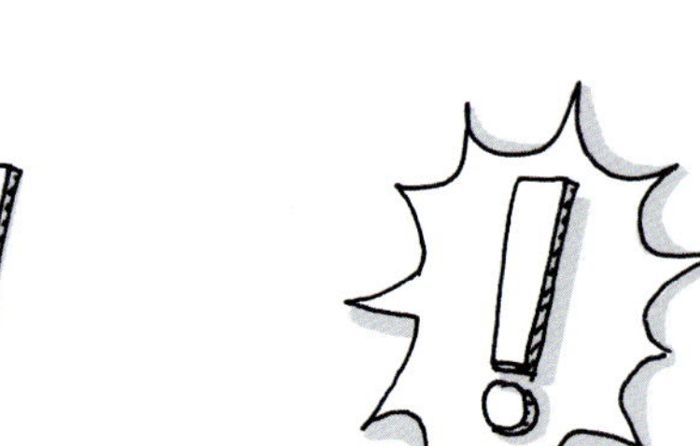

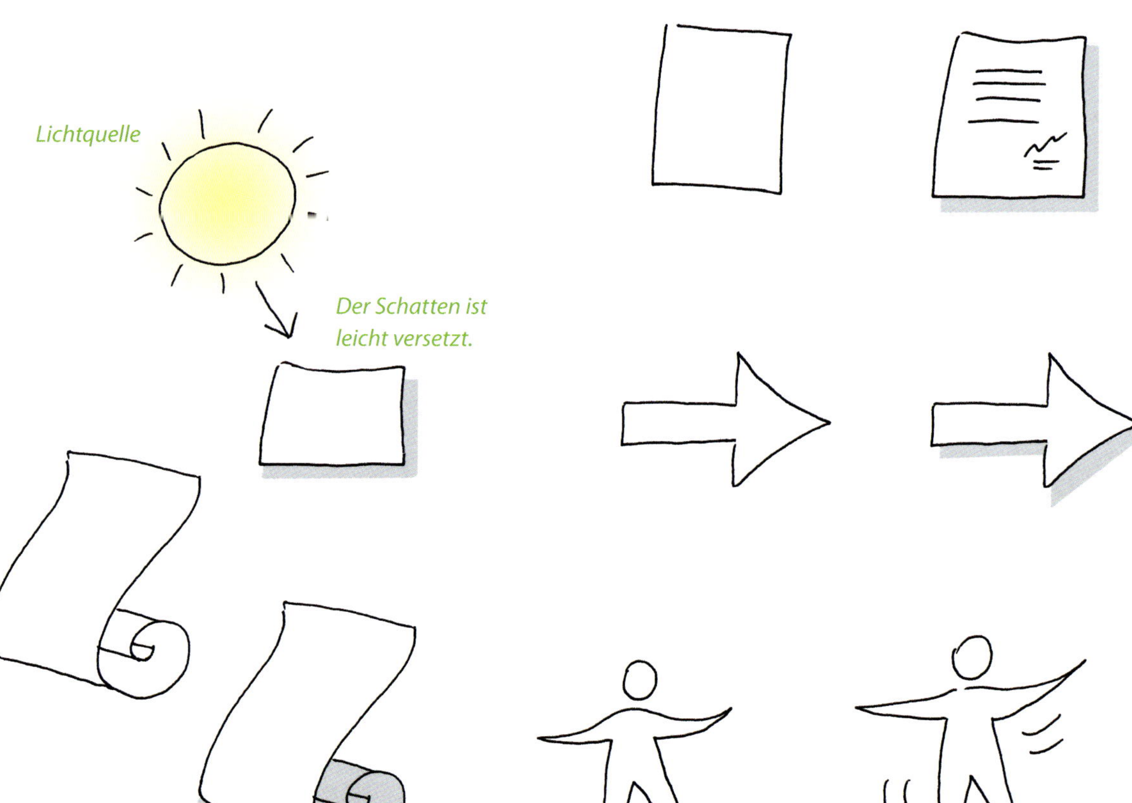

Hat der Schatten mehr Abstand, scheint der Gegenstand zu schweben.

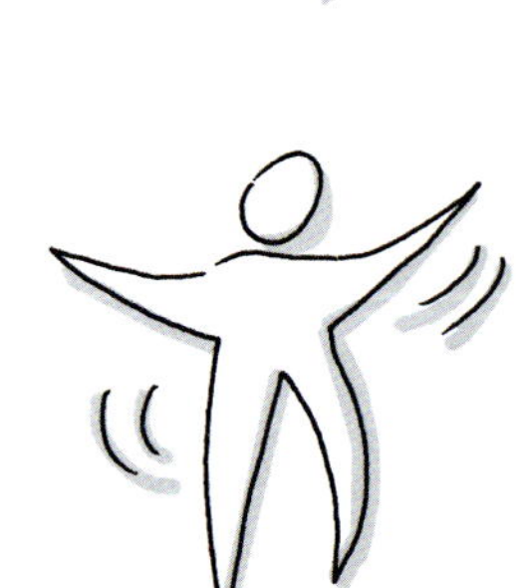

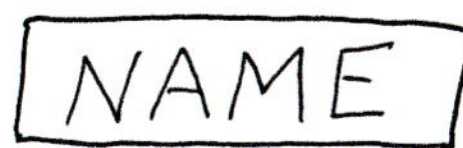
NAME

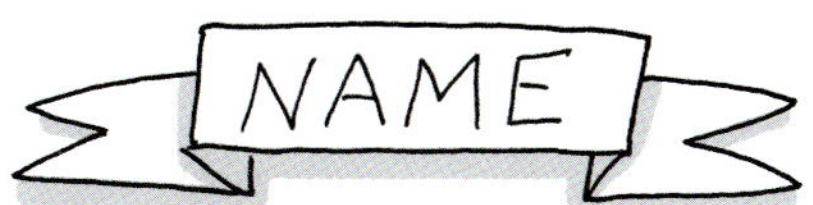
NAME

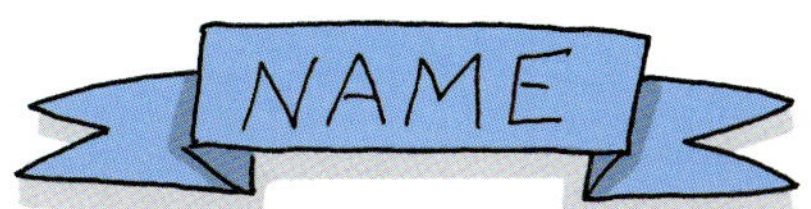
NAME

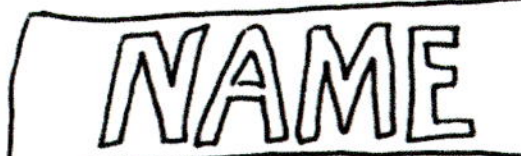
NAME

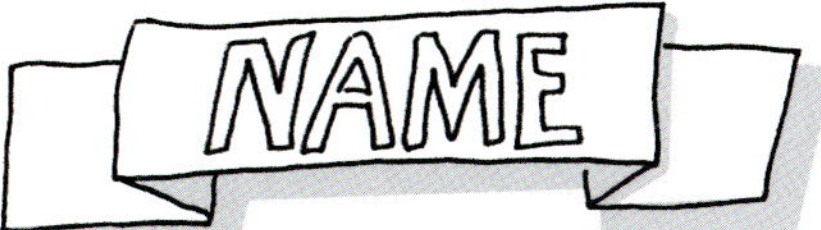
NAME

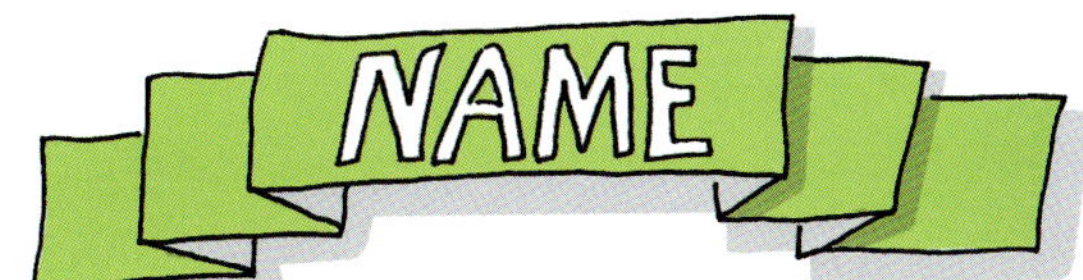
NAME

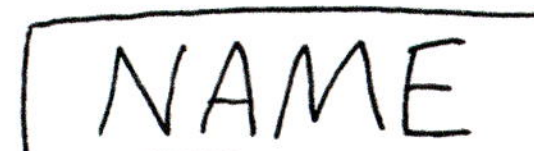
NAME

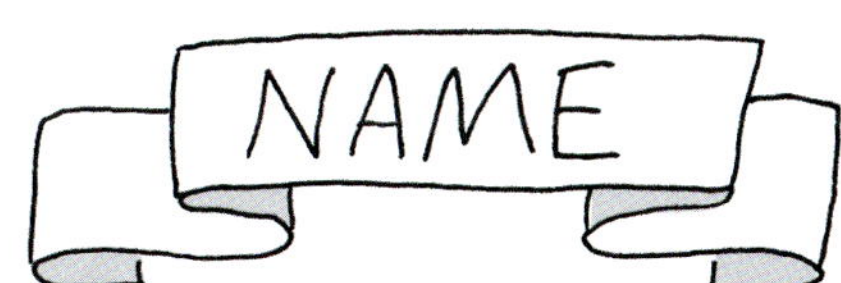
NAME

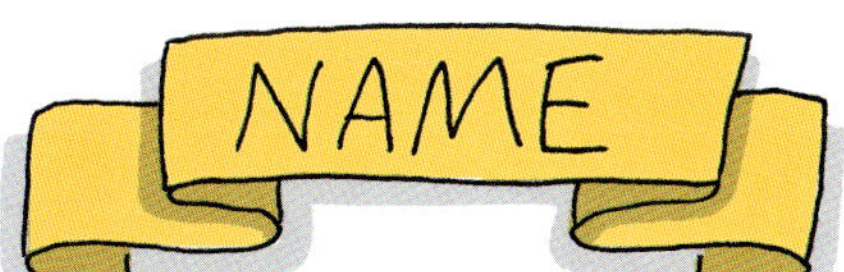
NAME

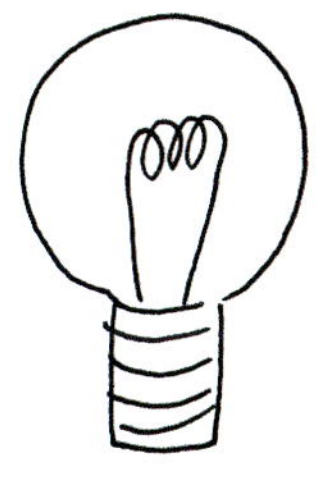

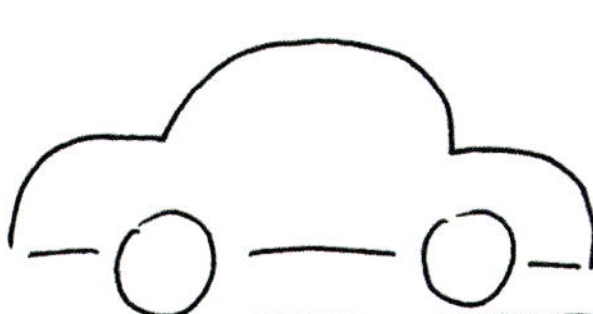

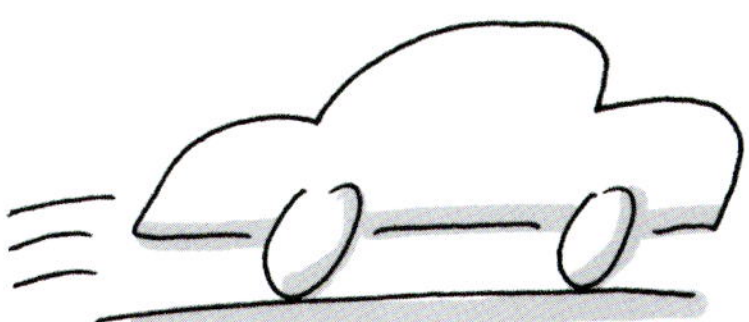

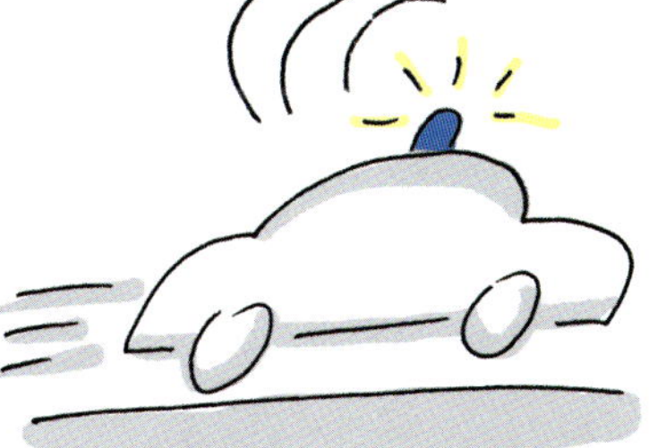

ZWEIFARBIGKEIT

Die Design-Regel »Weniger ist mehr« gilt auch für den Einsatz von Farbe. Bunt ist schön und es ist eine gute Entscheidung, mit den Farben zu arbeiten, die auch in der natürlichen Umgebung auftreten. So hat das fertige Bild einen illustrativen Charakter. Wenn aber das Strukturieren von Inhalten im Vordergrund steht, trägt zu viel Farbe mehr zur Verwirrung bei, als dass es hilfreich ist. Für das Auge ist es daher wohltuend, wenn man sich auf eine Buntfarbe plus Grau für die Schatteneffekte beschränkt. Das gibt einen schönen Kontrast und hat einen ganz eigenen Reiz. Wenn man für ein Unternehmen arbeitet, gibt das Corporate Design den Einsatz der Farben vor.

Das Bild auf dieser Seite ist eine Zeichnung, die ich nachträglich digital coloriert habe. Das Gelb ist als Vollton und aufgehellt eingesetzt. Auf den meisten Papieren kann man mit Pastellkreide und Wischtechnik wunderbare Verlaufseffekte erzielen, die fast noch schöner sind als der digitale Einsatz von Farbe.

ÜBUNG:

Zeichnen Sie eine Seite mit Bildern in Schwarz und kombinieren Sie es mit Texten in einer einzigen zusätzlichen Buntfarbe, z. B. Orange oder Grün. Schauen Sie sich an, wie das Bild wirkt.

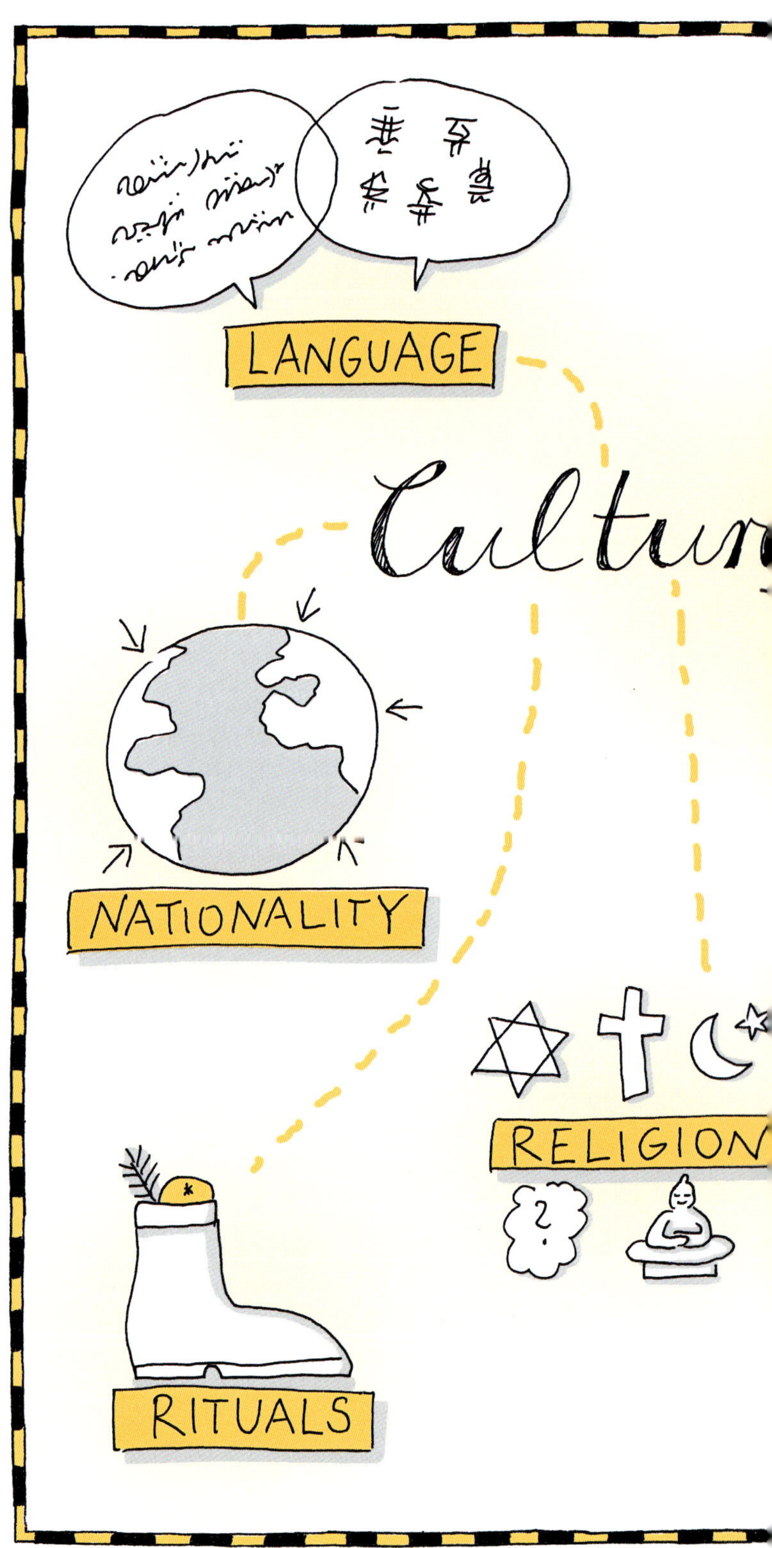

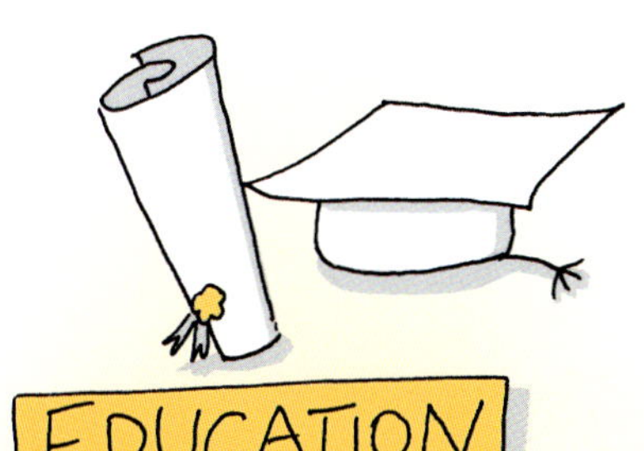

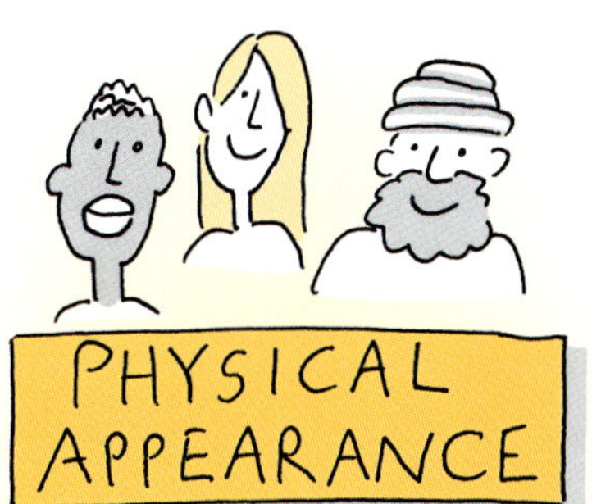

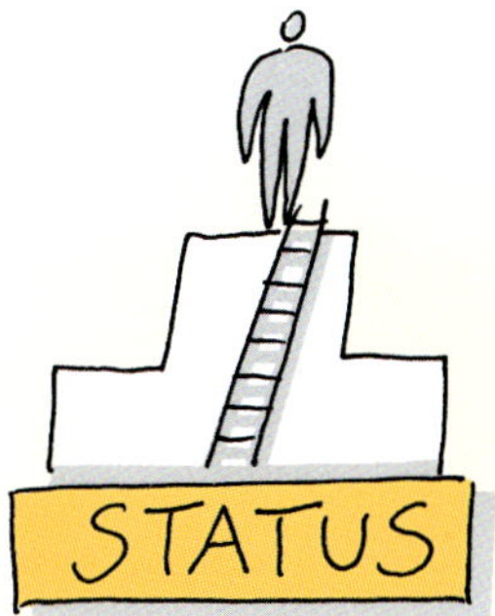

DIVERSITY

Personality

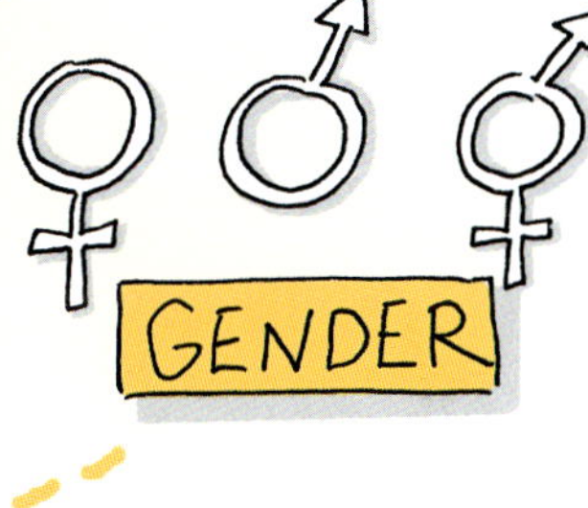

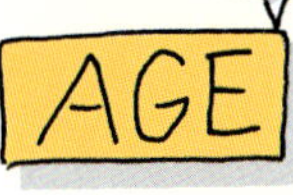

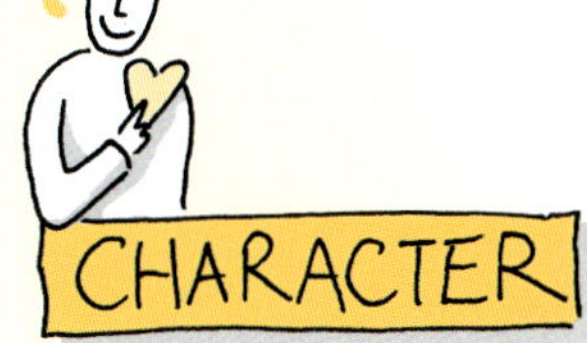

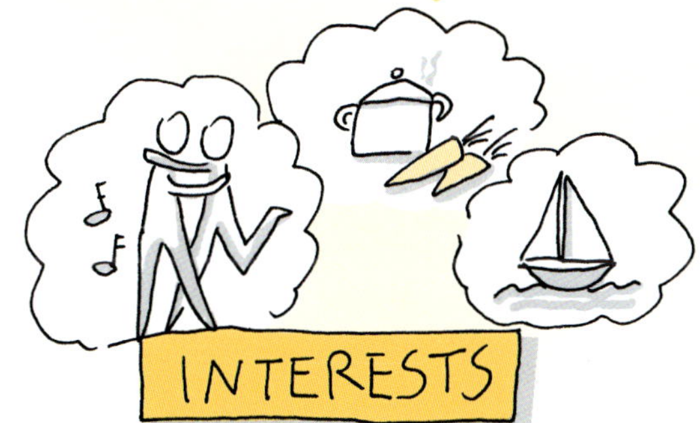

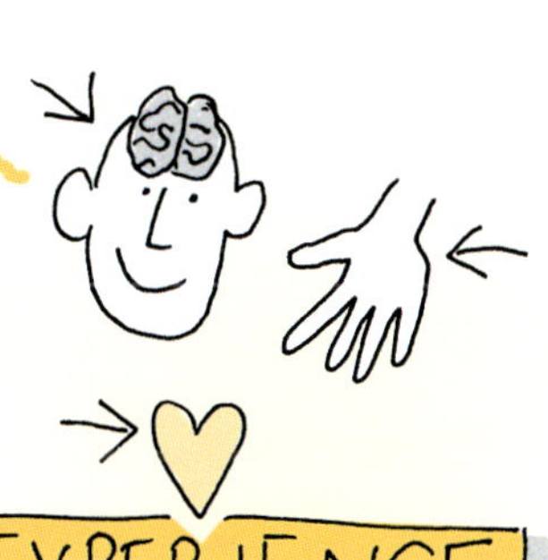

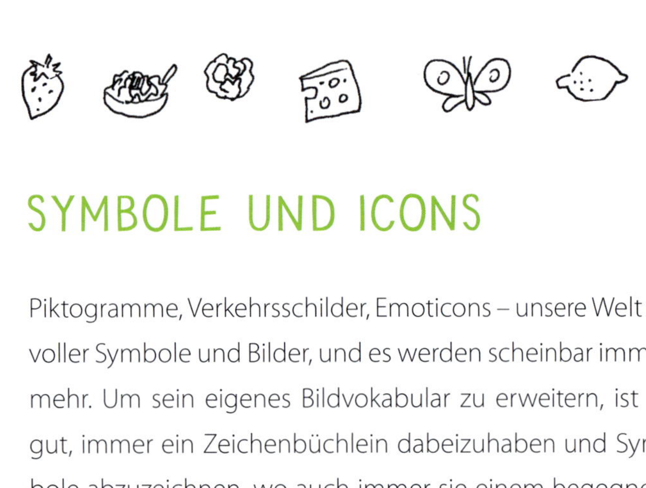

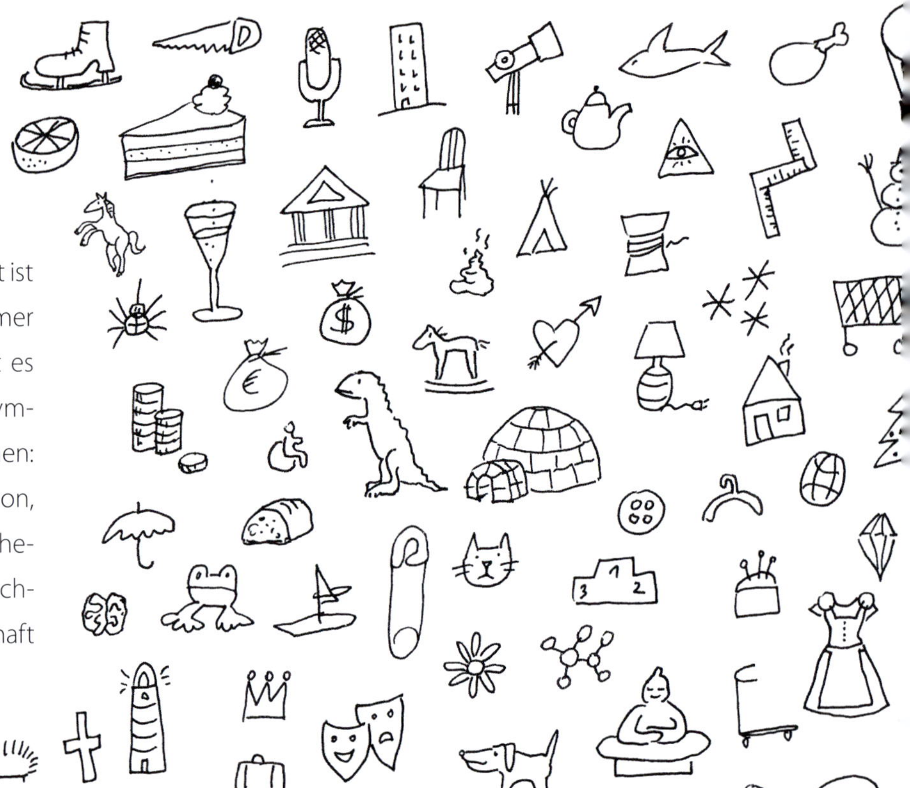

SYMBOLE UND ICONS

Piktogramme, Verkehrsschilder, Emoticons – unsere Welt ist voller Symbole und Bilder, und es werden scheinbar immer mehr. Um sein eigenes Bildvokabular zu erweitern, ist es gut, immer ein Zeichenbüchlein dabeizuhaben und Symbole abzuzeichnen, wo auch immer sie einem begegnen: im Restaurant, im öffentlichen Nahverkehr, im Waschsalon, beim Zahnarzt … So kann man sein eigenes Bildsprache-Wörterbuch erstellen und ständig ergänzen. Aber Achtung, das kann sich schnell zu einer Sammelleidenschaft entwickeln!

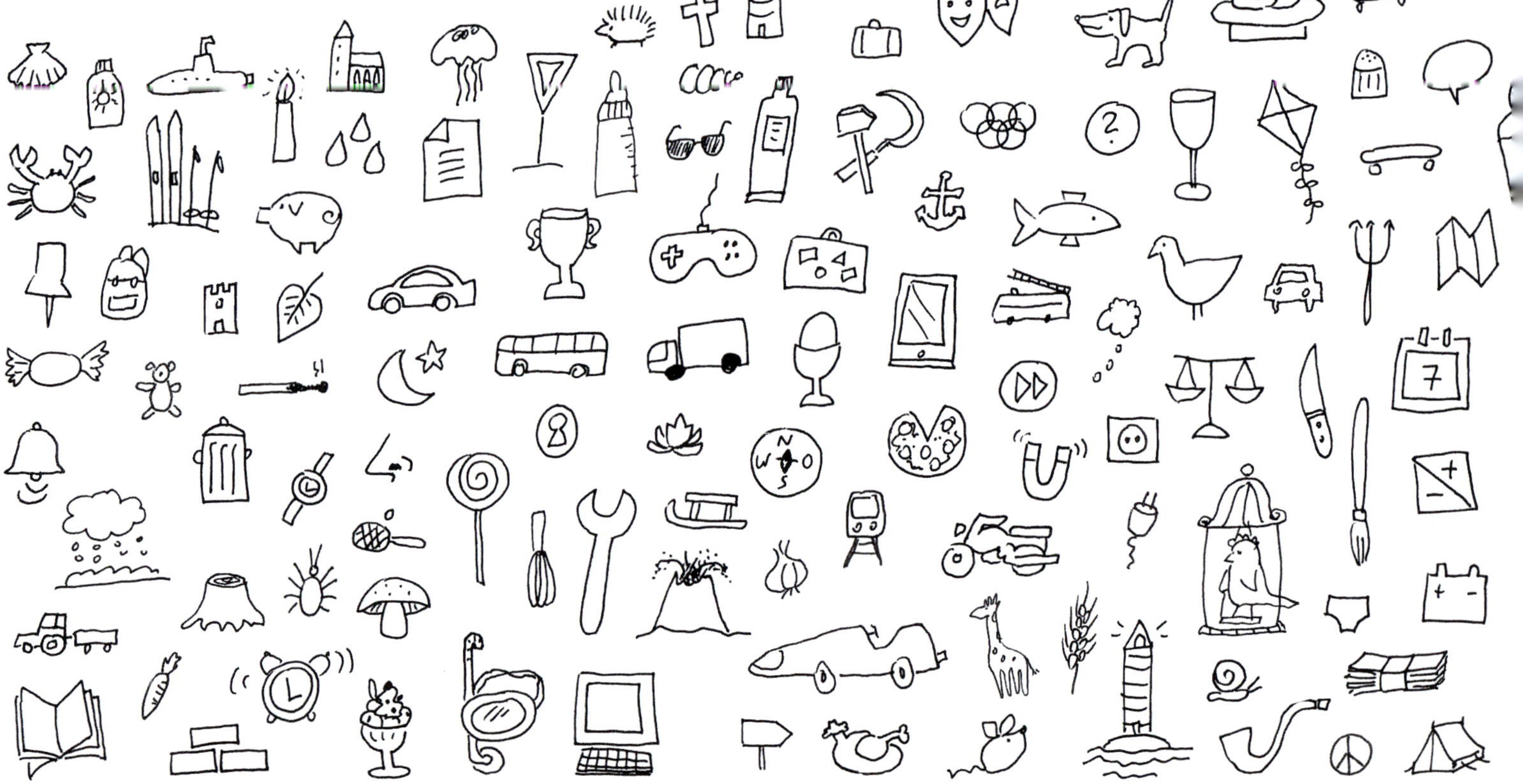

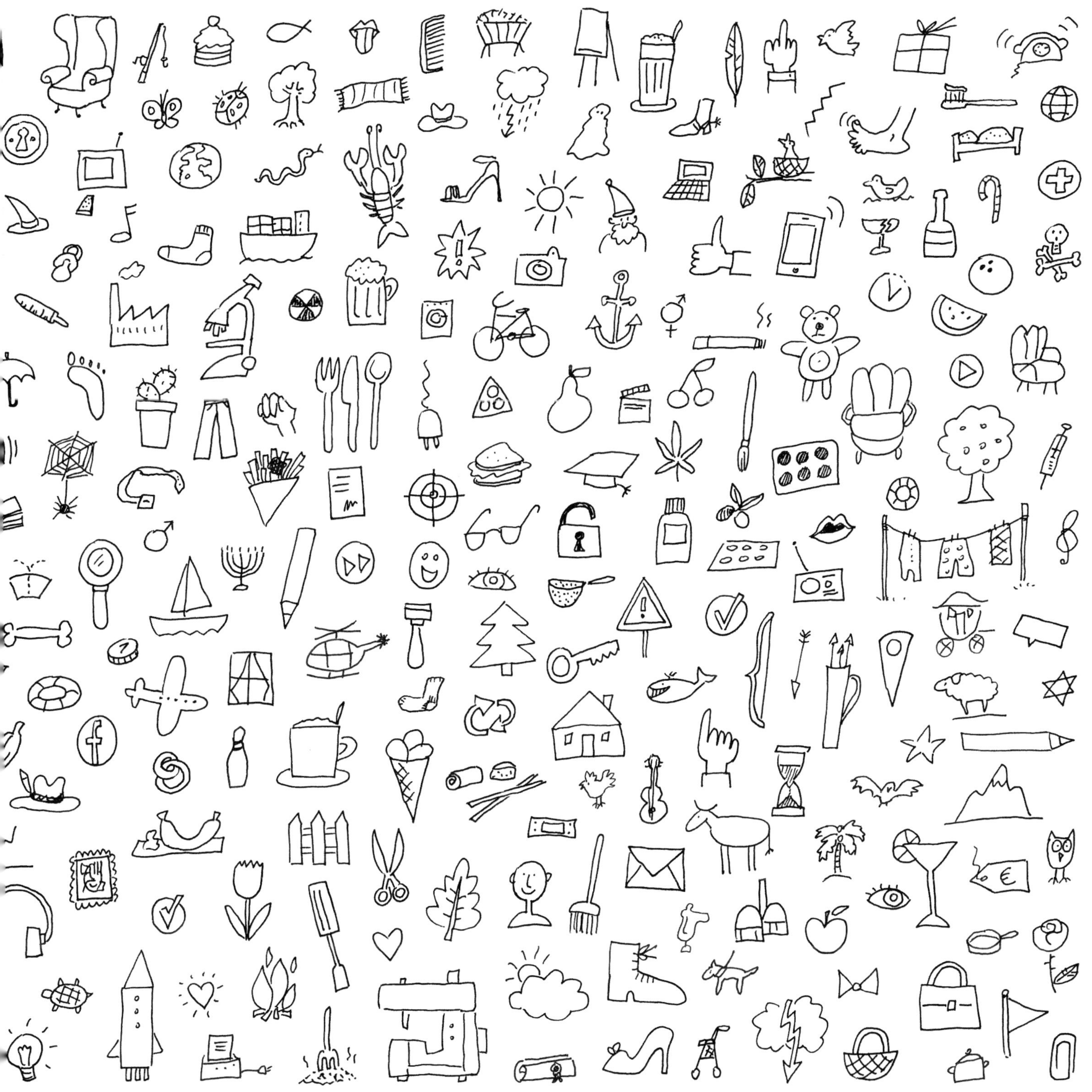

KOMBINATIONEN

Wir haben jetzt alle wesentlichen Grundbegriffe der Bildsprache betrachtet. Damit (und – ich kann es nicht oft genug sagen – mit etwas Übung) lassen sich Texte bereits wunderbar mit Bildern ergänzen bzw. ersetzen. Mit den Grundformen, Schriften, Effekten, Symbolen, Rahmen und Farben können Sie jetzt anfangen, Inhalte zu visualisieren und Ihre ersten eigenen Sketchnotes zu erstellen.

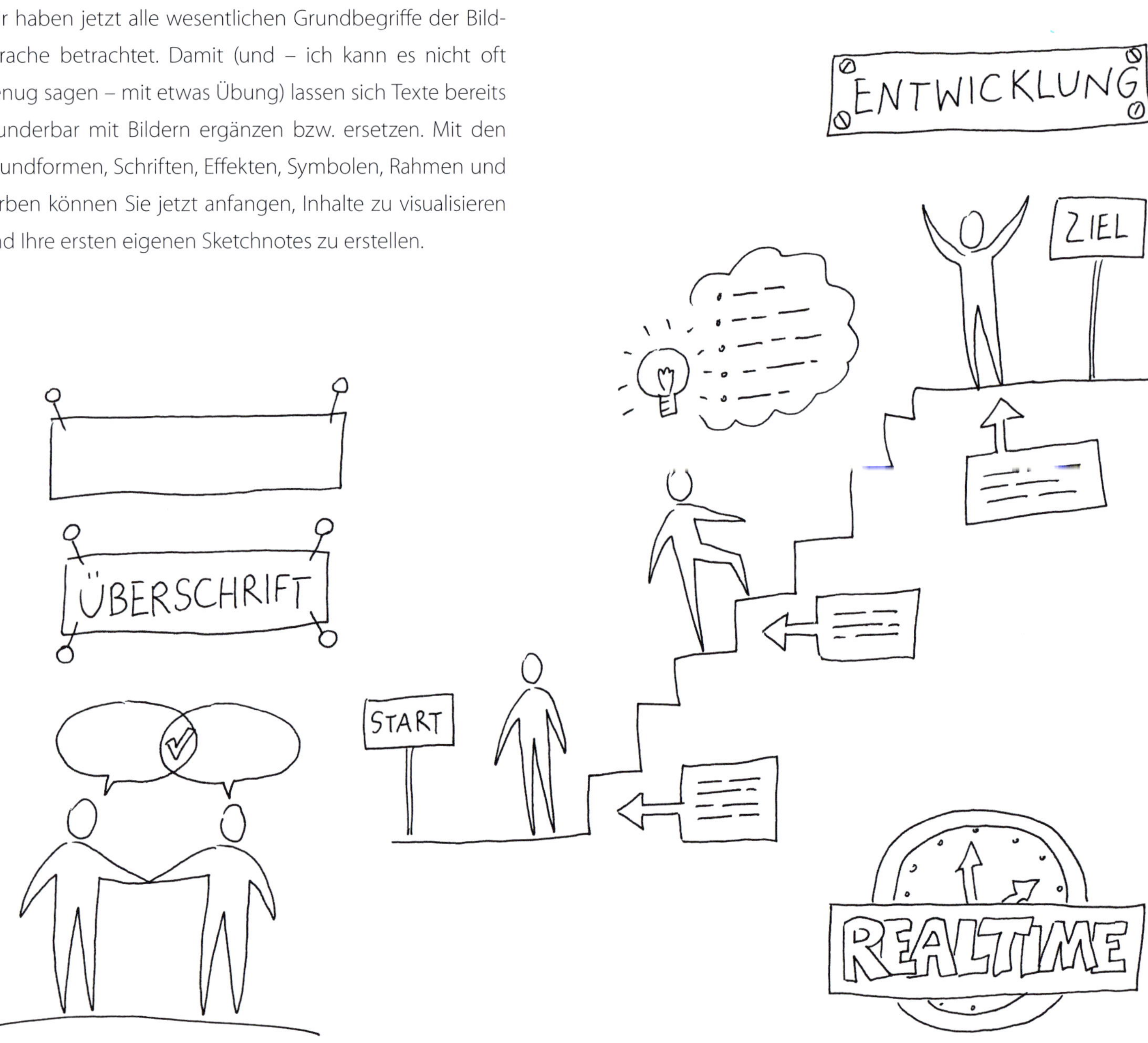

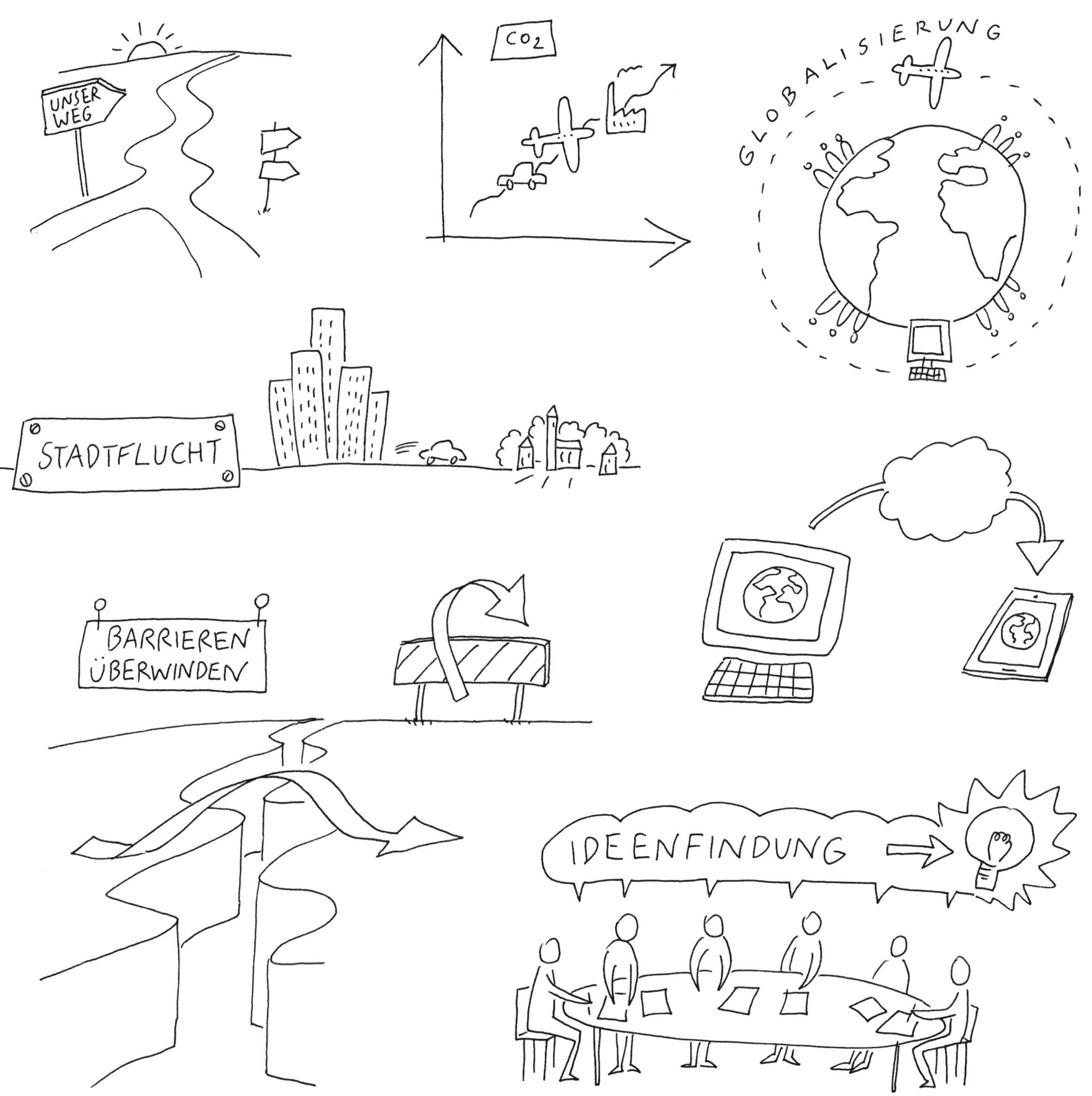
UNSER WEG
CO_2
GLOBALISIERUNG
STADTFLUCHT
BARRIEREN ÜBERWINDEN
IDEENFINDUNG

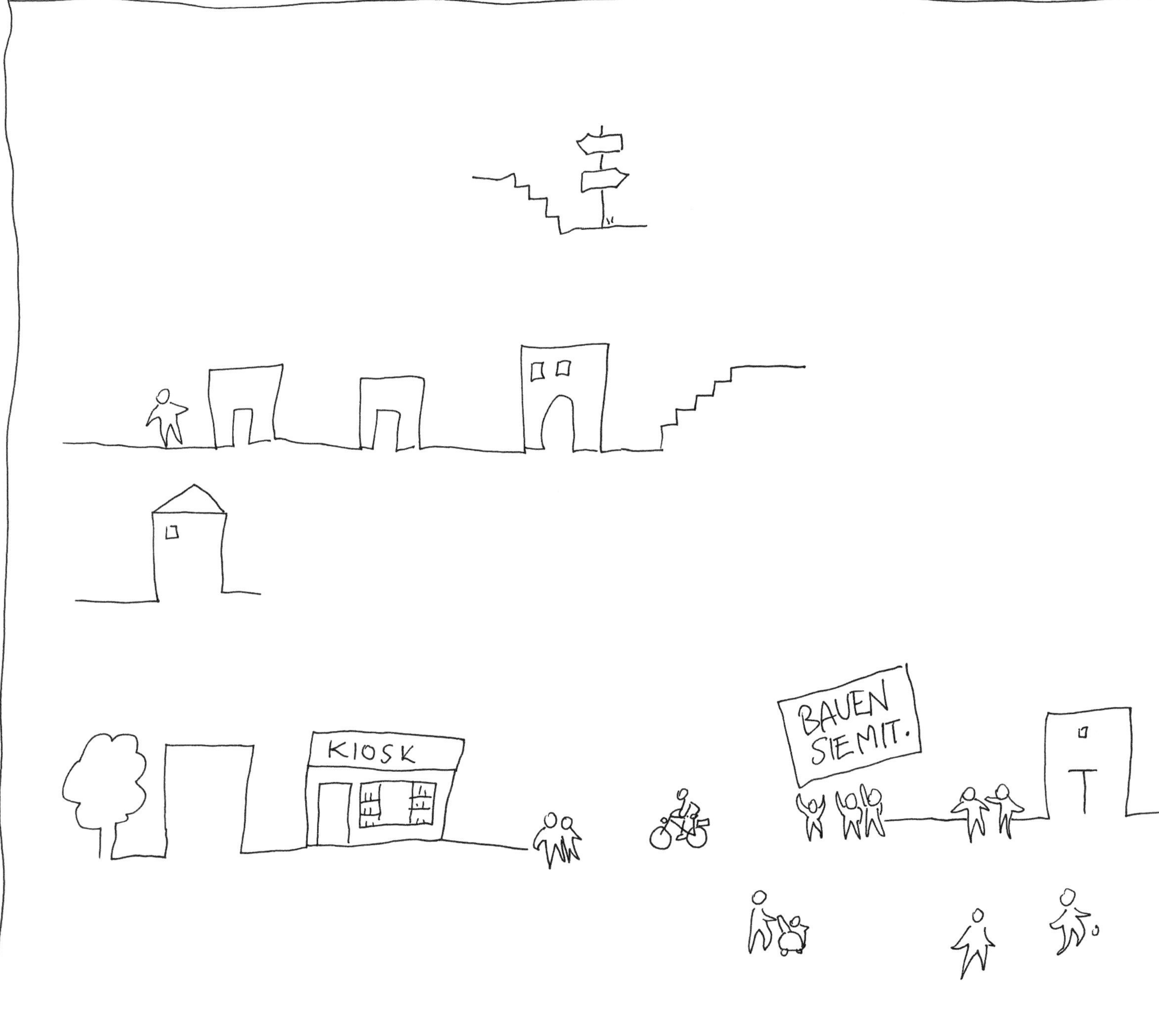
KIOSK
BAUEN SIE MIT.
BITTE ERGÄNZEN

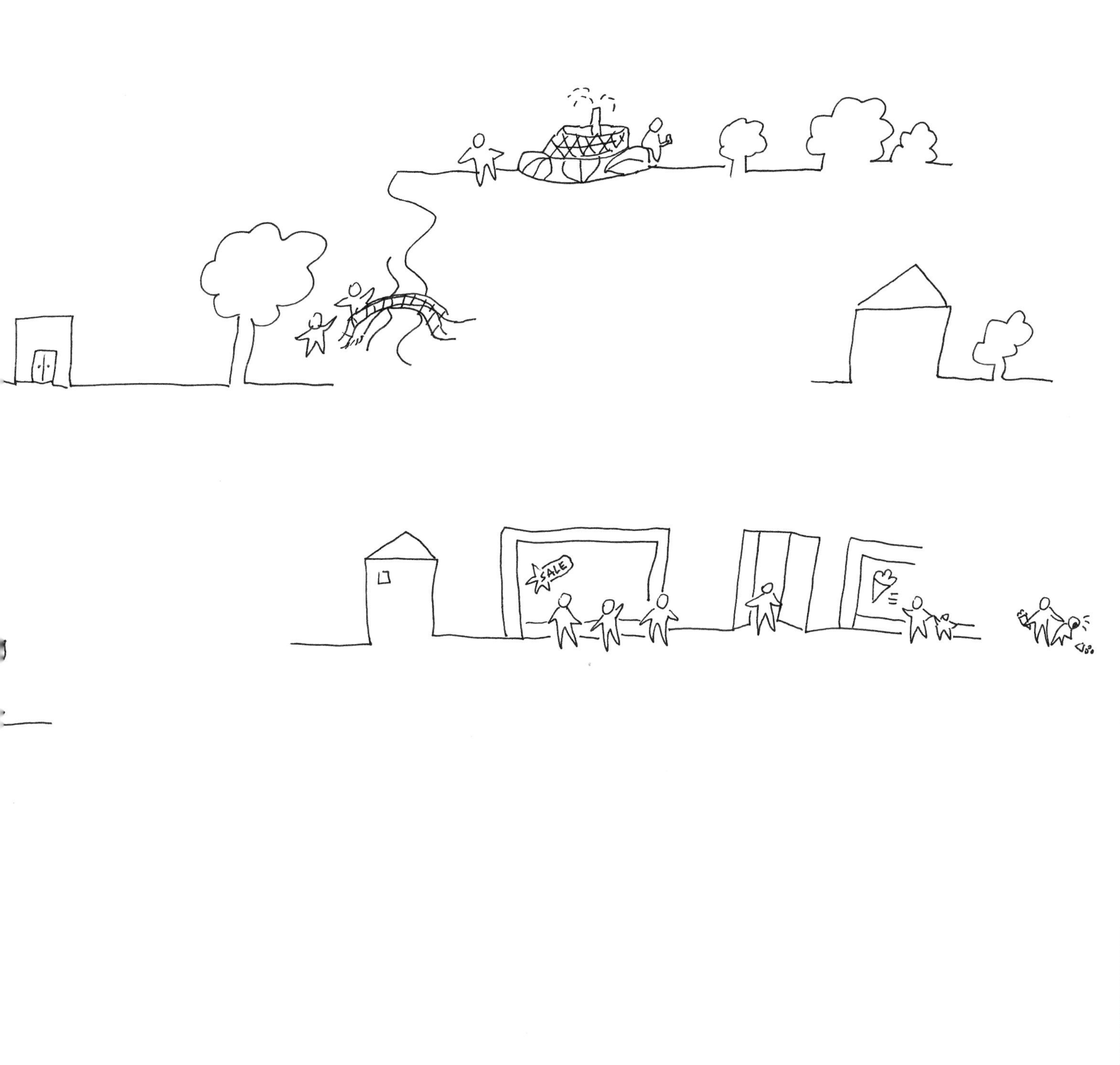
SALE

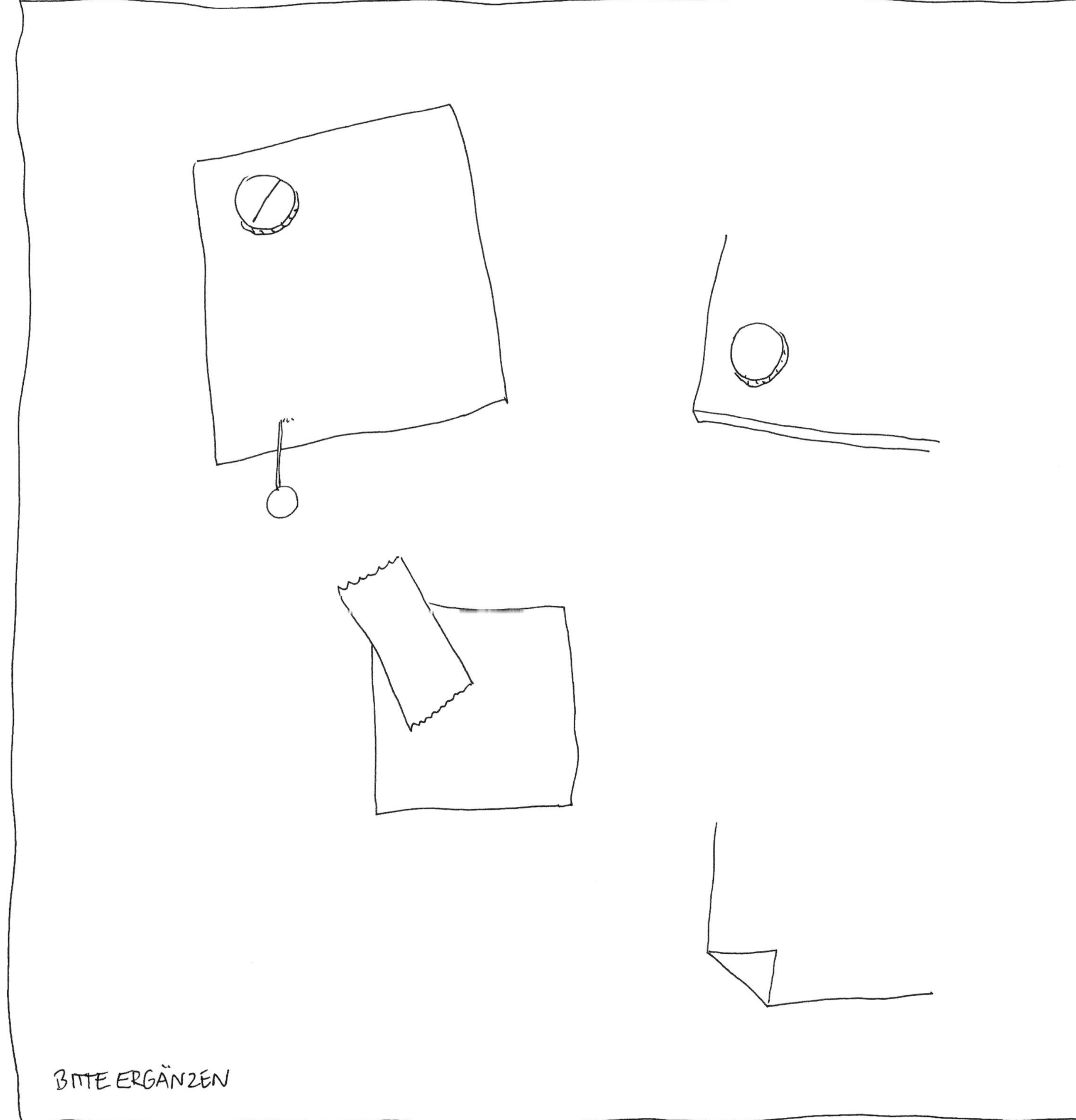
BITTE ERGÄNZEN

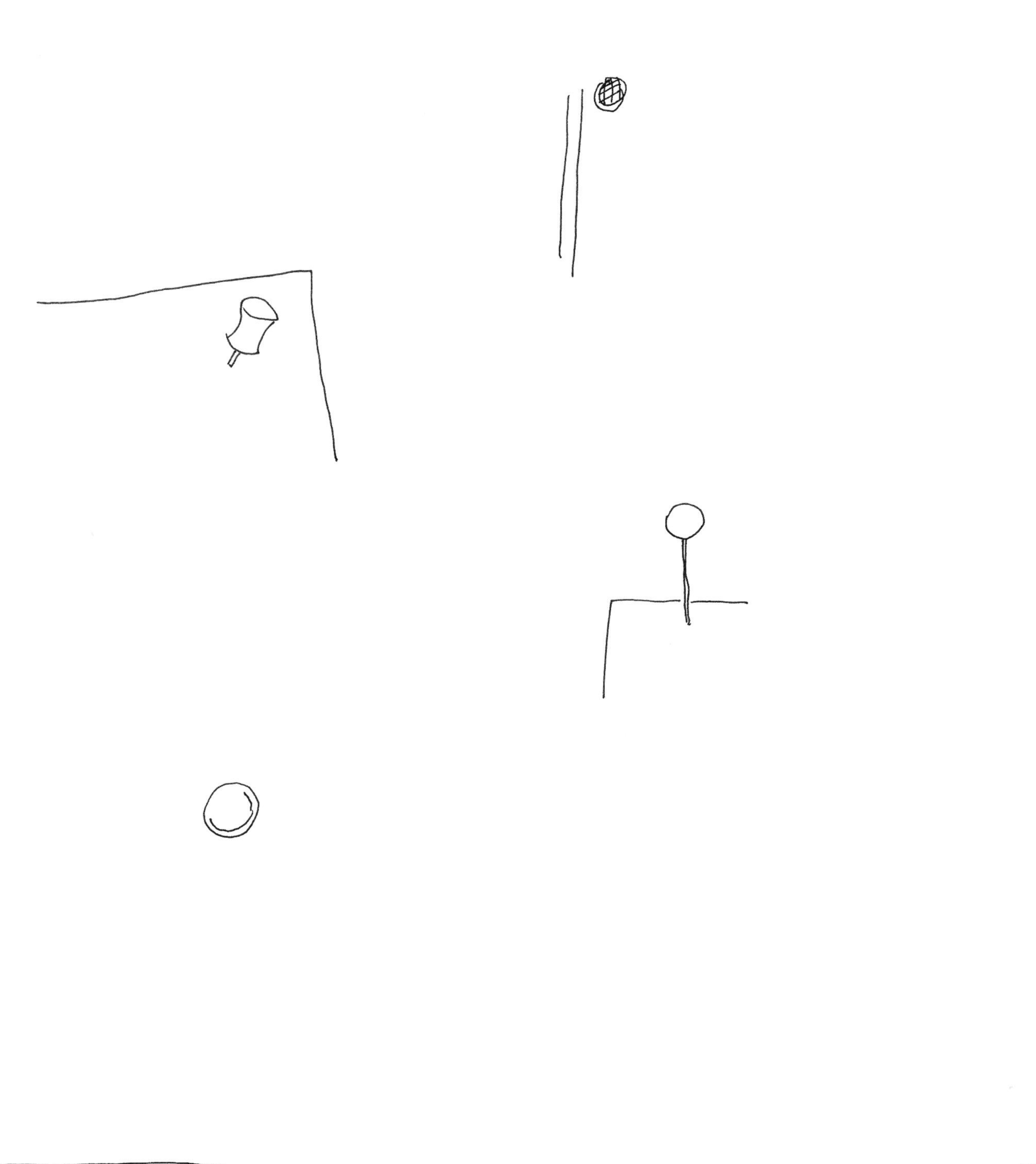

ZEICHENÜBUNG KUH

Manche Dinge zu zeichnen, wird Ihnen trotz Übung schwerfallen. Jeder hat da so seine Baustellen. Ich kann Kühe nicht gut zeichnen. Mit dem Ergebnis bin ich regelmäßig unzufrieden. Immerhin wird das Wesen als Kuh erkannt, und das ist die Hauptsache und tröstet.

Zeichenübungen sind auch Wahrnehmungsübungen. Wir alle wissen, wie eine Kuh aussieht, aber jeder zeichnet eine Kuh anders – hier sind einige Beispiele. Wenn Ihnen etwas schwerfällt, können Sie Fotos studieren oder Skizzen am Originalmodell machen, die Charakteristika herausarbeiten und versuchen, die Darstellung auf das Wesentliche zu reduzieren. So kann man sich Dinge aneignen und sie so zeichnen lernen, dass man damit zufrieden ist – jedenfalls einigermaßen …

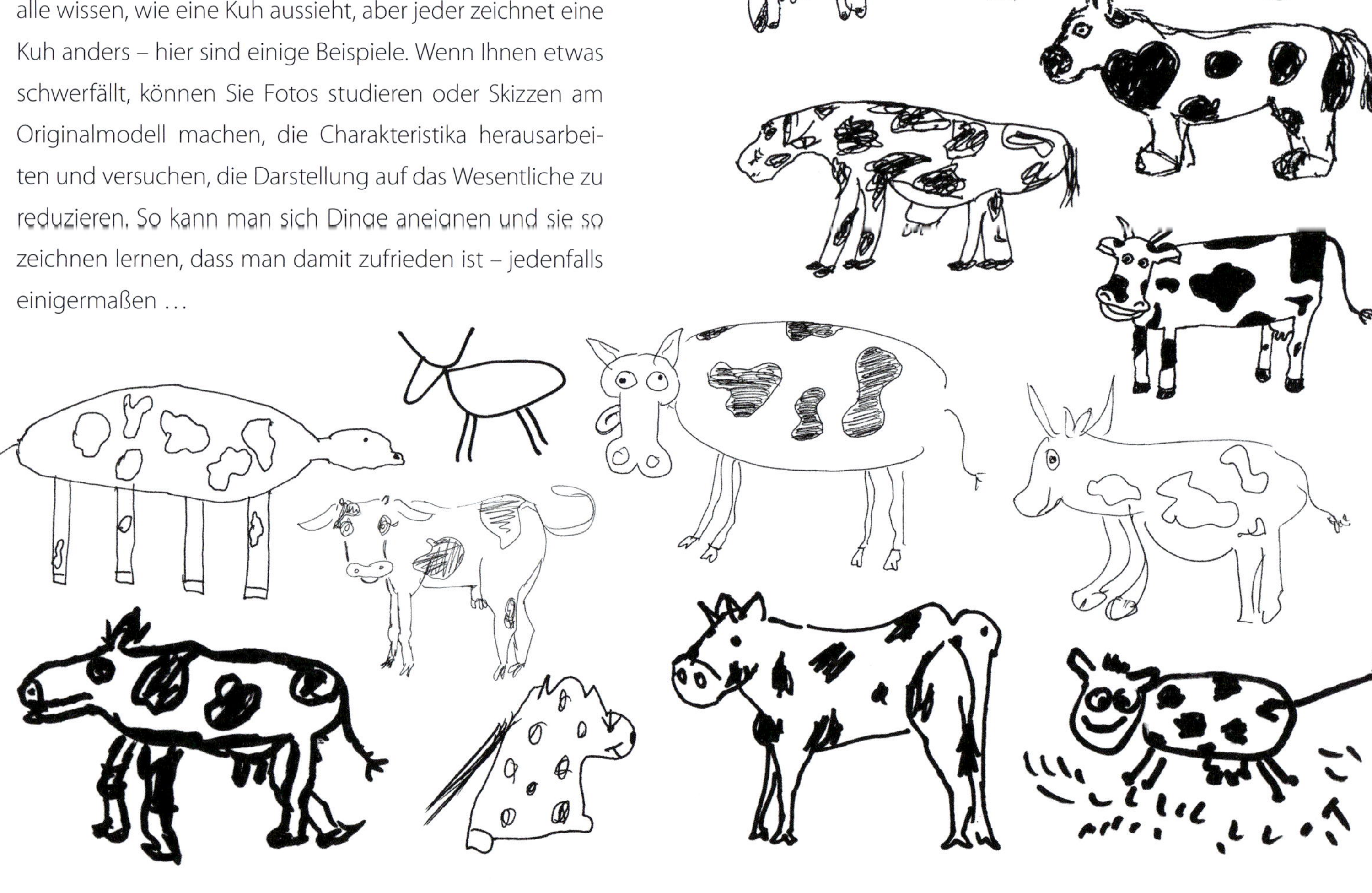

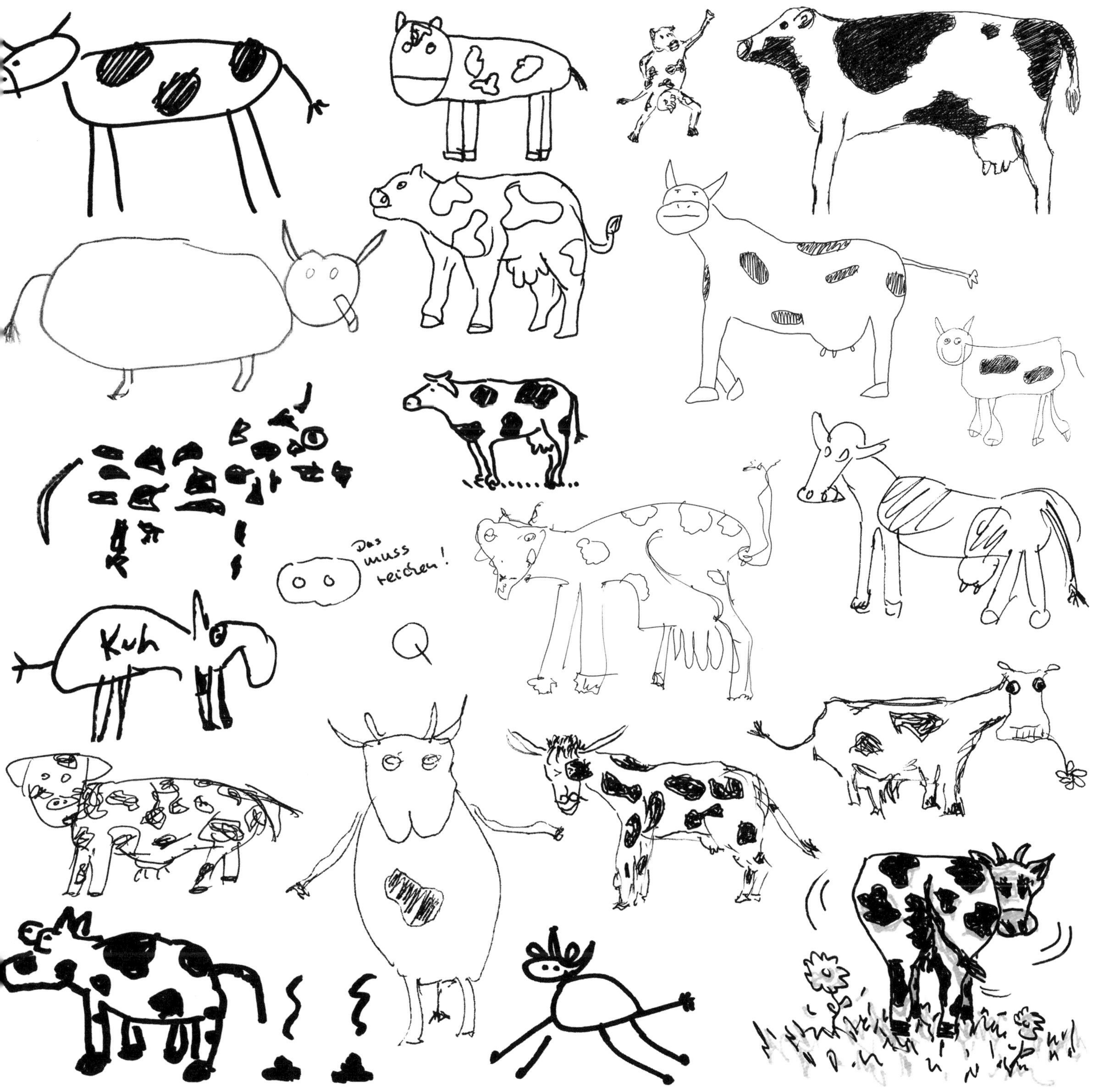
Das muss reichen!
Kuh

ÜBUNG: Zeichnen Sie hier Kühe und lassen Sie auch andere eine Kuh dazuzeichnen.

ZEICHENÜBUNG SPORTWAGEN

Das Gleiche gilt für das Zeichnen von Sportwagen …

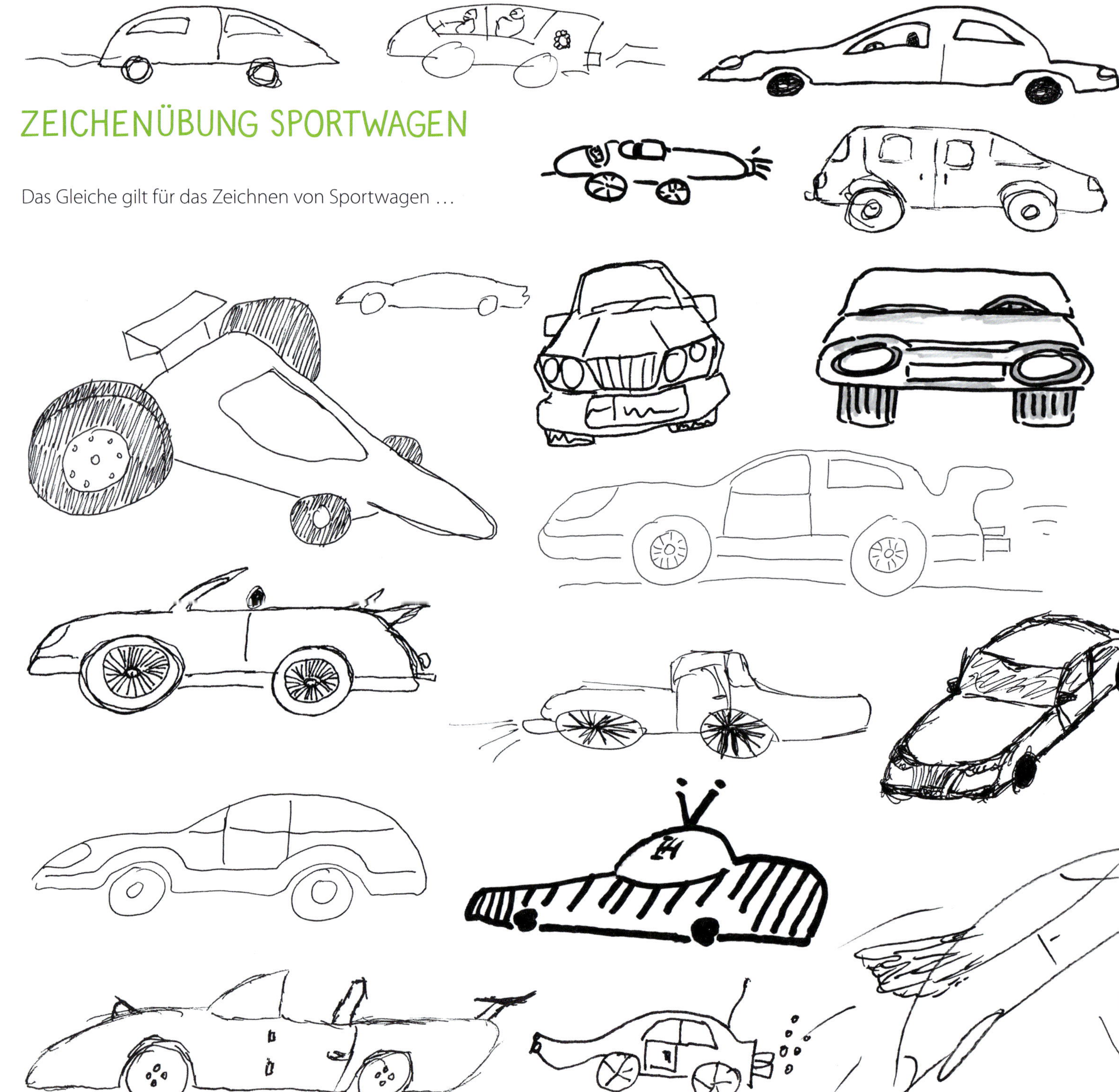

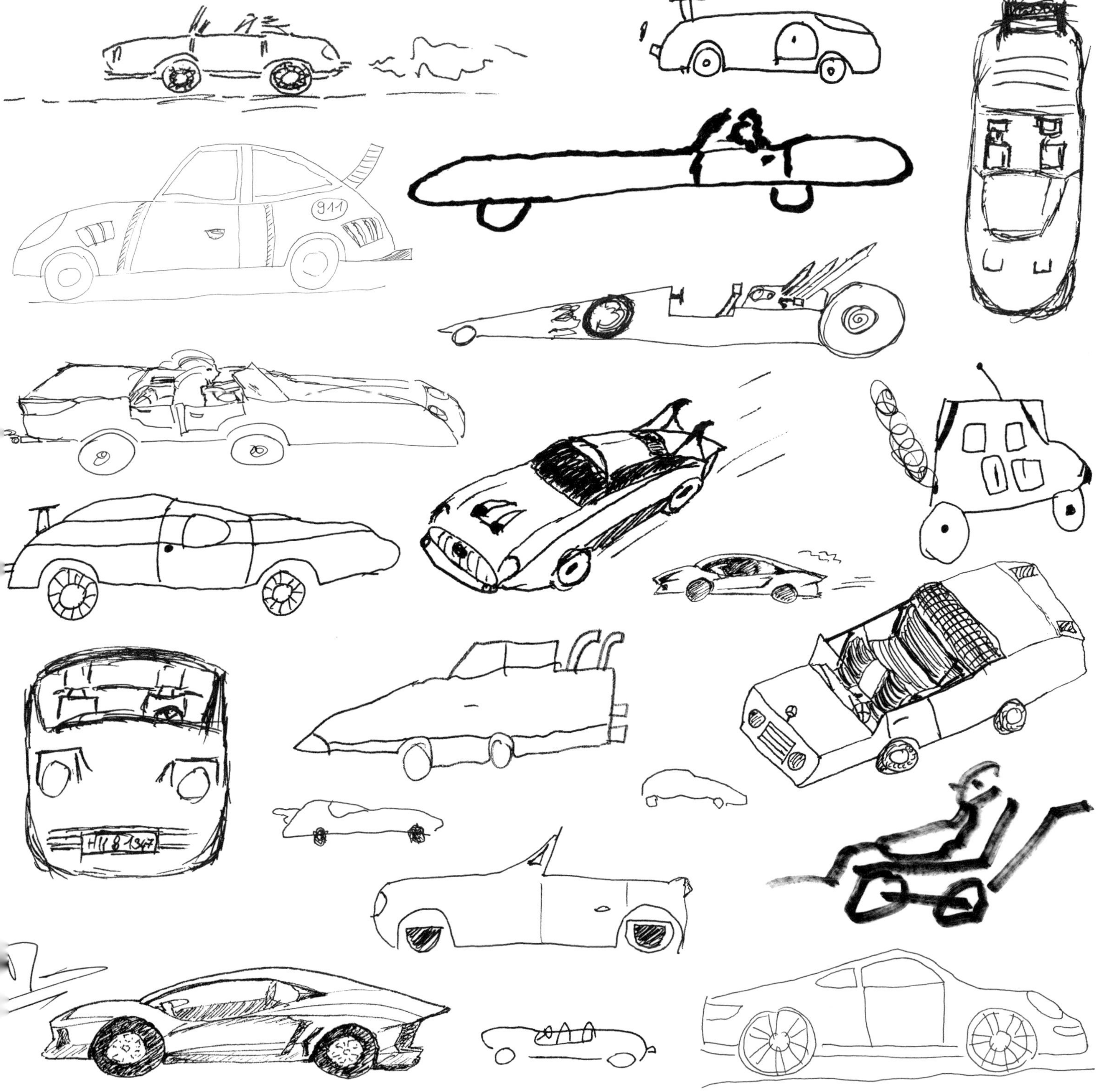
911

ÜBUNG: Zeichnen Sie hier Sportwagen und lassen Sie auch andere einen Sportwagen dazuzeichnen.

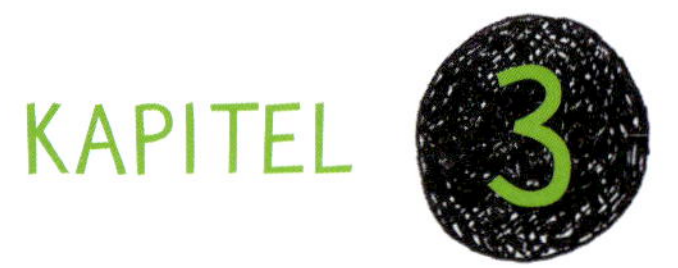

KAPITEL 3

SKETCHNOTES

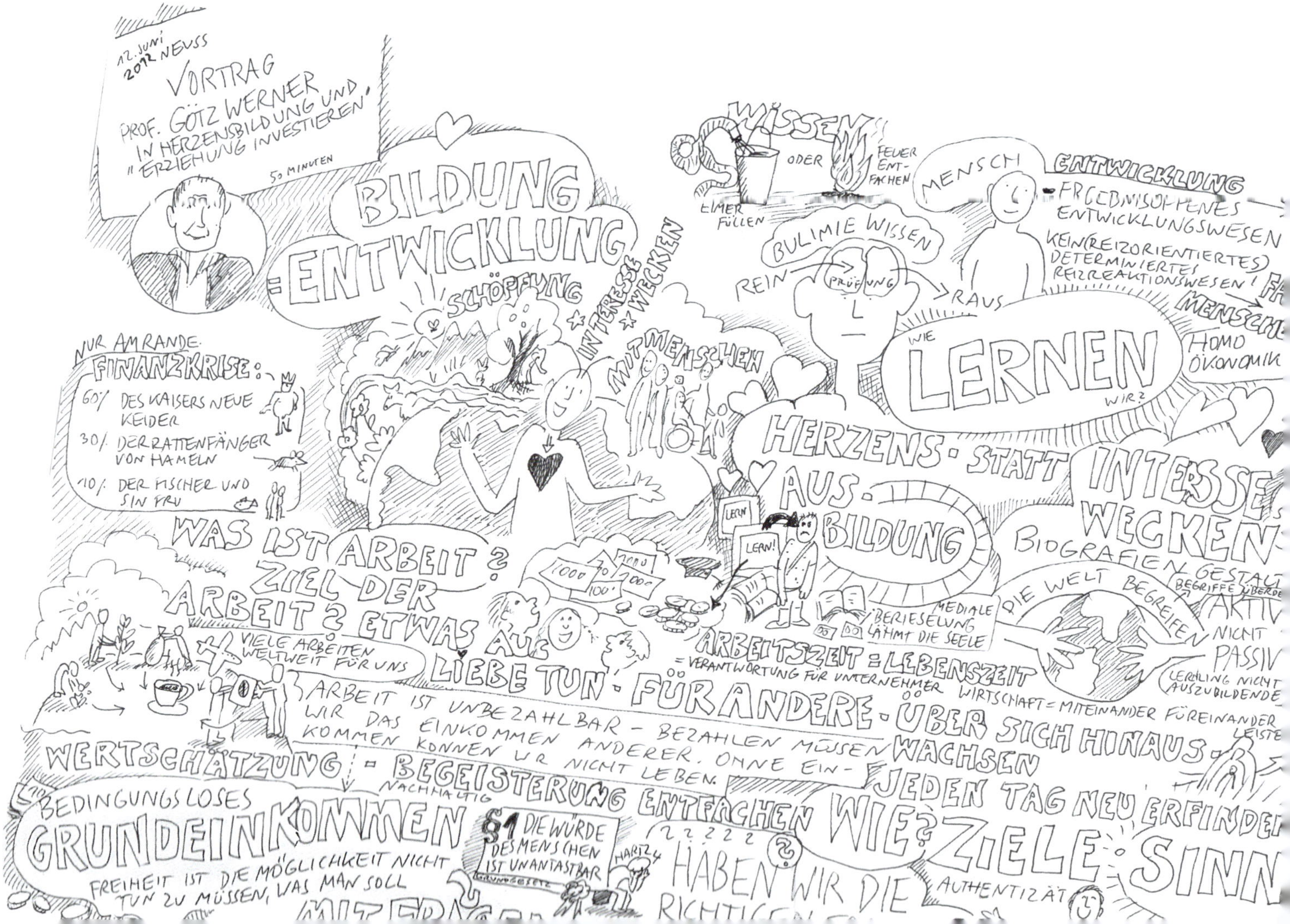

12. JUNI 2012 NEUSS
VORTRAG
PROF. GÖTZ WERNER
IN HERZENSBILDUNG UND „ERZIEHUNG INVESTIEREN"
50 MINUTEN

BILDUNG
= ENTWICKLUNG
SCHÖPFUNG
INTERESSE WECKEN
MITMENSCHEN

WISSEN
EIMER FÜLLEN
ODER
FEUER ENTFACHEN
MENSCH
ENTWICKLUNG
ERGEBNISOFFENES ENTWICKLUNGSWESEN
KEIN (REIZORIENTIERTES) DETERMINIERTES REIZREAKTIONSWESEN!
BULIMIE WISSEN
REIN
PRÜFUNG
RAUS
WIE LERNEN WIR?
MENSCH
HOMO ÖKONOMIK

NUR AM RANDE
FINANZKRISE:
60% DES KAISERS NEUE KLEIDER
30% DER RATTENFÄNGER VON HAMELN
10% DER FISCHER UND SIN FRU

HERZENS- STATT AUS-BILDUNG
INTERESSE WECKEN
BIOGRAFIEN GESTALTEN
LERN!
MEDIALE BERIESELUNG LÄHMT DIE SEELE
DIE WELT BEGREIFEN
AKTIV NICHT PASSIV
LEHRLING NICHT AUSZUBILDENDE

WAS IST ARBEIT?
ZIEL DER ARBEIT 2 ETWAS AUS LIEBE TUN · FÜR ANDERE · ÜBER SICH HINAUS WACHSEN
VIELE ARBEITEN WELTWEIT FÜR UNS
ARBEITSZEIT = LEBENSZEIT
= VERANTWORTUNG FÜR UNTERNEHMER
WIRTSCHAFT = MITEINANDER FÜREINANDER LEISTEN
ARBEIT IST UNBEZAHLBAR – WIR DAS EINKOMMEN ANDERER BEZAHLEN MÜSSEN. OHNE EINKOMMEN KONNEN UR NICHT LEBEN.

WERTSCHÄTZUNG = BEGEISTERUNG ENTFACHEN
NACHHALTIG
JEDEN TAG NEU ERFINDEN
BEDINGUNGSLOSES GRUNDEINKOMMEN
§1 DIE WÜRDE DES MENSCHEN IST UNANTASTBAR
HARTZ 4
FREIHEIT IST DIE MÖGLICHKEIT NICHT TUN ZU MÜSSEN, WAS MAN SOLL
WIE? ZIELE · SINN
HABEN WIR DIE RICHTIGEN
AUTHENTIZITÄT

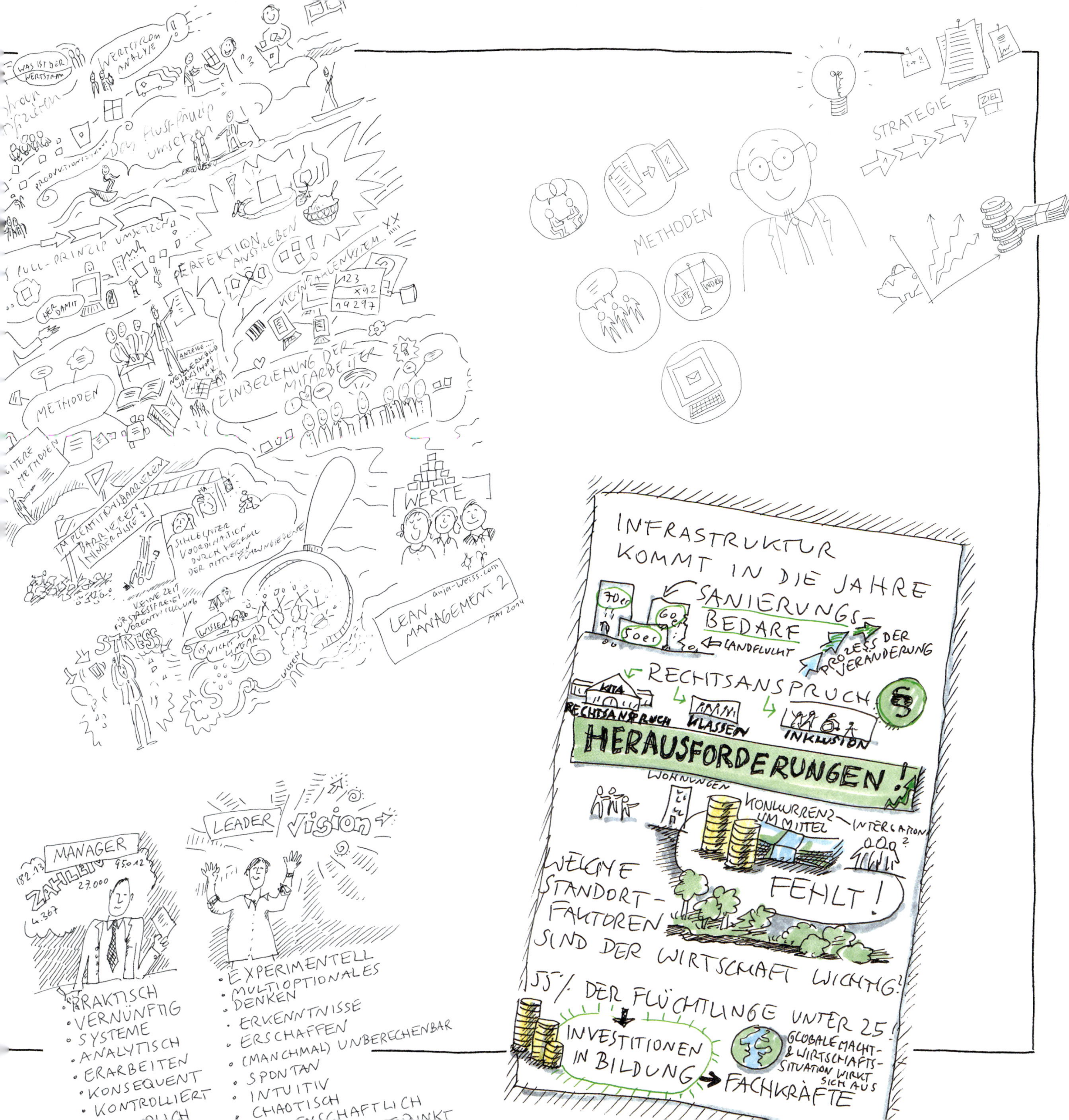

WAS IST DER WERTSTROM
WERTSTROM ANALYSE
DAS FLUSS-PRINZIP UMSETZEN
PULL-PRINZIP UMSETZEN
PERFEKTION ANSTREBEN
HER DAMIT
KENNZAHLENSYSTEM
METHODEN
EINBEZIEHUNG DER MITARBEITER
WERTE
IMPLEMENTATIONSBARRIEREN
BARRIEREN HINDERNISSE
SCHLECHTER KOORDINATION DURCH WEGFALL DER MITTLEREN FÜHRUNGSEBENE
STRESS
WISSEN
anja-weiss.com
LEAN MANAGEMENT 2
MAI 2014
MANAGER
ZAHLEN
182.13
95.012
27.000
4.367
PRAKTISCH
VERNÜNFTIG
SYSTEME
ANALYTISCH
ERARBEITEN
KONSEQUENT
KONTROLLIERT
LEADER
vision
EXPERIMENTELL
MULTIOPTIONALES DENKEN
ERKENNTNISSE
ERSCHAFFEN
(MANCHMAL) UNBERECHENBAR
SPONTAN
INTUITIV
CHAOTISCH
STRATEGIE
ZIEL
METHODEN
LIFE
WORK
INFRASTRUKTUR KOMMT IN DIE JAHRE
70er
60er
50er
SANIERUNGSBEDARF
LANDFLUCHT
PROZESS DER VERÄNDERUNG
RECHTSANSPRUCH
KITA
RECHTSANSPRUCH
KLASSEN
INKLUSION
§
HERAUSFORDERUNGEN!
WOHNUNGEN
KONKURRENZ UM MITTEL
INTEGRATION?
FEHLT!
WELCHE STANDORTFAKTOREN SIND DER WIRTSCHAFT WICHTIG?
55% DER FLÜCHTLINGE UNTER 25!
INVESTITIONEN IN BILDUNG
FACHKRÄFTE
GLOBALE MACHT- & WIRTSCHAFTSSITUATION WIRKT SICH AUS

WAS SIND SKETCHNOTES?

Mitschriften werden, wie der Name schon sagt, mitgeschrieben, manchmal werden noch schnell Grafiken aus der PowerPoint-Präsentation abgemalt. Die Kritzeleien und Bildchen, die oft nebenbei entstehen, sind in der Regel Ausdruck von Langeweile und haben selten einen inhaltlichen Bezug zum Thema. Beim Sketchnoting bekommen Bilder allerdings einen ganz anderen Stellenwert.

Sketchnotes setzt sich zusammen aus Sketch (Skizze) und Note (Notiz). Sketchnotes sind also Notizen, die aus Texten und Bildern bestehen. Diese Methode zum Festhalten von Wissen ist eine gute Alternative zur konventionellen Mitschrift. Die Erstellung von Sketchnotes hilft, sich durch das Zeichnen nicht von Inhalten zu entfernen, sondern im Gegenteil, sich verstärkt damit auseinanderzusetzen. Durch den Einsatz von Hirn und Hand lassen sich Inhalte viel besser lernen und merken. Sketchnotes erfüllen die Aufgabe, Inhalte verständlicher zu machen, und tragen dazu bei, sich später besser daran zu erinnern. Die Methode kann auch bei der Entwicklung neuer Ideen eingesetzt werden. Sie ist gut für die Reflexion und dient der Vernetzung mit dem eigenen Vorwissen. Sketchnotes erleichtern auch den Austausch mit anderen über ein Thema.

Mit den Basiskenntnissen der Bildsprache und einer lesbaren Schrift, haben Sie bereits alle Voraussetzungen, die Sie brauchen, um diese Methode für sich einzusetzen. Sie eignet sich für alles, was man sich notieren möchte: fürs Lernen, für das Schreiben des Tagebuchs, für Listen, Mind-Maps oder zum Festhalten von Wissenswertem aller Art. Vielleicht haben Sie ja sogar bereits auf diese Art gearbeitet und haben nun auch einen Begriff dafür.

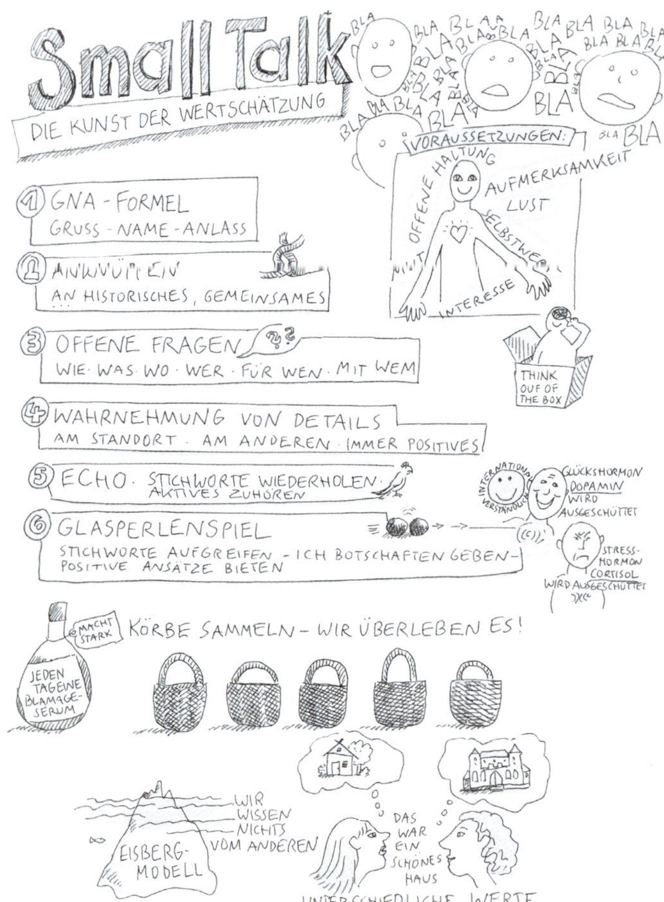

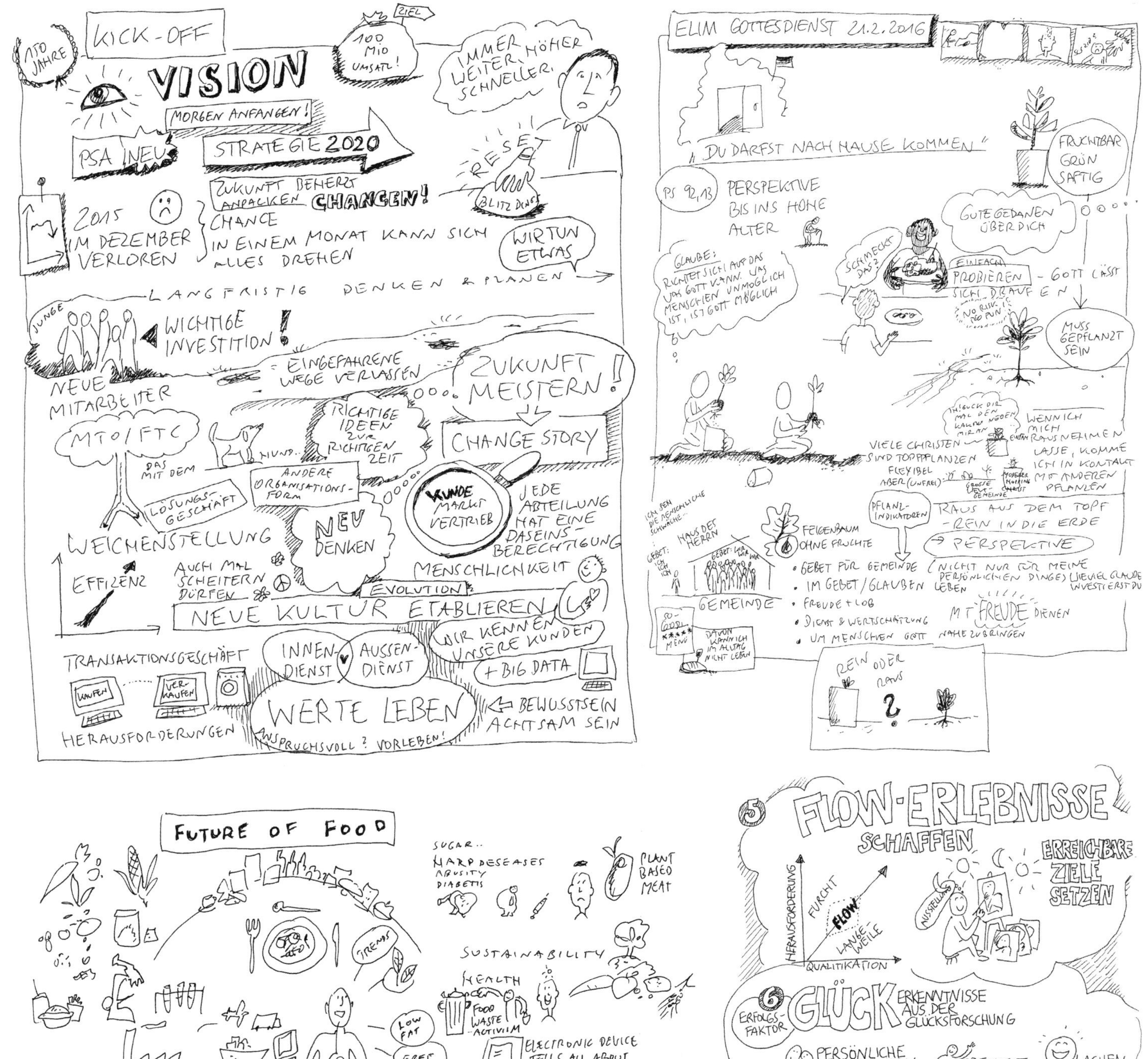
110 JAHRE
KICK-OFF
100 MIO UMSATZ!
ZIEL
VISION
MORGEN ANFANGEN!
IMMER WEITER, HÖHER, SCHNELLER.
PSA NEU
STRATEGIE 2020
RESET
BLITZ DENSE
ZUKUNFT BEHERZT ANPACKEN
CHANGEN!
2015 IM DEZEMBER VERLOREN
CHANCE
IN EINEM MONAT KANN SICH ALLES DREHEN
WIR TUN ETWAS
LANGFRISTIG DENKEN & PLANEN
JUNGE
WICHTIGE INVESTITION!
EINGEFAHRENE WEGE VERLASSEN
ZUKUNFT MEISTERN!
NEUE MITARBEITER
MTO / FTC
HUND
RICHTIGE IDEEN ZUR RICHTIGEN ZEIT
CHANGE STORY
DAS MIT DEM
ANDERE ORGANISATIONSFORM
LÖSUNGSGESCHÄFT
KUNDE MARKT VERTRIEB
JEDE ABTEILUNG HAT EINE DASEINSBERECHTIGUNG
NEU DENKEN
WEICHENSTELLUNG
EFFIZIENZ
AUCH MAL SCHEITERN DÜRFEN
MENSCHLICHKEIT
EVOLUTION
NEUE KULTUR ETABLIEREN
TRANSAKTIONSGESCHÄFT
INNENDIENST
AUSSENDIENST
WIR KENNEN UNSERE KUNDEN
+ BIG DATA
KAUFEN
VERKAUFEN
WERTE LEBEN
BEWUSSTSEIN ACHTSAM SEIN
HERAUSFORDERUNGEN
ANSPRUCHSVOLL? VORLEBEN!
ELIM GOTTESDIENST 21.2.2016
„DU DARFST NACH HAUSE KOMMEN"
FRUCHTBAR GRÜN SAFTIG
PS 92,13
PERSPEKTIVE BIS INS HOHE ALTER
GUTE GEDANKEN ÜBER DICH
GLAUBE: RICHTET SICH AUF DAS WAS GOTT KANN. WAS MENSCHEN UNMÖGLICH IST, IST GOTT MÖGLICH
SCHMECKT DAS?
EINFACH PROBIEREN
GOTT LÄSST SICH DRAUF EIN
NO RISK NO FUN
MUSS GEPFLANZT SEIN
WENN ICH MICH RAUSNEHMEN LASSE, KOMME ICH IN KONTAKT MIT ANDEREN PFLANZEN
VIELE CHRISTEN SIND TOPFPFLANZEN
FLEXIBEL ABER (UNFREI)
PFLANZINDIKATOREN
RAUS AUS DEM TOPF - REIN IN DIE ERDE
→ PERSPEKTIVE
HAUS DES HERRN
FEIGENBAUM OHNE FRÜCHTE
GEMEINDE
• GEBET FÜR GEMEINDE (NICHT NUR FÜR MEINE PERSÖNLICHEN DINGE)
• IM GEBET / GLAUBEN LEBEN
• FREUDE + LOB
• DIENST & WERTSCHÄTZUNG
• UM MENSCHEN GOTT NAHE ZU BRINGEN
MIT FREUDE DIENEN
REIN ODER RAUS
?
FUTURE OF FOOD
SUGAR..
HARD DESEASES ABUSITY DIABETIS
PLANT BASED MEAT
TRENDS
SUSTAINABILITY
HEALTH
FOOD WASTE ACTIVISM
LOW FAT
FREE FROM
SNACKS
LIFE STYLE
ELECTRONIC DEVICE TELLS ALL ABOUT
· ALLERGENS
· CEMICALS
· NUTRICIONS
FOODUCATE
ADDING VALUE
BUY LOW
SELL HIGH
5
FLOW-ERLEBNISSE SCHAFFEN
ERREICHBARE ZIELE SETZEN
HERAUSFORDERUNG
FURCHT
FLOW
LANGEWEILE
QUALIFIKATION
6 ERFOLGSFAKTOR
GLÜCK
ERKENNTNISSE AUS DER GLÜCKSFORSCHUNG
PERSÖNLICHE BEZIEHUNGEN
FREIHEIT
LACHEN
ZIEL
ZIELE ANPASSEN
SINNESFREUDEN +
GENUG SCHLAF
PRODUKTIV MIT SINNVOLLER ARBEIT
TON
UND NOCH EINIGES MEHR

SPICKZETTEL

Spickzettel sind scheinbar nicht existent. Jeder, den ich danach fragte, sogar in Schulen und die Lehrer, die doch eigentlich an der Quelle sitzen sollten, leugnete ihre Existenz … es scheint sie einfach nicht zu geben. Und natürlich hat sie niemand je geschrieben.

Spickzettel sind aber ein fantastisches Beispiel für Sketchnotes, wenn sie auch in der Regel eher textlastig gestaltet sind. Aber da Information auf das Wesentliche reduziert, gegliedert und strukturiert wird, um übersichtlich und schnell erfassbar zu sein, sind Spickzettel sehr nah dran. Wer einen Spickzettel angefertigt hat, braucht ihn meist gar nicht mehr, weil die Information durch das Anfertigen solch einer verdichteten Mitschrift oft bereits gelernt und verankert ist.

Ich habe hier ein paar alte Exemplare aus Familienbesitz abgebildet. Aber selbstverständlich habe ich sie nicht geschrieben.

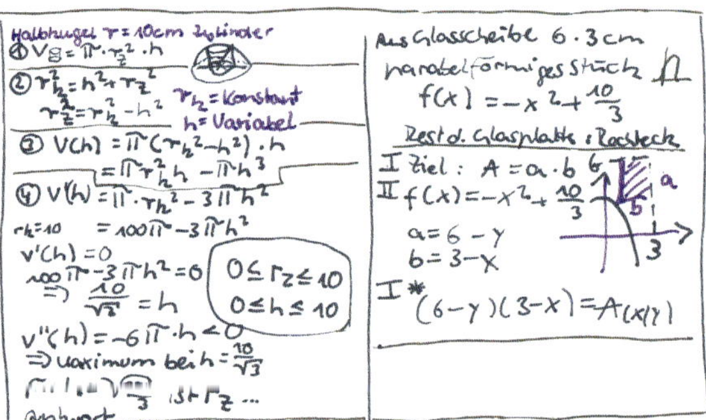

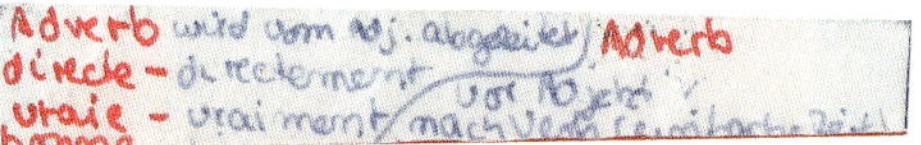

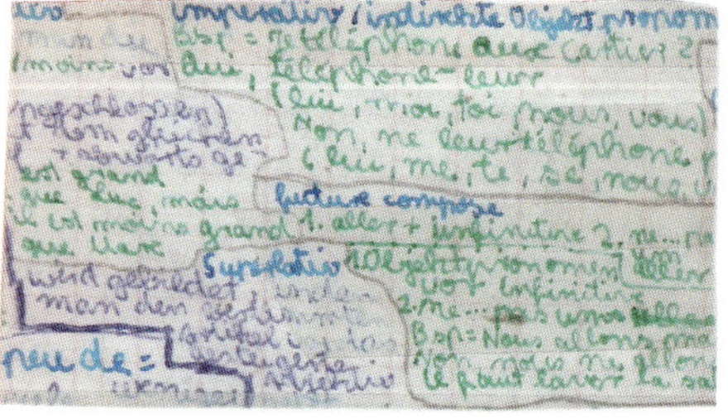

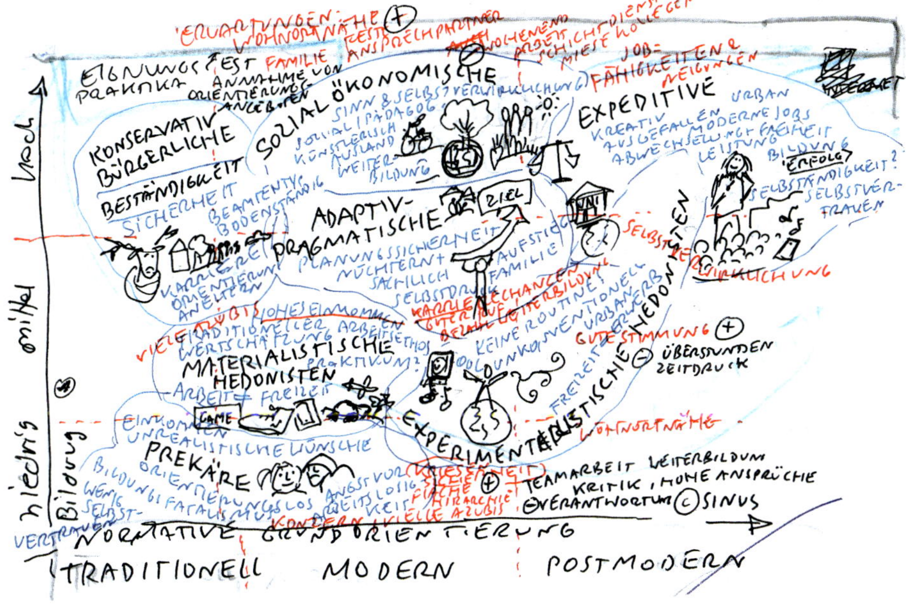

Typische Mikrostromkreise in verschiedenen Hirnzonen

Kortex Basale Ganglien Thalamus

Suprachiasmatischer Kern Trigeminalkern

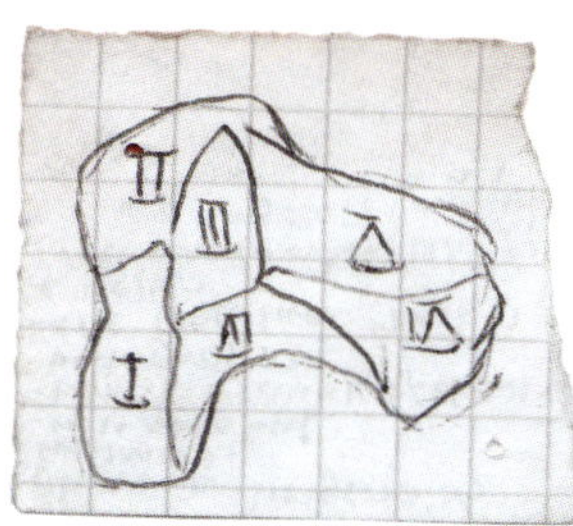

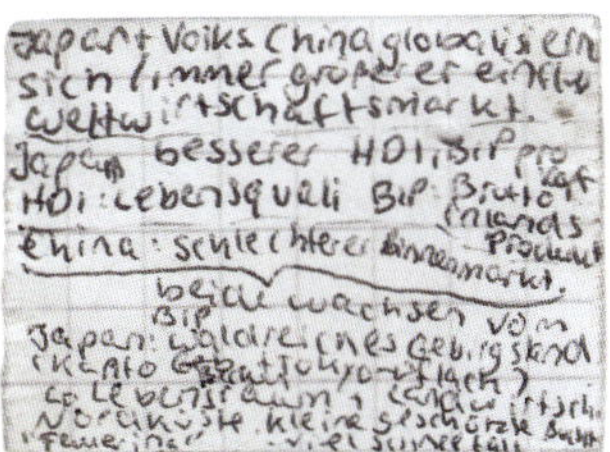

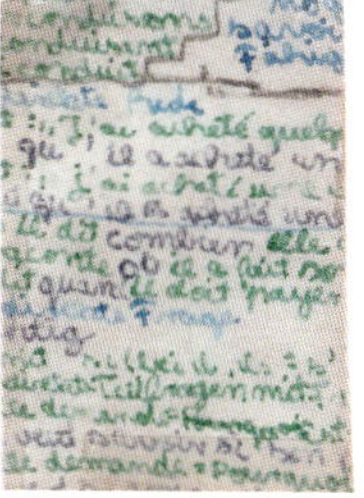

DAS FORMAT STRUKTURIEREN

Um Übersichtlichkeit zu schaffen, muss das Blatt, das wir zum Zeichnen nutzen, aufgeteilt und gegliedert werden. Entweder, man ergibt sich dem Fluss und die Struktur entsteht, wie sie will, mit der Gefahr, dass unser Platz nicht ausreicht, oder man macht sich vorher ein paar Gedanken.

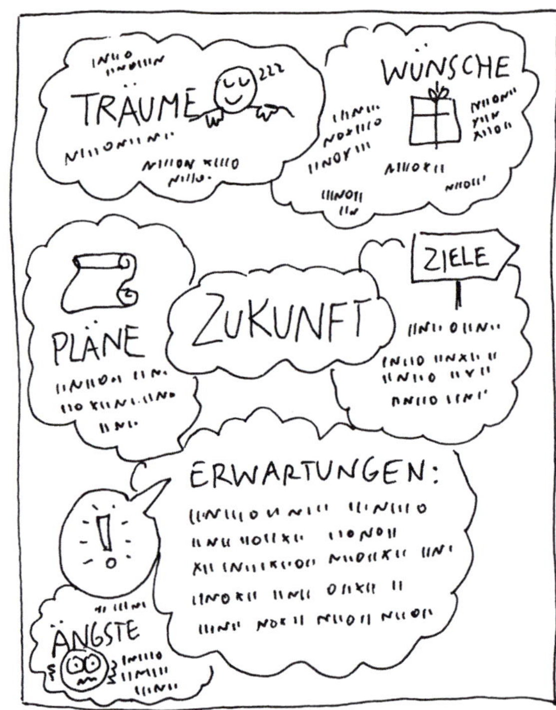

Es gibt einfache Möglichkeiten, die dem Bild eine Struktur geben. Man kann das Format in Bild- und Textebenen unterteilen, den Stand der Überschrift bestimmen und die Anzahl der Textspalten, die Abstände zum Rand, den Platz für ein zentrales Bildmotiv etc. definieren. Es kann hilfreich sein, sich vorher zu überlegen, ob man die Überschrift oben platziert oder sie zentral anlegt und alles weitere drumherum gestaltet. Aber Achtung: Weißraum ist auch ein Gestaltungselement! Nur durch leeren Raum können die einzelnen Elemente ihre volle Wirkung entfalten. Wenn das Bild zu voll wird, wirkt es unübersichtlich. Hier sind ein paar Beispiele, wie Inhalte grundsätzlich auf einer Fläche angelegt werden können. Natürlich gibt es darüber hinaus unendlich viele weitere Möglichkeiten, z. B. das Blatt zu wenden und als Querformat zu nutzen.

ÜBUNG:

Schauen Sie sich Seiten aus der Tageszeitung, aus Prospekten, Broschüren ode Magazinen an, erfassen Sie die Layoutstruktur und skizzieren Sie sie in Klein.

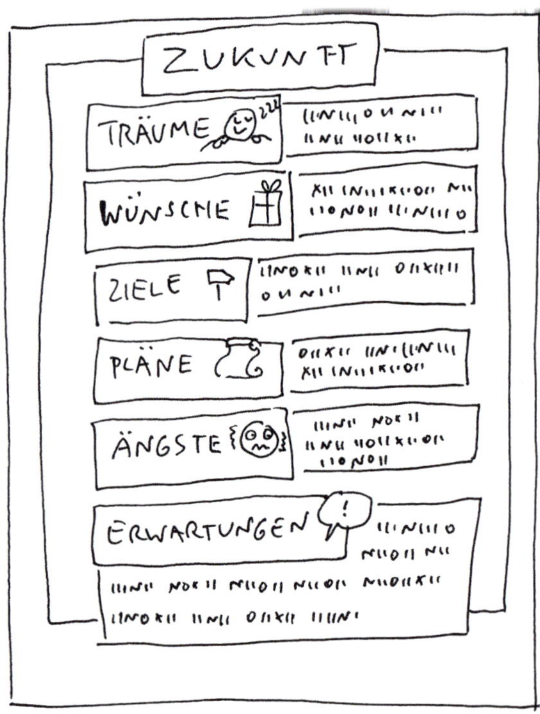

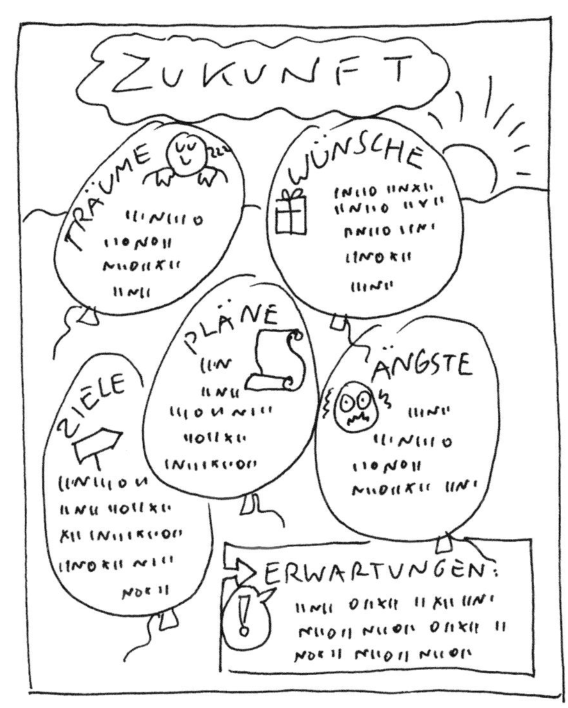
ZUKUNFT
TRÄUME
WÜNSCHE
PLÄNE
ZIELE
ÄNGSTE
ERWARTUNGEN:

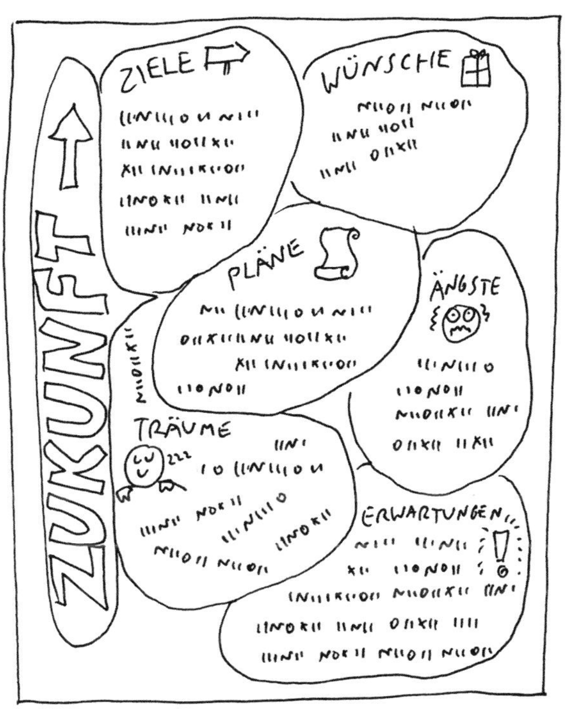
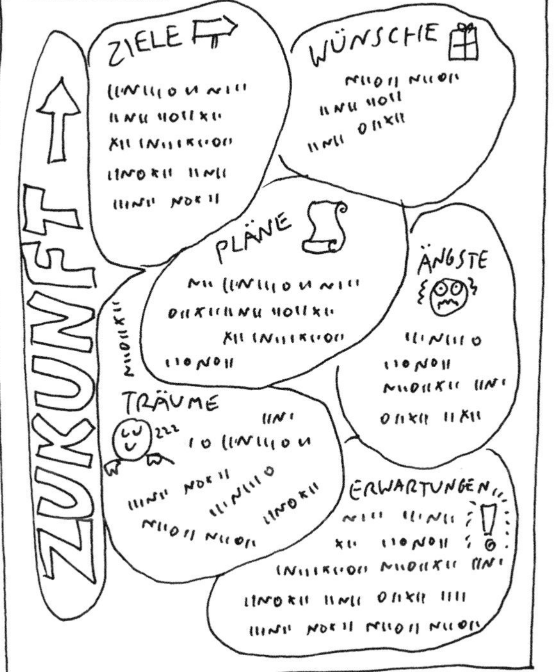
ZIELE
WÜNSCHE
ZUKUNFT
PLÄNE
ÄNGSTE
TRÄUME
ERWARTUNGEN

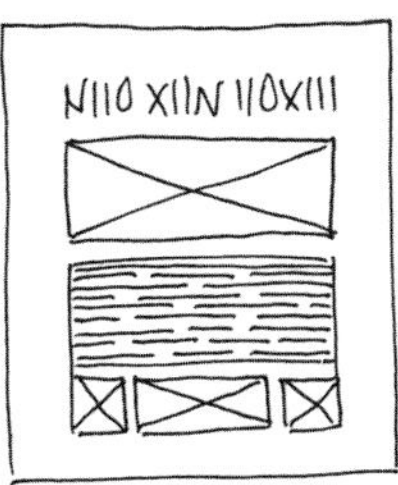

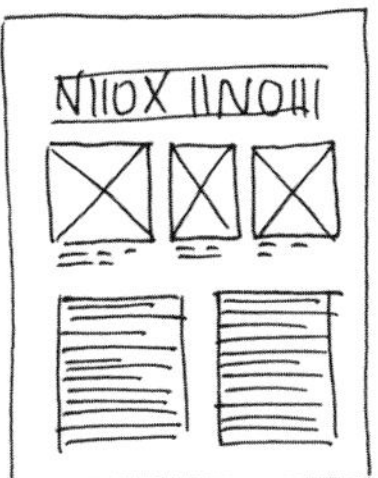

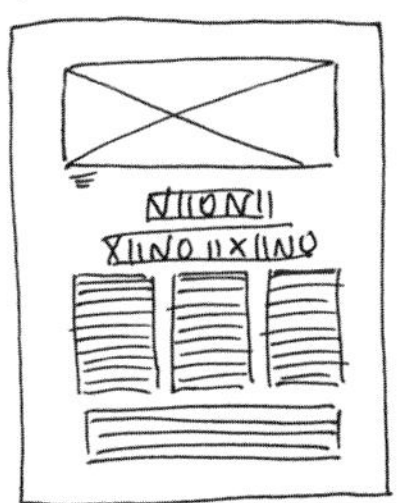

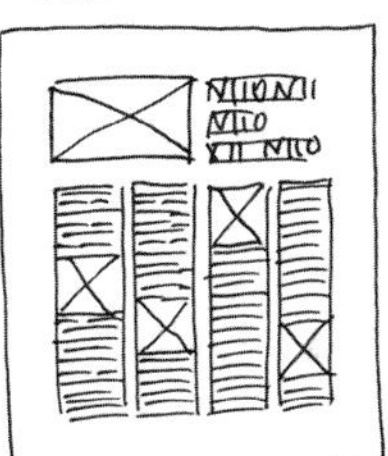

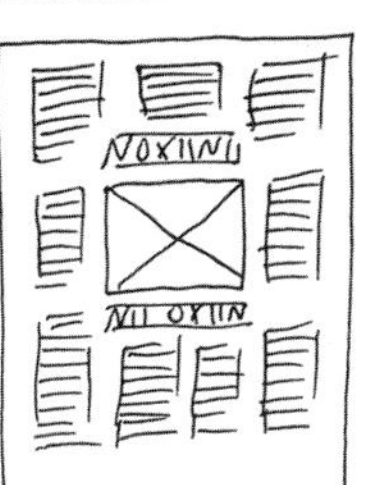

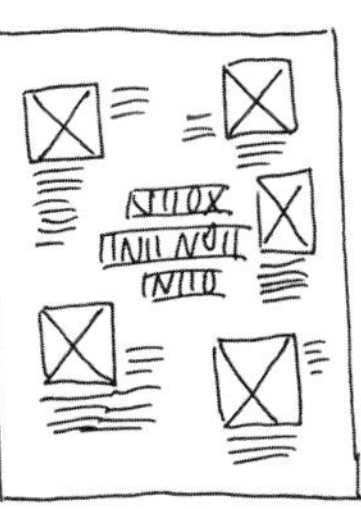

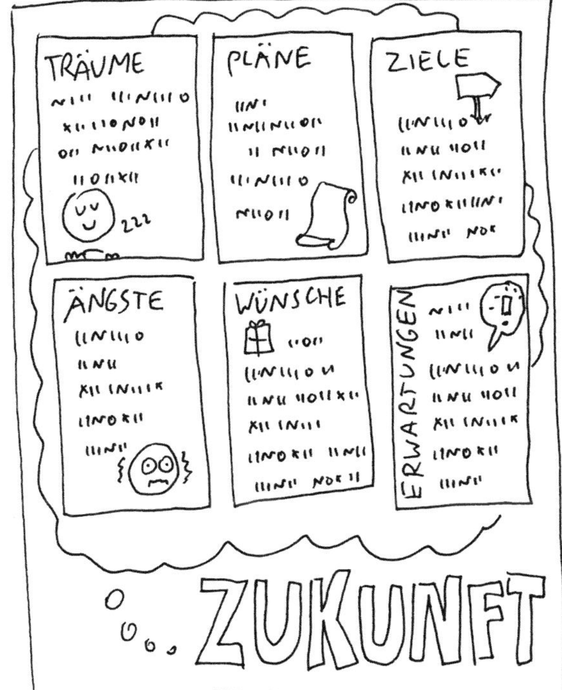
TRÄUME
PLÄNE
ZIELE
ÄNGSTE
WÜNSCHE
ERWARTUNGEN
ZUKUNFT

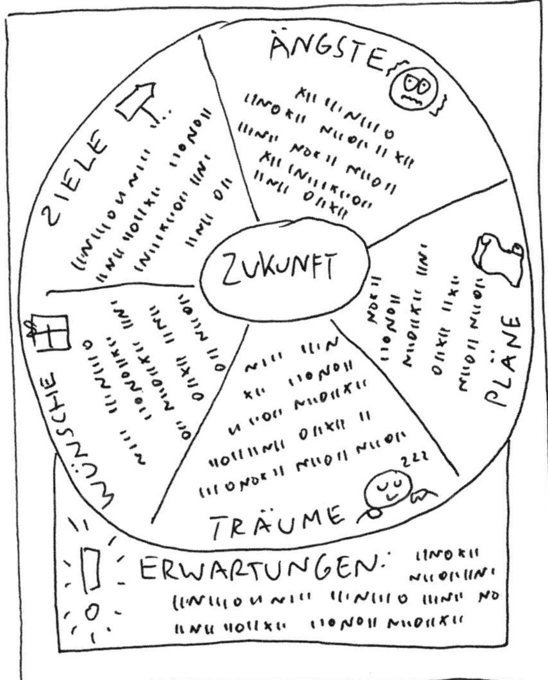
ÄNGSTE
ZIELE
ZUKUNFT
PLÄNE
WÜNSCHE
TRÄUME
ERWARTUNGEN:

VISUALISIERUNGEN

Manchmal reichen Zeichnungen von einfachen Gegenständen für das Verständnis nicht aus, so dass man verschiedene Elemente kombinieren muss. Es gibt aber viele zusammengesetzte Begriffe, die leicht darzustellen sind. Zum Beispiel der Begriff »Zeitersparnis«: Das Symbol für Sparen ist das Sparschwein, das Symbol für Zeit die Uhr. Also kombinieren wir die beiden Begriffe und schreiben sicherheitshalber noch das Wort dazu. Es gibt Begriffe, die immer wieder in bestimmten Zusammenhängen genannt werden. Hier ist eine kurze Liste:

- Wir sind auf dem Weg
- Hindernisse überwinden
- Zukunft
- Ziele setzen
- Gemeinsam schaffen wir das

Für wiederkehrende Begriffe entwickelt man schnell ein Bildrepertoire, das man einsetzen kann. Oft hilft es auch, Aussagen wörtlich zu nehmen. »Da ist der Hund begraben« oder »auf den Schlips treten« geben einem Steilvorlagen. Abstrakte Begriffe wie »Qualität« oder »Geheimnis« sind dagegen schwierig darzustellen. Dann muss man Worte zu Hilfe nehmen. Komplexe Vorgänge lassen sich als Bildgeschichte mit mehreren Bildern darstellen.

ÜBUNG:

Wie würden Sie »Geheimnis« darstellen?

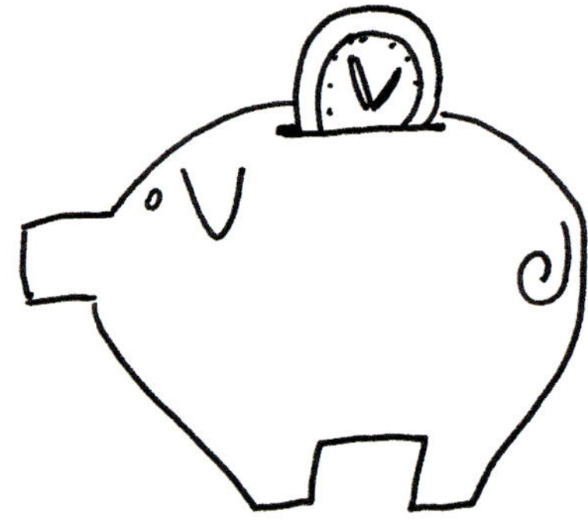

ZEIT SPAREN

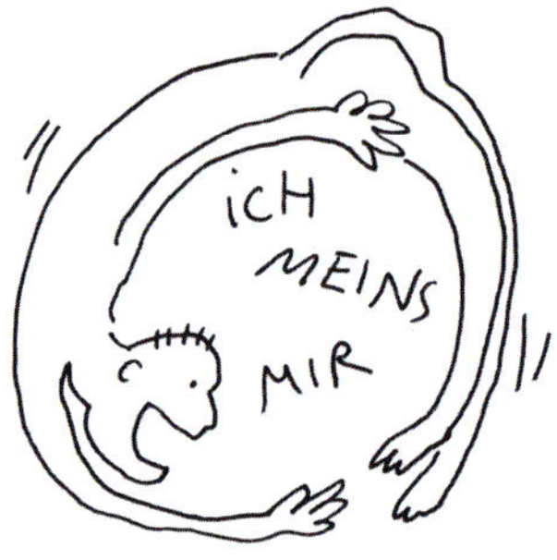

EGOISMUS

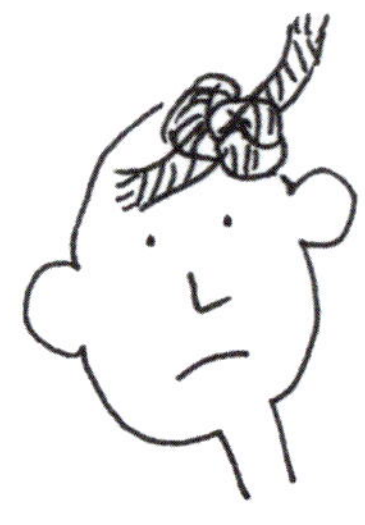

KNOTEN IM KOPF

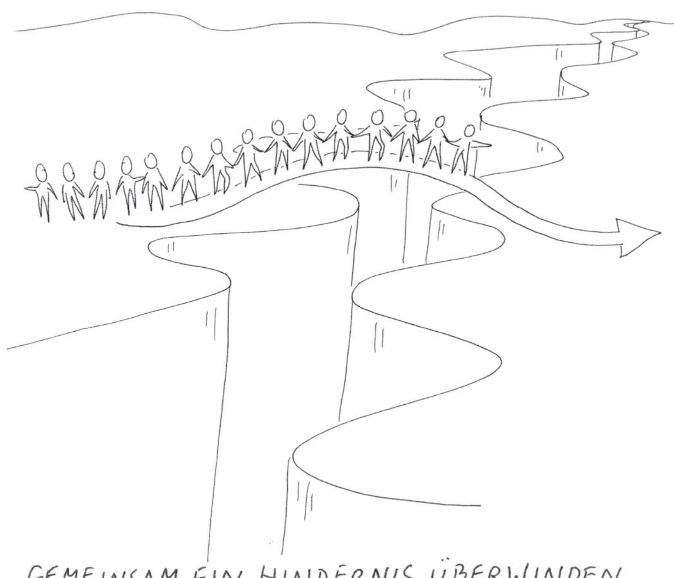

GEMEINSAM EIN HINDERNIS ÜBERWINDEN

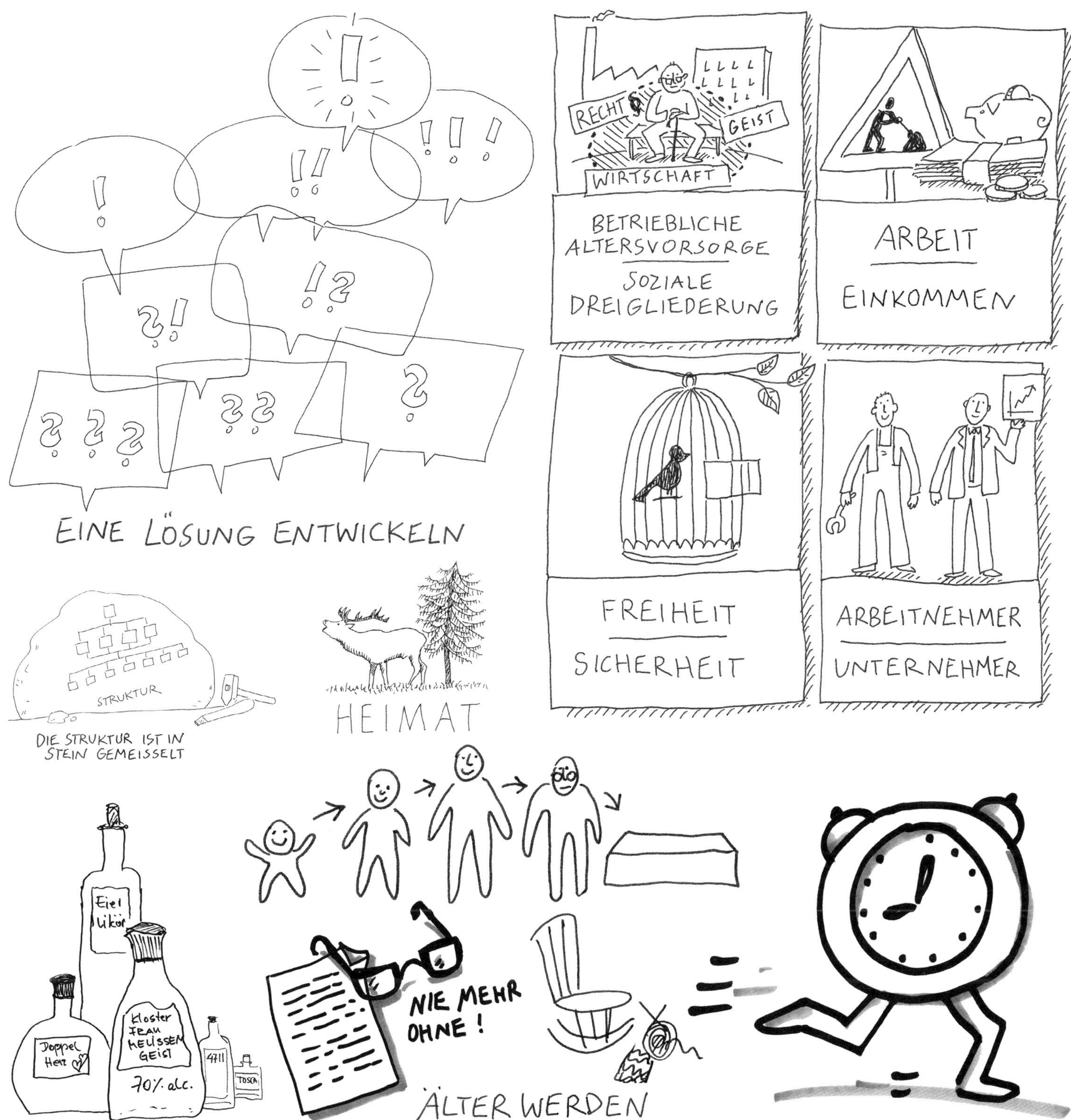
EINE LÖSUNG ENTWICKELN
STRUKTUR
DIE STRUKTUR IST IN STEIN GEMEISSELT
HEIMAT
RECHT
GEIST
WIRTSCHAFT
BETRIEBLICHE ALTERSVORSORGE
SOZIALE DREIGLIEDERUNG
ARBEIT
EINKOMMEN
FREIHEIT
SICHERHEIT
ARBEITNEHMER
UNTERNEHMER
Eierlikör
Doppel Herz
Kloster Frau Melissen Geist
70% alc.
4711
Tosca
NIE MEHR OHNE!
ÄLTER WERDEN

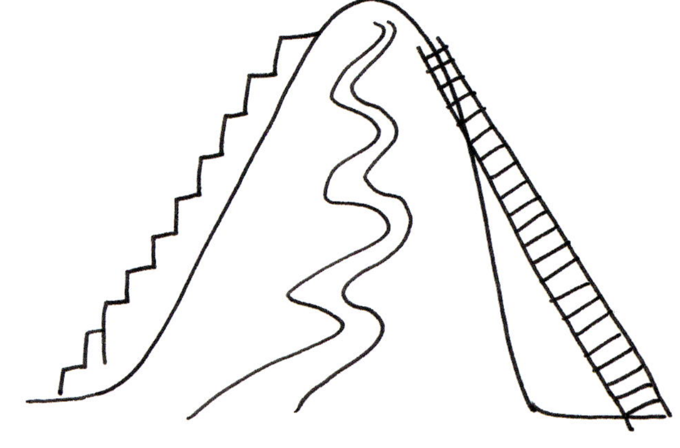

ÜBUNG:
Erraten Sie die Begriffe, die hinter diesen Visualisierungen stecken. Die Lösungen finden Sie auf der folgenden Seite.

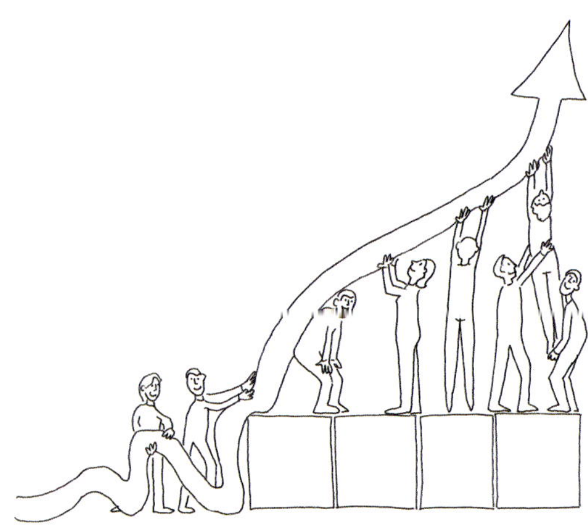

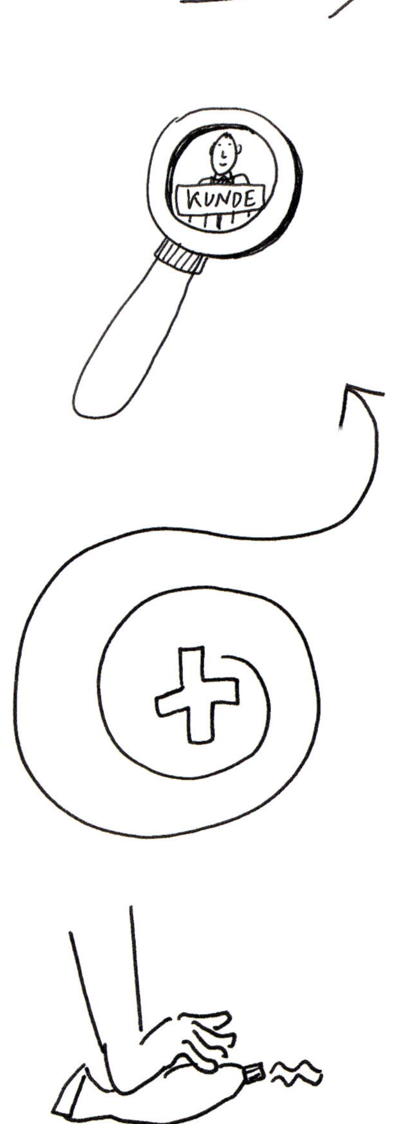

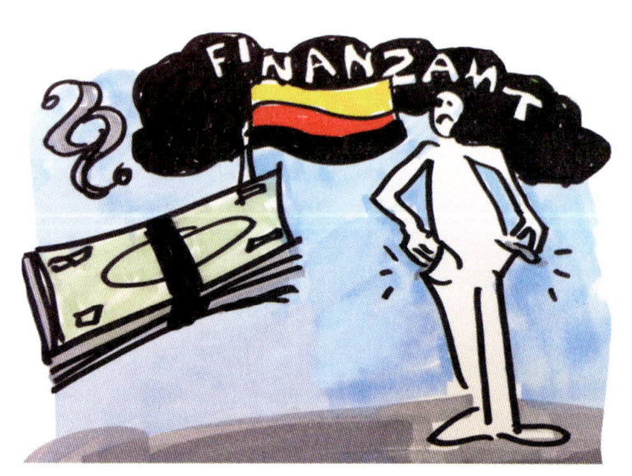

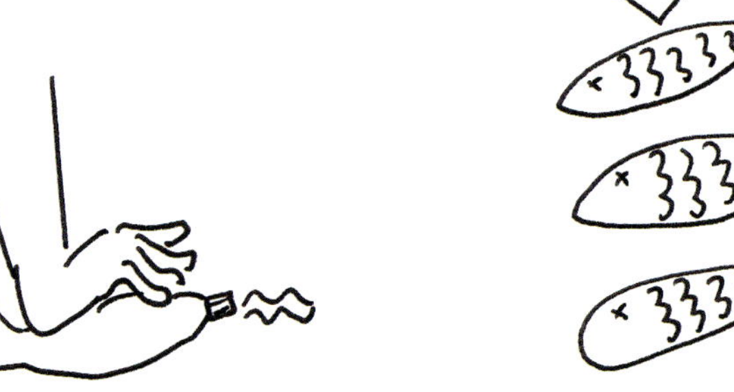

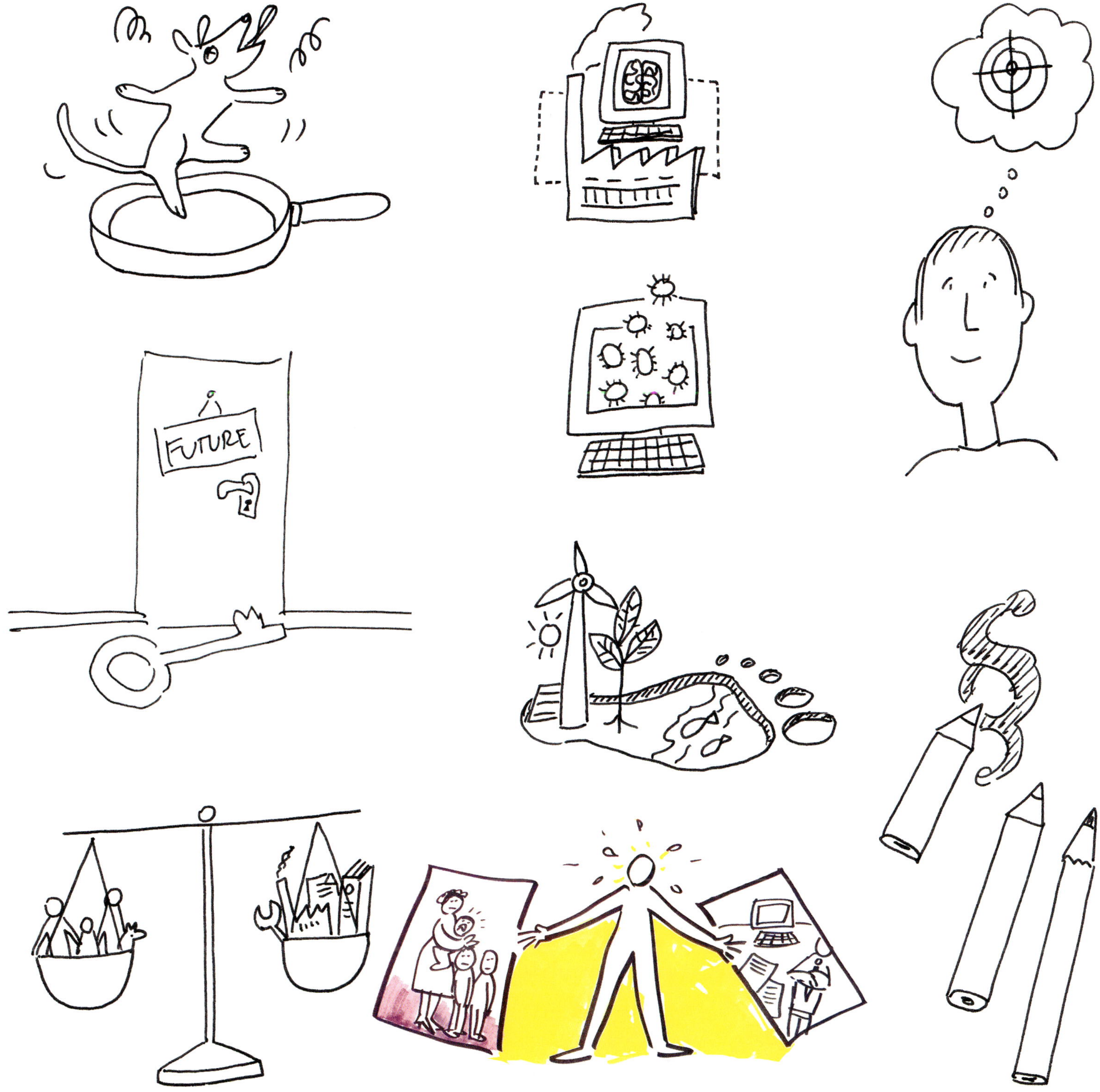
FUTURE

LÖSUNGEN

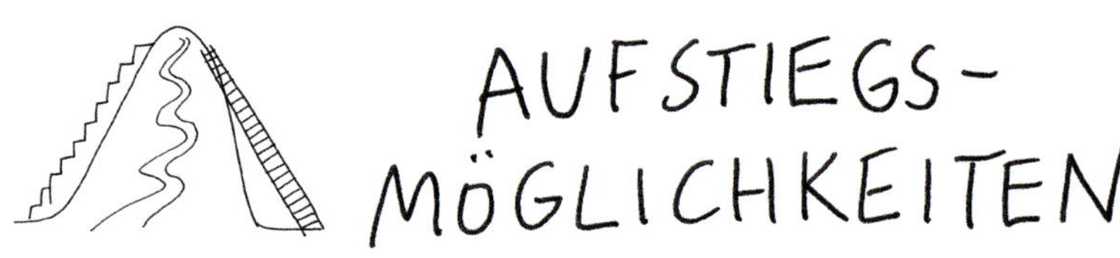

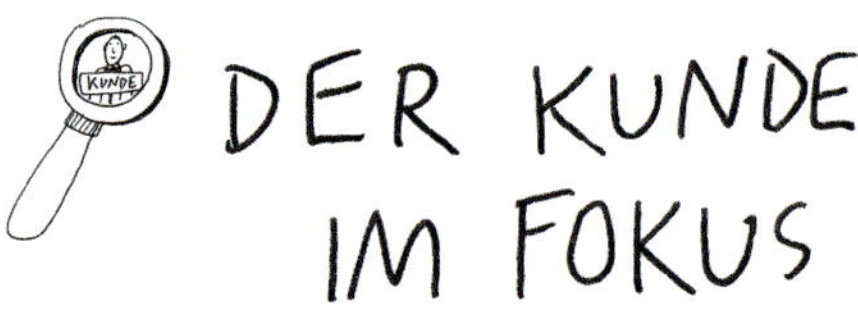

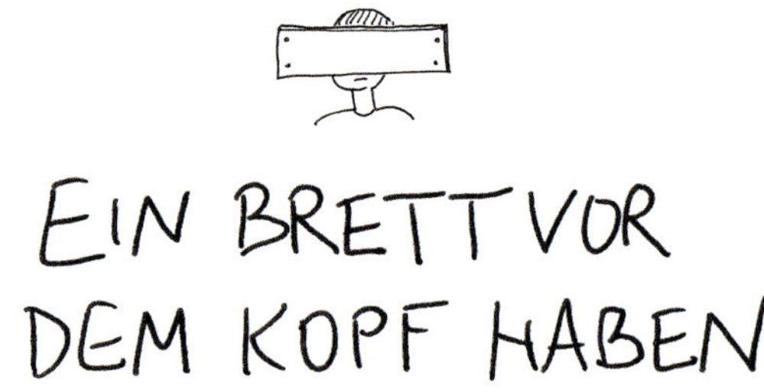

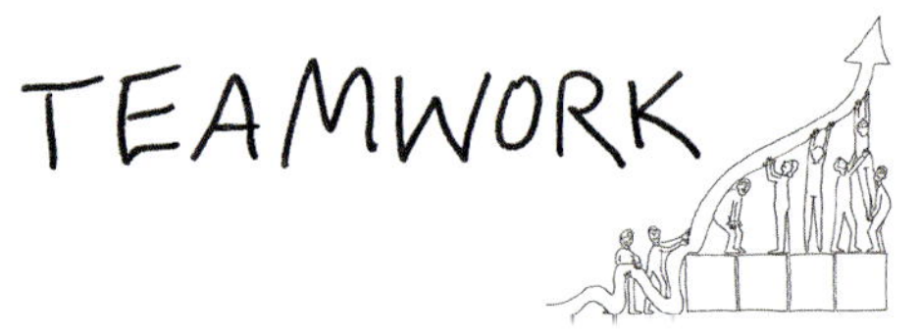

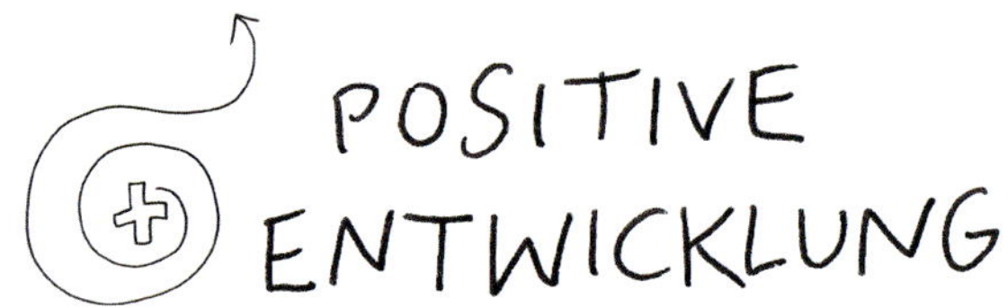

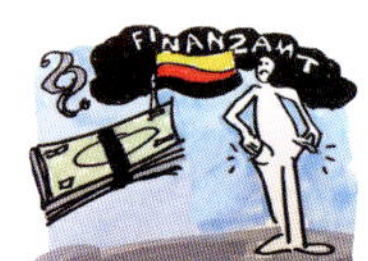

STEUER-
SCHULDEN

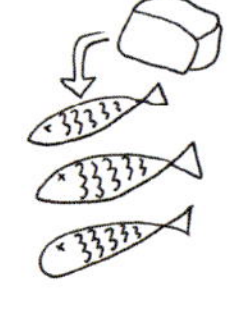

BUTTER BEI
DIE FISCHE

AUF DIE
TUBE DRÜCKEN

DA WIRD DER HUND IN DER PFANNE VERRÜCKT

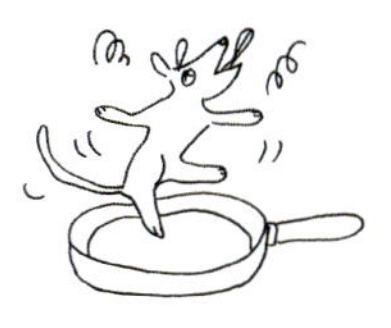

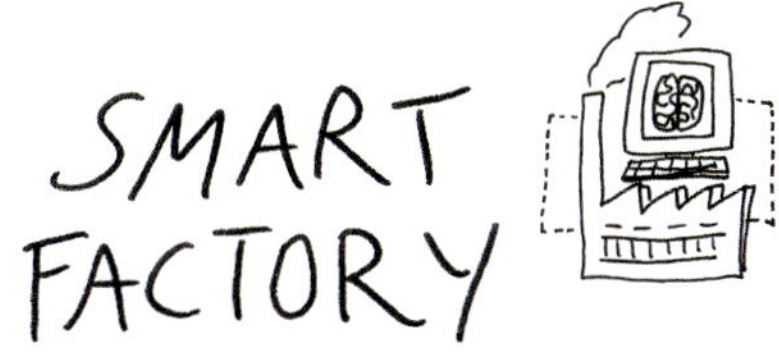

SMART FACTORY

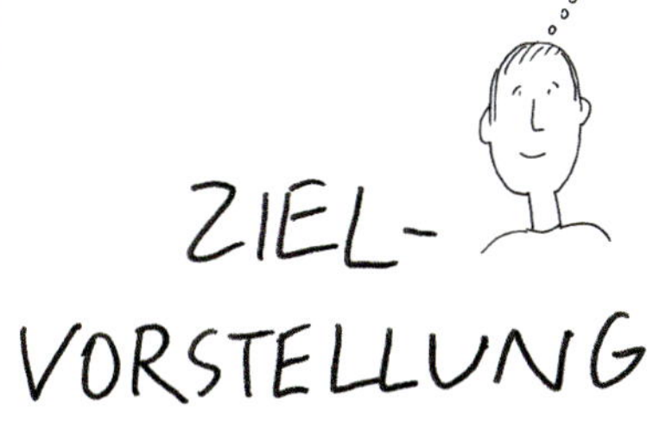

ZIEL-VORSTELLUNG

COMPUTER-VIREN

DER SCHLÜSSEL ZUR ZUKUNFT

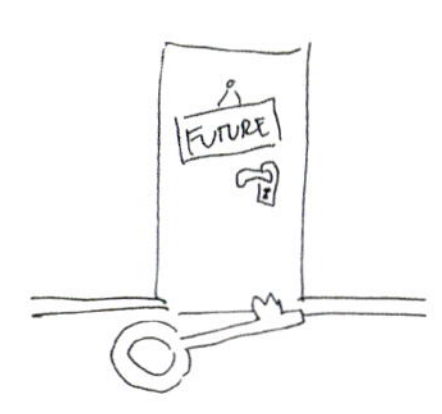

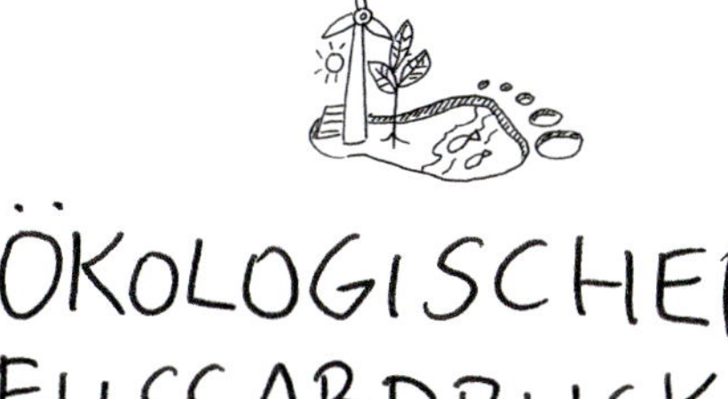

ÖKOLOGISCHER FUSSABDRUCK

GESETZ-ENTWURF

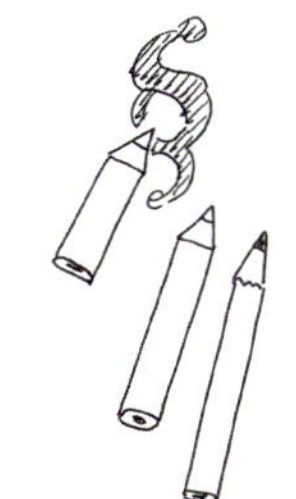

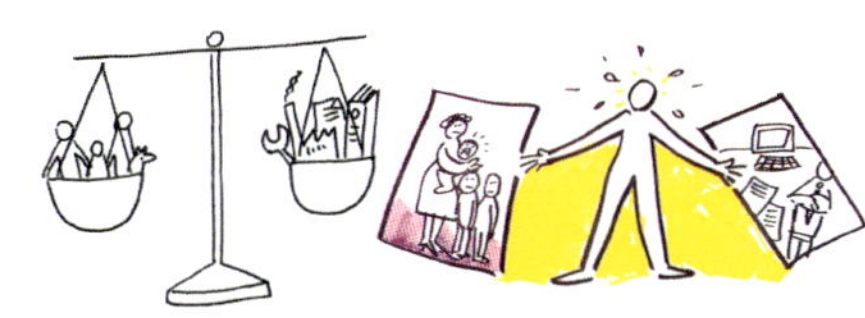

LIFE-WORK-BALANCE

GESICHTER

Es gibt acht multikulturell erkennbare Gefühlsausdrücke: Freude, Trauer, Überraschung, Angst, Verachtung, Ärger, Ekel. Sie sind alle im Gesicht ablesbar. Dazu kommt der Stolz, aber der ist eher eine Körperhaltung. Mit wenigen Strichen kann man Gesichtsausdrücke zeichnen und Stimmungen wiedergeben. Die Stellung von Mund und Augenbrauen definiert den Ausdruck.

Charaktere lassen sich ebenfalls relativ einfach darstellen. Zeichnen Sie die Haare kurz und gerade oder wild und durcheinander und schon haben Sie beim gleichen Gesicht zwei völlig verschiedene Typen. Schwieriger wird es, wenn man eine Ähnlichkeit zu einer bestimmten Person erreichen will. Dafür kann man ein Foto nehmen, es durchzeichnen und die Zeichnung dann frei wiederholen, bis es ähnlich aussieht. Wenn es spezielle Merkmale gibt, hilft es, sie etwas zu überziehen, aber nicht zu viel, sonst wird es zu einer Karikatur.

ÜBUNG:

Zeichnen Sie ein Blatt voller Gesichter mit und ohne Augenbrauen. Versuchen Sie verschiedene Gesichtsausdrücke darzustellen.

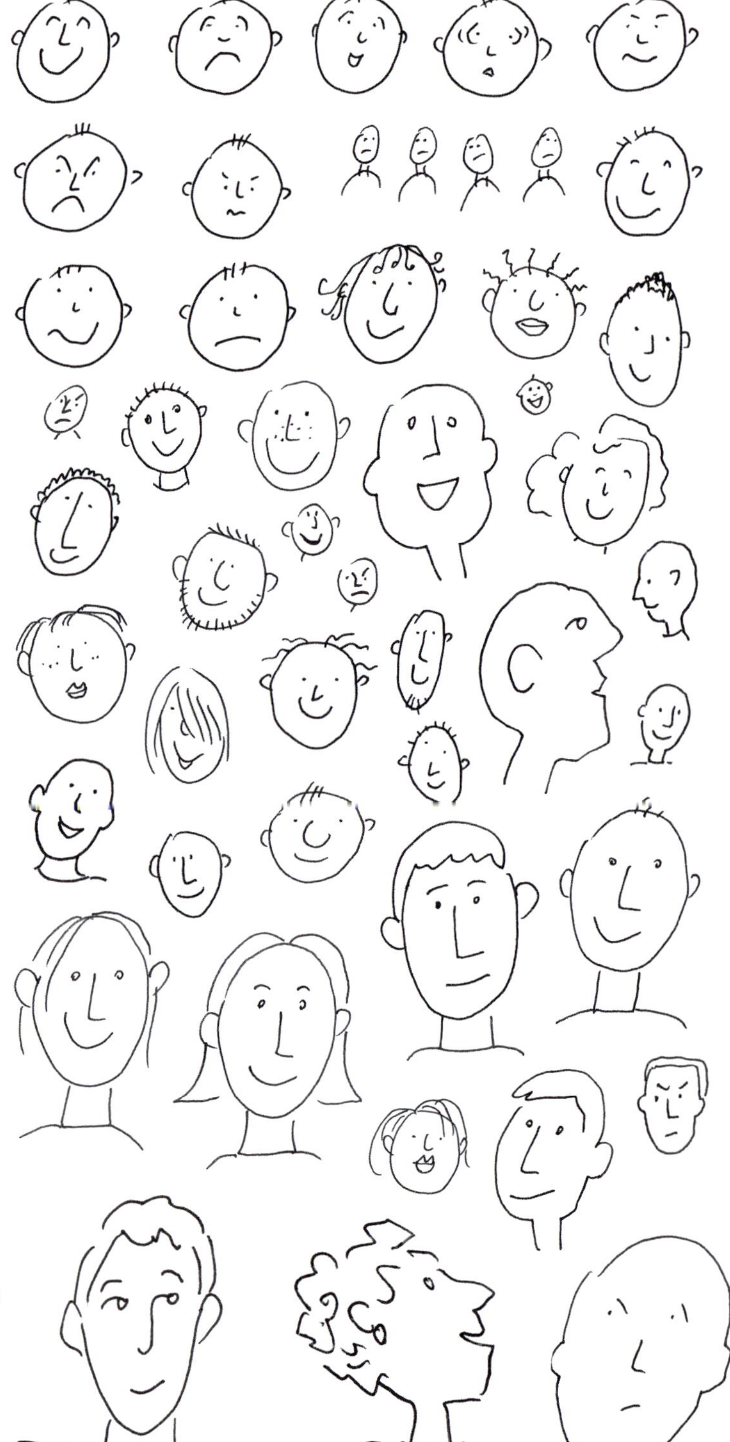

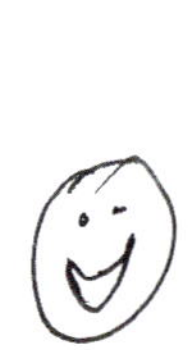

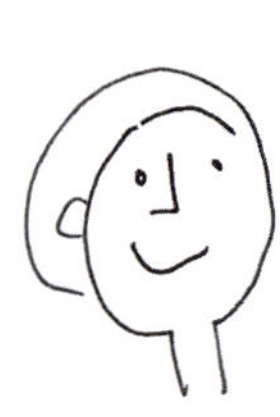

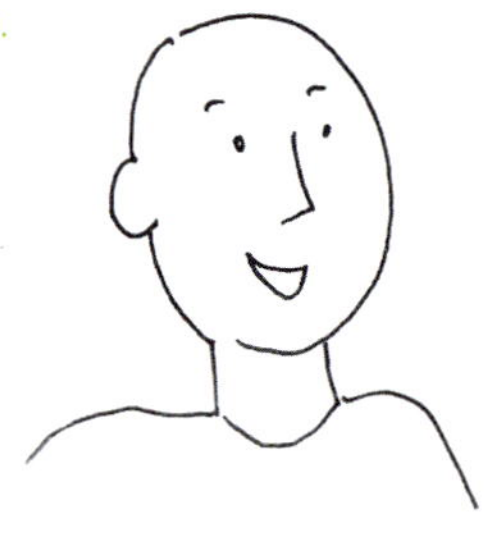

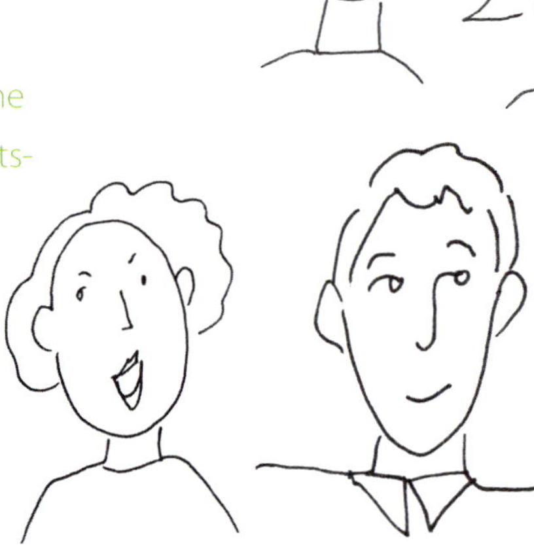

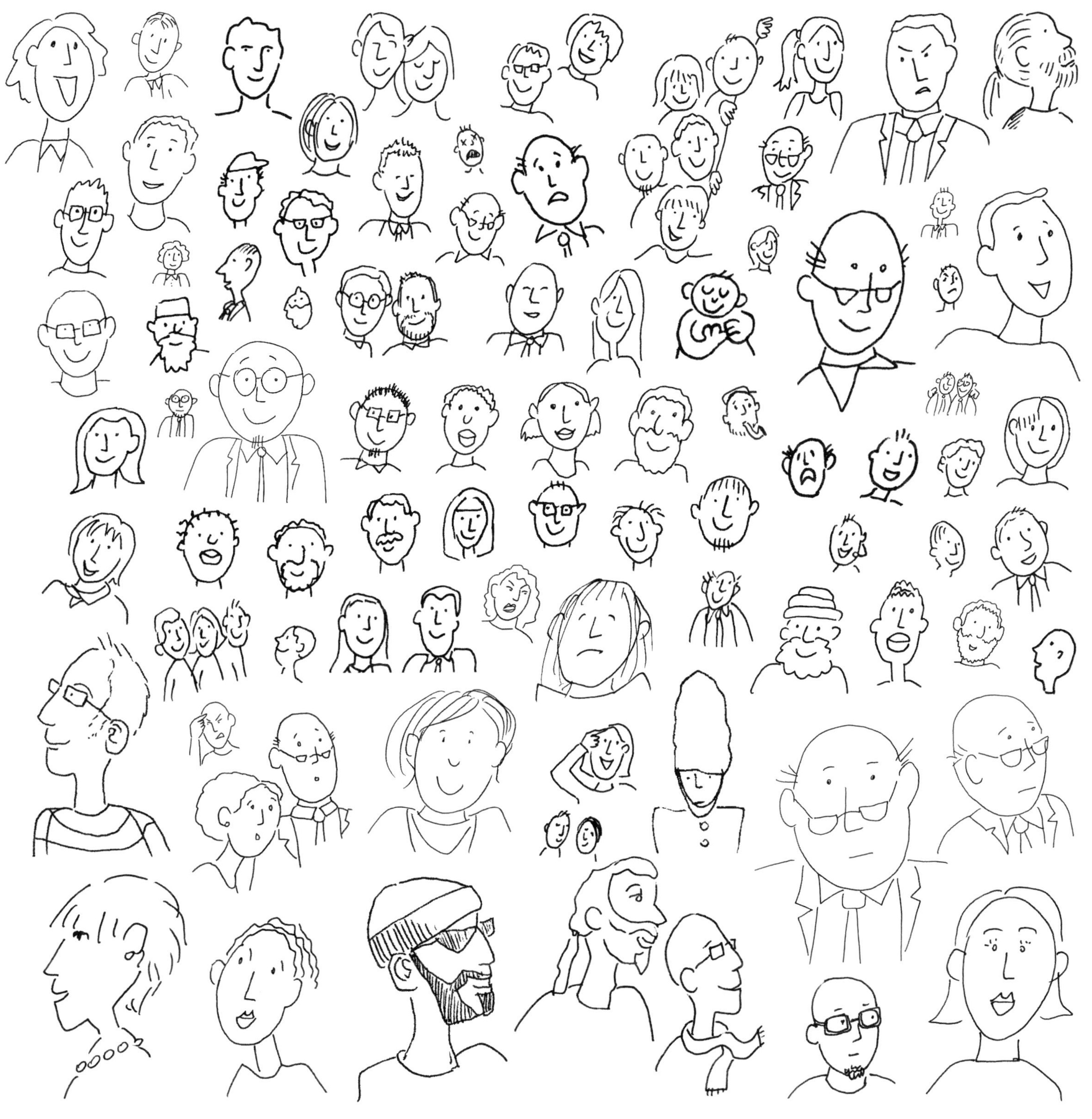
ME

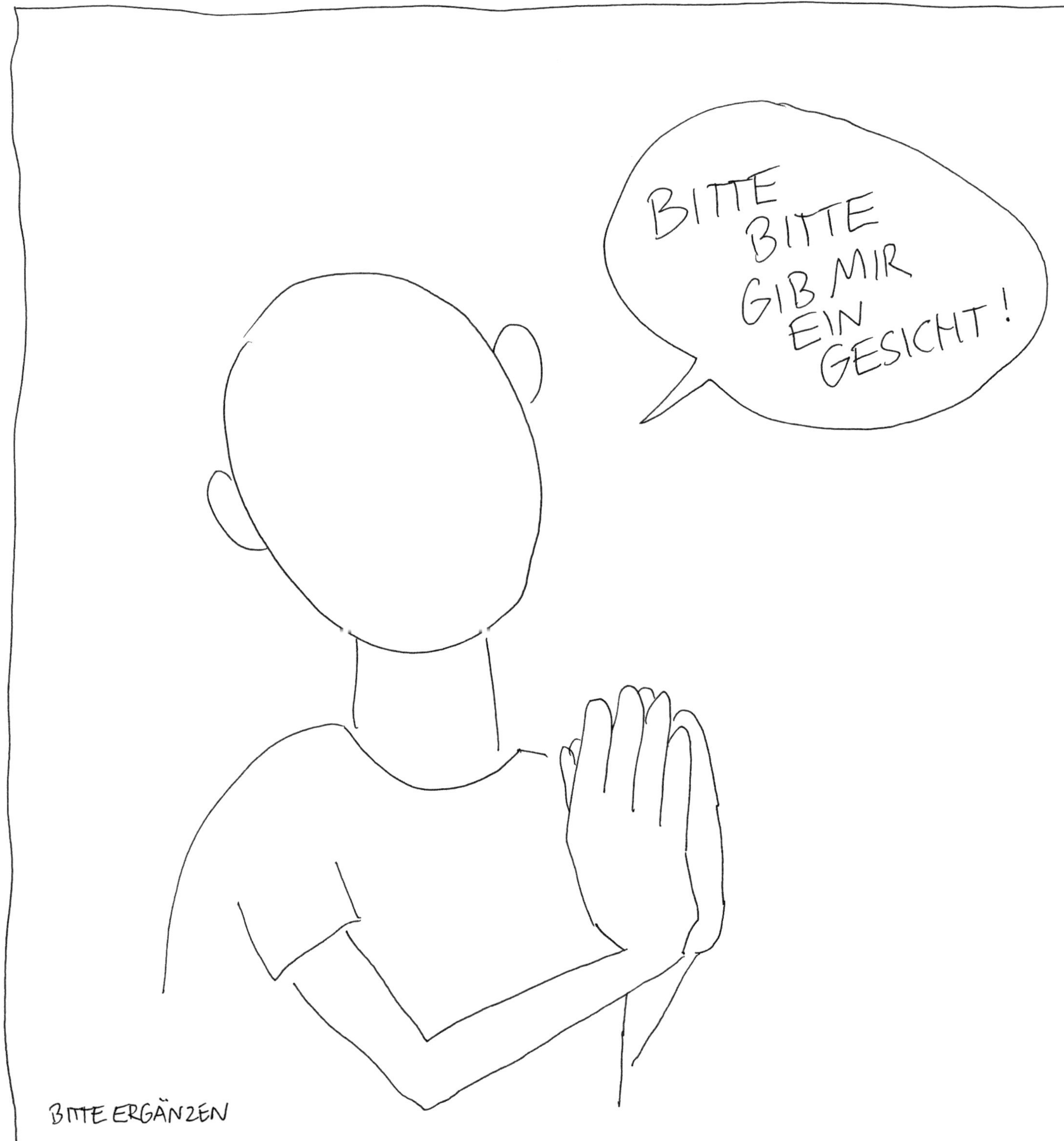
BITTE BITTE GIB MIR EIN GESICHT!
BITTE ERGÄNZEN

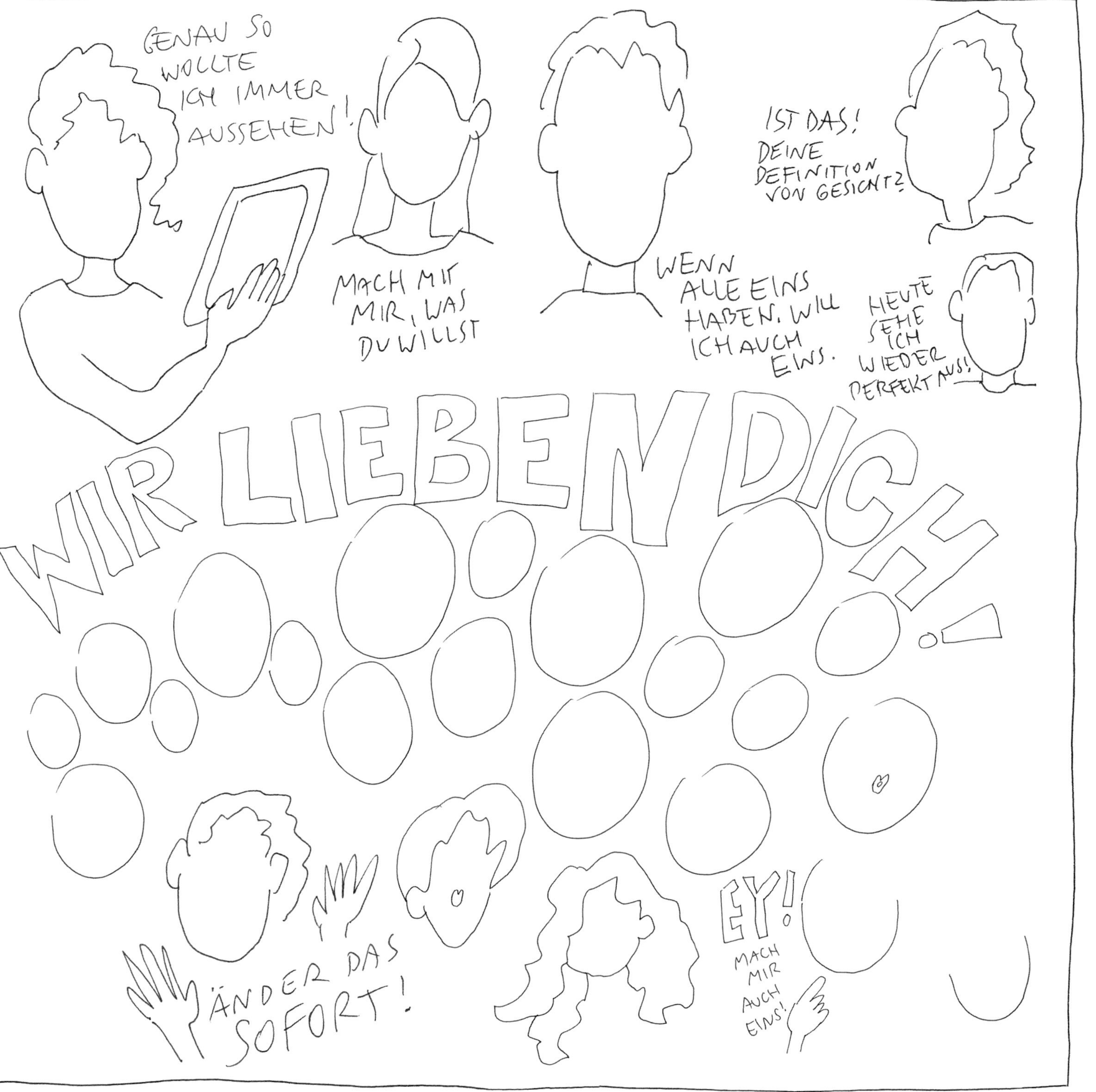
GENAU SO WOLLTE ICH IMMER AUSSEHEN!
MACH MIT MIR, WAS DU WILLST
WENN ALLE EINS HABEN, WILL ICH AUCH EINS.
IST DAS! DEINE DEFINITION VON GESICHT?
HEUTE SEHE ICH WIEDER PERFEKT AUS!
WIR LIEBEN DICH!
ÄNDER DAS SOFORT!
EY!
MACH MIR AUCH EINS!

KÖRPERHALTUNG

Ausgehend von den Sternmenschen aus dem Kapitel »Basics« lassen sich Menschen durch die Körperhaltung oder kleine Accessoires definieren. Dabei kommt es nicht wirklich darauf an, wie »ordentlich« etwas gezeichnet ist. Manchmal sehen die »unordentlichen« Bilder sogar besser aus, weil sie durch ihre Spontaneität viel Ausdruckskraft haben. Der Detailreichtum einer Abbildung ist auch von der Größe der Zeichnung abhängig. Bei kleinen Figuren z. B. im Hintergrund reicht es oft, sie mit nur wenigen Linien anzudeuten.

ÜBUNG:

Überlegen Sie sich Situationen, die in Ihrer Umgebung häufig vorkommen, und visualisieren Sie diese.

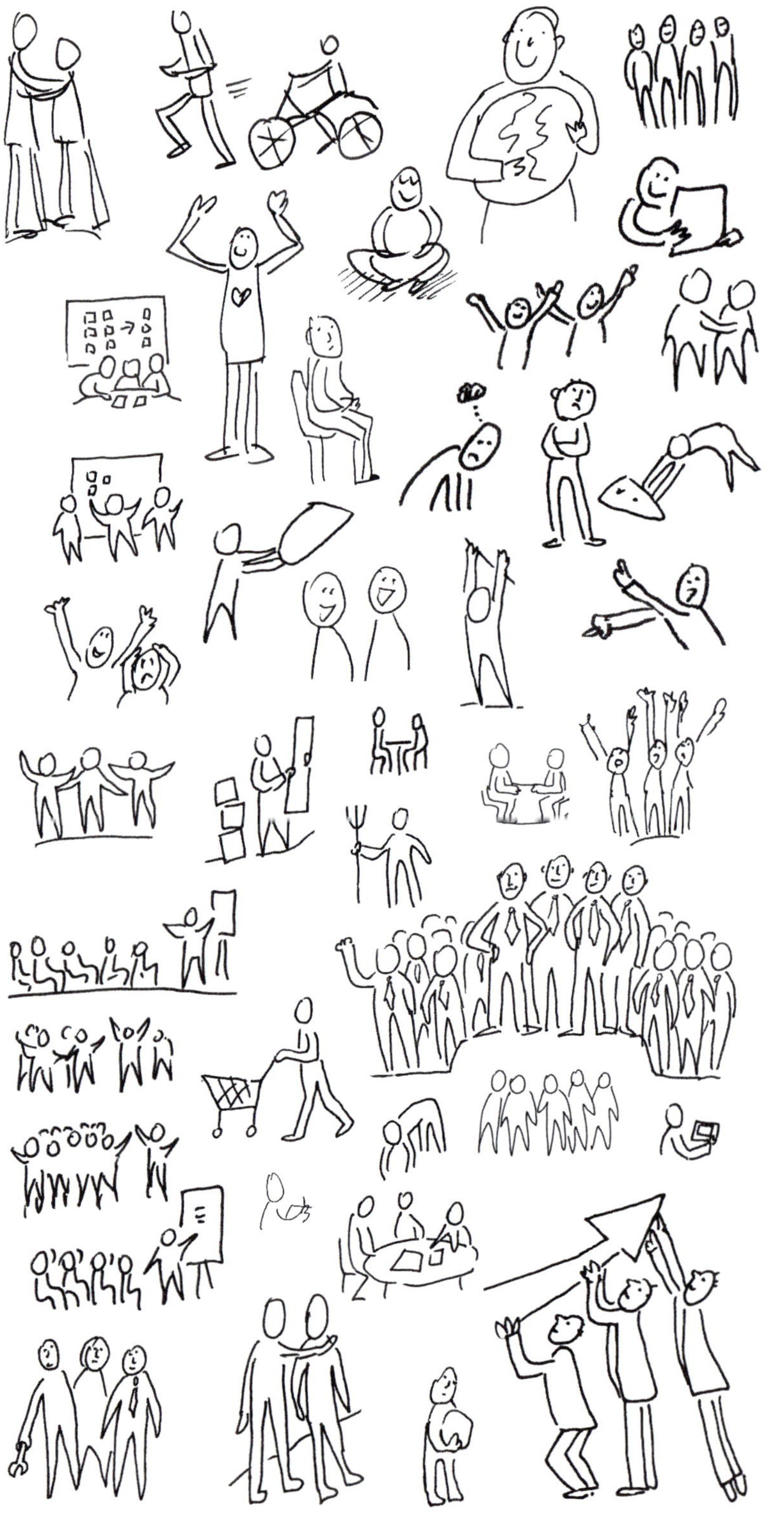

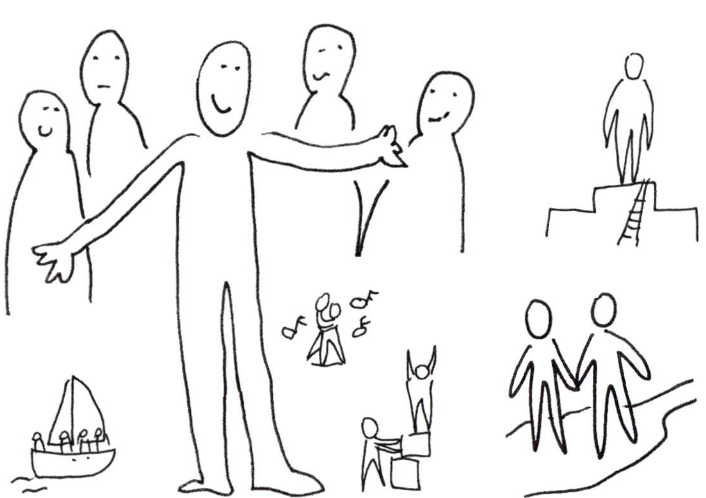

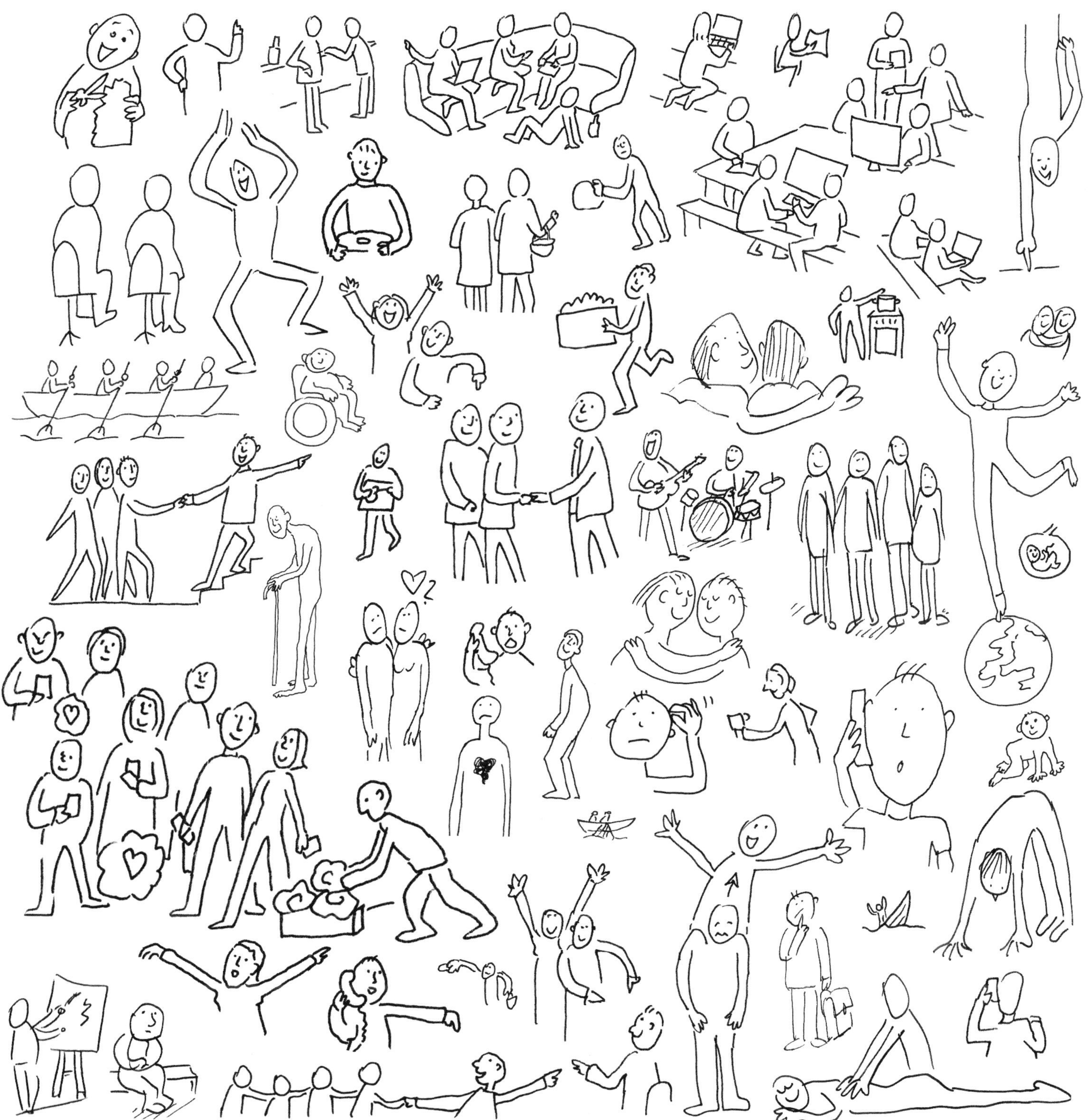

ACCESSOIRES & DETAILS

Details wie Kleidung, die Stellung mehrerer Personen zueinander und Accessoires definieren eine Person, ihre Handlungen oder Absichten noch genauer. Eine solche Zeichnung weckt Assoziationen und kann bereits eine ganze Geschichte erzählen.

ÜBUNG:

Überlegen Sie sich drei Berufsfelder und visualisieren Sie je eine Person dieses Berufes in einem passenden Umfeld mit typischen Accessoires.

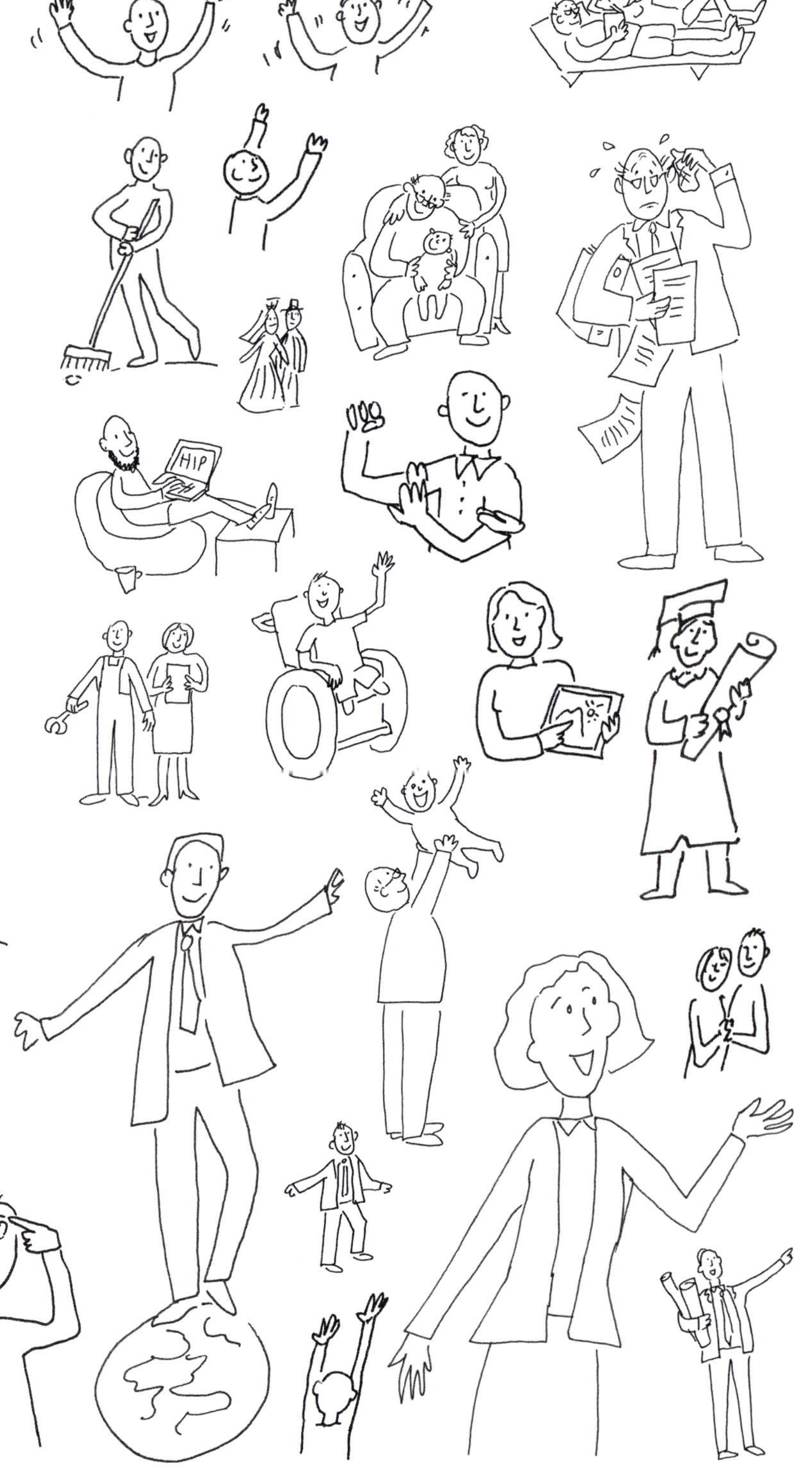

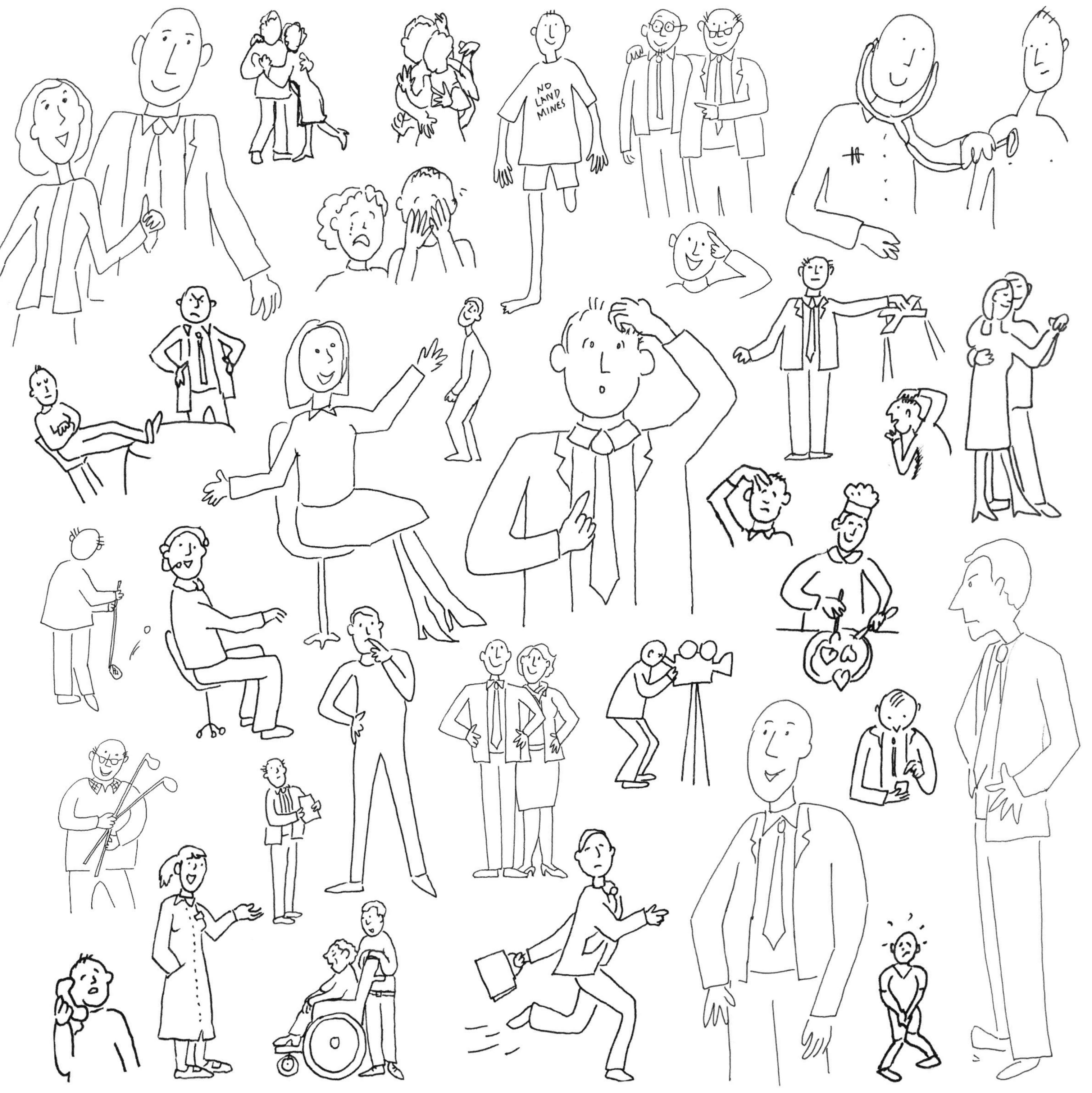
NO
LAND
MINES

DER TRICK MIT DER LINIE

Wenn ich mir die komplette Haltung eines Menschen sparen will, behelfe ich mir einfach mit einer waagerechten Linie, die in der Regel eine Tischkante darstellt. So verschwindet ein großer Teil der dargestellten Menschen dahinter und ich kann mich in der Zeichnung auf die Hände, den Ausdruck und einige definierende Gegenstände konzentrieren.

ÜBUNG:

Zeichnen Sie eine waagerechte Linie und positionieren Sie dahinter einen Nachrichtensprecher, eine Person, die Gemüse schneidet, und ein spielendes Kind.

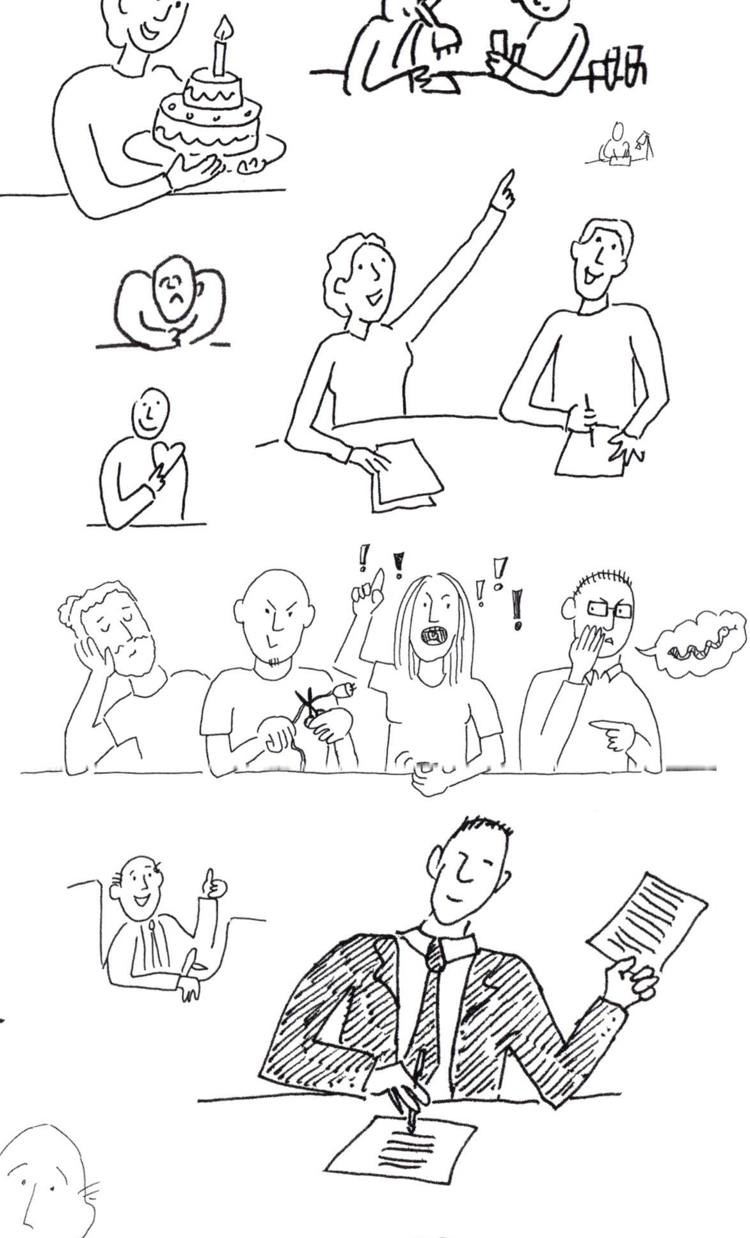

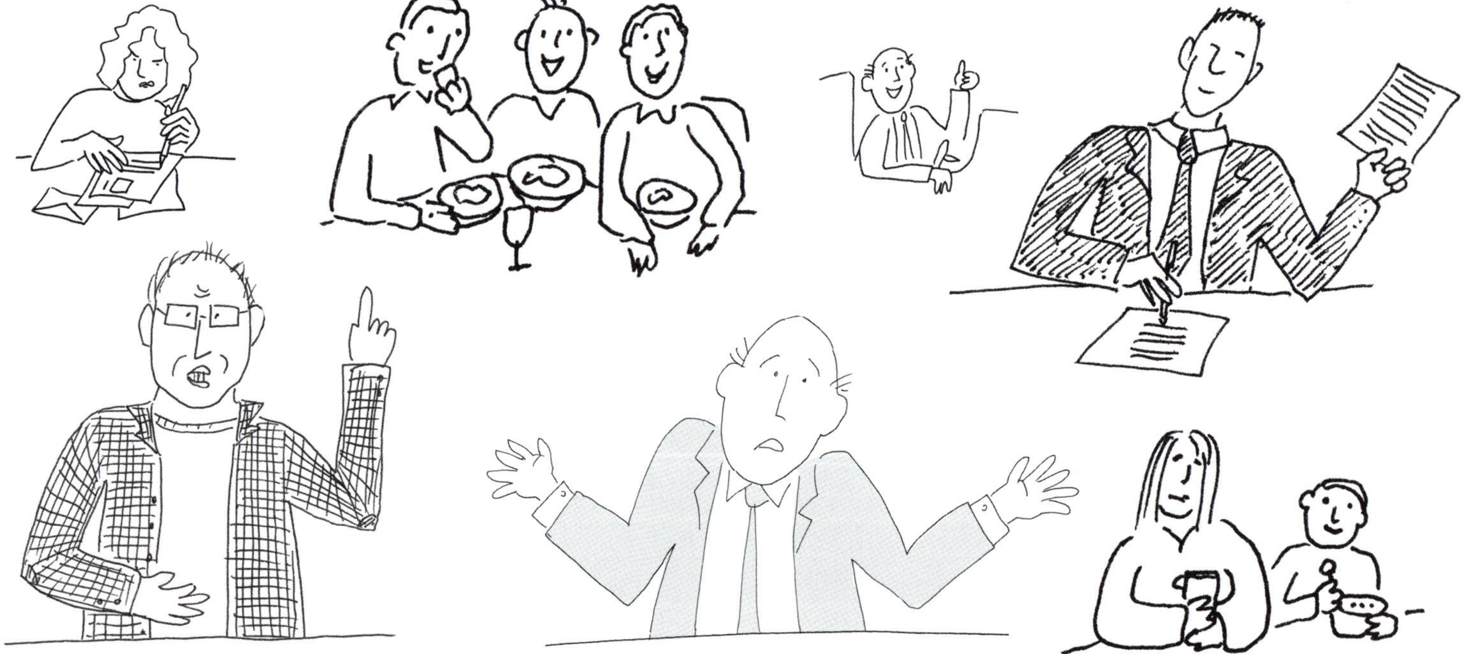

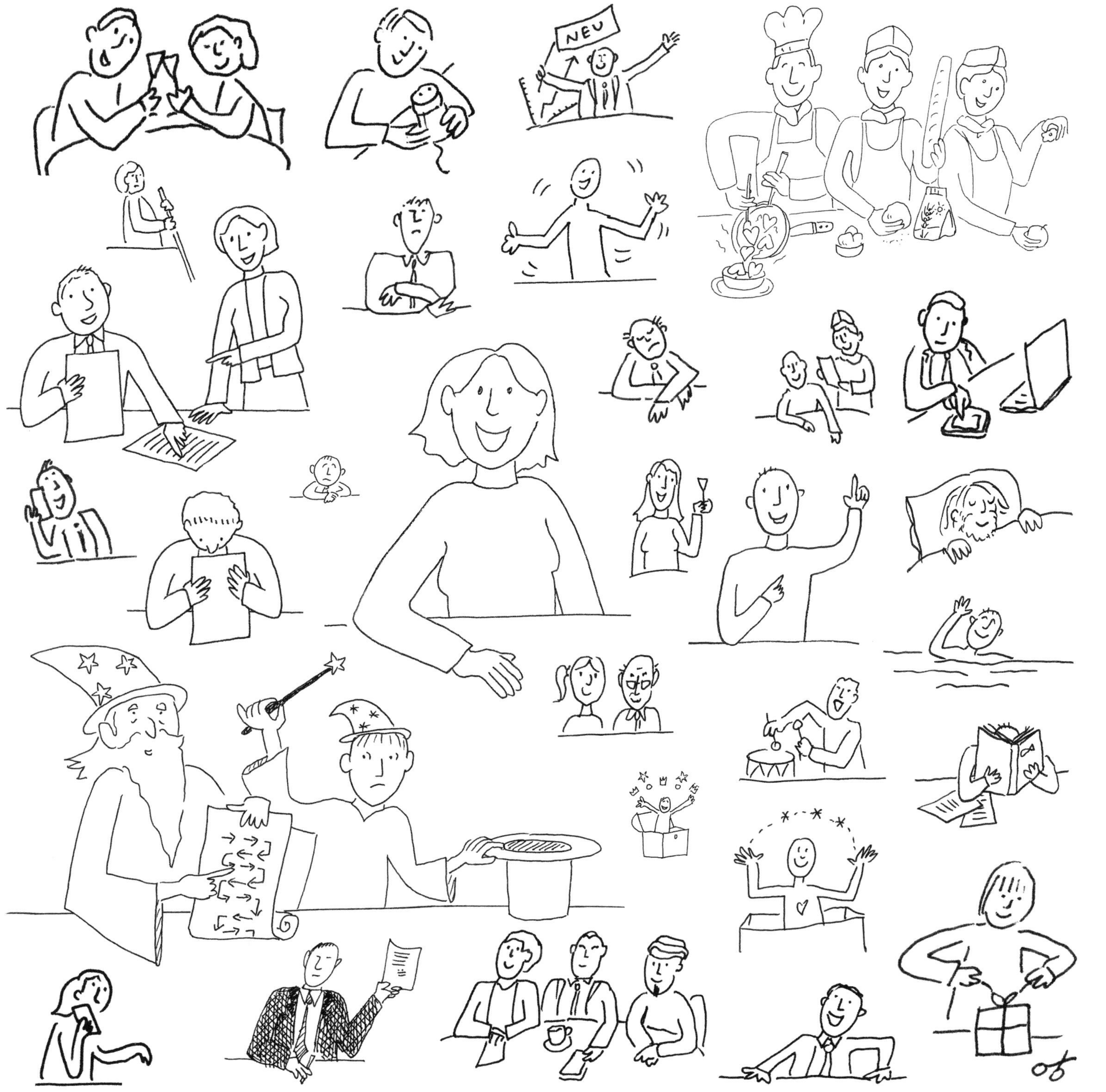
NEU

HÄNDE

Hände zeichnen ist schwierig. Es braucht eine Weile und eine Menge Handstudien. Zeichnen Sie, korrigieren Sie und zeichnen Sie erneut. Es lohnt sich, sich damit länger zu beschäftigen. Es gibt ein paar Stellungen, die immer wieder vorkommen: auf etwas zeigen, etwas festhalten, jubeln und die Geste Daumen hoch. Auch hier kommt es auf die Größe der Abbildung an. Kleine Hände können gröber gezeichnet sein, große sollten einigermaßen stimmig sein. Es gibt gute Tutorials im Internet zum Thema Hände zeichnen!

ÜBUNG:

Zeichnen Sie Hände, Hände und nochmals Hände!

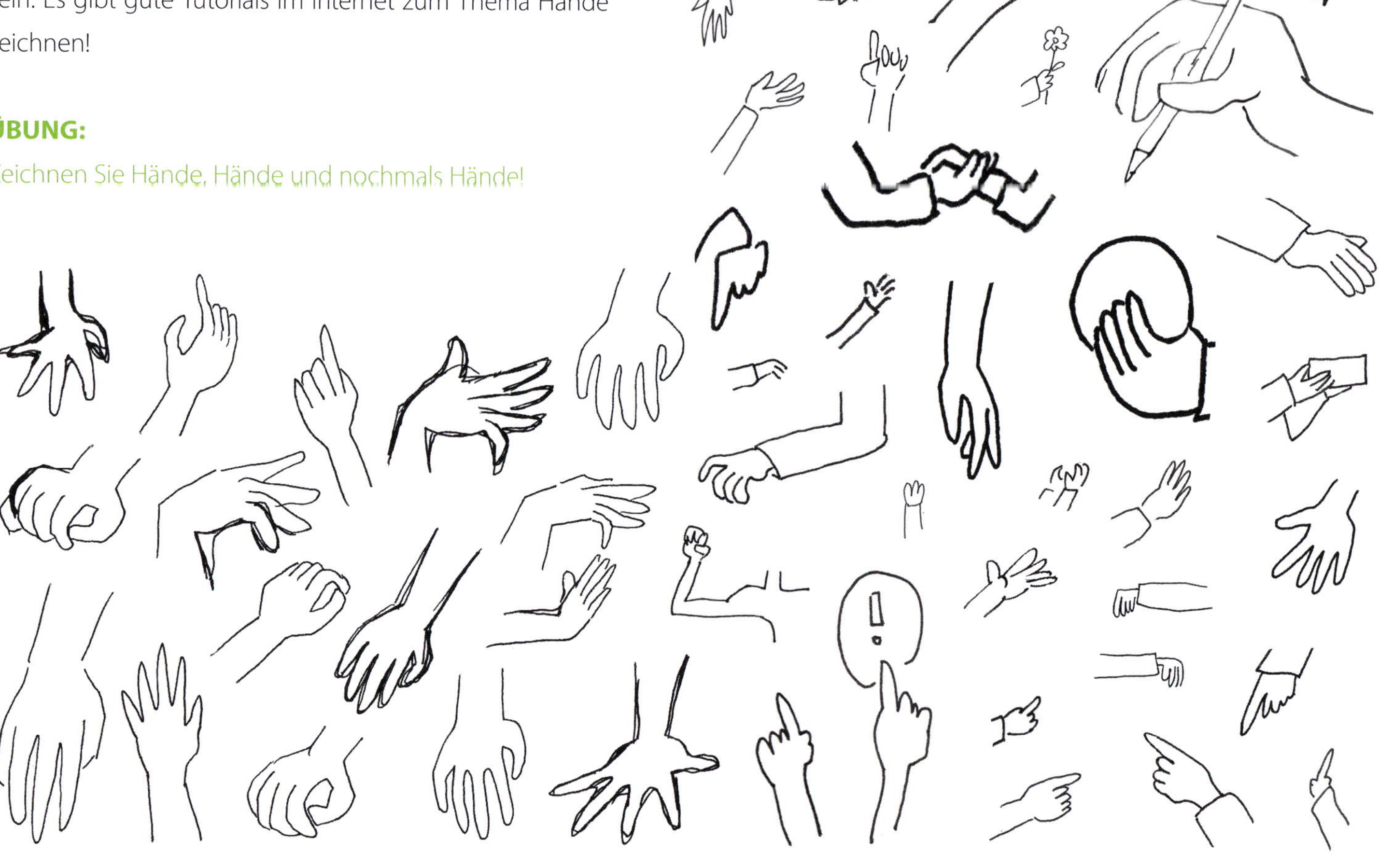

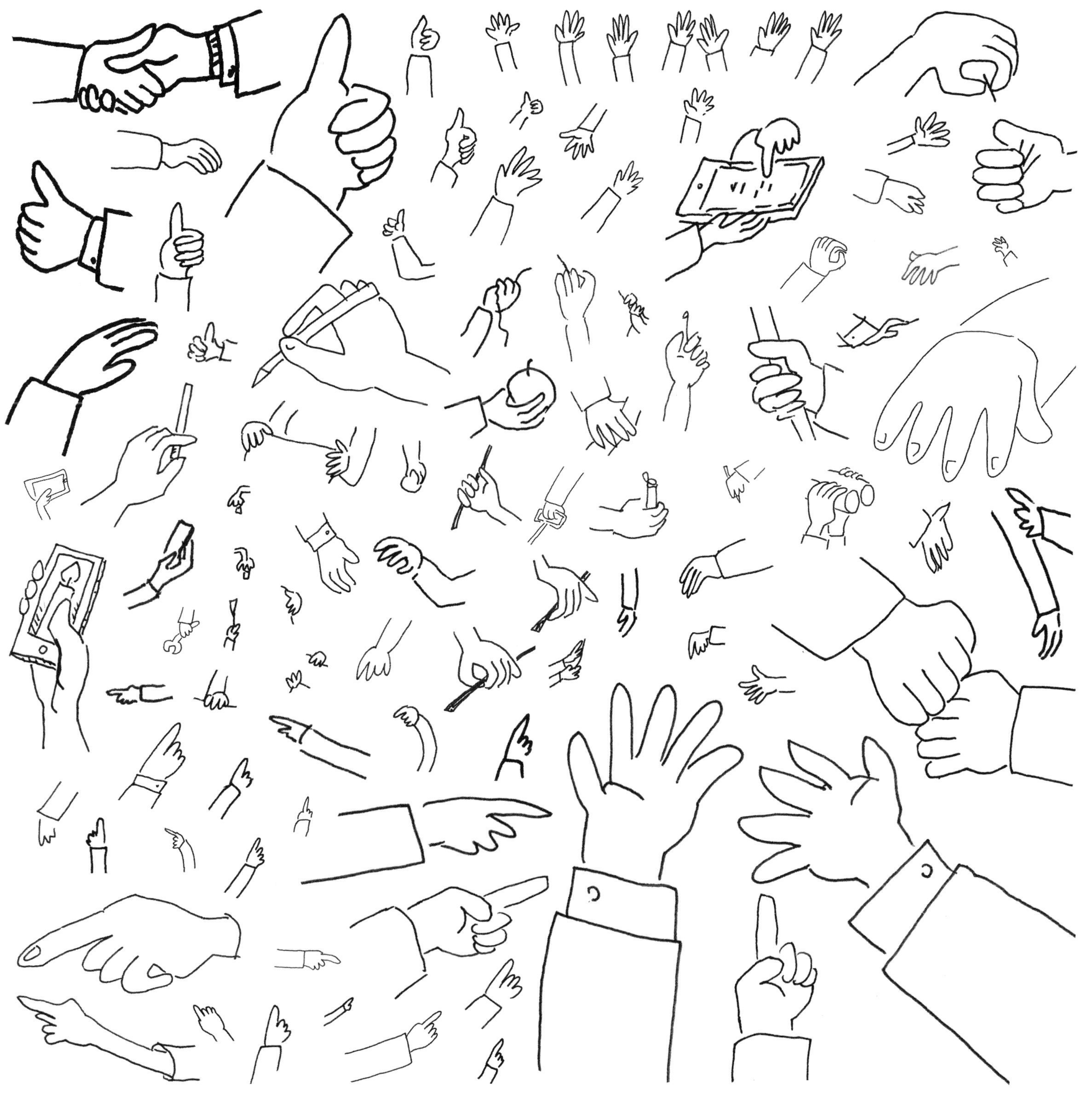

KOMMUNIKATION

Kommunikation lässt sich in vielfältiger Form darstellen. In der Bildsprache ist Kommunikation in der Regel eine Verbindung von Sender und Empfänger, also z. B. eine Kombination aus Menschen und Sprechblasen. Kommunikation hat emotionale Auswirkungen, daher spielen auch Gesichtsausdrücke eine wichtige Rolle.

Wenn es um geräteorientierte Kommunikation geht, wird es einfacher. Eine Kombination aus den Geräten und verbindenden Linien bildet diese Art der Kommunikation deutlich ab.

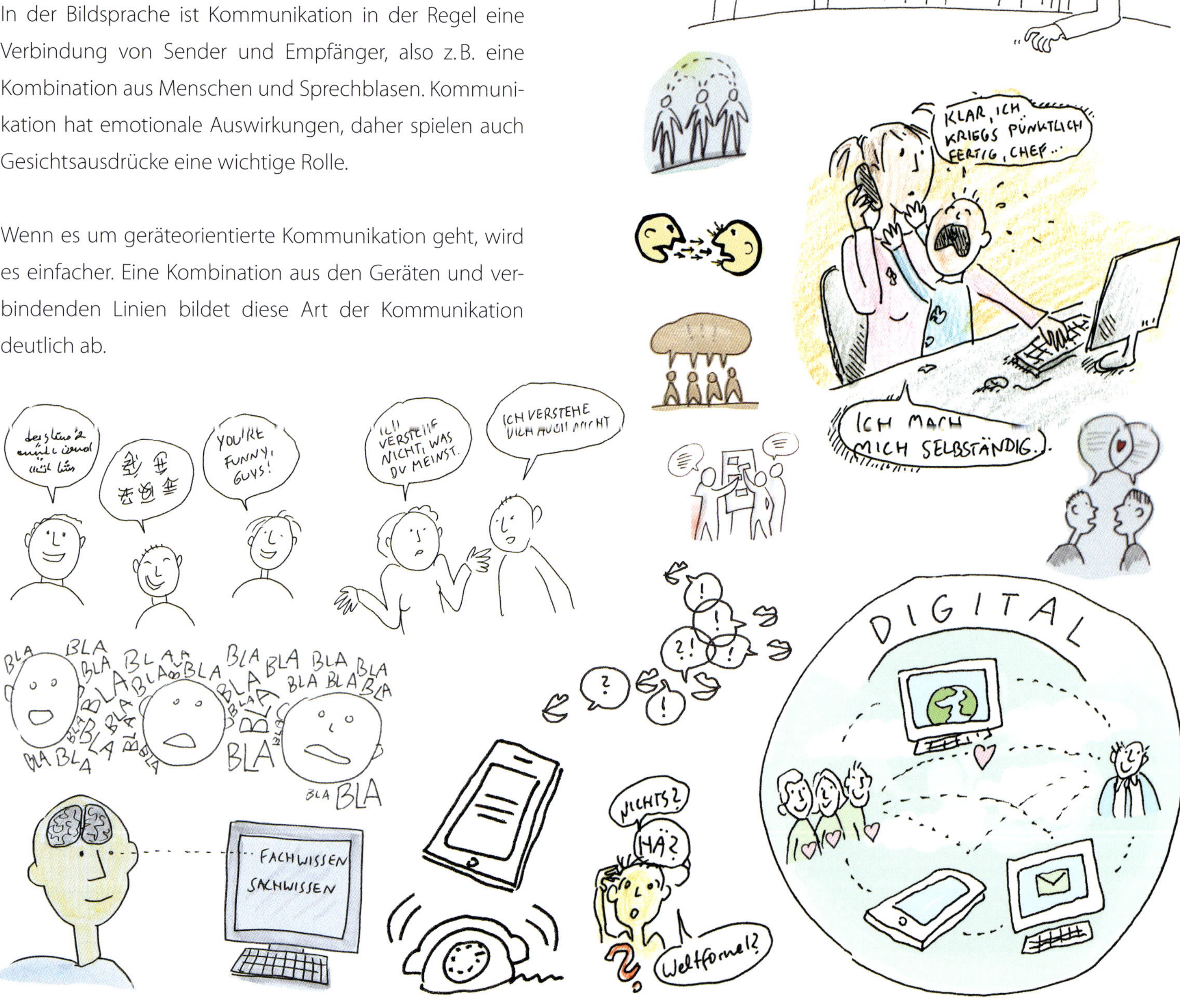

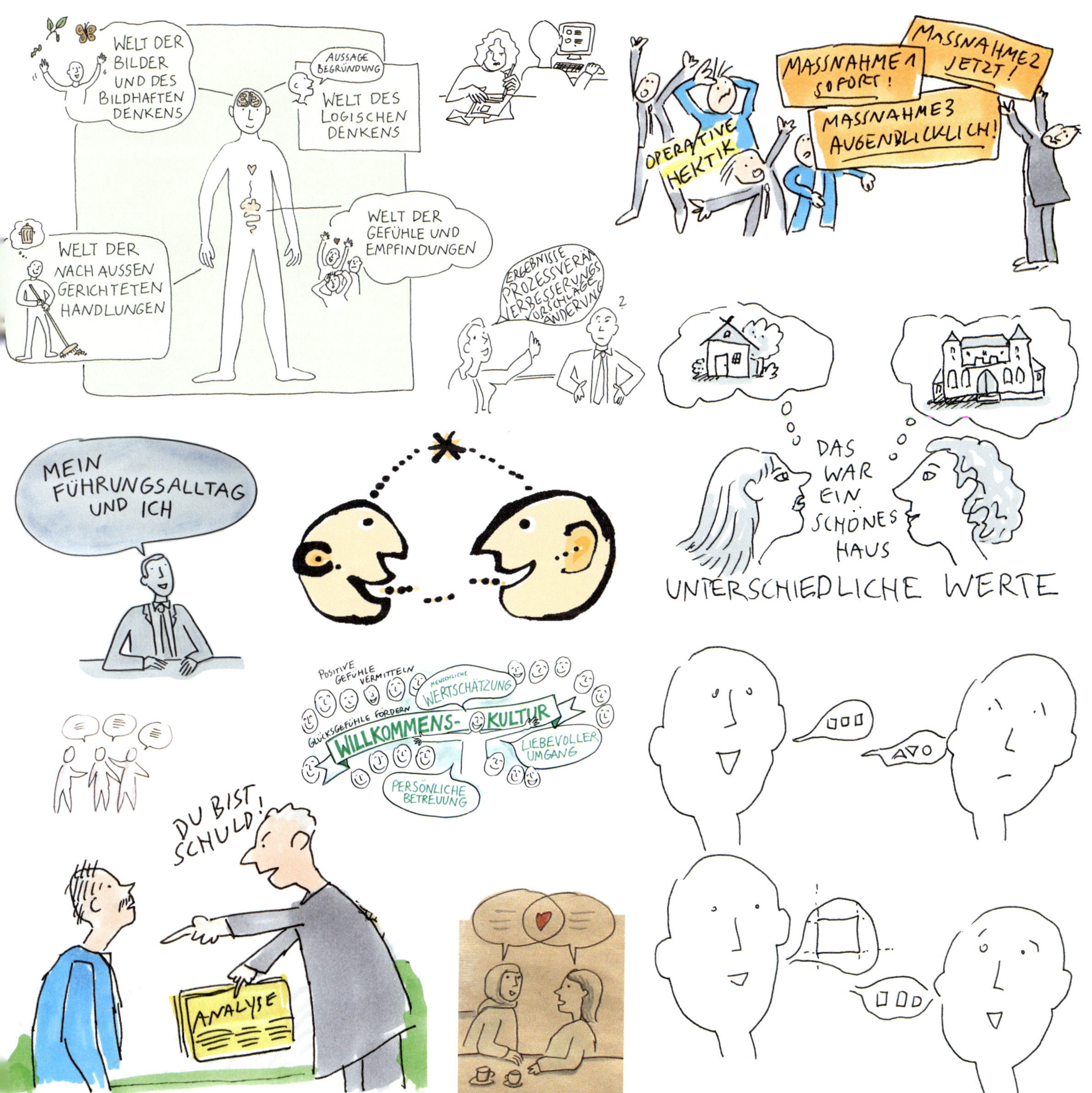
WELT DER BILDER UND DES BILDHAFTEN DENKENS
AUSSAGE BEGRÜNDUNG
WELT DES LOGISCHEN DENKENS
WELT DER GEFÜHLE UND EMPFINDUNGEN
WELT DER NACH AUSSEN GERICHTETEN HANDLUNGEN
OPERATIVE HEKTIK
MASSNAHME 1 SOFORT!
MASSNAHME 2 JETZT!
MASSNAHME 3 AUGENBLICKLICH!
ERGEBNISSE
PROZESSVERÄN
VERBESSERUNGS
VORSCHLÄGE
ÄNDERUNG
MEIN FÜHRUNGSALLTAG UND ICH
DAS WAR EIN SCHÖNES HAUS
UNTERSCHIEDLICHE WERTE
POSITIVE GEFÜHLE VERMITTELN
MENSCHLICHE WERTSCHÄTZUNG
GLÜCKSGEFÜHLE FÖRDERN
WILLKOMMENS-KULTUR
LIEBEVOLLER UMGANG
PERSÖNLICHE BETREUUNG
DU BIST SCHULD!
ANALYSE

SKETCHNOTES BEISPIELE

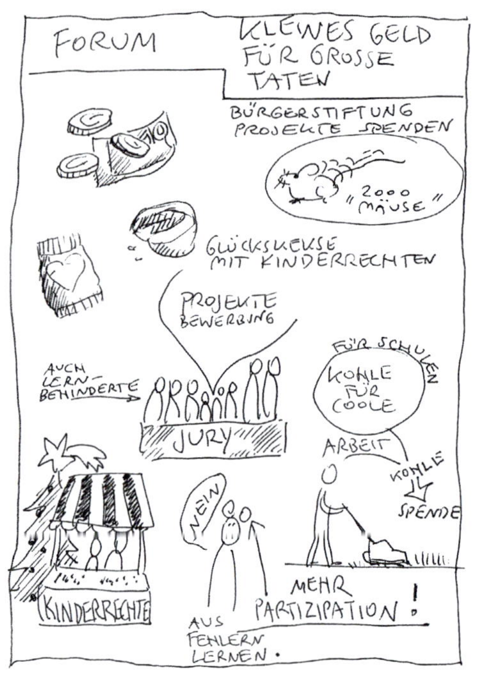

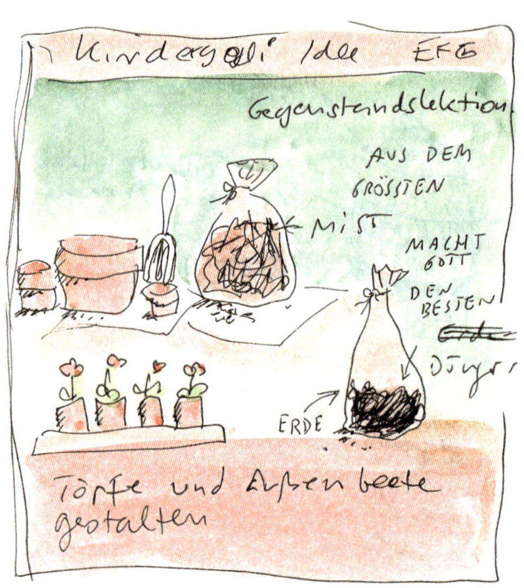

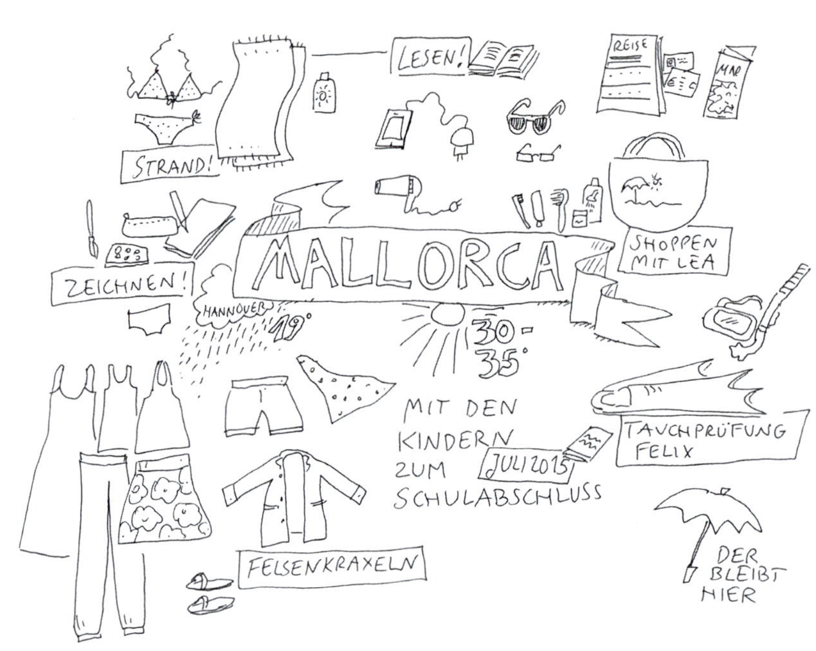

VORSICHT AFFLUENZA

WENN ZUVIEL NICHT GENUG IST

MEHR HABEN WOLLEN

SHOPPING

KONSUM

BRAND

SCHMERZHAFTE, ANSTECKENDE, ÜBER SOZIALE BEZIEHUNGEN WEITERGEGEBENE KRANKHEIT

SYMPTOME: UNZUFRIEDENHEIT ÜBERARBEITUNG, ZEITNOT, GIER, DEPRESSION, ANGSTZUSTÄNDE, SCHULDEN, EIN ÜBERANGEBOT AN KONSUMGÜTERN & JEDE MENGE MÜLL

GEGENANZEIGEN:

1X TÄGLICH

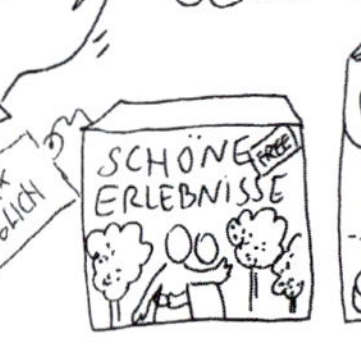

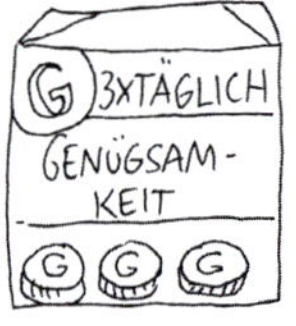

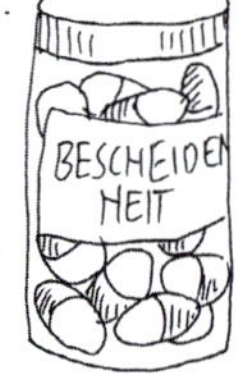

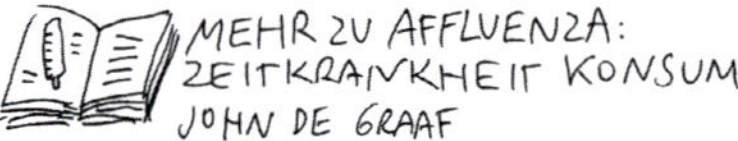

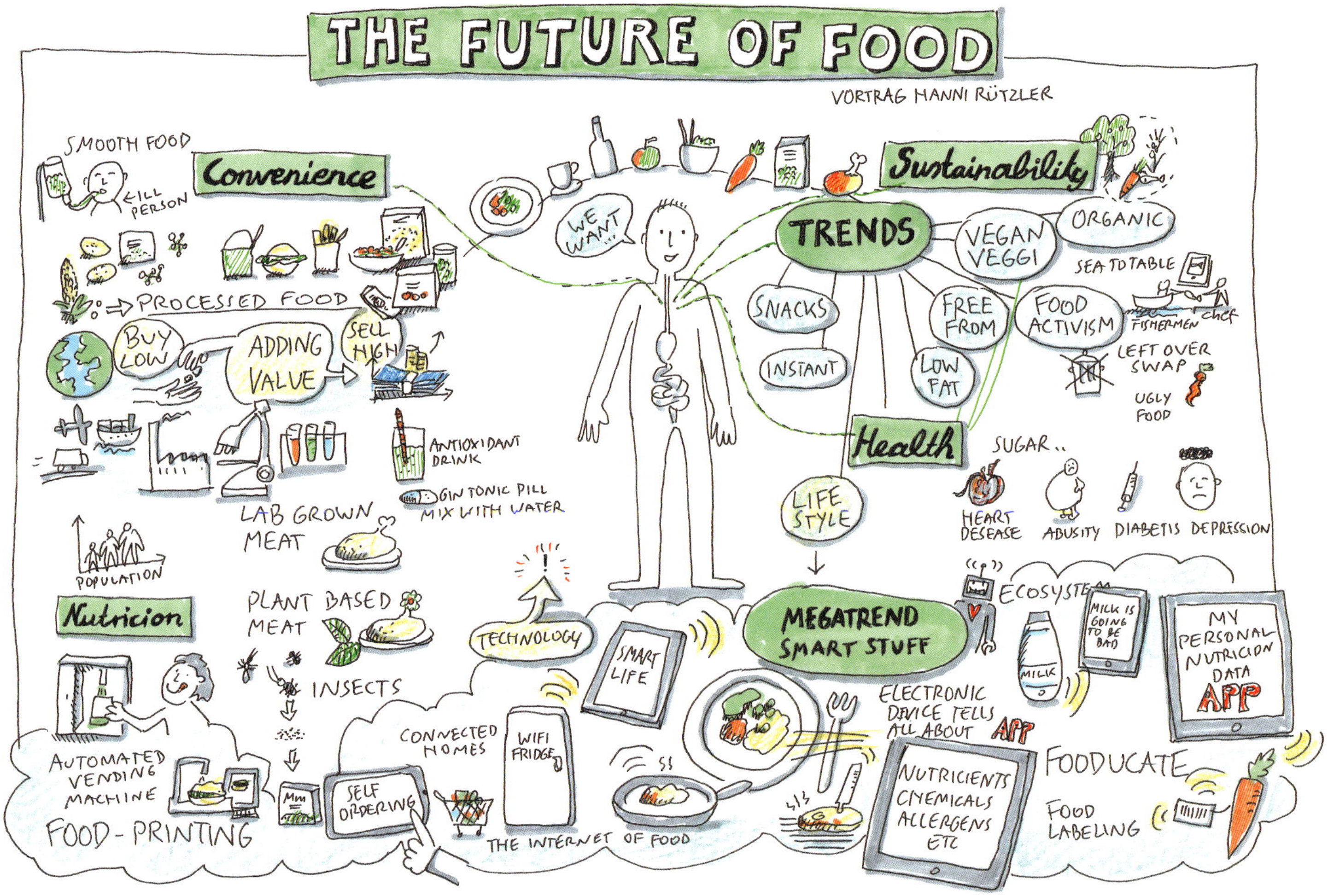

THE FUTURE OF FOOD

VORTRAG HANNI RÜTZLER

SMOOTH FOOD
ILL PERSON
Convenience
PROCESSED FOOD
BUY LOW
ADDING VALUE
SELL HIGH
ANTIOXIDANT DRINK
GIN TONIC PILL MIX WITH WATER
LAB GROWN MEAT
POPULATION
Nutricion
PLANT BASED MEAT
INSECTS
AUTOMATED VENDING MACHINE
FOOD-PRINTING
WE WANT ...
Sustainability
TRENDS
VEGAN VEGGI
ORGANIC
SEA TO TABLE
FISHERMEN
CHEF
SNACKS
INSTANT
FREE FROM
LOW FAT
FOOD ACTIVISM
LEFT OVER SWAP
UGLY FOOD
Health
SUGAR ..
HEART DESEASE
ABUSITY
DIABETIS
DEPRESSION
LIFE STYLE
TECHNOLOGY
MEGATREND SMART STUFF
ECOSYSTEM
SMART LIFE
MILK
MILK IS GOING TO BE BAD
MY PERSONAL NUTRICION DATA APP
CONNECTED HOMES
WIFI FRIDGE
SELF ORDERING
THE INTERNET OF FOOD
ELECTRONIC DEVICE TELLS ALL ABOUT
APP
NUTRICIENTS CHEMICALS ALLERGENS ETC
FOODUCATE
FOOD LABELING

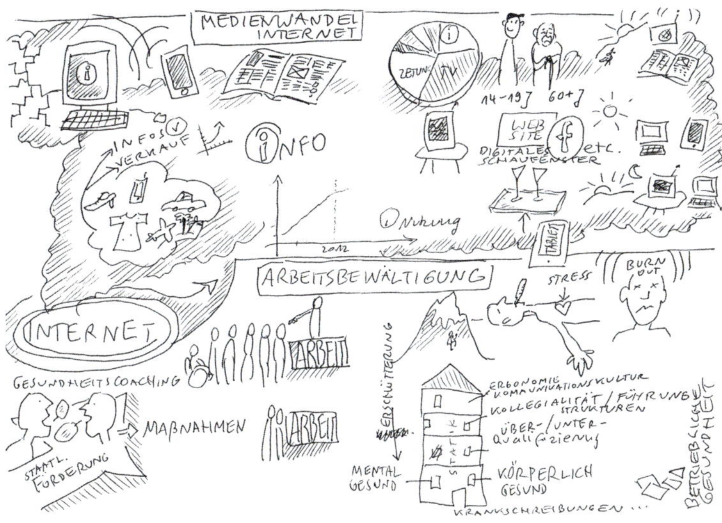

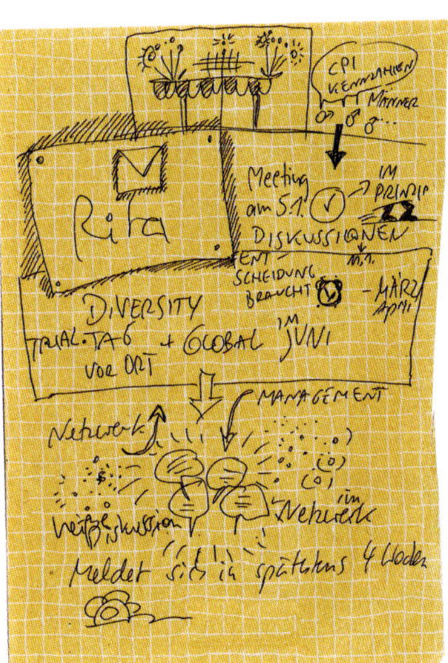

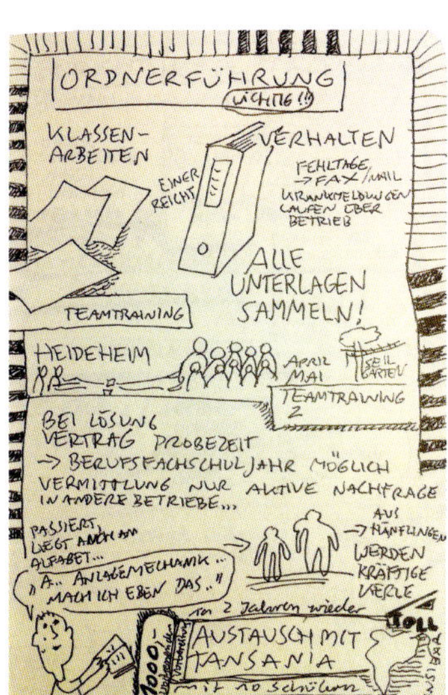

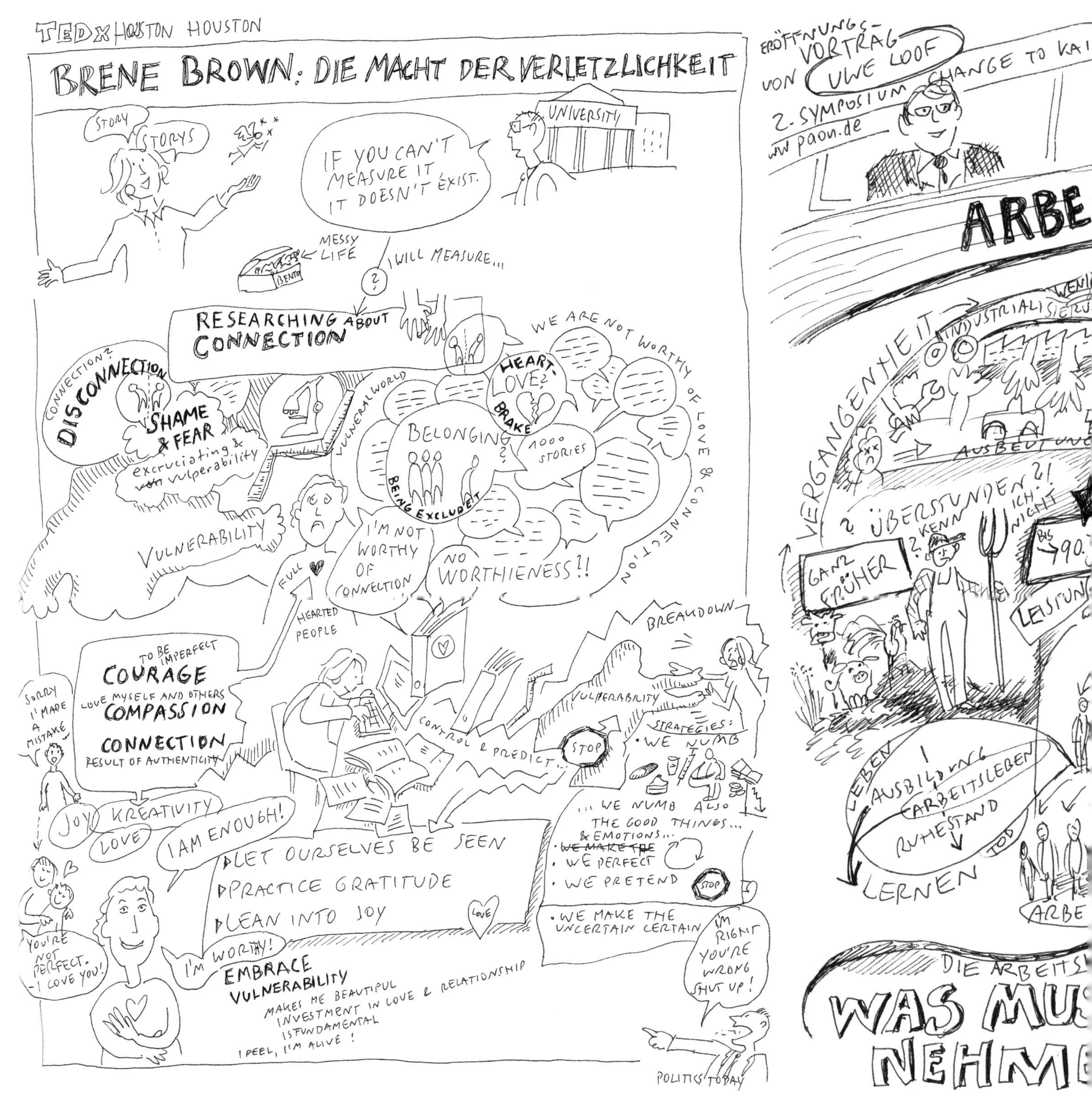
TEDx HOUSTON HOUSTON
BRENE BROWN: DIE MACHT DER VERLETZLICHKEIT
STORY
STORYS
IF YOU CAN'T MEASURE IT IT DOESN'T EXIST.
UNIVERSITY
MESSY LIFE
BENTO
I WILL MEASURE...
RESEARCHING ABOUT CONNECTION
CONNECTION?
DISCONNECTION
SHAME & FEAR
excruciating & vulnerability
VULNERAL WORLD
BELONGING
BEING EXCLUDED
HEART-LOVE? BRAKE
1000 STORIES
WE ARE NOT WORTHY OF LOVE & CONNECTION
VULNERABILITY
I'M NOT WORTHY OF CONNECTION
NO WORTHIENESS?!!
FULL HEARTED PEOPLE
BREAKDOWN
TO BE IMPERFECT
COURAGE
LOVE MYSELF AND OTHERS
COMPASSION
CONNECTION
RESULT OF AUTHENTICITY
SORRY I MADE A MISTAKE
VULNERABILITY
CONTROL & PREDICT...
STOP
STRATEGIES:
• WE NUMB
... WE NUMB ALSO THE GOOD THINGS... & EMOTIONS...
• WE PERFECT
• WE PRETEND
STOP
• WE MAKE THE UNCERTAIN CERTAIN
JOY
KREATIVITY
LOVE
I AM ENOUGH!
LET OURSELVES BE SEEN
PRACTICE GRATITUDE
LEAN INTO JOY
LOVE
YOU'RE NOT PERFECT. - I LOVE YOU!
I'M WORTHY!
EMBRACE VULNERABILITY
MAKES ME BEAUTIFUL
INVESTMENT IN LOVE & RELATIONSHIP
IS FUNDAMENTAL
I FEEL, I'M ALIVE!
I'M RIGHT YOU'RE WRONG SHUT UP!
POLITICS TODAY
ERÖFFNUNGS-VORTRAG VON UWE LOOF
2. SYMPOSIUM CHANGE TO KA
www.paon.de
ARBE
VERGANGENHEIT
INDUSTRIALISIERU
AUSBEUTUNG
ÜBERSTUNDEN?!
KENN ICH NICHT
GANZ FRÜHER
BIS 90
LEISTUN
LEBEN
AUSBILDUNG
ARBEITSLEBEN
RUHESTAND
TOD
LERNEN
ARBE
DIE ARBEITS
WAS MUS
NEHME

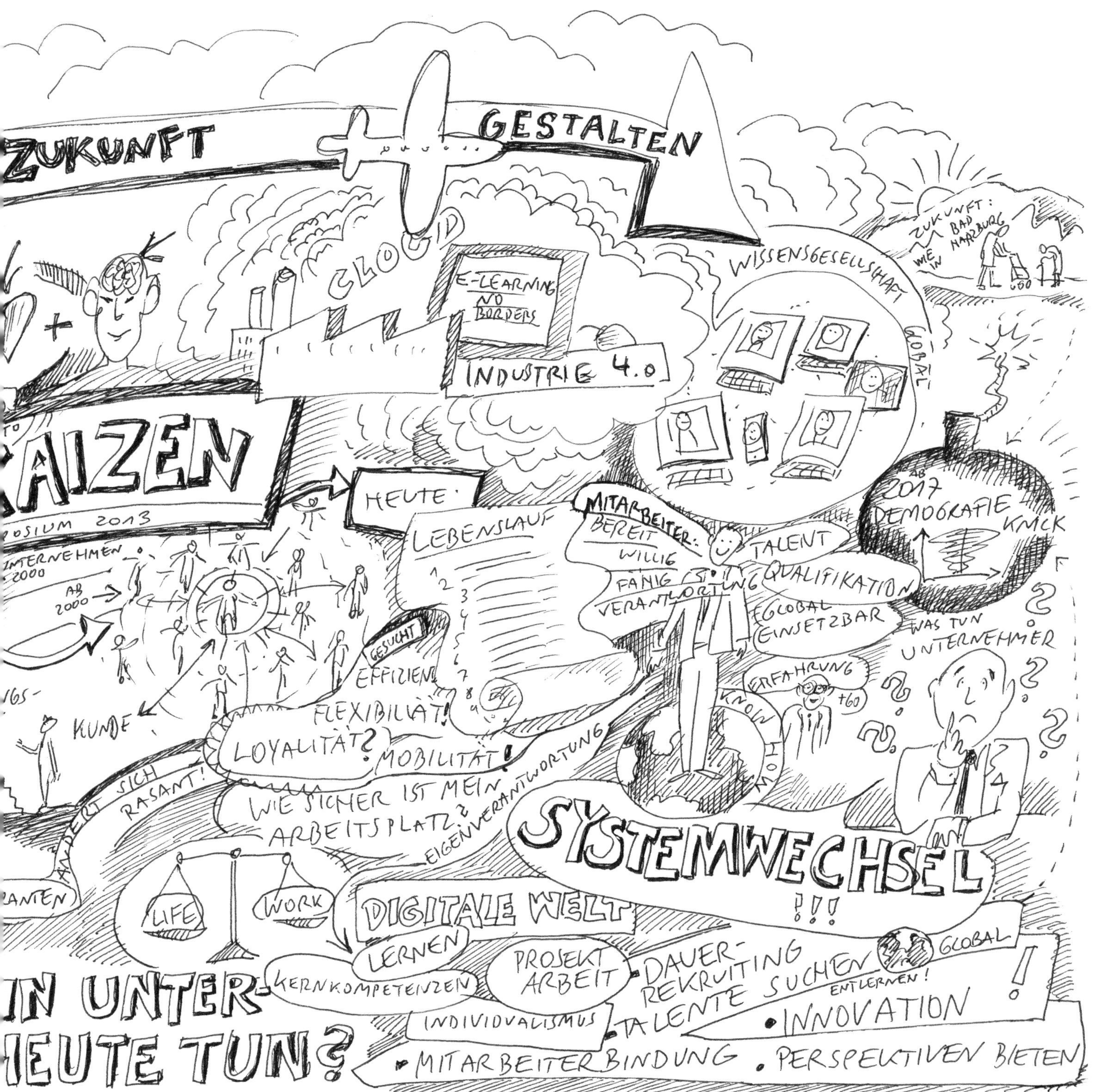
ZUKUNFT
GESTALTEN
CLOUD
E-LEARNING
NO BORDERS
INDUSTRIE 4.0
WISSENSGESELLSCHAFT
GLOBAL
ZUKUNFT: WIE IN BAD HARZBURG
AIZEN
POSIUM 2013
UNTERNEHMEN 2000
AB 2000
HEUTE
LEBENSLAUF
MITARBEITER:
BEREIT
WILLIG
FÄHIG
VERANTWORTUNG
TALENT
QUALIFIKATION
GLOBAL EINSETZBAR
AB 2017
DEMOGRAFIE KNICK
WAS TUN UNTERNEHMER
ERFAHRUNG
+60
KNOW HOW
GESUCHT
EFFIZIENZ
FLEXIBILITÄT!
LOYALITÄT?
MOBILITÄT!
EIGENVERANTWORTUNG
KUNDE
ÄNDERT SICH RASANT!
WIE SICHER IST MEIN ARBEITSPLATZ?
SYSTEMWECHSEL
!!!
LIFE
WORK
DIGITALE WELT
LERNEN
KERNKOMPETENZEN
PROJEKT ARBEIT
DAUER-REKRUITING
TALENTE SUCHEN
GLOBAL
ENTLERNEN!
INDIVIDUALISMUS
• INNOVATION
• MITARBEITERBINDUNG
• PERSPEKTIVEN BIETEN
IN UNTER-
HEUTE TUN?

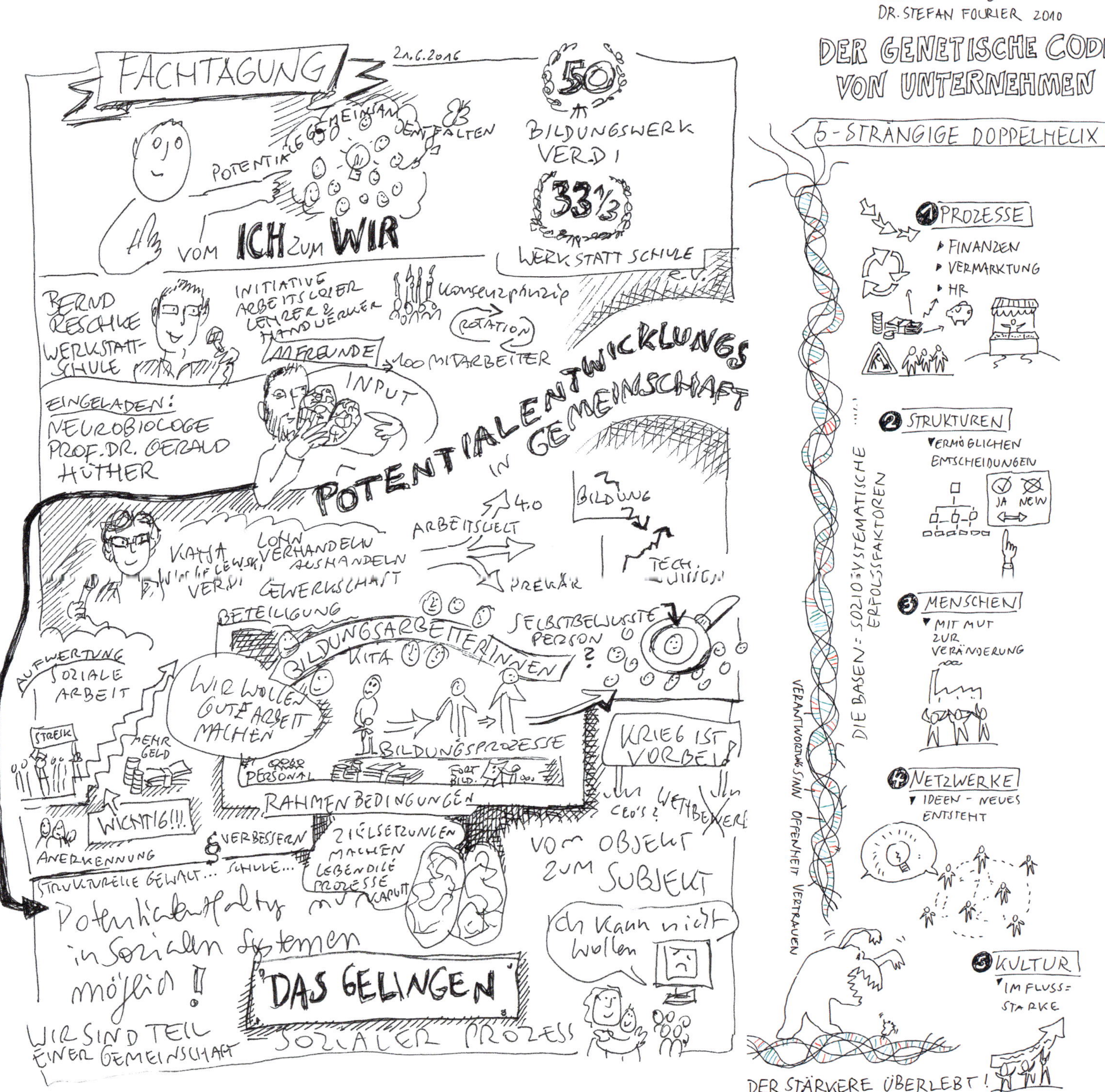
FACHTAGUNG
21.6.2016
50
BILDUNGSWERK VERDI
33 1/3
WERKSTATT SCHULE e.V.
POTENTIALE GEMEINSAM ENTFALTEN
VOM ICH ZUM WIR
BERND RESCHKE WERKSTATT-SCHULE
INITIATIVE ARBEITSLOSER LEHRER & HANDWERKER
ROTATION
FREUNDE
100 MITARBEITER
INPUT
EINGELADEN: NEUROBIOLOGE PROF. DR. GERALD HÜTHER
POTENTIALENTWICKLUNGS
IN GEMEINSCHAFT
LOHN VERHANDELN AUSHANDELN
VERDI
GEWERKSCHAFT
ARBEITSWELT 4.0
PREKÄR
BILDUNG
TECH WISSEN
BETEILIGUNG
SELBSTBEWUSSTE PERSON ?
BILDUNGSARBEITERINNEN
KITA
WIR WOLLEN GUTE ARBEIT MACHEN
AUFWERTUNG SOZIALE ARBEIT
STREIK
MEHR GELD
BILDUNGSPROZESSE
PERSONAL
FORT BILD.
RAHMENBEDINGUNGEN
KRIEG IST VORBEI!
CEO'S? WETTBEWERB
WICHTIG!!!
ANERKENNUNG
VERBESSERN
ZIELSETZUNGEN MACHEN LEBENDIGE PROZESSE KAPUTT
STRUKTURELLE GEWALT... SCHULE...
VOM OBJEKT ZUM SUBJEKT
Potentialentfaltung in sozialen Systemen möglich!
Ich kann nicht wollen
DAS GELINGEN
WIR SIND TEIL EINER GEMEINSCHAFT
SOZIALER PROZESS
humanagement
DR. STEFAN FOURIER 2010
DER GENETISCHE CODE VON UNTERNEHMEN
5-STRÄNGIGE DOPPELHELIX
1 PROZESSE
FINANZEN
VERMARKTUNG
HR
2 STRUKTUREN
ERMÖGLICHEN ENTSCHEIDUNGEN
JA NEIN
3 MENSCHEN
MIT MUT ZUR VERÄNDERUNG
4 NETZWERKE
IDEEN - NEUES ENTSTEHT
5 KULTUR
IM FLUSS-STÄRKE
DIE BASEN = SOZIOSYSTEMATISCHE ERFOLGSFAKTOREN
VERANTWORTUNGSSINN OFFENHEIT VERTRAUEN
DER STÄRKERE ÜBERLEBT!

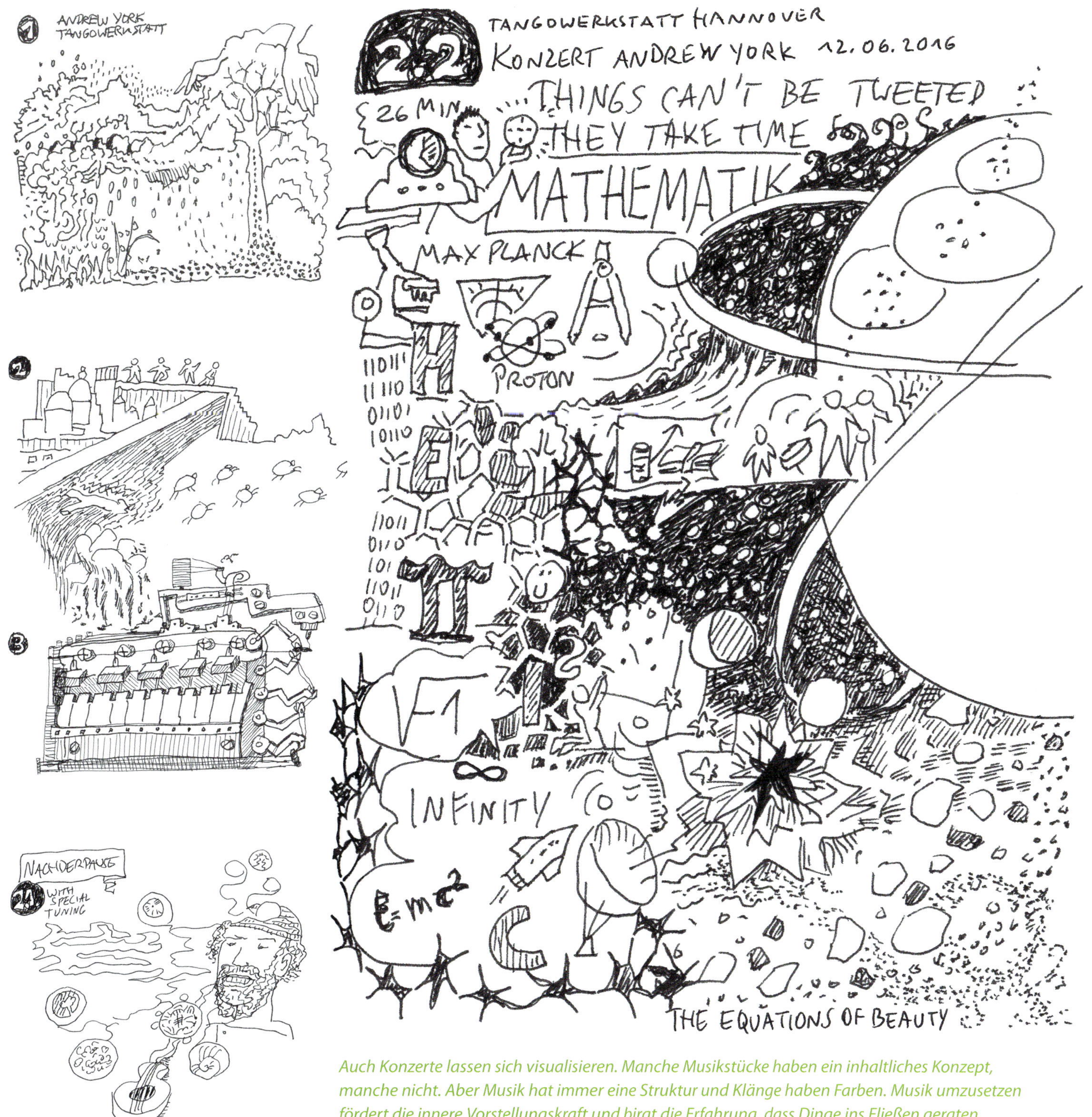

Auch Konzerte lassen sich visualisieren. Manche Musikstücke haben ein inhaltliches Konzept, manche nicht. Aber Musik hat immer eine Struktur und Klänge haben Farben. Musik umzusetzen fördert die innere Vorstellungskraft und birgt die Erfahrung, dass Dinge ins Fließen geraten.

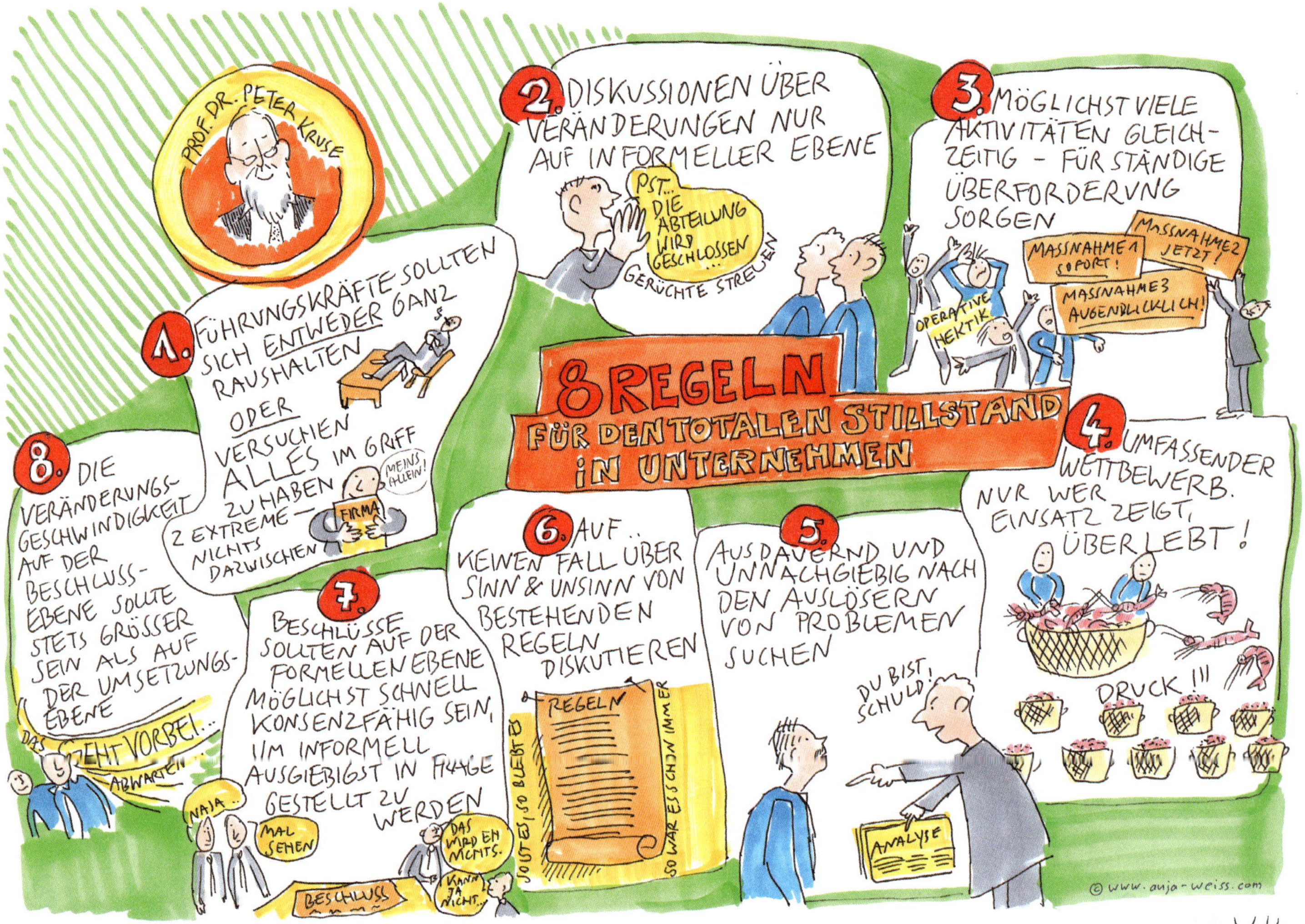

PROF. DR. PETER KRUSE
8 REGELN
FÜR DEN TOTALEN STILLSTAND IN UNTERNEHMEN
1. FÜHRUNGSKRÄFTE SOLLTEN SICH ENTWEDER GANZ RAUSHALTEN ODER VERSUCHEN ALLES IM GRIFF ZU HABEN
MEINS ALLEIN!
FIRMA
2 EXTREME – NICHTS DAZWISCHEN
2. DISKUSSIONEN ÜBER VERÄNDERUNGEN NUR AUF INFORMELLER EBENE
PST... DIE ABTEILUNG WIRD GESCHLOSSEN...
GERÜCHTE STREUEN
3. MÖGLICHST VIELE AKTIVITÄTEN GLEICHZEITIG – FÜR STÄNDIGE ÜBERFORDERUNG SORGEN
MASSNAHME 1 SOFORT!
MASSNAHME 2 JETZT!
MASSNAHME 3 AUGENBLICKLICH!
OPERATIVE HEKTIK
4. UMFASSENDER WETTBEWERB. NUR WER EINSATZ ZEIGT, ÜBERLEBT!
DRUCK!!!
5. AUSDAUERND UND UNNACHGIEBIG NACH DEN AUSLÖSERN VON PROBLEMEN SUCHEN
DU BIST SCHULD!
ANALYSE
6. AUF KEINEN FALL ÜBER SINN & UNSINN VON BESTEHENDEN REGELN DISKUTIEREN
REGELN
SOLLTES, SO BLEIBT ES
SO WAR ES SCHON IMMER
7. BESCHLÜSSE SOLLTEN AUF DER FORMELLEN EBENE MÖGLICHST SCHNELL KONSENZFÄHIG SEIN, UM INFORMELL AUSGIEBIGST IN FRAGE GESTELLT ZU WERDEN
NAJA...
MAL SEHEN
DAS WIRD EH NICHTS.
KANN JA NICHT...
BESCHLUSS
8. DIE VERÄNDERUNGSGESCHWINDIGKEIT AUF DER BESCHLUSSEBENE SOLLTE STETS GRÖSSER SEIN ALS AUF DER UMSETZUNGSEBENE
DAS GEHT VORBEI...
ABWARTEN...
© www.anja-weiss.com

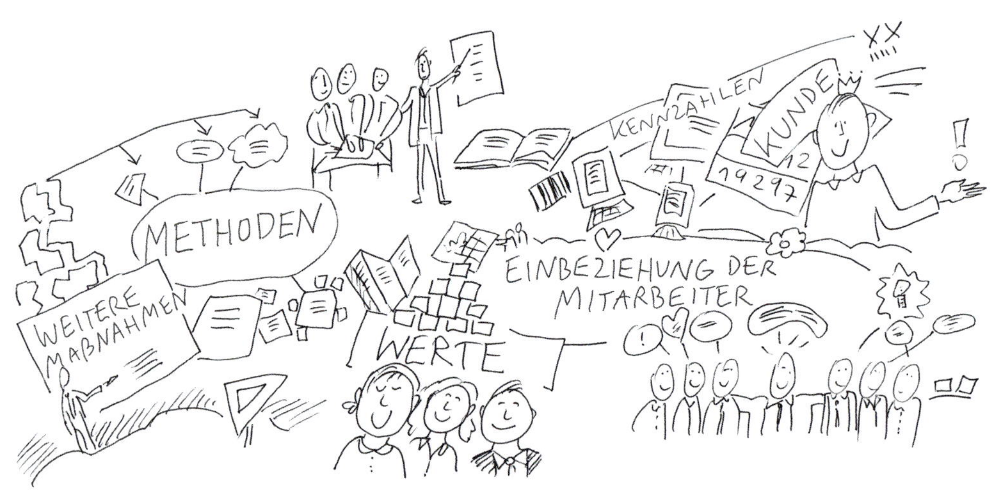
METHODEN
WEITERE MAßNAHMEN
WERTE
KENNZAHLEN
KUNDE
12
19297
EINBEZIEHUNG DER MITARBEITER

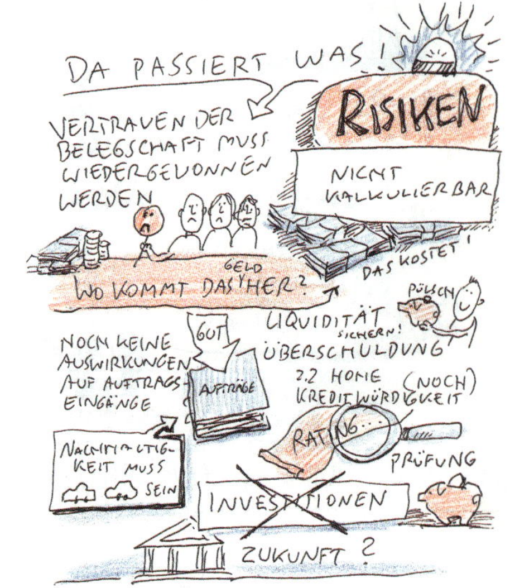
DA PASSIERT WAS!
RISIKEN
NICHT KALKULIERBAR
VERTRAUEN DER BELEGSCHAFT MUSS WIEDERGEWONNEN WERDEN
WO KOMMT DAS GELD HER?
DAS KOSTET!
LIQUIDITÄT SICHERN!
ÜBERSCHULDUNG
NOCH KEINE AUSWIRKUNGEN AUF AUFTRAGSEINGÄNGE
GUT
AUFTRÄGE
2.2 HOHE (NOCH) KREDITWÜRDIGKEIT
RATING...
PRÜFUNG
NACHHALTIGKEIT MUSS SEIN
INVESTITIONEN
ZUKUNFT?

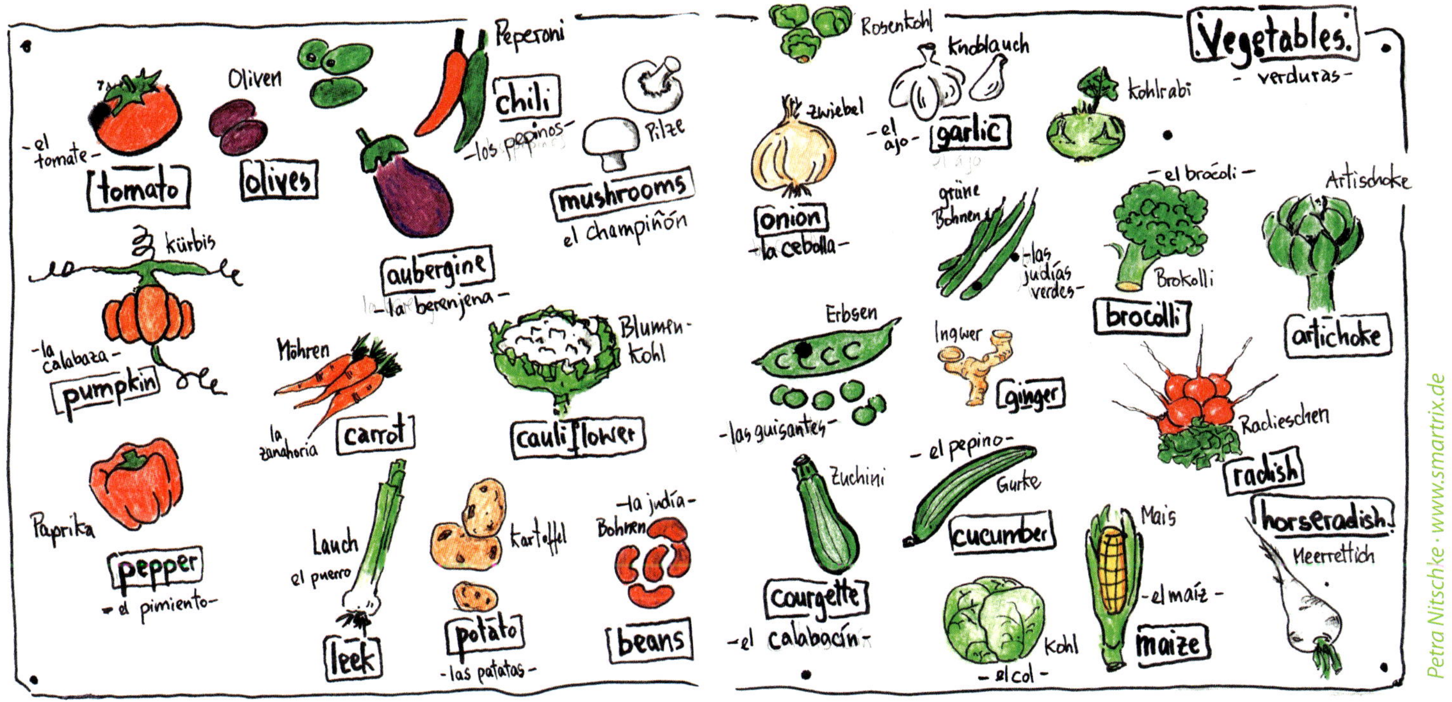

Petra Nitschke · www.smartrix.de

BEISPIELE VON ANDEREN ZEICHNERN

Guido Kratz · www.guido-kratz.de

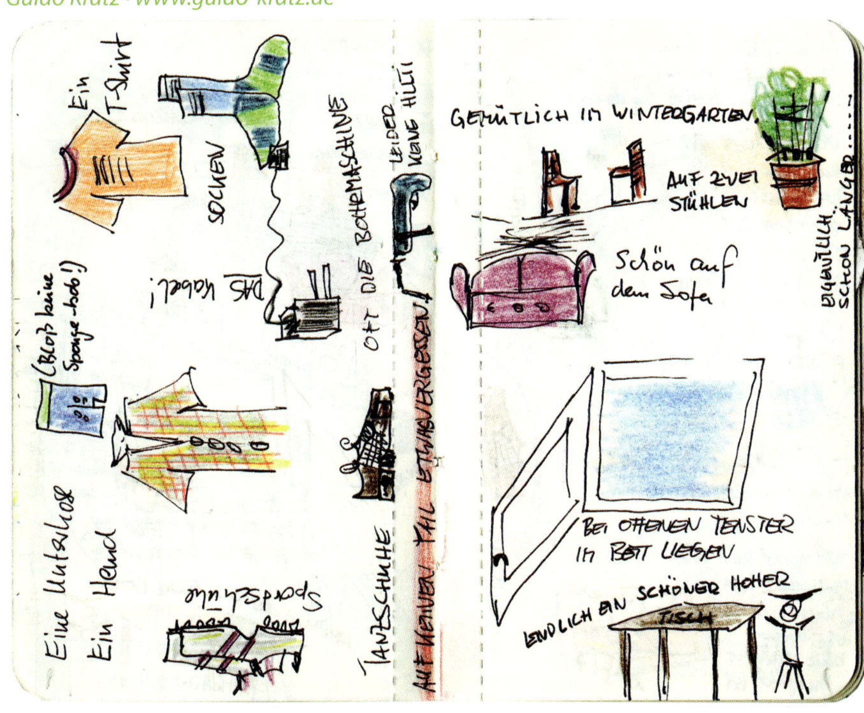

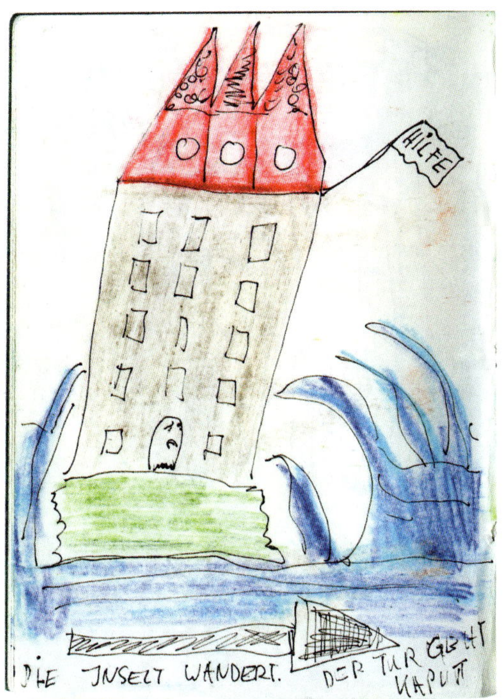

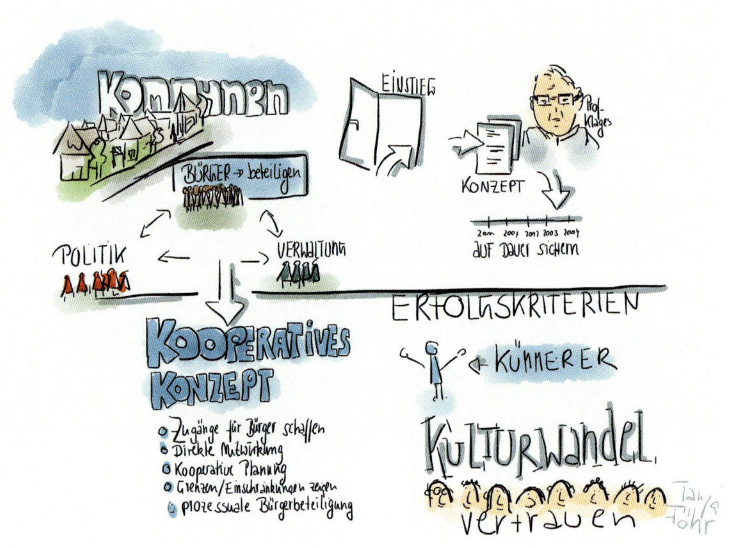

Tanja Föhr · www.tanjafoehr.com

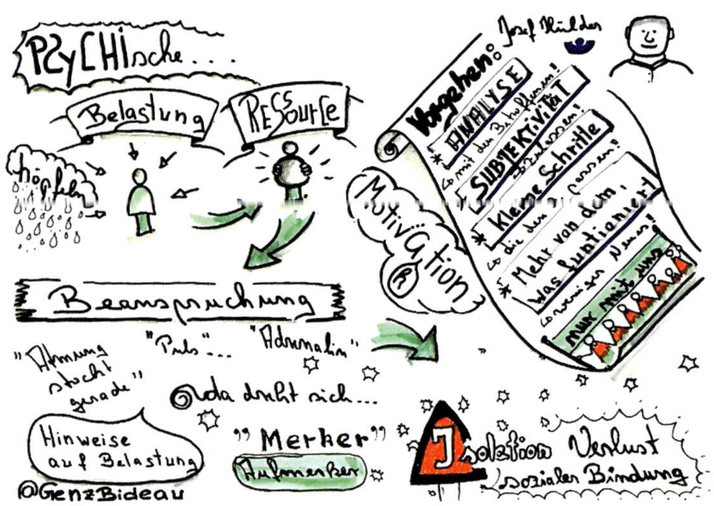

Hartmut Genz-Bideau · www.hartmut-genz.de

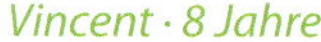

Vincent · 8 Jahre

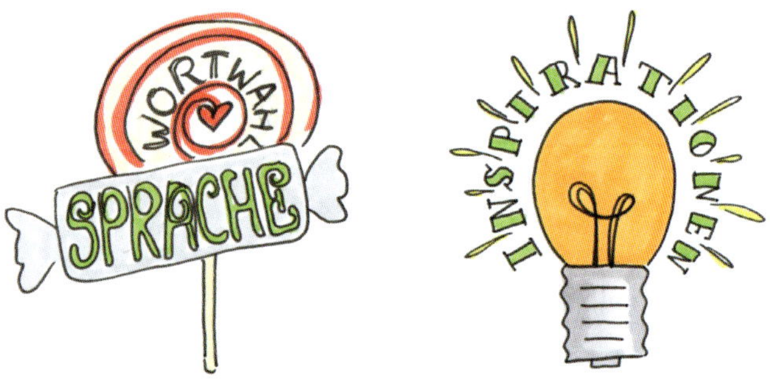

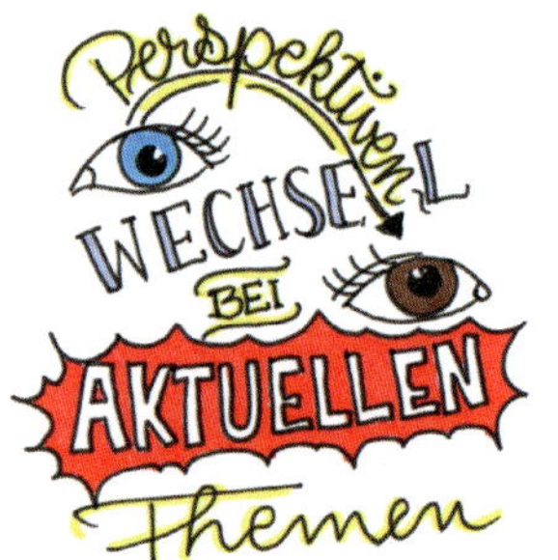

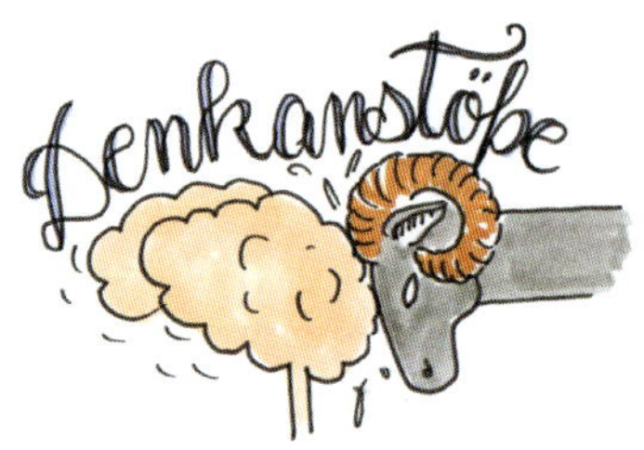

Tanja Wehr · www.sketchnotelovers.de

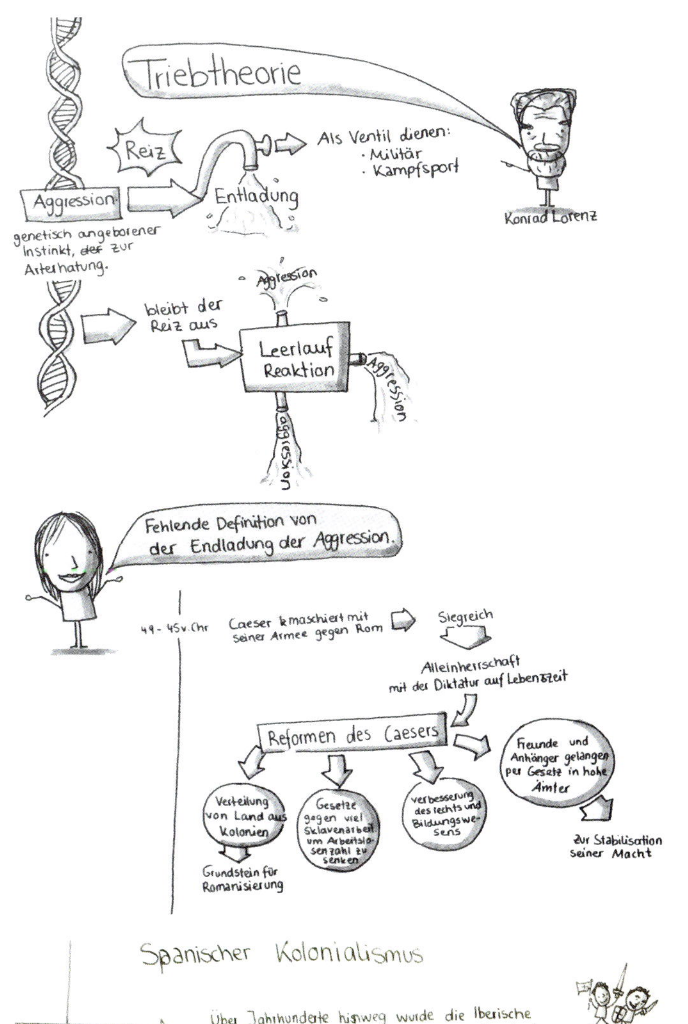

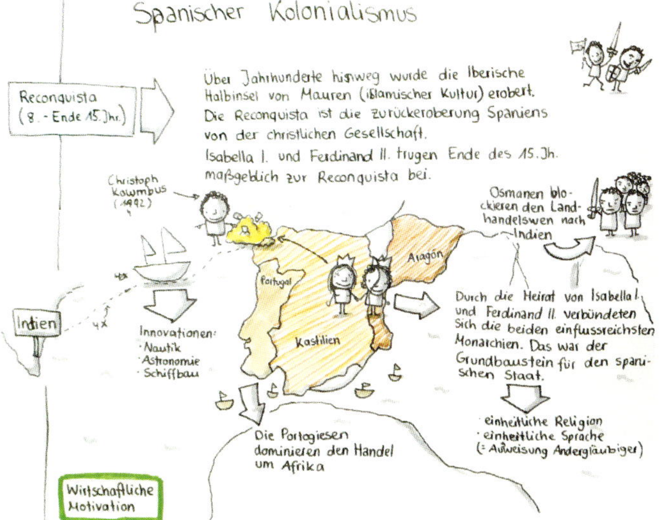

Paula Föhr

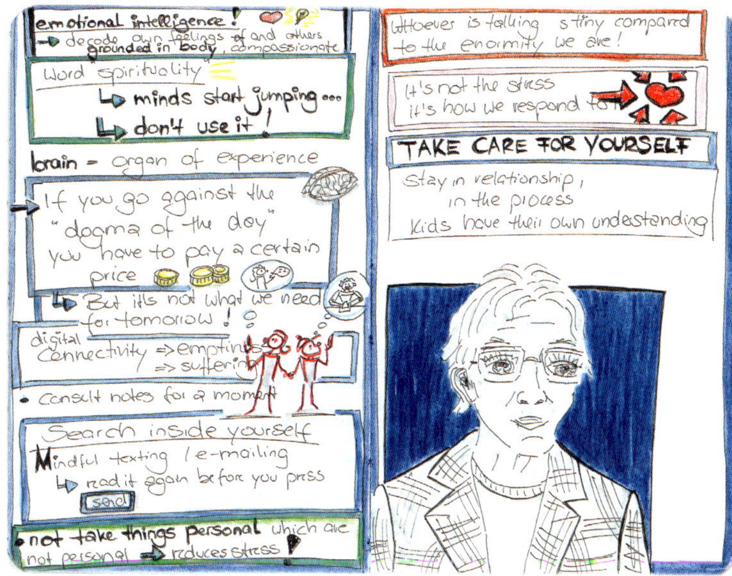

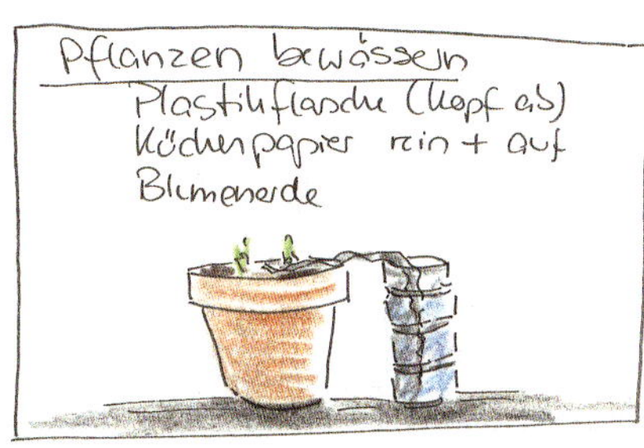

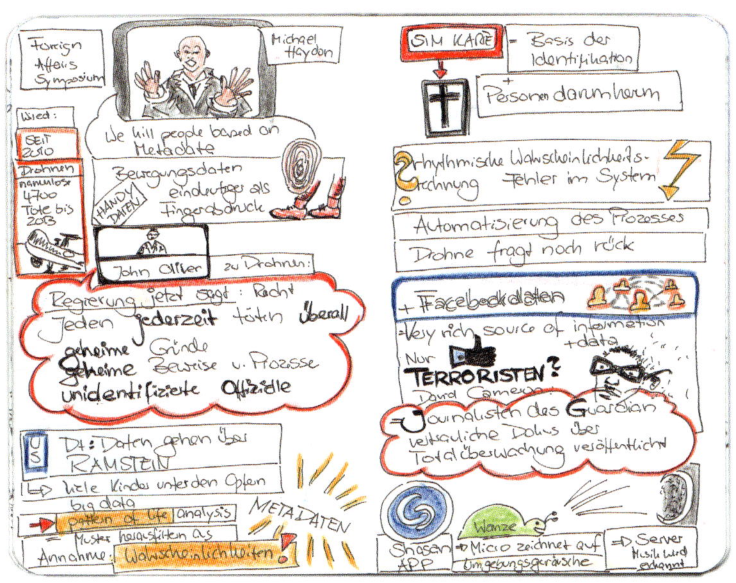

Veronika Walter

TAGEBUCH

Schreiben Sie Tagebuch? Versuchen Sie doch mal, Ihre Erlebnisse als Bilder einzubinden und die Notizen so langsam zu Sketchnotes werden zu lassen.

Das hat den großen Vorteil, dass man Situationen über die Bilder sofort wiedererkennen und nachvollziehen kann und sie auch Jahre später schnell in den Tagebüchern wiederfindet. Da Bilder die Fähigkeit haben, emotionale Anker zu setzen, sind die Erinnerung und das Gefühl, das man dazu hatte, zudem sofort wieder präsent. Es bietet sich an, für bestimmte Ereignisse wiederkehrende Symbole zu benutzen, z. B. für Träume, Telefongespräche oder für Feste wie Weihnachten oder Ostern. Mit Emoticons lässt sich die Stimmung des Tages festhalten, das geht schnell und sagt viel aus. Mit etwas Übung kann man bald ganz auf beschreibende Texte verzichten und die Situation in ein Bild fassen. Bei einer späteren Betrachtung – und das funktioniert auch noch über Jahre – kommen alle Erinnerungen wieder hoch.

ÜBUNG:

Entwickeln Sie ein persönliches Symbol für »Traum« und zeichnen Sie ein Bild von dem nächsten Traum, an den Sie sich nach dem Aufwachen erinnern. Legen Sie das Bild beiseite und schauen Sie es sich ca. zwei Wochen später wieder an. Sie werden sehen, dass die ganze Traumsequenz wieder in Ihr Bewusstsein rückt.

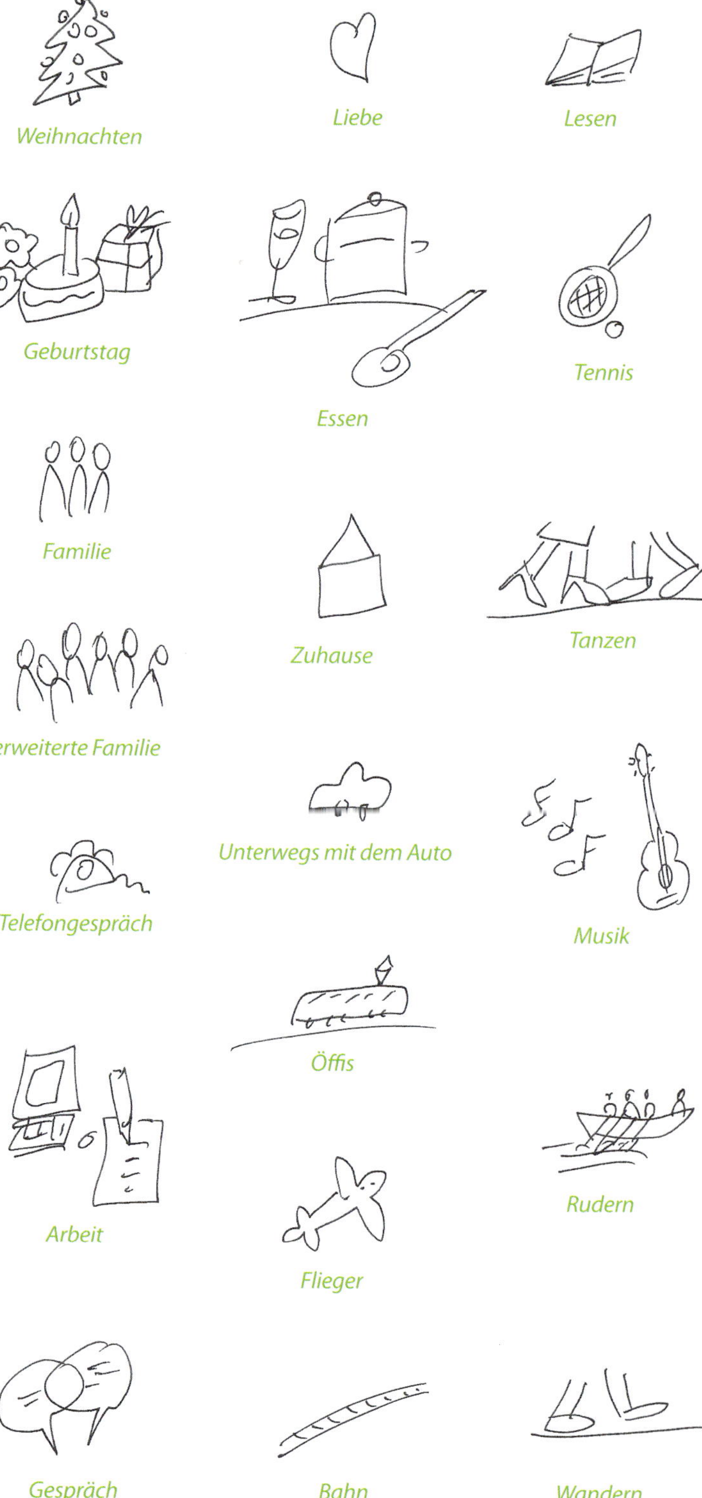

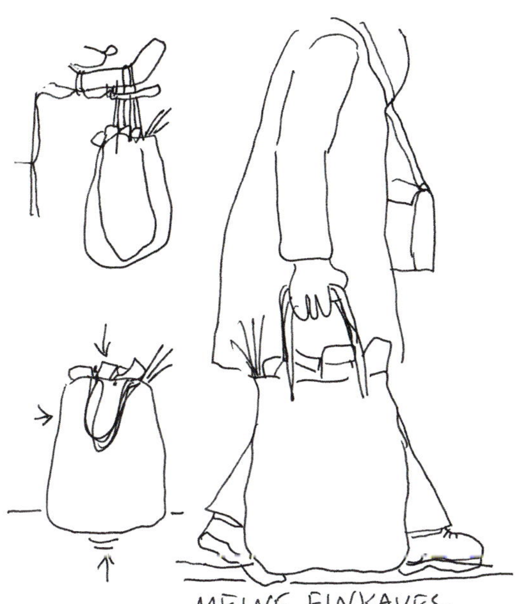
MEINE EINKAUFS-
TASCHE WAR HEUTE
PERFEKT GEPACKT.

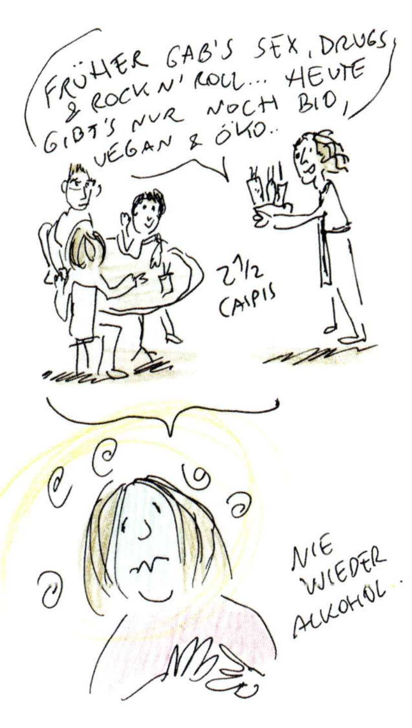
FRÜHER GAB'S SEX, DRUGS & ROCK N' ROLL... HEUTE GIBT'S NUR NOCH BIO, VEGAN & ÖKO..
2 1/2 CAIPIS
NIE WIEDER ALKOHOL...

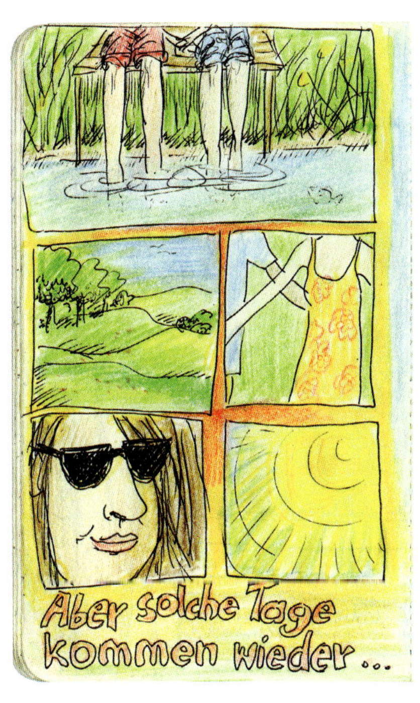
Aber solche Tage
kommen wieder...

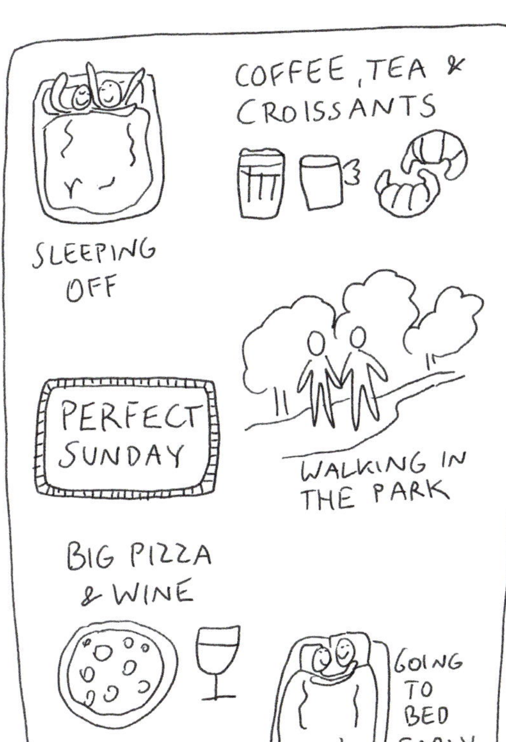
SLEEPING OFF
COFFEE, TEA & CROISSANTS
PERFECT SUNDAY
WALKING IN THE PARK
BIG PIZZA & WINE
GOING TO BED EARLY

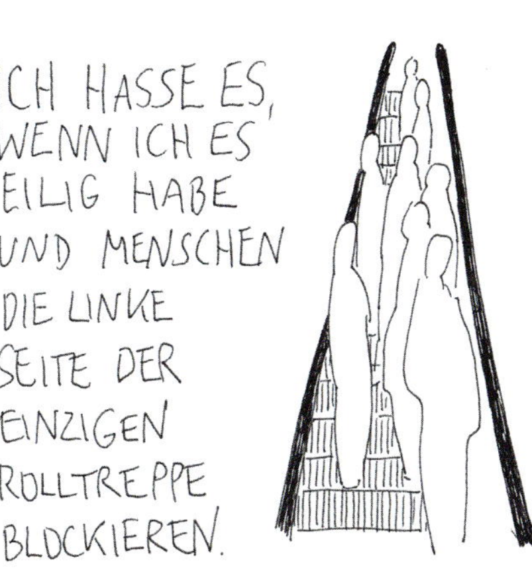
ICH HASSE ES,
WENN ICH ES
EILIG HABE
UND MENSCHEN
DIE LINKE
SEITE DER
EINZIGEN
ROLLTREPPE
BLOCKIEREN.

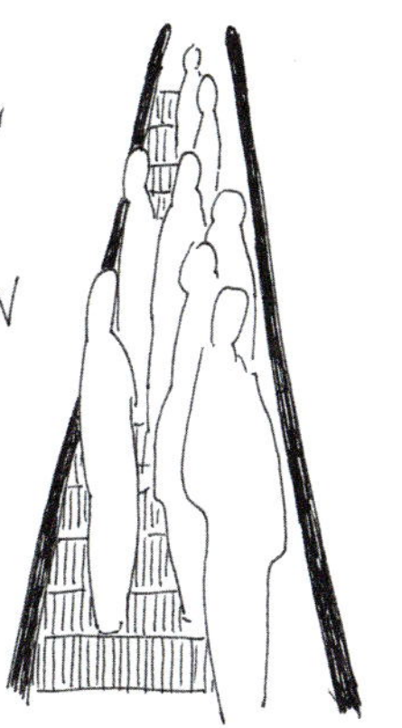

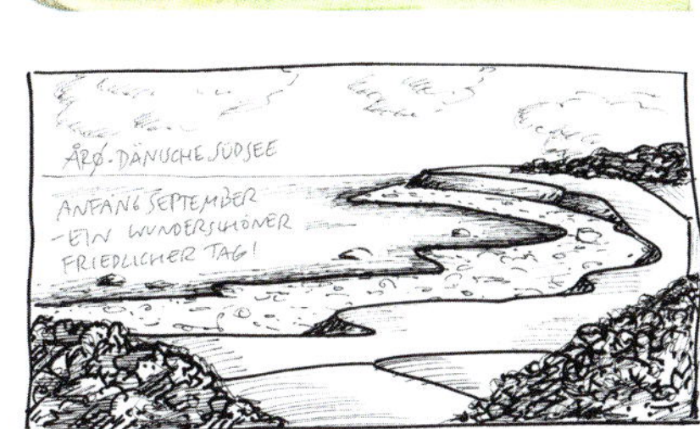
ÅRØ - DÄNISCHE SÜDSEE
ANFANG SEPTEMBER
- EIN WUNDERSCHÖNER
FRIEDLICHER TAG!

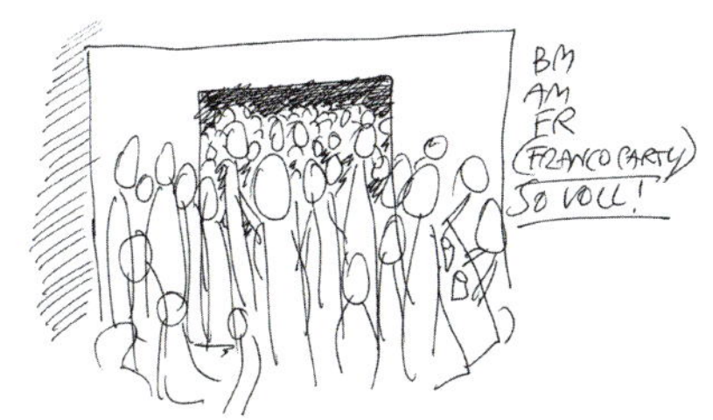
BM
AM
FR
(FRANCO PARTY)
SO VOLL!

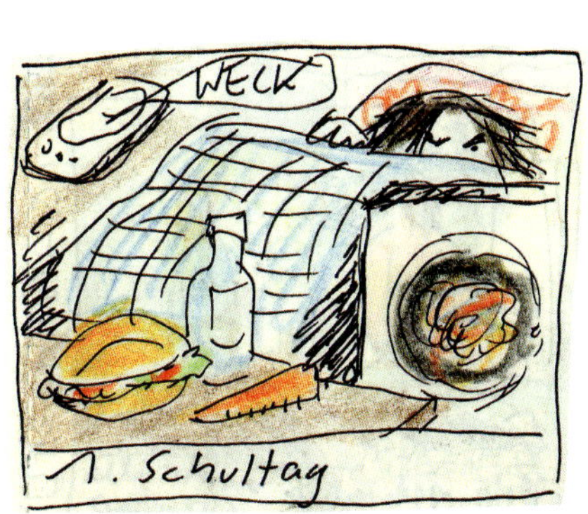
WECK
1. Schultag

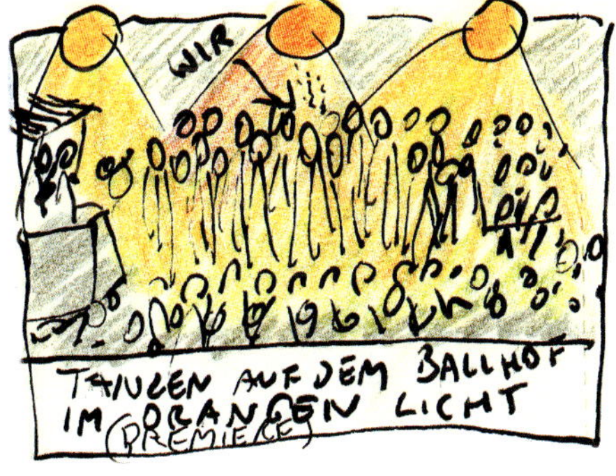
WIR
TANZEN AUF DEM BALLHOF
IM ORANGEN LICHT
(PREMIERE)

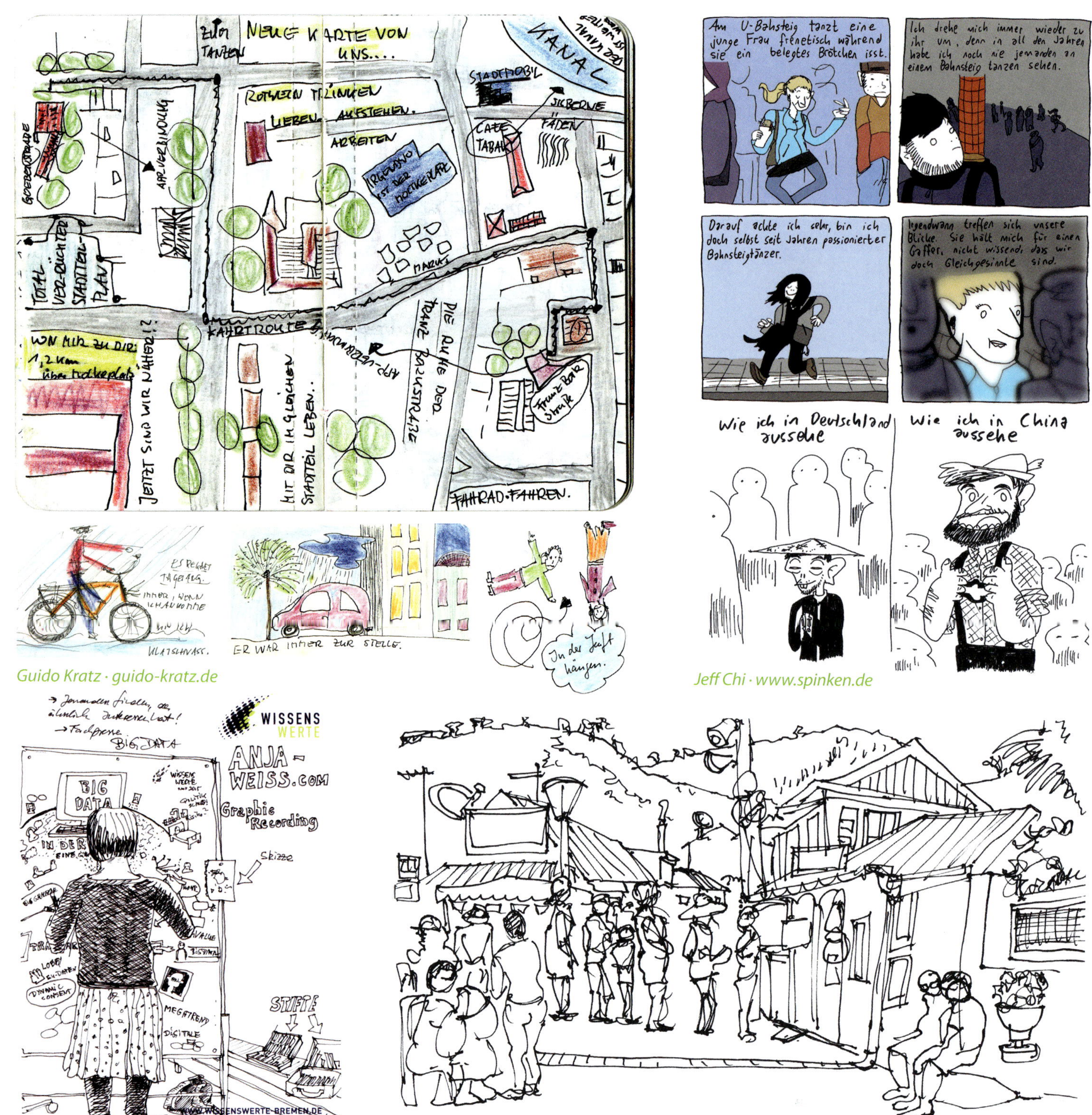

Guido Kratz · guido-kratz.de

Jeff Chi · www.spinken.de

Manfred Schlösser · manfredschloesser.de

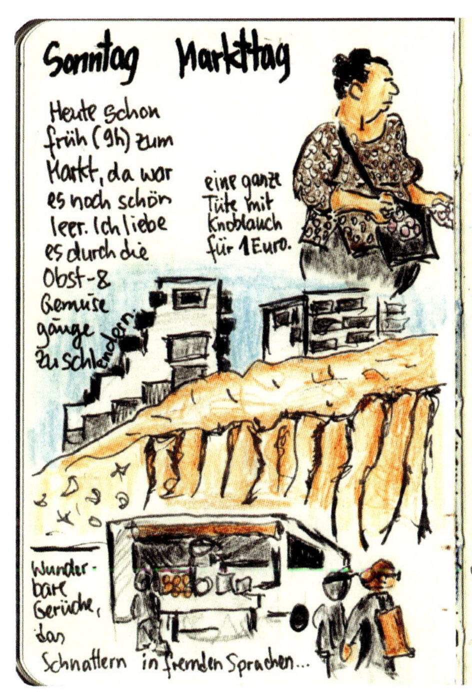

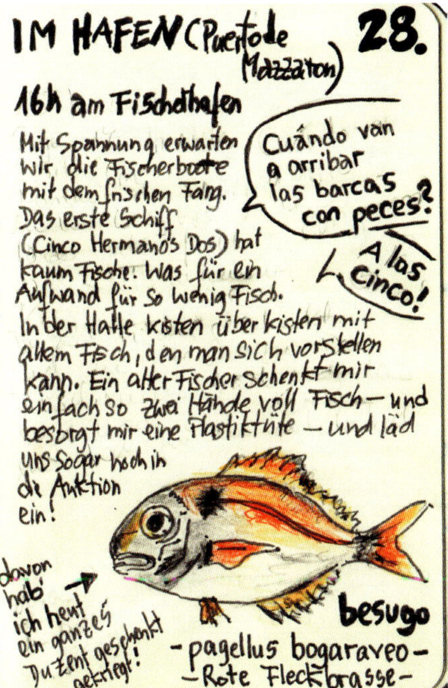

Petra Nitschke I www.smartrix.de

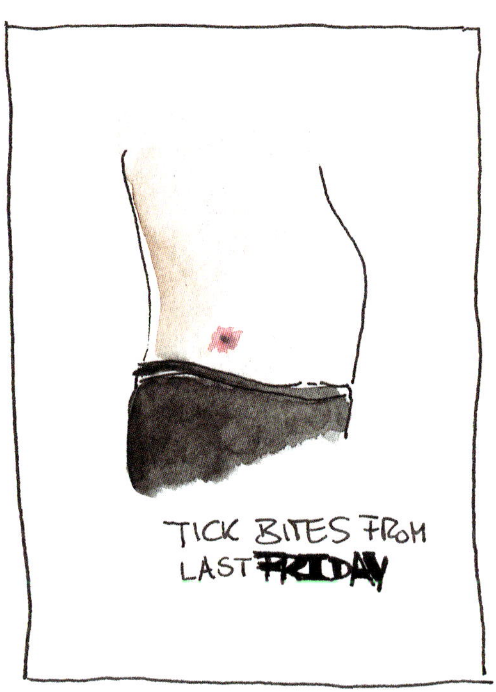

Veronika Walter

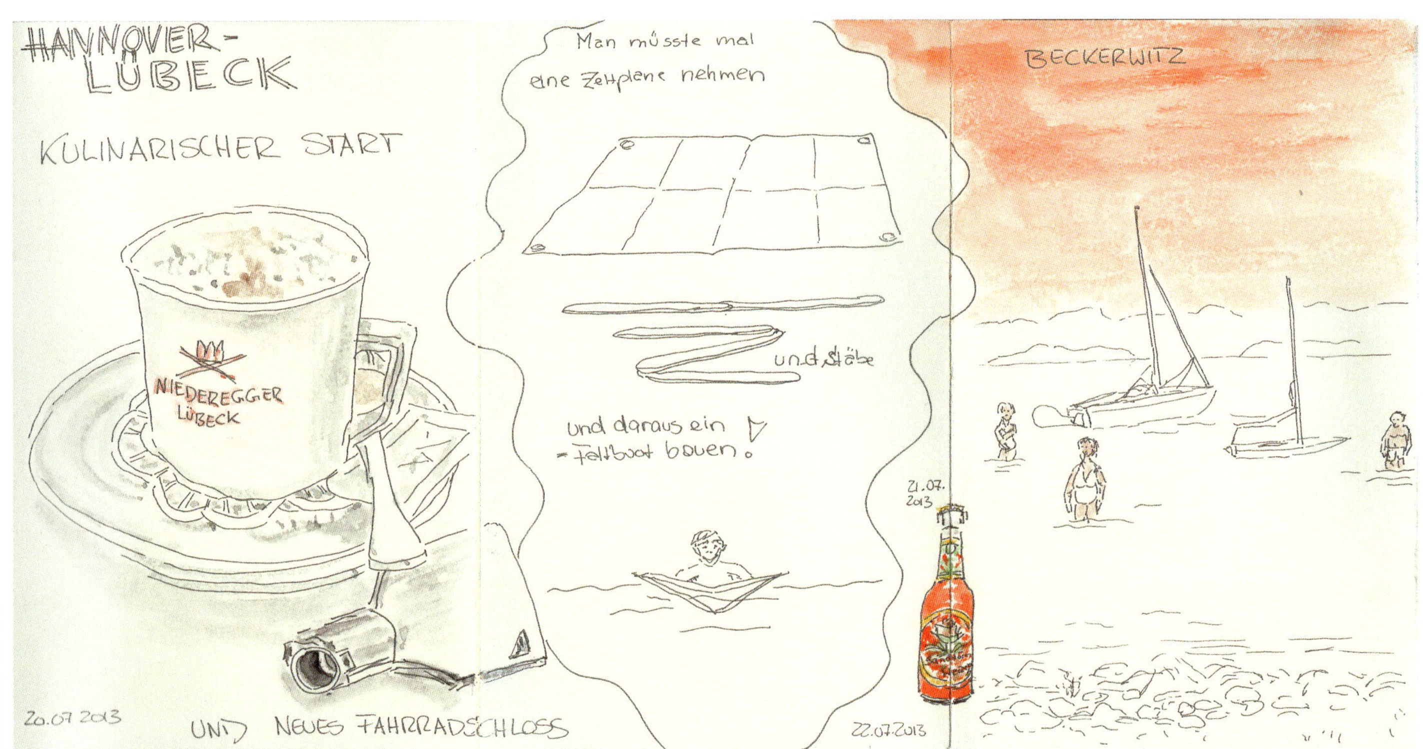

Veronika Walter

LEBENSSITUATIONEN

Auch wenn man kein Tagebuch führen will, lassen sich die kleinen und großen Zustände und Begebenheiten des Lebens als Sketchnotes darstellen.

ÜBUNG:

Zeichnen Sie eine beliebige Situation, die Ihnen passiert ist.

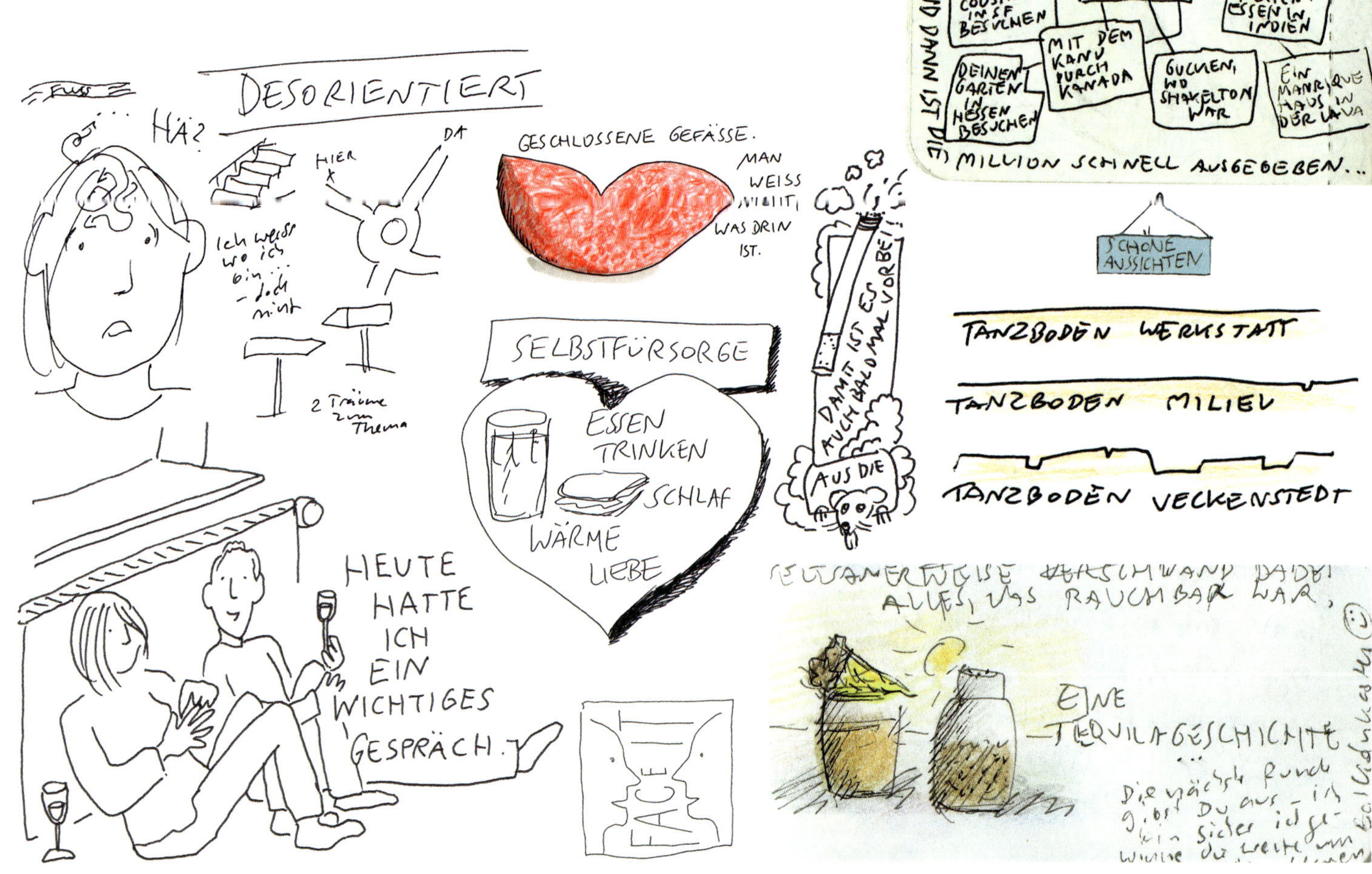

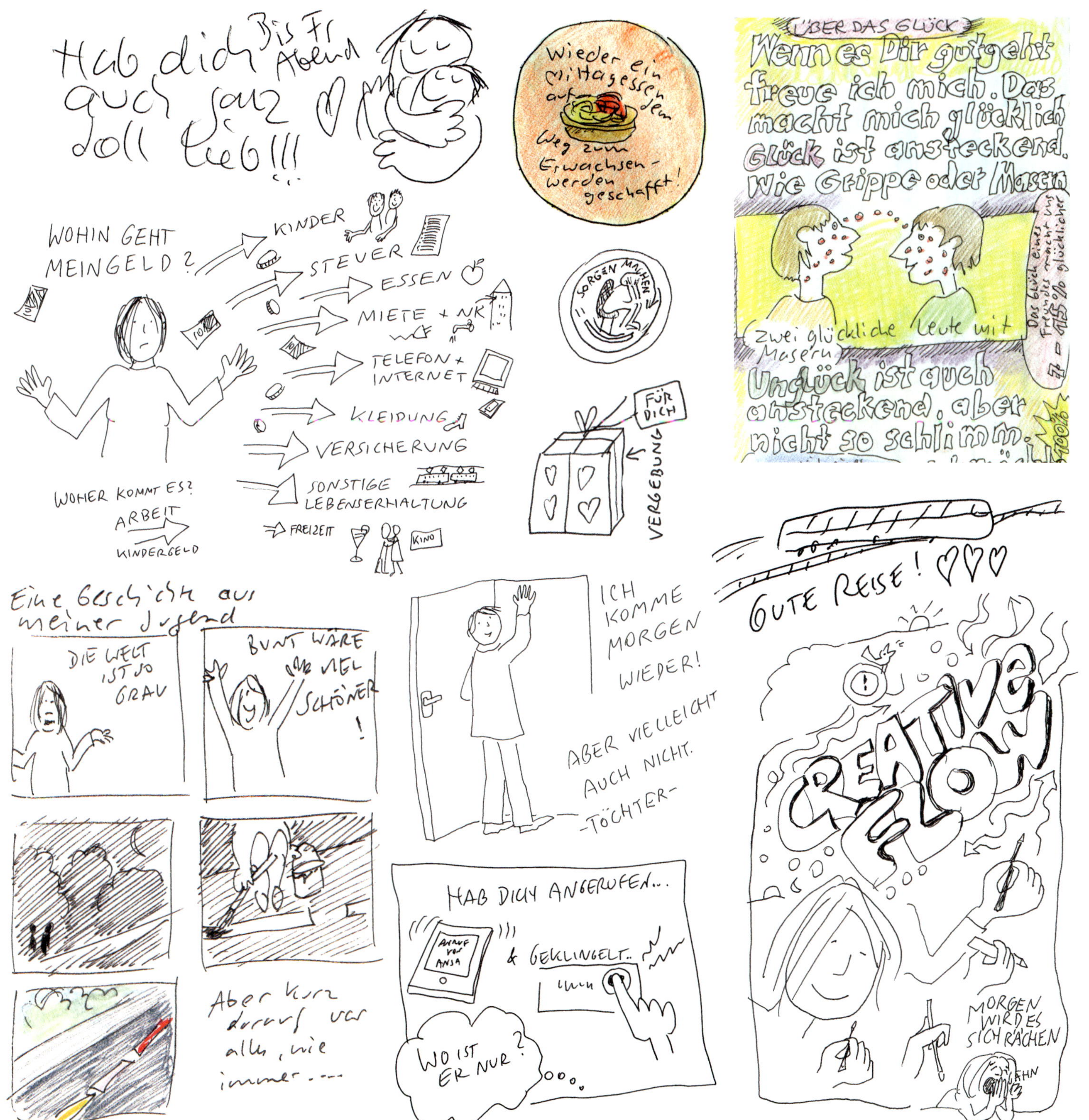
Hab dich auch ganz doll lieb!!!
Bis Fr Abend
Wieder ein Mittagessen auf dem Weg zum Erwachsenwerden geschafft!
ÜBER DAS GLÜCK
Wenn es Dir gutgeht freue ich mich. Das macht mich glücklich. Glück ist ansteckend. Wie Grippe oder Masern
Zwei glückliche Leute mit Masern
Das Glück eines Freundes macht uns 15 % glücklicher
Unglück ist auch ansteckend, aber nicht so schlimm.
WOHIN GEHT MEIN GELD?
KINDER
STEUER
ESSEN
MIETE + NK
TELEFON + INTERNET
KLEIDUNG
VERSICHERUNG
SONSTIGE LEBENSERHALTUNG
FREIZEIT
KINO
WOHER KOMMT ES?
ARBEIT
KINDERGELD
SORGEN MACHEN
FÜR DICH
VERGEBUNG
GUTE REISE!
Eine Geschichte aus meiner Jugend
DIE WELT IST SO GRAU
BUNT WÄRE VIEL SCHÖNER!
Aber kurz darauf war alles, wie immer ....
ICH KOMME MORGEN WIEDER!
ABER VIELLEICHT AUCH NICHT.
-TÖCHTER-
HAB DICH ANGERUFEN...
ANRUF VON ANSA
& GEKLINGELT..
WO IST ER NUR?
CREATIVE FLOW
MORGEN WIRD ES SICH RÄCHEN
GÄHN

CHARAKTERISIERUNGEN

Eine Person lässt sich durch die Dinge beschreiben, mit denen sie sich beschäftigt und umgibt. Im beruflichen Umfeld ist das meistens klar definiert und lässt sich dementsprechend gut darstellen. Die Bilderwelt des Betätigungsfeldes beschreibt das ziemlich genau. Wenn man noch ein wenig mehr über die Person weiß, kann man das ebenfalls einbauen. So lässt sich jemand visuell charakterisieren.

ÜBUNG:

Denken Sie an eine Person, die Sie gut kennen. Das kann jemand aus Ihrer unmittelbaren Umgebung oder eine prominente Person sein. Umgeben Sie diese Person mit Gegenständen und Situationen, die charakteristisch für sie sind. Lassen Sie jemanden erraten, um wen es sich handelt.

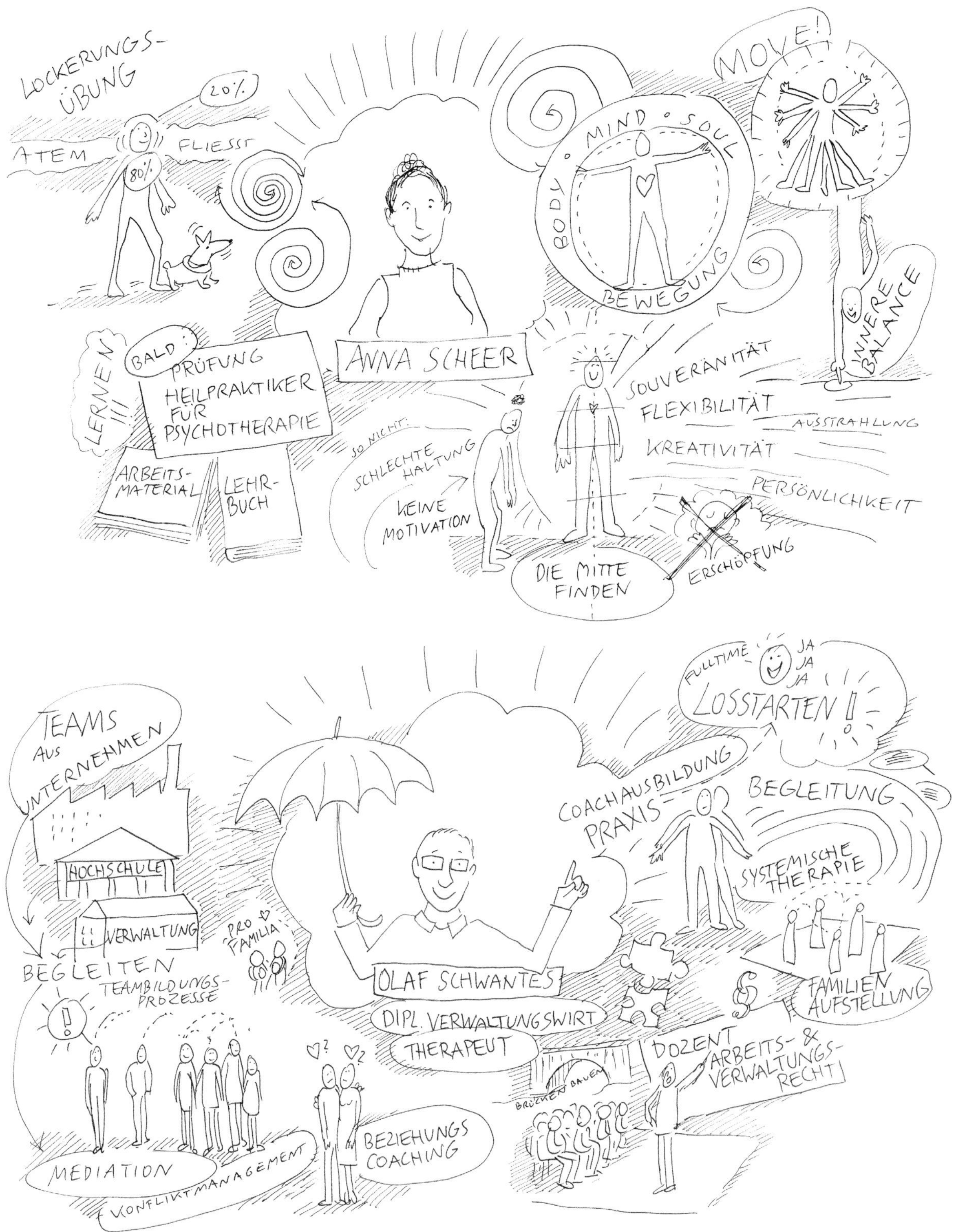
LOCKERUNGS-
ÜBUNG
20%
80%
ATEM
FLIESST
MOVE!
MIND
SOUL
BODY
BEWEGUNG
INNERE BALANCE
LERNEN !!!
BALD:
PRÜFUNG
HEILPRAKTIKER FÜR PSYCHOTHERAPIE
ANNA SCHEER
SOUVERÄNITÄT
FLEXIBILITÄT
AUSSTRAHLUNG
KREATIVITÄT
PERSÖNLICHKEIT
ARBEITS-MATERIAL
LEHR-BUCH
SO NICHT:
SCHLECHTE HALTUNG
KEINE MOTIVATION
DIE MITTE FINDEN
ERSCHÖPFUNG
FULLTIME
JA JA JA
LOSSTARTEN!
TEAMS AUS UNTERNEHMEN
COACHAUSBILDUNG
PRAXIS
BEGLEITUNG
HOCHSCHULE
VERWALTUNG
SYSTEMISCHE THERAPIE
PRO FAMILIA
BEGLEITEN
TEAMBILDUNGS-PROZESSE
OLAF SCHWANTES
DIPL. VERWALTUNGSWIRT
THERAPEUT
FAMILIEN AUFSTELLUNG
DOZENT
ARBEITS- & VERWALTUNGS-RECHT
BRÜCKEN BAUEN
BEZIEHUNGS COACHING
MEDIATION
KONFLIKTMANAGEMENT

REZEPTE

Gehören Sie auch zu den Menschen, die ihr Essen fotografieren? Fotos von Lebensmitteln aller Art sehen einfach schön aus. Das Gleiche gilt für Zeichnungen. Rezepte lassen sich wunderbar visualisieren. Die Zutaten, die Reihenfolge der Zubereitung, kleine Hinweise lassen sich sehr gut zeichnerisch darstellen.

ÜBUNG:

Visualisieren Sie drei beliebte Familienrezepte.

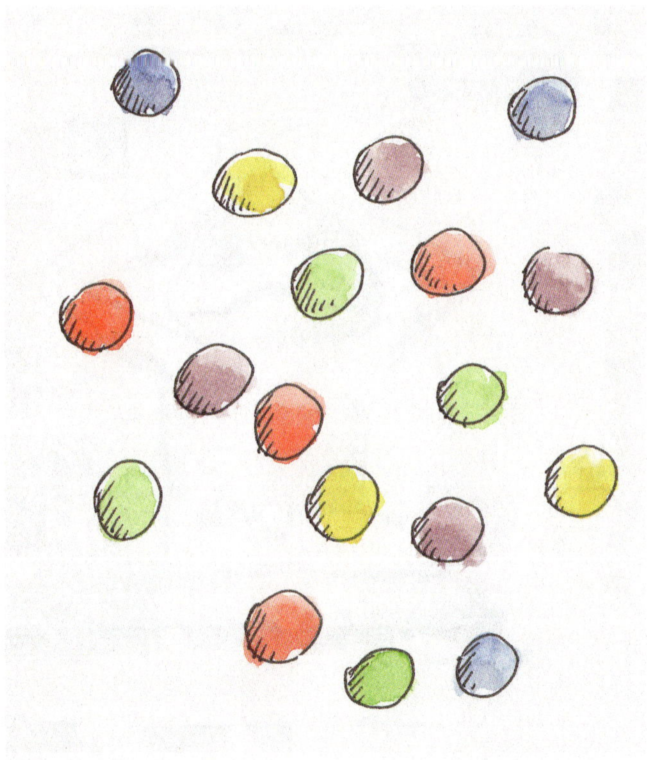

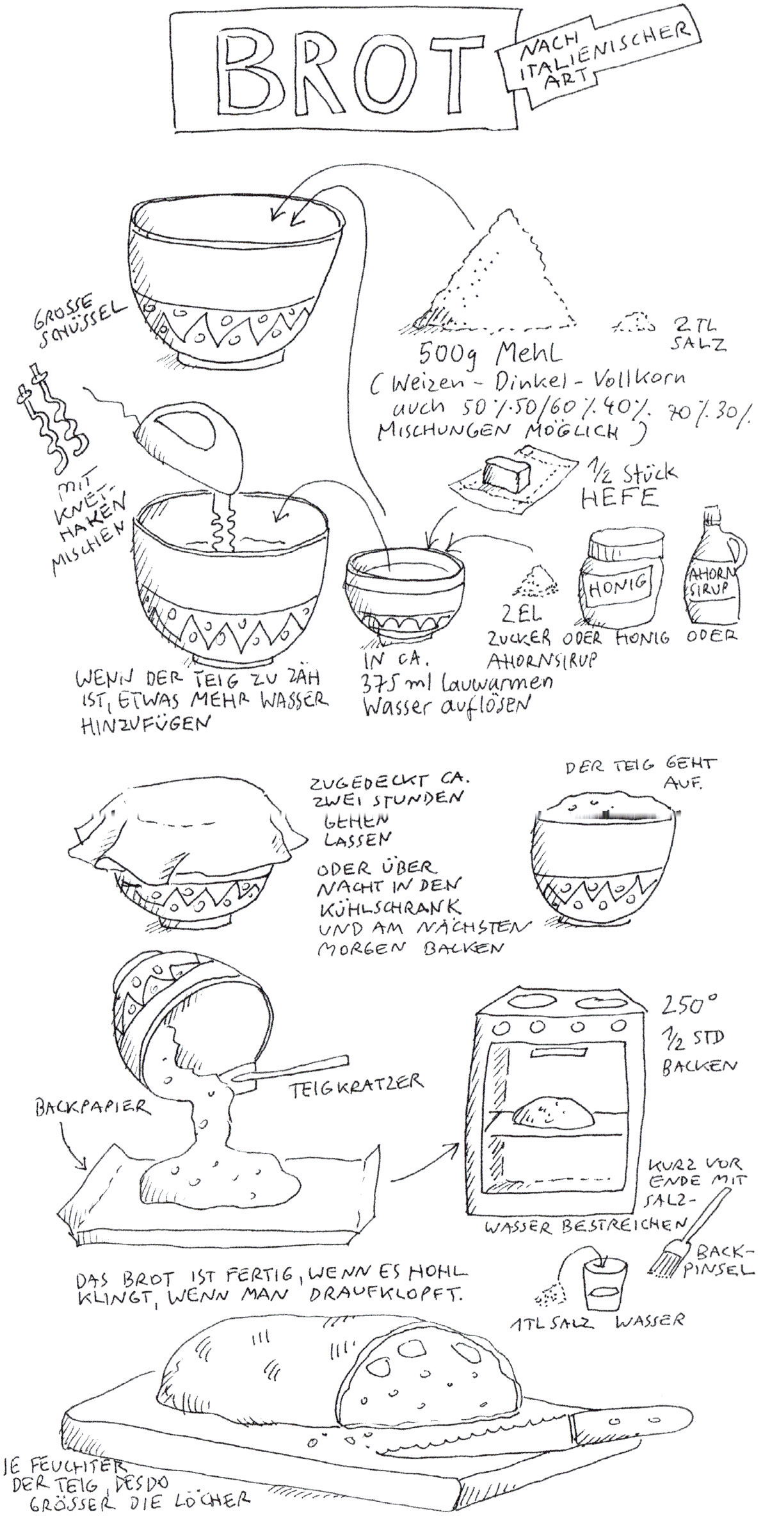

BROT
NACH ITALIENISCHER ART

GROSSE SCHÜSSEL
500g Mehl
(Weizen - Dinkel - Vollkorn auch 50%.50/60%.40% 70%.30% MISCHUNGEN MÖGLICH)
2 TL SALZ
½ Stück HEFE
MIT KNETHAKEN MISCHEN
2 EL ZUCKER ODER HONIG ODER AHORNSIRUP
HONIG
AHORN SIRUP
IN CA. 375 ml lauwarmen Wasser auflösen
WENN DER TEIG ZU ZÄH IST, ETWAS MEHR WASSER HINZUFÜGEN

ZUGEDECKT CA. ZWEI STUNDEN GEHEN LASSEN
ODER ÜBER NACHT IN DEN KÜHLSCHRANK UND AM NÄCHSTEN MORGEN BACKEN
DER TEIG GEHT AUF.

BACKPAPIER
TEIGKRATZER
250°
½ STD BACKEN
KURZ VOR ENDE MIT SALZWASSER BESTREICHEN
BACKPINSEL
1TL SALZ
WASSER

DAS BROT IST FERTIG, WENN ES HOHL KLINGT, WENN MAN DRAUFKLOPFT.

JE FEUCHTER DER TEIG, DESTO GRÖSSER DIE LÖCHER

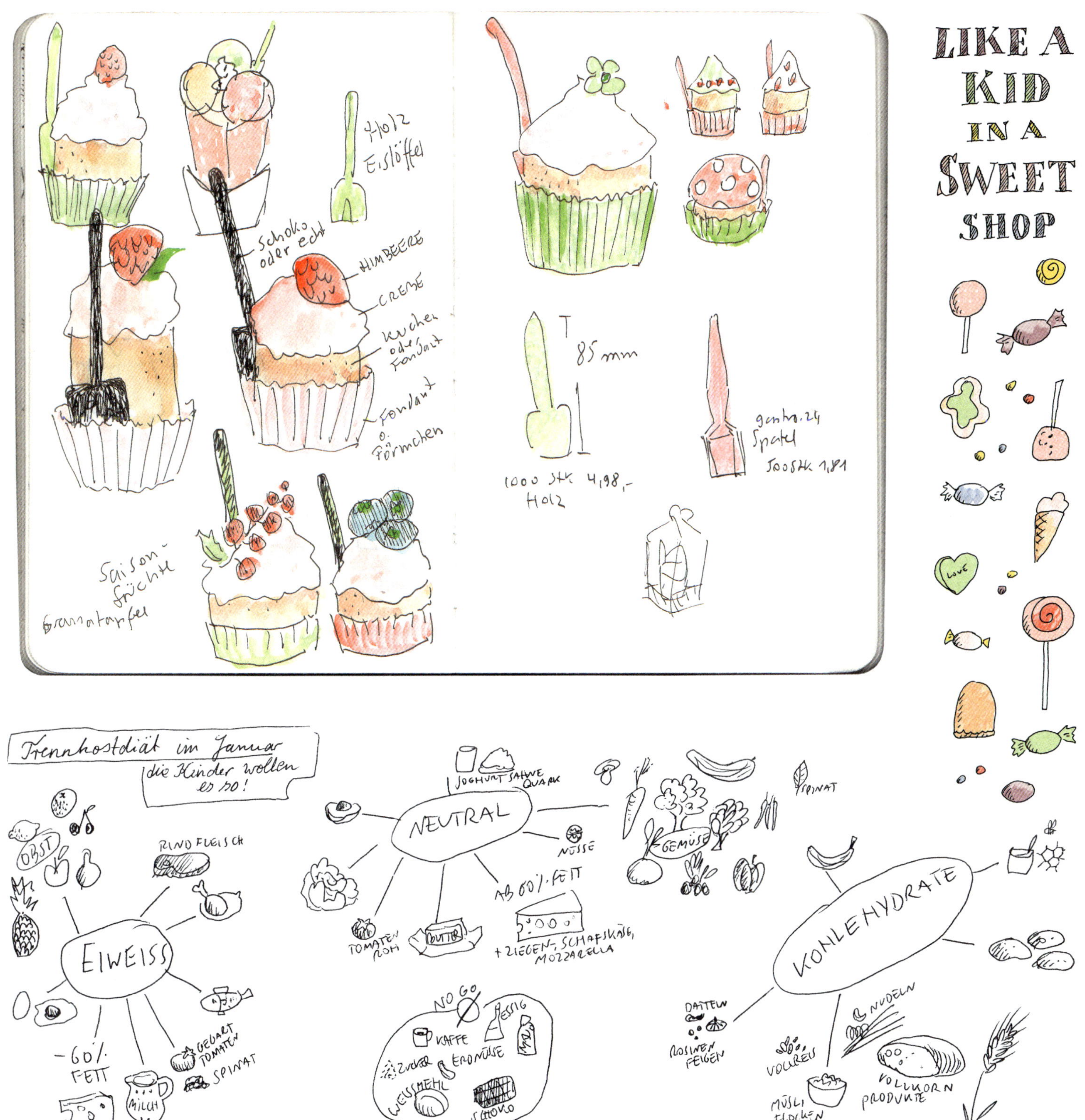
Holz Esslöffel
Schoko oder echt
HIMBEERE
CREME
Kuchen oder Fondant
Fondant o. Förmchen
Saison-früchte
Granatapfel
85 mm
1000 Stk 4,98,-
Holz
Spatel
LIKE A KID IN A SWEET SHOP
LOVE
Trennkostdiät im Januar
die Kinder wollen es so!
OBST
RINDFLEISCH
EIWEISS
-60% FETT
MILCH
GEGART TOMATEN
SPINAT
JOGHURT SAHNE QUARK
NEUTRAL
NÜSSE
AB 60% FETT
TOMATEN ROH
BUTTER
+ ZIEGEN-, SCHAFSKÄSE, MOZZARELLA
GEMÜSE
SPINAT
NO GO
ESSIG
KAFFE
ZUCKER
ERDNÜSSE
WEISSMEHL
SCHOKO
KOHLEHYDRATE
DATTELN
ROSINEN FEIGEN
VOLLREIS
NUDELN
MÜSLI FLOCKEN
VOLLKORN PRODUKTE

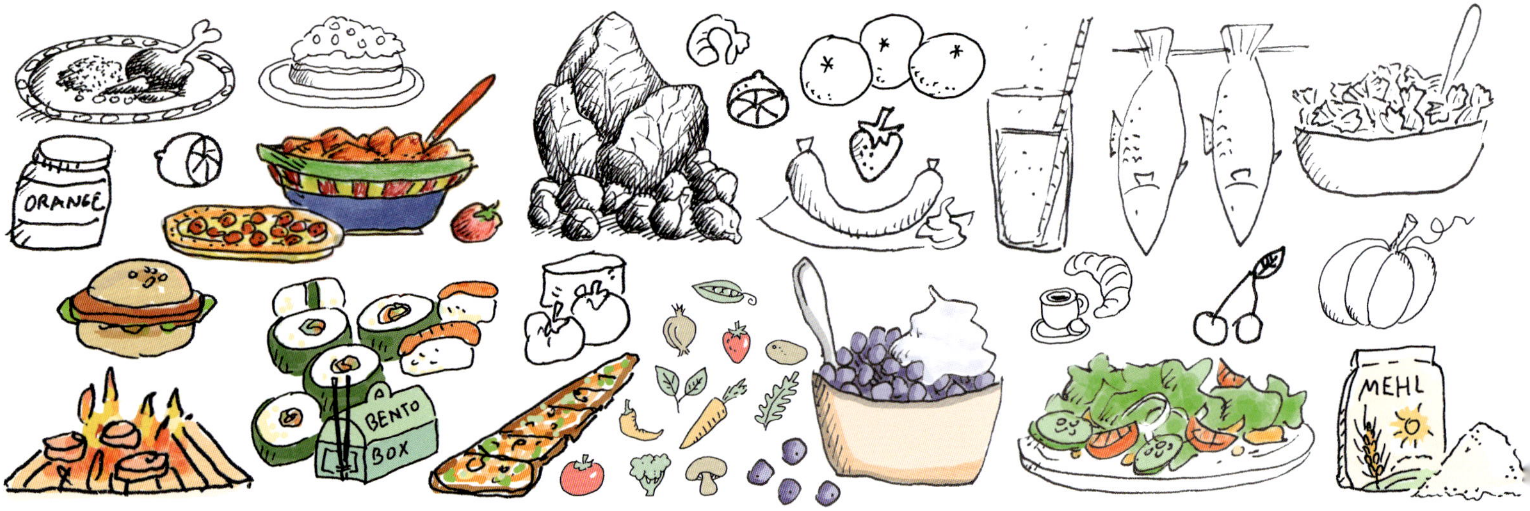

ORANGE

BENTO BOX

MEHL

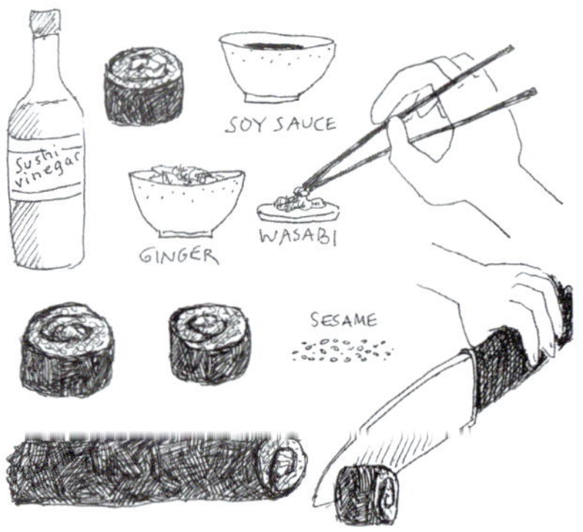

Sushi vinegar

SOY SAUCE

GINGER

WASABI

SESAME

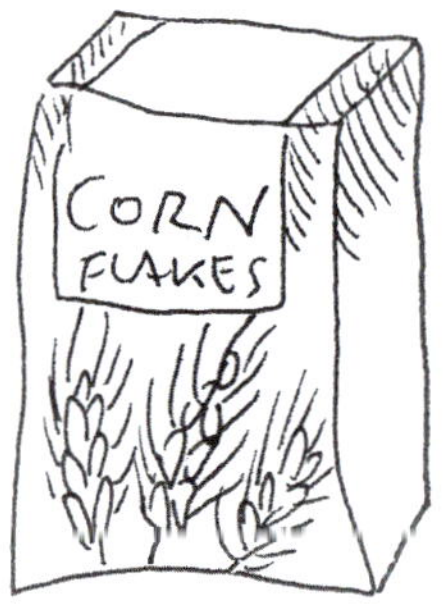

CORN FLAKES

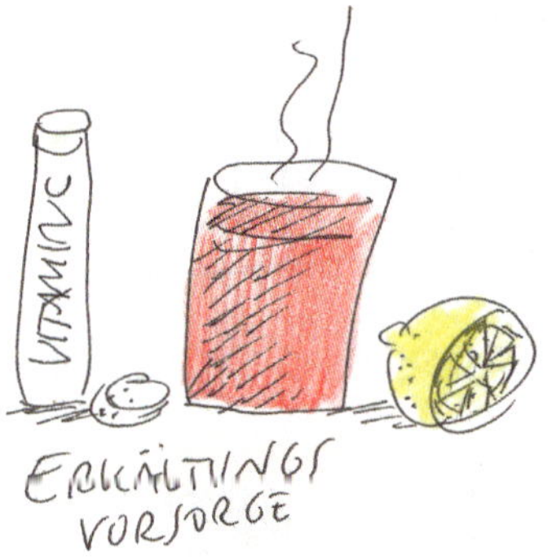

VITAMIN C

ERKÄLTUNGS VORSORGE

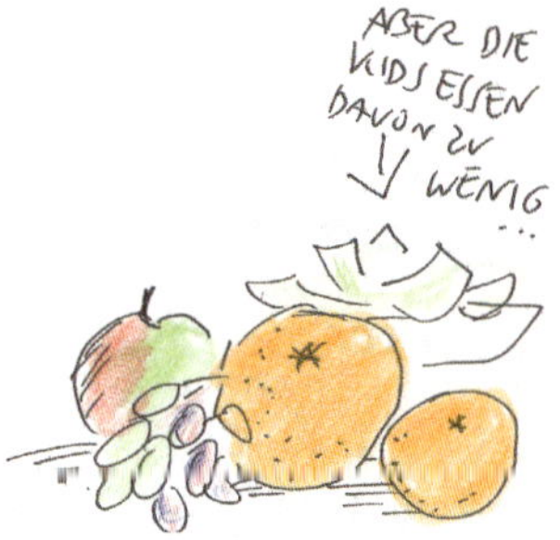

ABER DIE KIDS ESSEN DAVON ZU WENIG ...

Fully English Breakfast

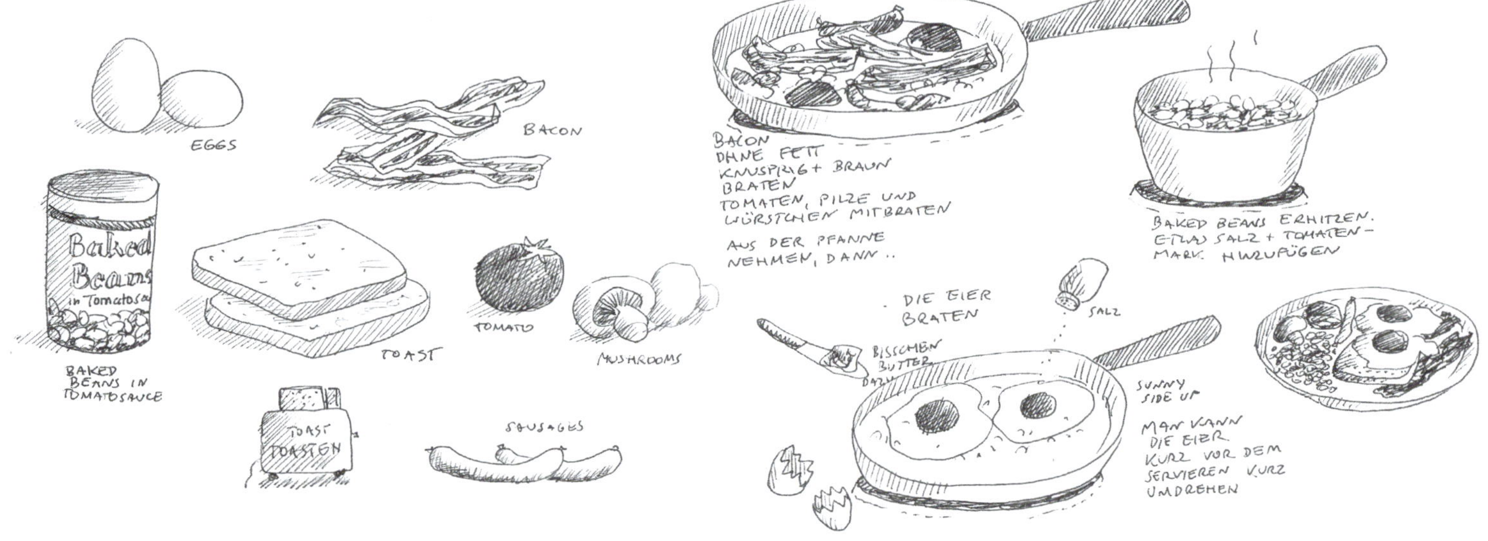

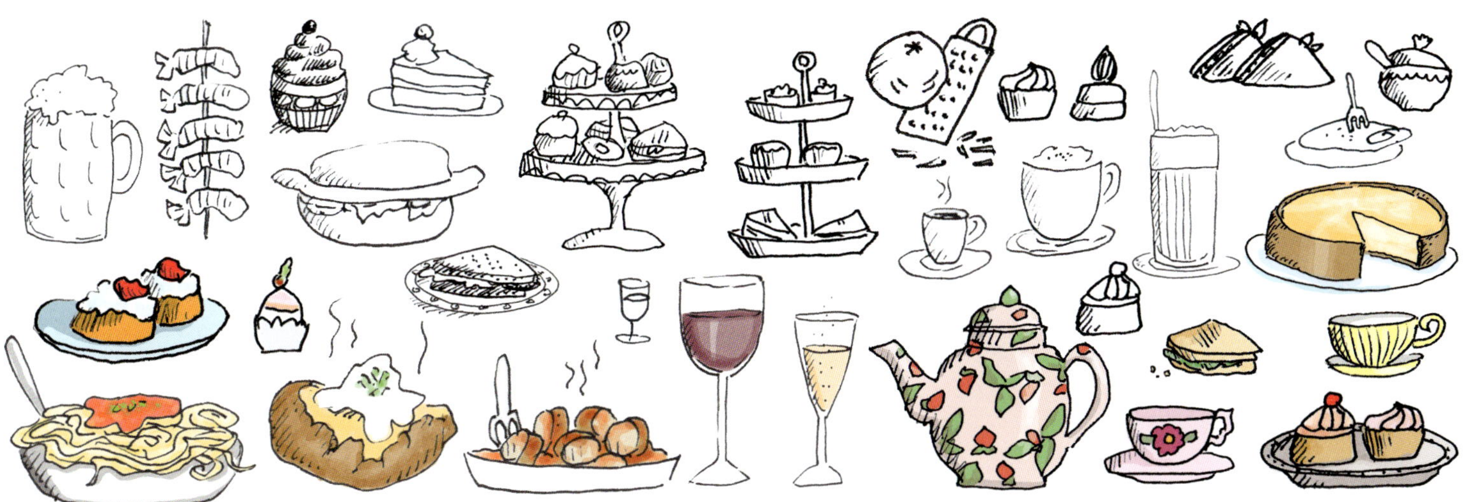

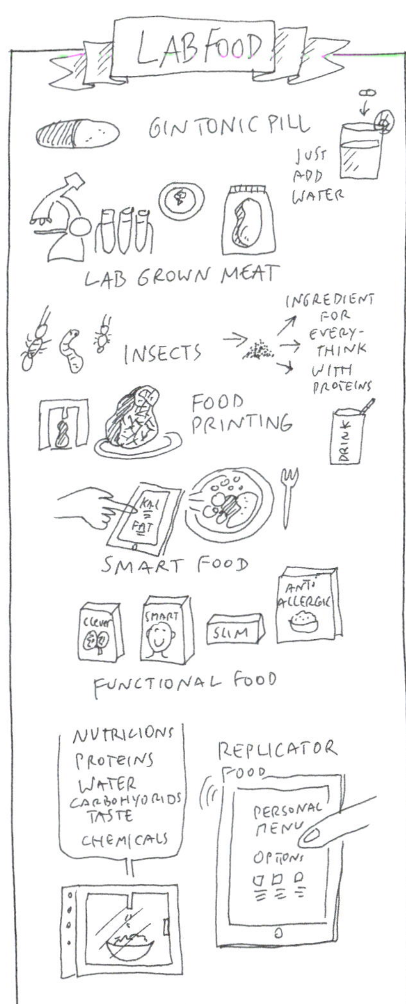
LAB FOOD
GIN TONIC PILL
JUST ADD WATER
LAB GROWN MEAT
INSECTS
INGREDIENT FOR EVERY-THINK WITH PROTEINS
FOOD PRINTING
DRINK
SMART FOOD
CLEVER
SMART
SLIM
ANTI ALLERGIC
FUNCTIONAL FOOD
NUTRICIONS
PROTEINS
WATER
CARBOHYDRIDS
TASTE
CHEMICALS
REPLICATOR FOOD
PERSONAL MENU
OPTIONS

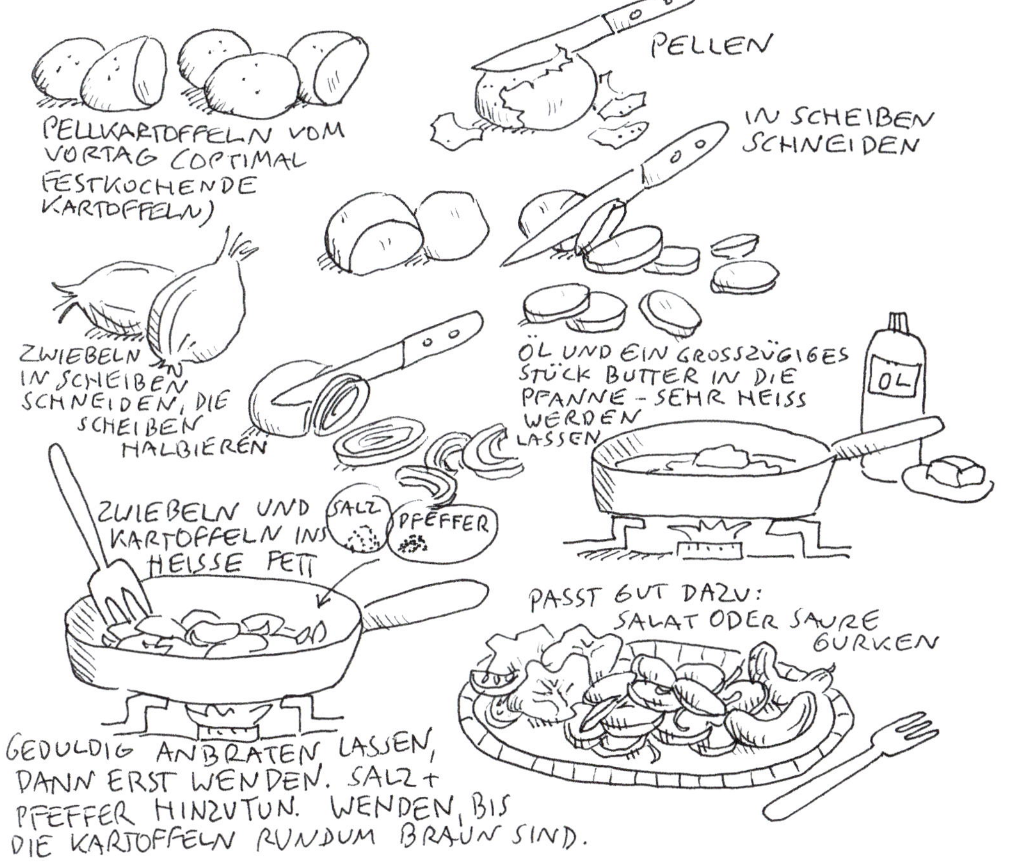
KNUSPRIGE
BRATKARTOFFELN
PELLEN
PELLKARTOFFELN VOM VORTAG (OPTIMAL FESTKOCHENDE KARTOFFELN)
IN SCHEIBEN SCHNEIDEN
ZWIEBELN IN SCHEIBEN SCHNEIDEN, DIE SCHEIBEN HALBIEREN
ÖL UND EIN GROSSZÜGIGES STÜCK BUTTER IN DIE PFANNE - SEHR HEISS WERDEN LASSEN
ÖL
ZWIEBELN UND KARTOFFELN INS HEISSE FETT
SALZ
PFEFFER
PASST GUT DAZU: SALAT ODER SAURE GURKEN
GEDULDIG ANBRATEN LASSEN, DANN ERST WENDEN. SALZ + PFEFFER HINZUTUN. WENDEN, BIS DIE KARTOFFELN RUNDUM BRAUN SIND.

ALLTÄGLICHES

Auch die kleinen Merkwürdig- und Unsinnigkeiten des alltäglichen Lebens lassen sich prima visualisieren.

ÜBUNG:

Visualisieren Sie kleine Alltäglichkeiten.

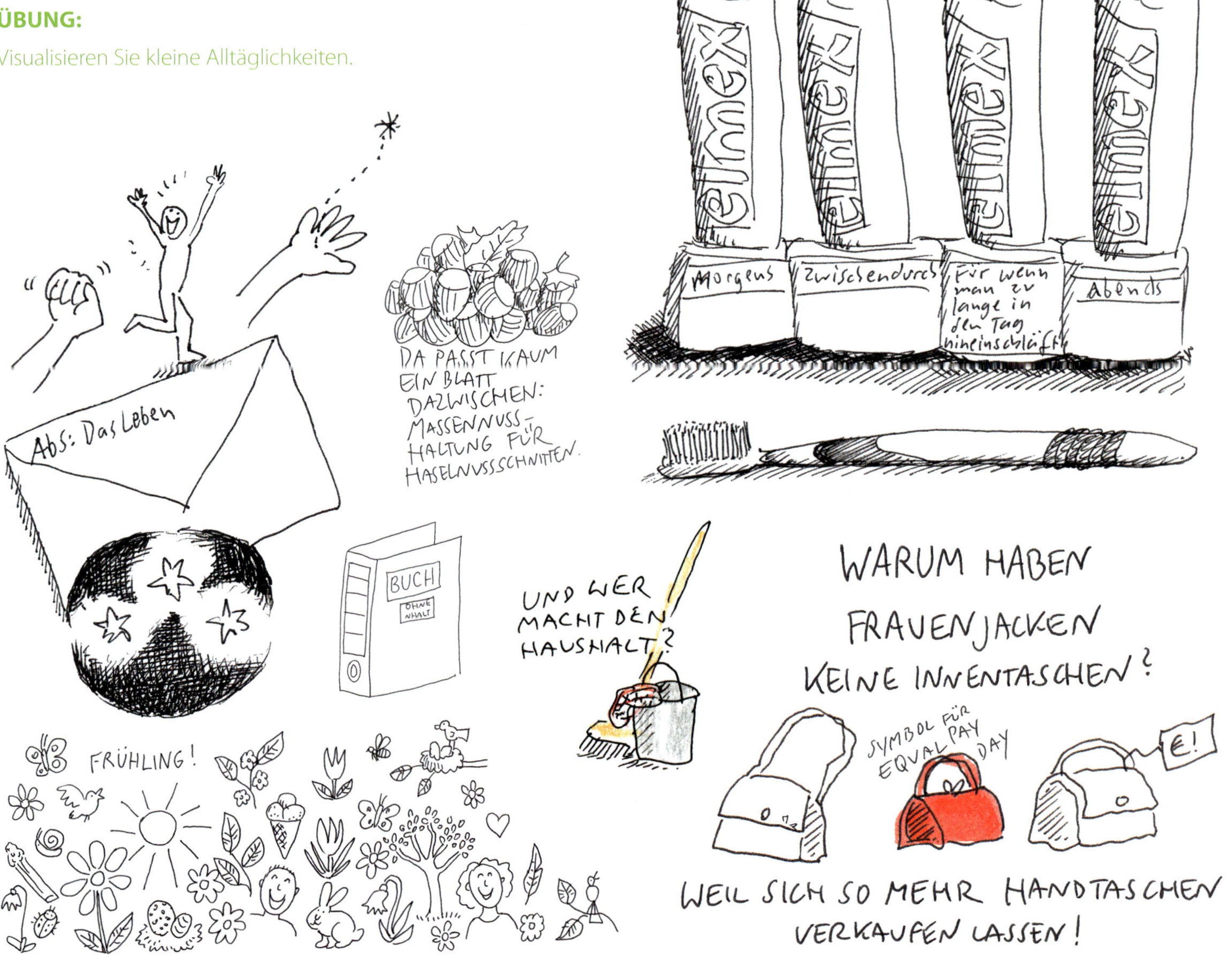

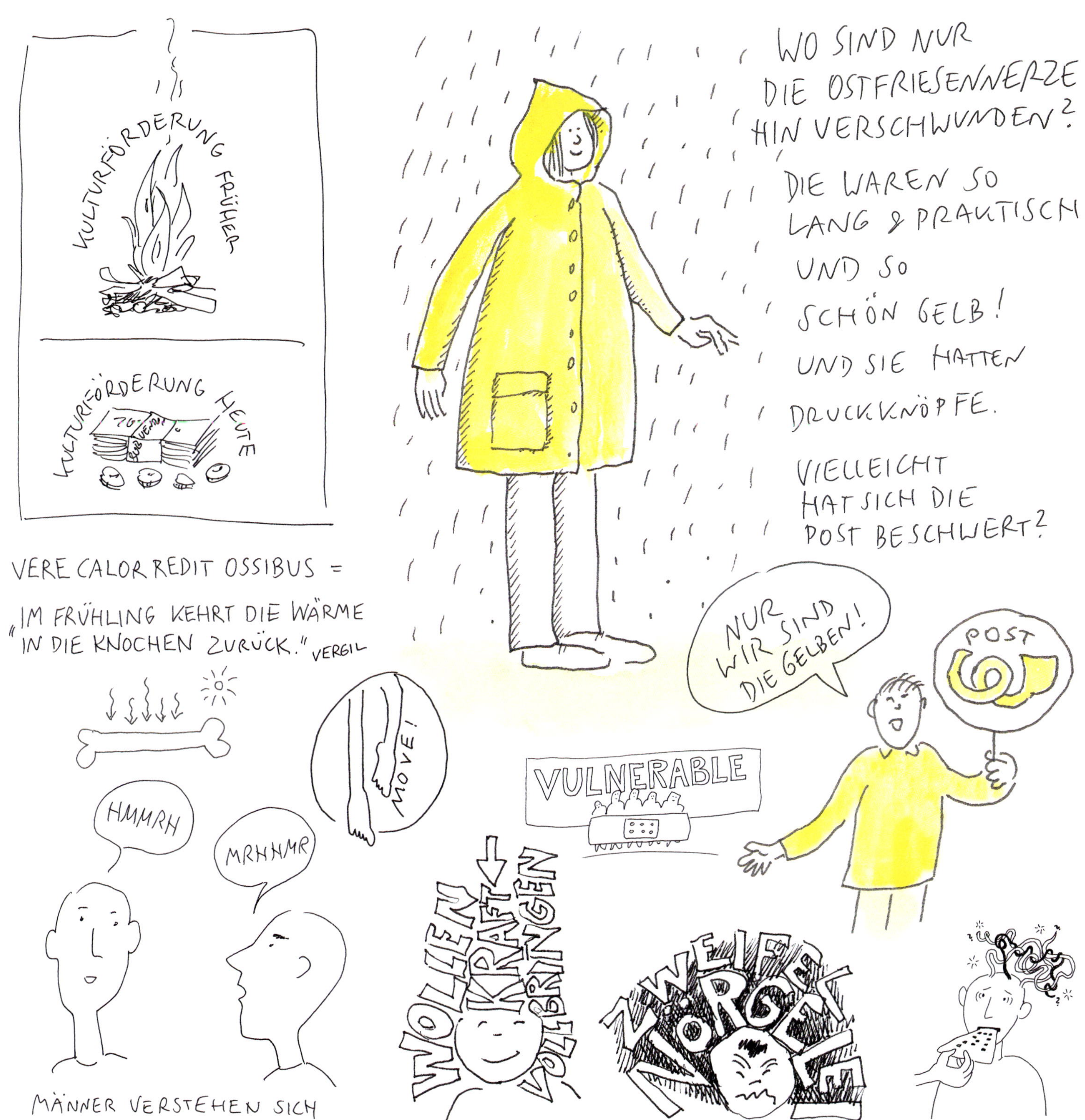
KULTURFÖRDERUNG FRÜHER
KULTURFÖRDERUNG HEUTE
WO SIND NUR DIE OSTFRIESENNERZE HIN VERSCHWUNDEN?
DIE WAREN SO LANG & PRAKTISCH UND SO SCHÖN GELB! UND SIE HATTEN DRUCKKNÖPFE.
VIELLEICHT HAT SICH DIE POST BESCHWERT?
VERE CALOR REDIT OSSIBUS =
„IM FRÜHLING KEHRT DIE WÄRME IN DIE KNOCHEN ZURÜCK." VERGIL
NUR WIR SIND DIE GELBEN!
POST
MOVE!
VULNERABLE
HMMRH
MRHHMR
MÄNNER VERSTEHEN SICH
WOLLEN
KRAFT
VOLLBRINGEN
ZWEIFEL
NÖRGELEI

UNTERWEGS

Viele Menschen führen spezielle Reisetagebücher. Die Grenzen zum Urban Sketching sind da fließend. Es gibt eine weltweite Urban-Sketching-Szene, viele wunderbare Werke lassen sich im Internet finden.

ÜBUNG:

Halten Sie auf Reisen Ihre Eindrücke und Erlebnisse in Wort und Bild in einem eigenen Reisetagebuch fest.

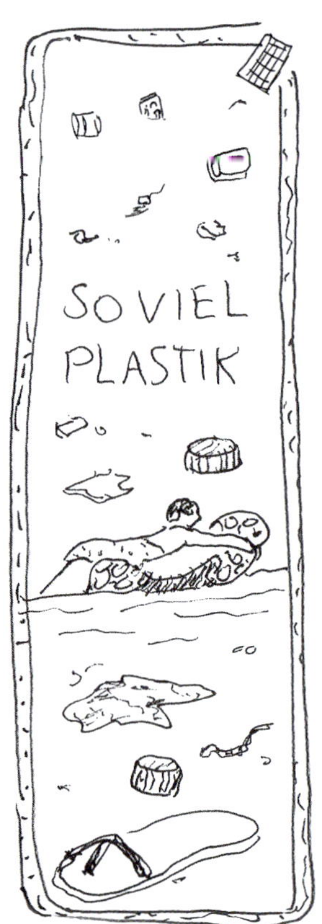

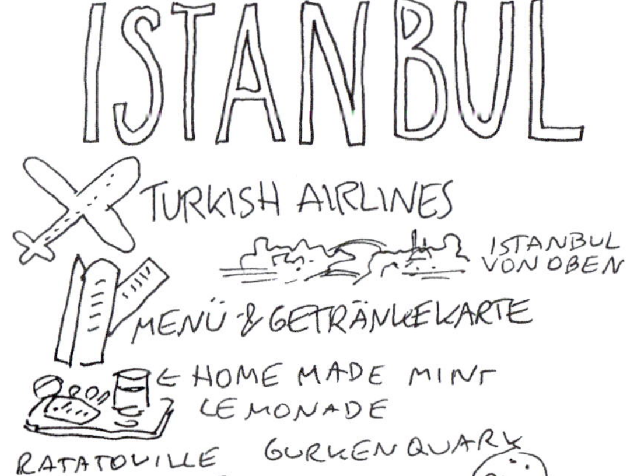

TAKSIM

STOP & GO

VIELE GESCHÄFTE GESEHEN DIE STRASSE DER FAHRRAD-HÄNDLER, DER MUSIKINSTRUMENTE, DER AUTOWERKSTÄTTEN, DER KÜCHENEINRICHTER ..

THE NEW MOSK WAR GERADE WEGEN GEBETSZEIT GESCHLOSSEN

JEDE MOSCHEE HAT EIN KLO

AUCH DIE HAGIA SOPHIA HATTE ZU.

SPANNENDE STADT

- IST SELTSAM, WENN MAN SOGAR KEINE AHNUNG VON DER SPRACHE HAT

HILFLOSES GEFÜHL

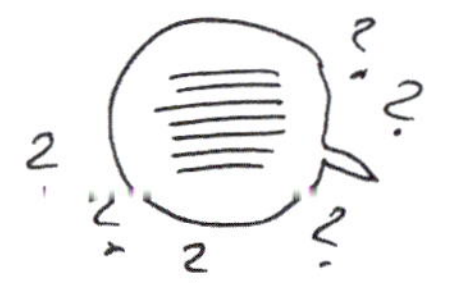

- WIR HABEN EINEN KLEINEN BALKON

SCHRÄG GEGENÜBER SIND 4 PARKPLÄTZE - BEWACHT VON EINEM PARKPLATZWÄRTER

- DIE BÜRGERSTEIGE SIND GEFÄHRLICH ICH KANN NICHT EINFACH LAUFEN & IN DIE GEGEND GUCKEN, WIE GEWOHNT

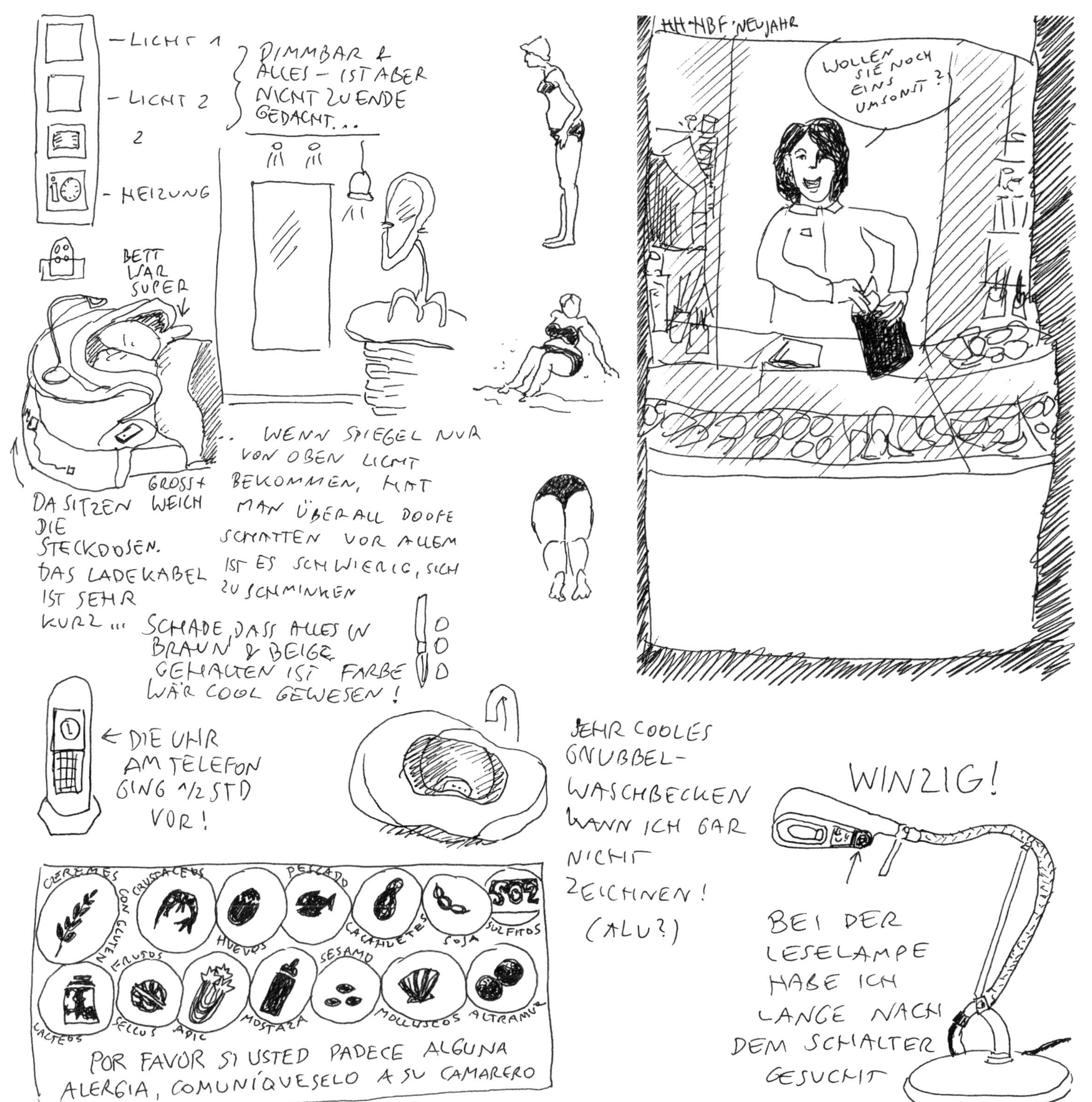
LICHT 1
LICHT 2
2
HEIZUNG
DIMMBAR & ALLES – IST ABER NICHT ZUENDE GEDACHT…
BETT WAR SUPER
GROSS + WEICH
DA SITZEN DIE STECKDOSEN. DAS LADEKABEL IST SEHR KURZ…
WENN SPIEGEL NUR VON OBEN LICHT BEKOMMEN, HAT MAN ÜBERALL DOOFE SCHATTEN VOR ALLEM IST ES SCHWIERIG, SICH ZU SCHMINKEN
SCHADE, DASS ALLES IN BRAUN & BEIGE GEHALTEN IST FARBE WÄR COOL GEWESEN!
HH-HBF NEUJAHR
WOLLEN SIE NOCH EINS UMSONST?
DIE UHR AM TELEFON GING 1/2 STD VOR!
SEHR COOLES GNUBBEL-WASCHBECKEN KANN ICH GAR NICHT ZEICHNEN! (ALU?)
WINZIG!
BEI DER LESELAMPE HABE ICH LANGE NACH DEM SCHALTER GESUCHT
CEREALES CON GLUTEN
CRUSTACEOS
HUEVOS
PESCADO
CACAHUETES
SOJA
SO2
SULFITOS
LACTEOS
FRUTOS SECOS
APIO
MOSTAZA
SESAMO
MOLUSCOS
ALTRAMUZ
POR FAVOR SI USTED PADECE ALGUNA ALERGIA, COMUNÍQUESELO A SU CAMARERO

IDEEN FESTHALTEN

Was eignet sich besser, um eine Idee festzuhalten, als eine schnelle Skizze, auf der das Wesentliche erfasst ist. So wird sie nicht vergessen und kann jederzeit abgerufen werden.

ÜBUNG:

Was würden Sie gerne erfinden? Zeichnen Sie es!

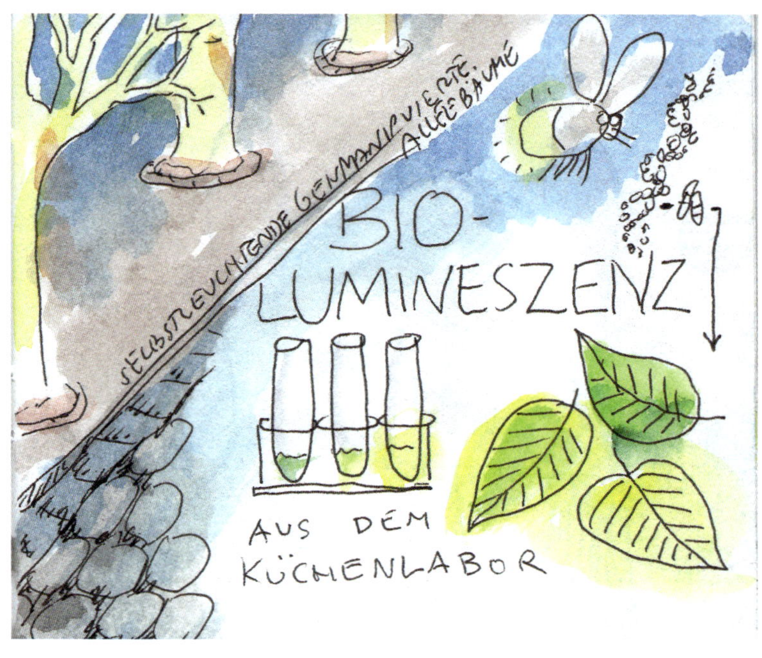

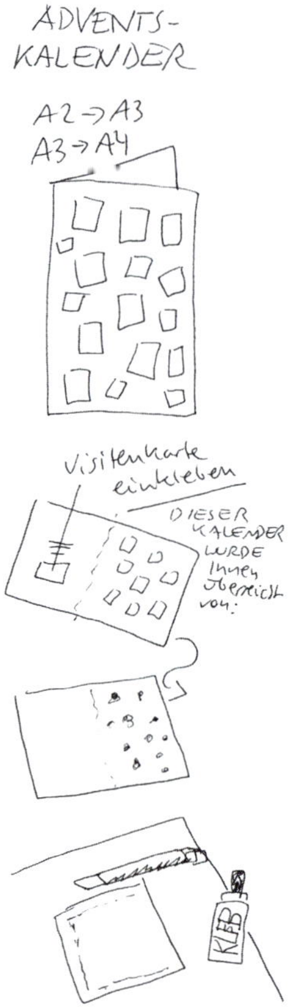

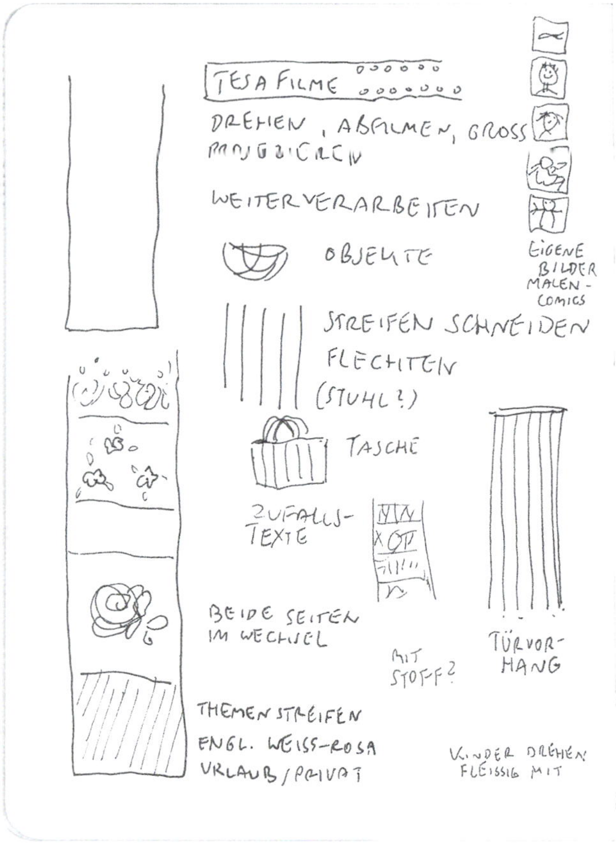

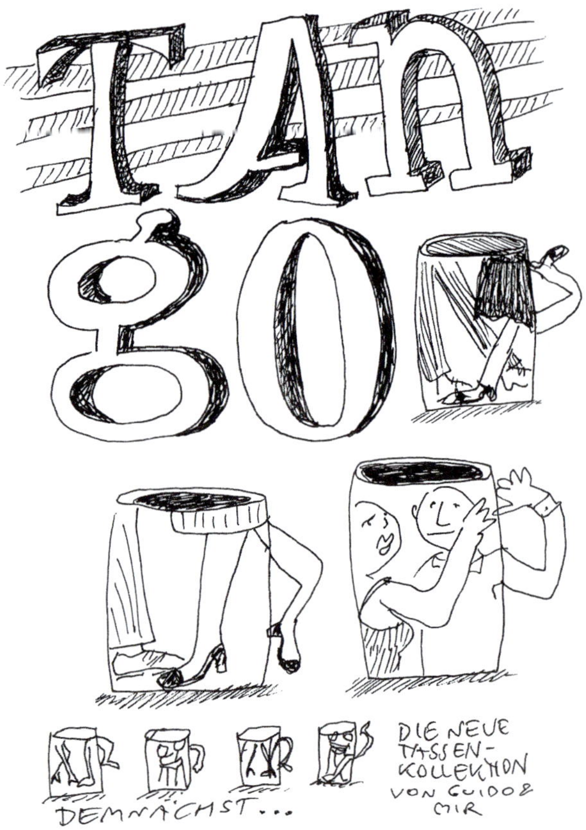

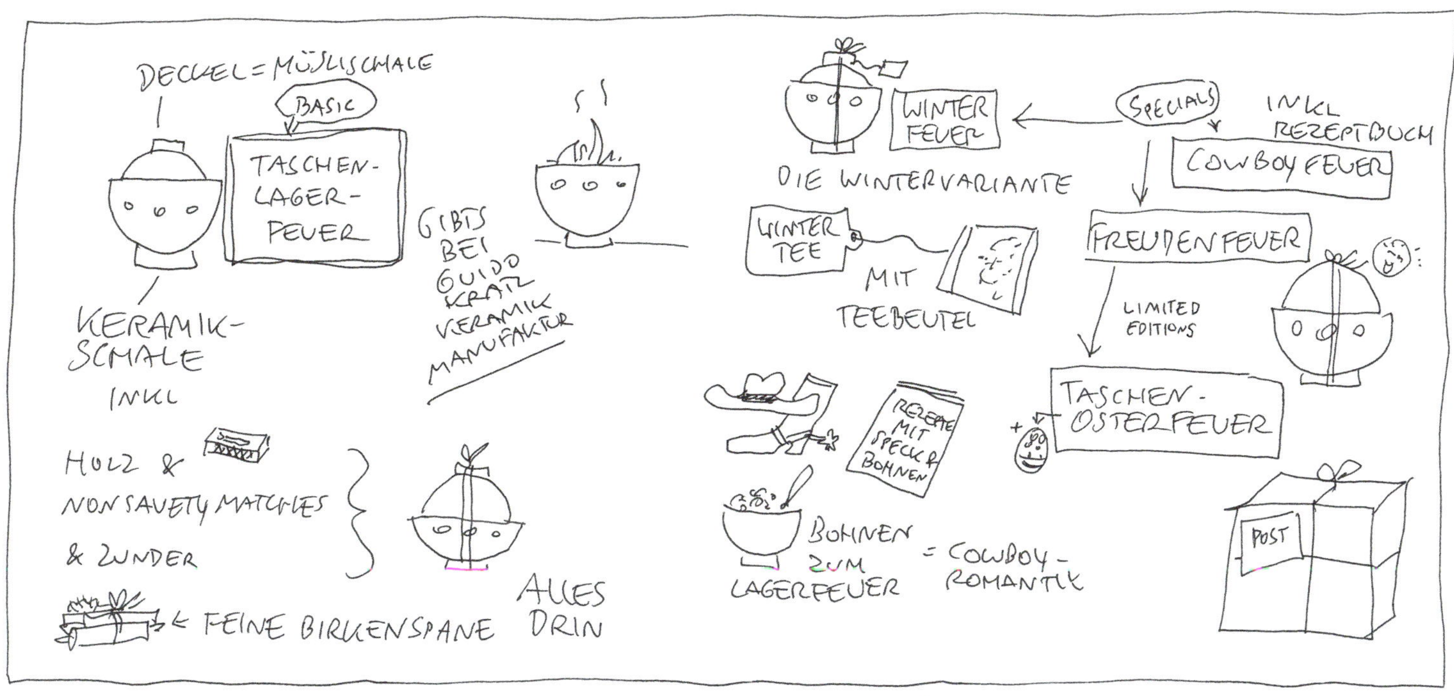

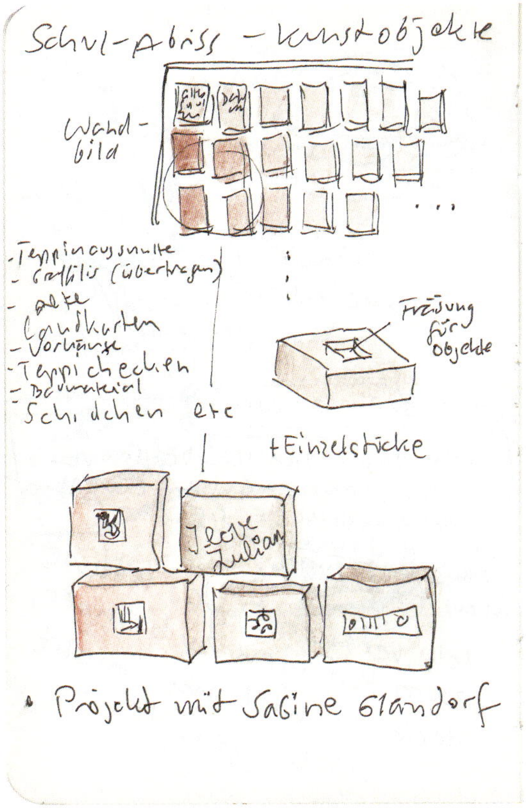

Schul-Abriss – Kunstobjekte

Wand-bild

- Teppichausschnitte
- Graffitis (übertragen)
- alte Landkarten
- Vorhänge
- Teppichecken
- Baumaterial
- Schildchen etc

Fräsung für Objekte

+ Einzelstücke

I love Julian

• Projekt mit Sabine Glandorf

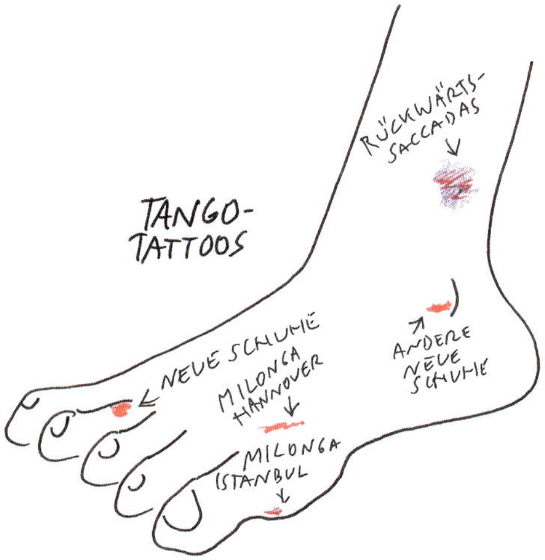

TANGO-TATTOOS

RÜCKWÄRTS-SACCADAS

NEUE SCHUHE

MILONGA HANNOVER

MILONGA ISTANBUL

ANDERE NEUE SCHUHE

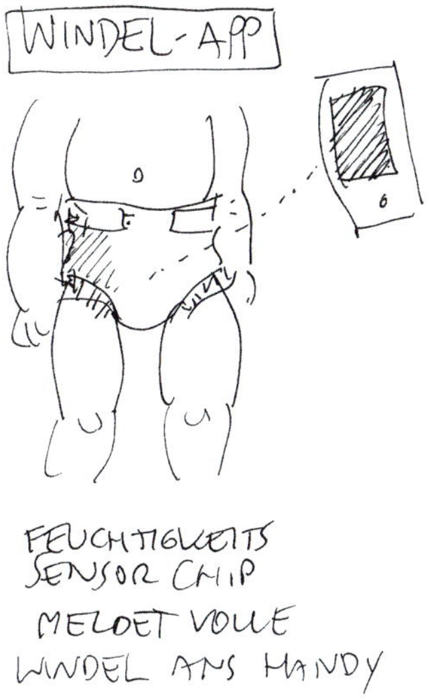

WINDEL-APP

FEUCHTIGKEITS SENSOR CHIP MELDET VOLLE WINDEL ANS HANDY

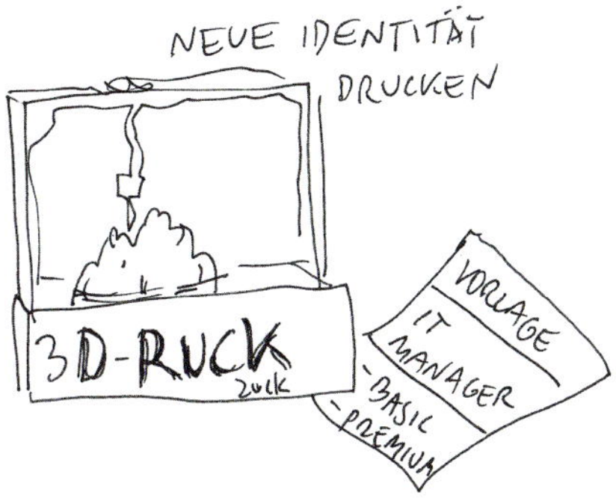

NEUE IDENTITÄT DRUCKEN

3D-RUCK zuck

VORLAGE IT MANAGER

- BASIC
- PREMIUM

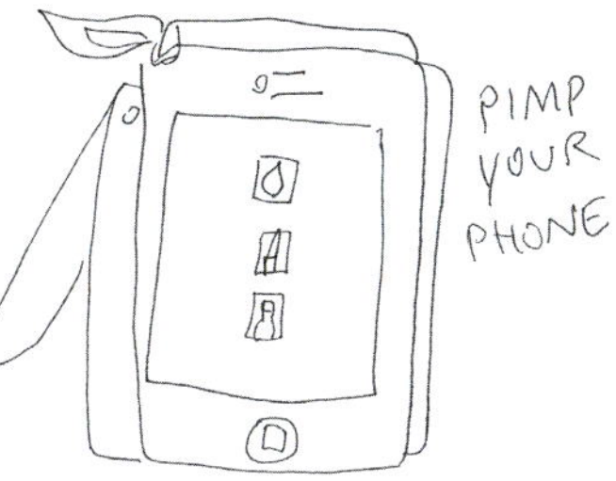

PIMP YOUR PHONE

LERNEN

Zum Lernen, Erinnern und Merken sind Sketchnotes die ideale Methode! Beim Erstellen ist die Aufmerksamkeit ganz beim Thema, beim Erinnern werden nicht nur die kognitiven, sondern auch die emotionalen Gehirnareale aktiviert, und da sich durch die Bilder Verknüpfungen bilden, lassen sich die Dinge viel besser merken. Ich hätte dieses Wissen schon gerne zu Schulzeiten gehabt, so wäre wahrscheinlich einiges an gelerntem Wissen jetzt besser abrufbar. Probieren Sie es aus!

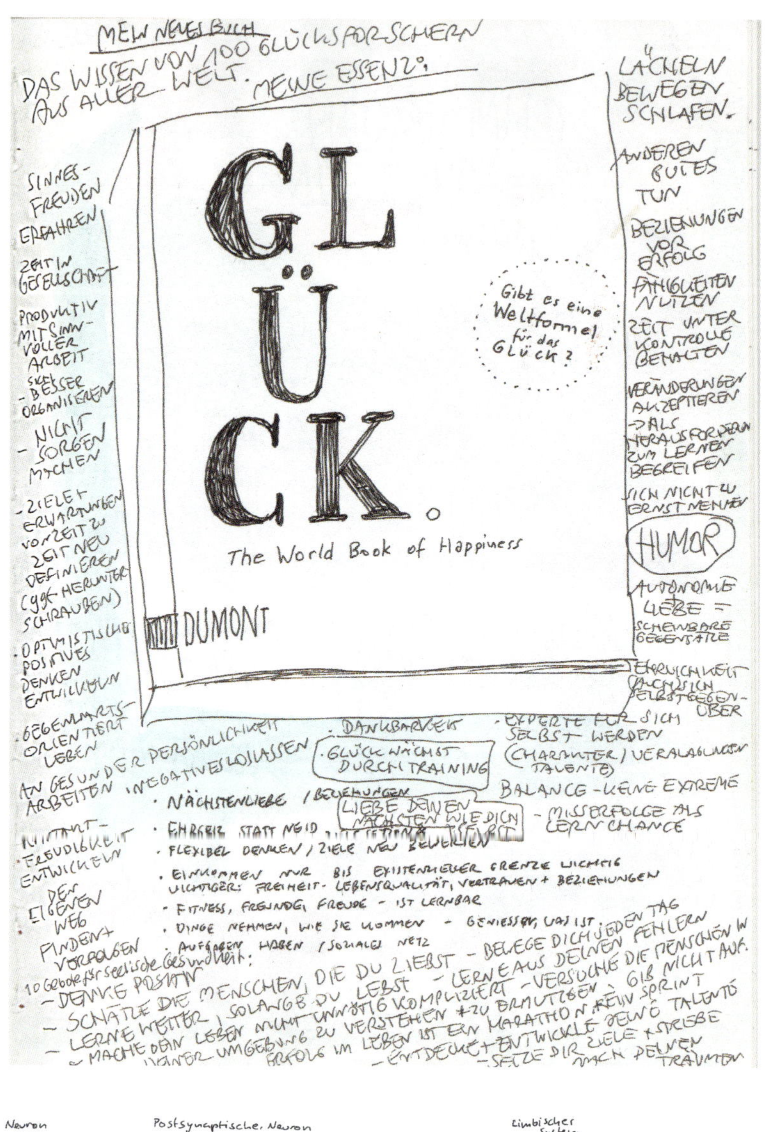

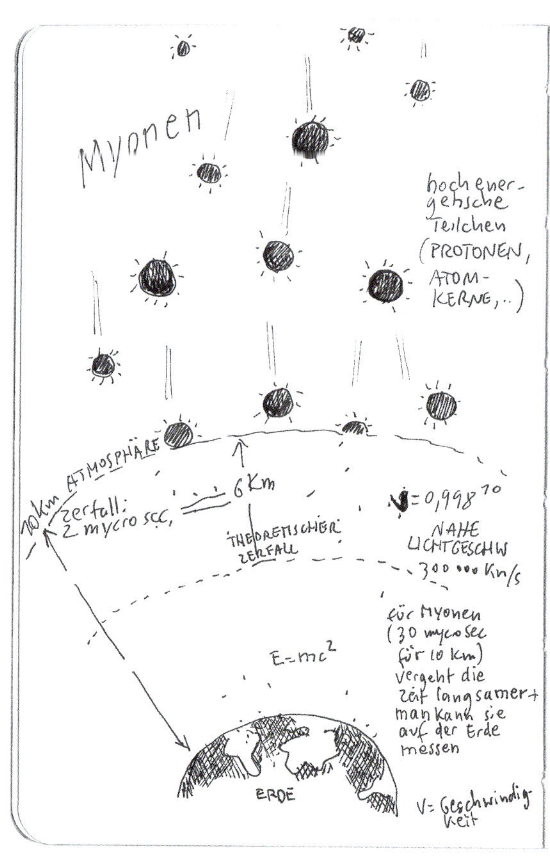

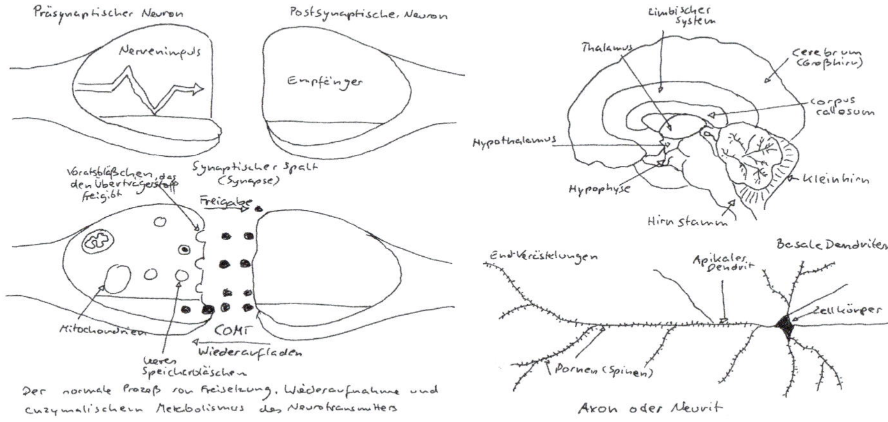

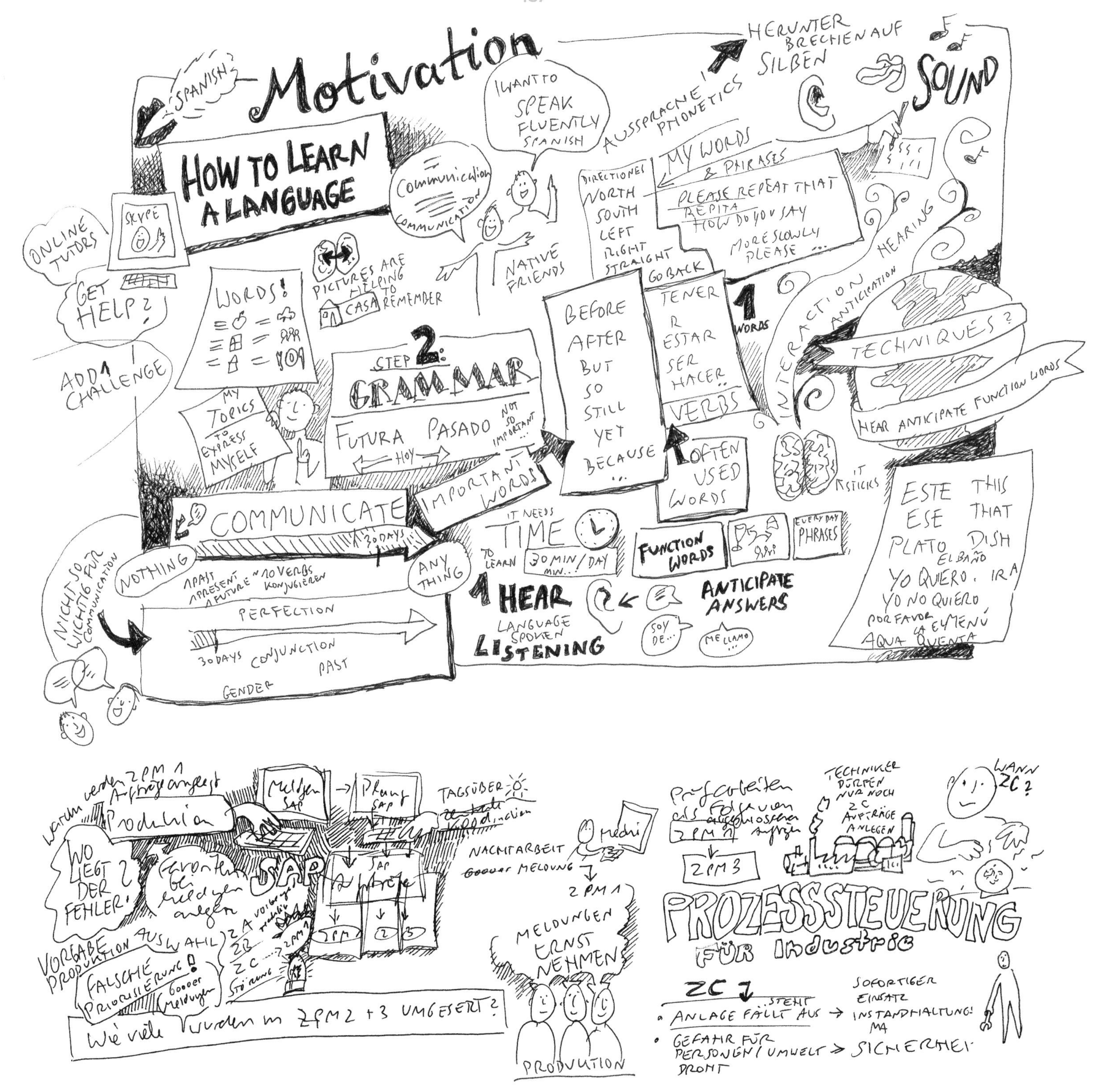
Motivation
SPANISH
HOW TO LEARN A LANGUAGE
I WANT TO SPEAK FLUENTLY SPANISH
COMMUNICATION
AUSSPRACHE / PHONETICS
HERUNTER BRECHEN AUF SILBEN
SOUND
ONLINE TUTORS
SKYPE
GET HELP?
ADD 1 CHALLENGE
WORDS!
PICTURES ARE HELPING TO REMEMBER
CASA
NATIVE FRIENDS
DIRECTIONES
NORTH
SOUTH
LEFT
RIGHT
STRAIGHT
GO BACK
MY WORDS & PHRASES
PLEASE REPEAT THAT
HOW DO YOU SAY
MORE SLOWLY PLEASE ...
HEARING
INTERACTION
ANTICIPATION
TECHNIQUES?
HEAR ANTICIPATE FUNCTION WORDS
MY TOPICS TO EXPRESS MYSELF
STEP 2: GRAMMAR
FUTURA
PASADO
HOY
NOT SO IMPORTANT ...
IMPORTANT WORDS
BEFORE
AFTER
BUT
SO
STILL
YET
BECAUSE
TENER
ESTAR
SER
HACER
VERBS
1 WORDS
OFTEN USED WORDS
IT STICKS
COMMUNICATE
30 DAYS
NOTHING
ANY THING
PRESENT
FUTURE
10 VERBS KONJUGIEREN
NICHT SO WICHTIG FÜR COMMUNICATION
PERFECTION
30 DAYS
CONJUNCTION
PAST
GENDER
IT NEEDS TIME
TO LEARN
30 MIN / DAY
FUNCTION WORDS
EVERY DAY PHRASES
1 HEAR
LANGUAGE SPOKEN
LISTENING
ANTICIPATE ANSWERS
SOY DE...
ME LLAMO ...
ESTE THIS
ESE THAT
PLATO DISH
YO QUIERO.
YO NO QUIERO
POR FAVOR
AQUA QUENTA
SAP
WO LIEGT DER FEHLER?
Produktion
Meldungen SAP
TAGSÜBER
NACHTARBEIT
ZPM 1
MELDUNGEN ERNST NEHMEN
PRODUKTION
VORGABE PRODUKTION AUSWAHL
FALSCHE PRIORISIERUNG!
ZPM 2
ZPM 3
PROZESSSTEUERUNG
FÜR INDUSTRIE
TECHNIKER DÜRFEN NUR NOCH ZC AUFTRÄGE ANLEGEN
WANN ZC?
ZC
ANLAGE FÄLLT AUS
SOFORTIGER EINSATZ INSTANDHALTUNG! MA
GEFAHR FÜR PERSONEN / UMWELT
SICHERHEIT

LEBENSLANGES LERNEN

Ich tanze seit vielen Jahren Tango Argentino. Da lerne ich immer dazu. Wenn ich neue Impulse aus Workshops und Praktika nicht notiere, sind sie bald wieder vergessen. Dann werden sie nicht geübt und ich lerne nicht dazu. Beim Tanzen ist es wie beim Zeichnen. Es ist eine antrainierte Fähigkeit, die wieder und wieder geübt werden will.

ÜBUNG:

Welche Lernfelder haben Sie? Fangen Sie an, Lerninhalte zeichnerisch zu erfassen.

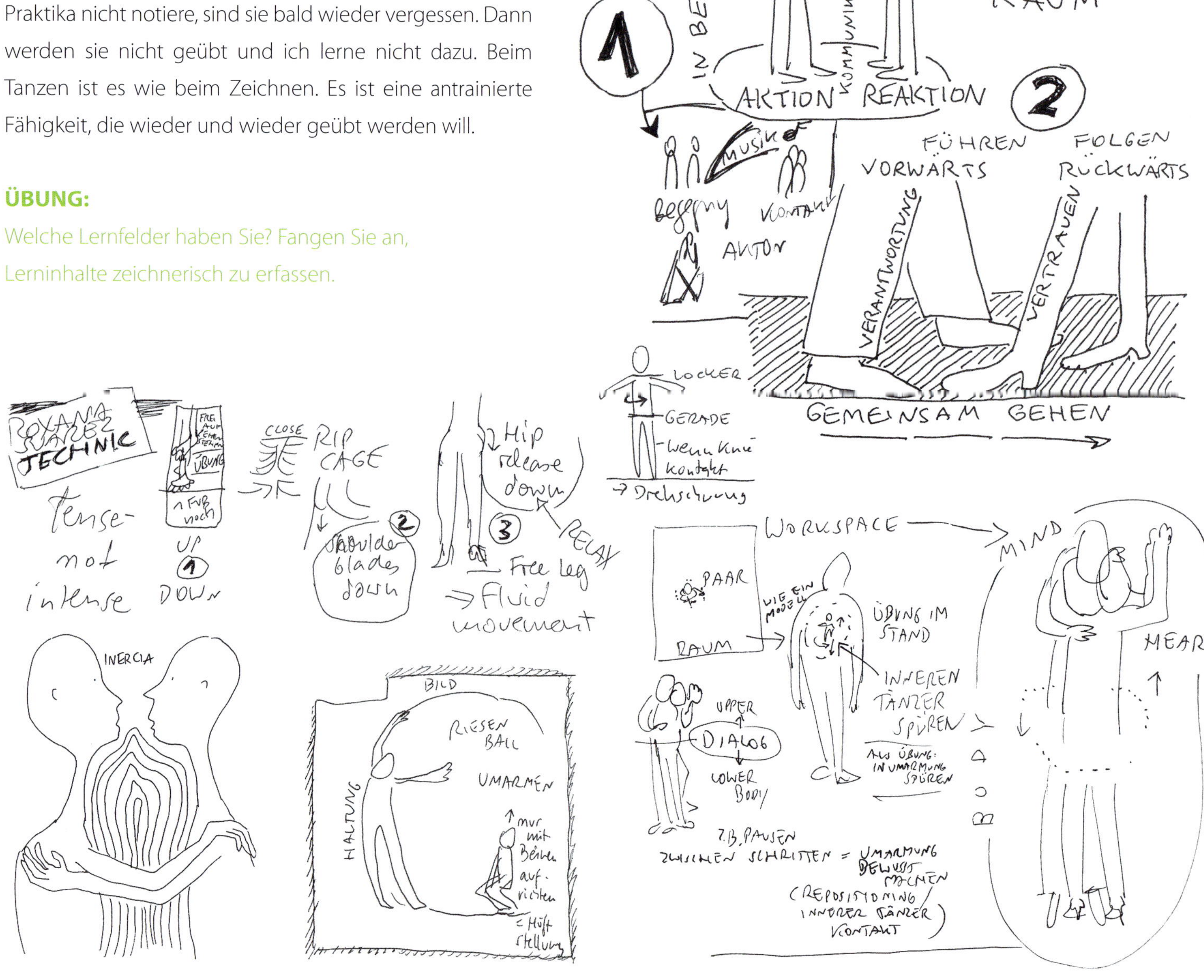

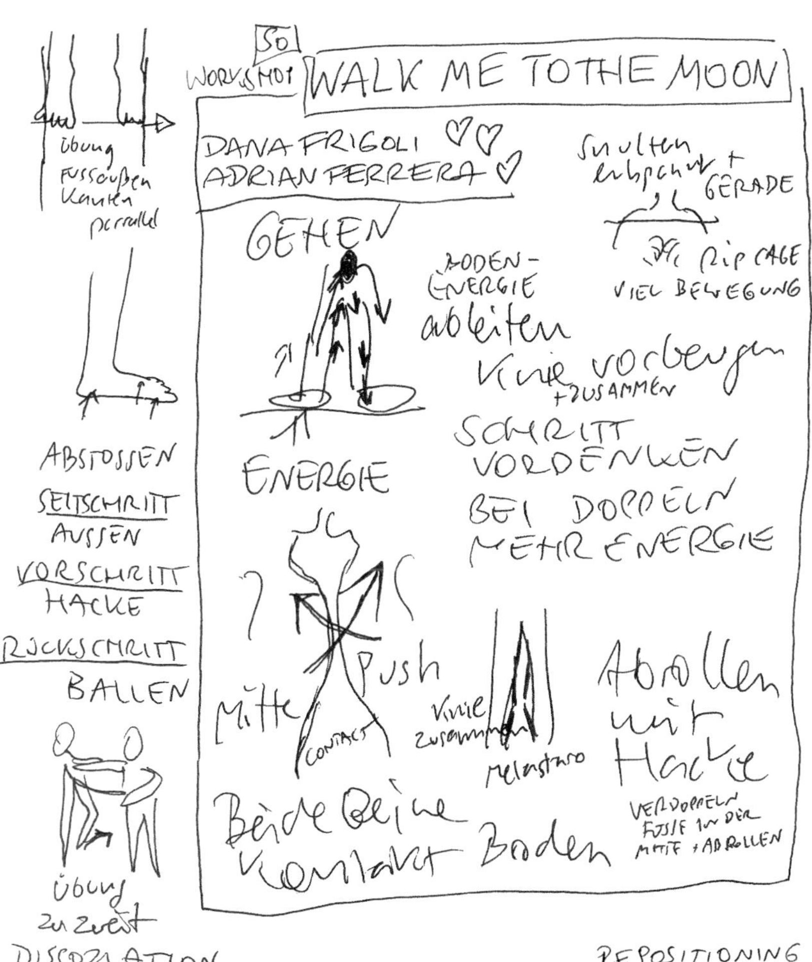

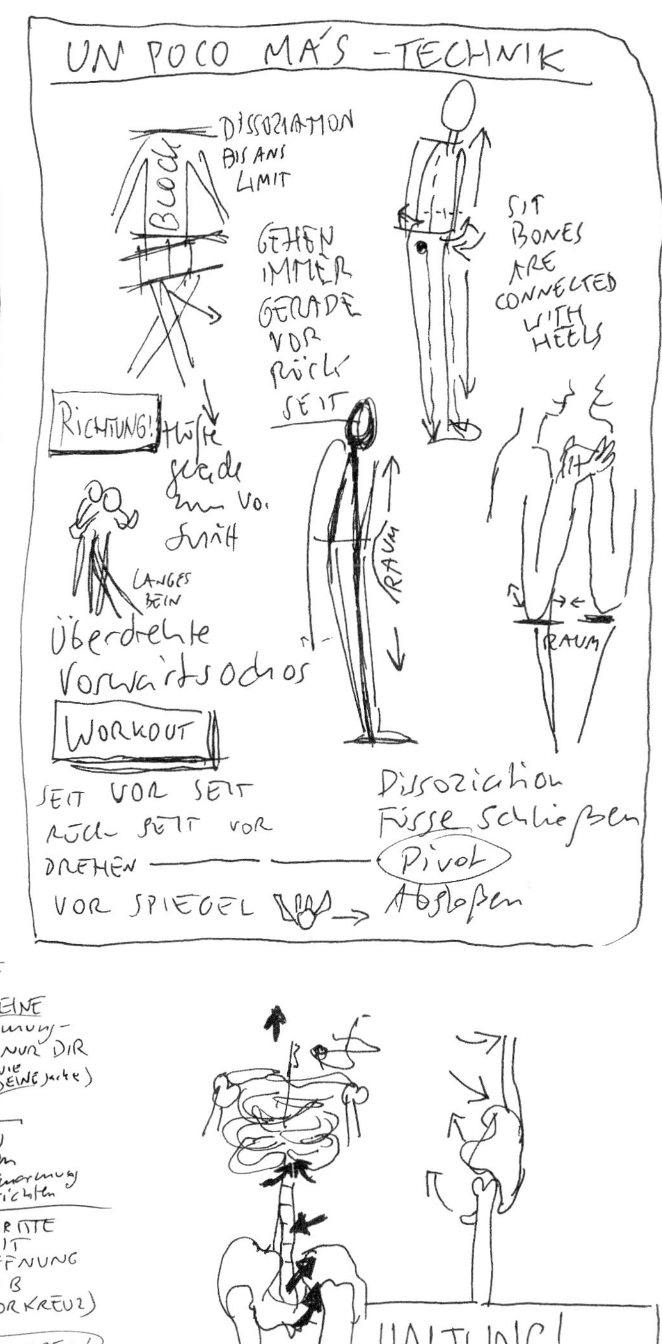

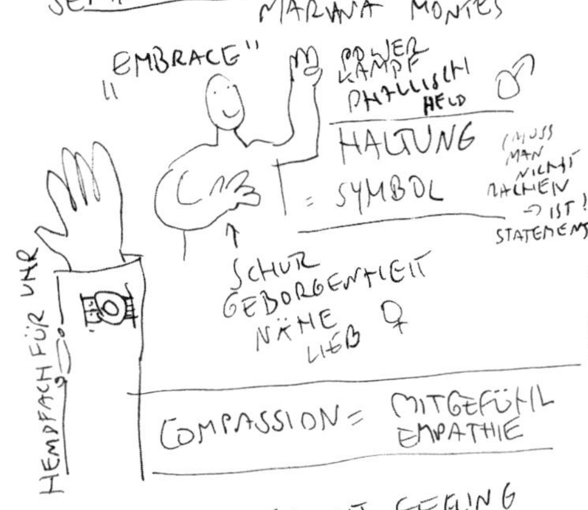

IMMIGRANT FEELING
share the loneliness
Teil, was du NICHT hast

REPOSITIONING THE EMBRACE

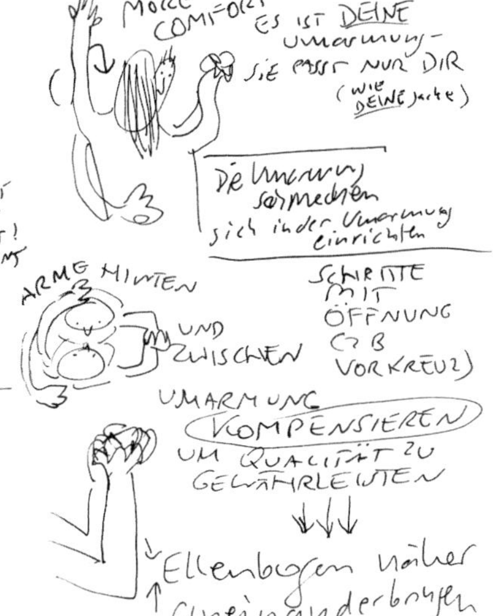

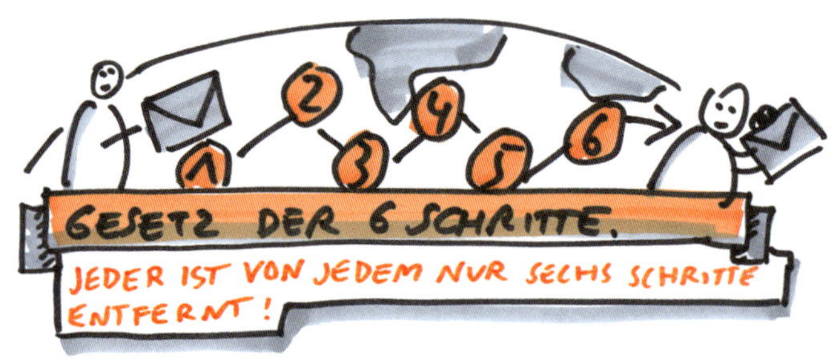

MERKENSWERTES

ÜBUNG:

Halten Sie alles fest, was Ihnen irgendwie bemerkenswert erscheint.

WEISHEIT MACHT DAS GESICHT DES MENSCHEN SCHÖNER, WEIL ES SEINEN ZÜGEN DIE HÄRTE NIMMT.

PREDIGER 8,1

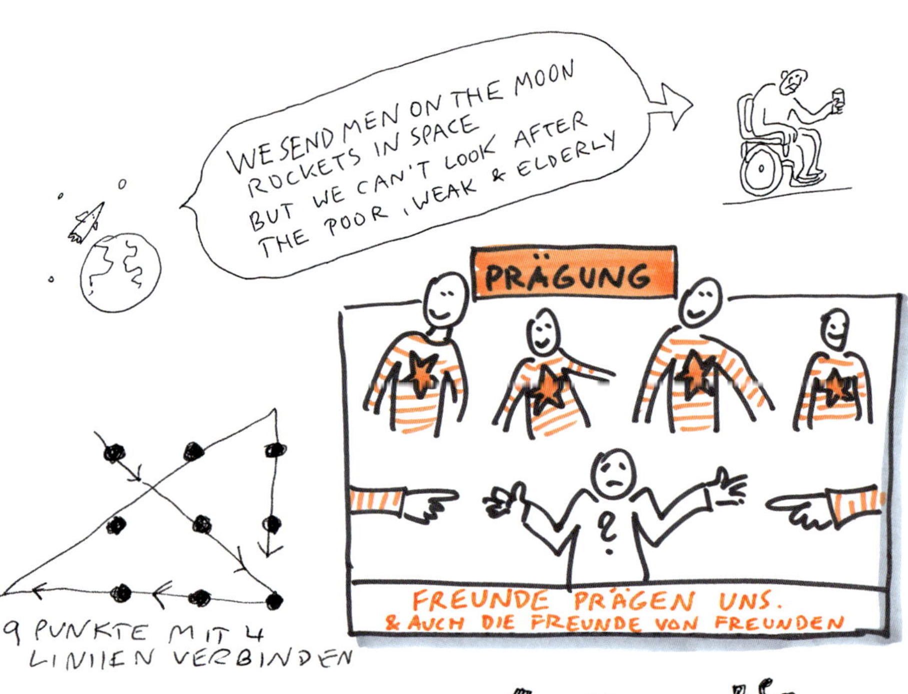

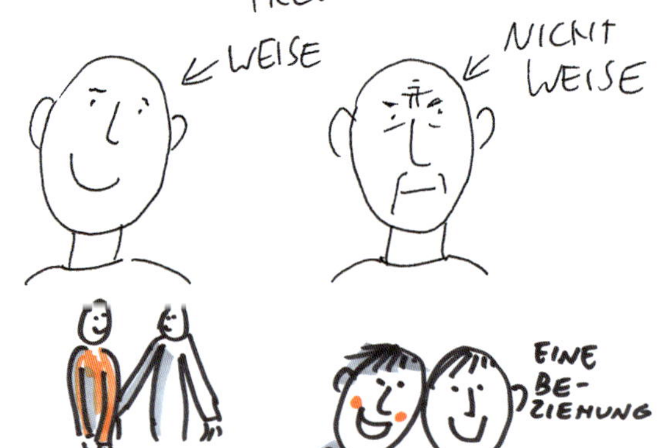

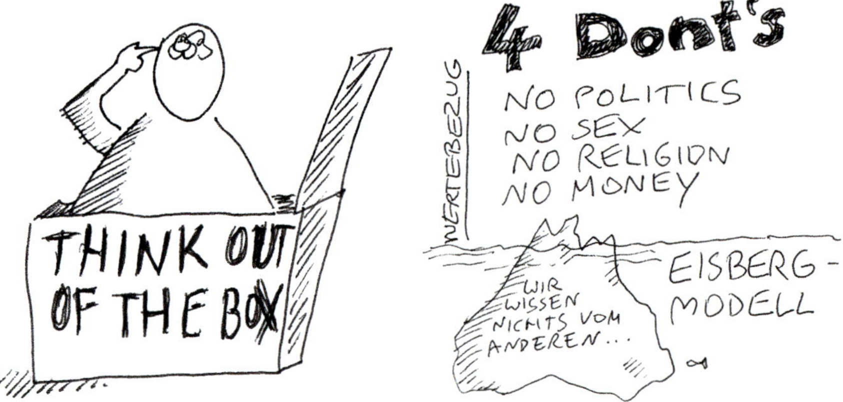

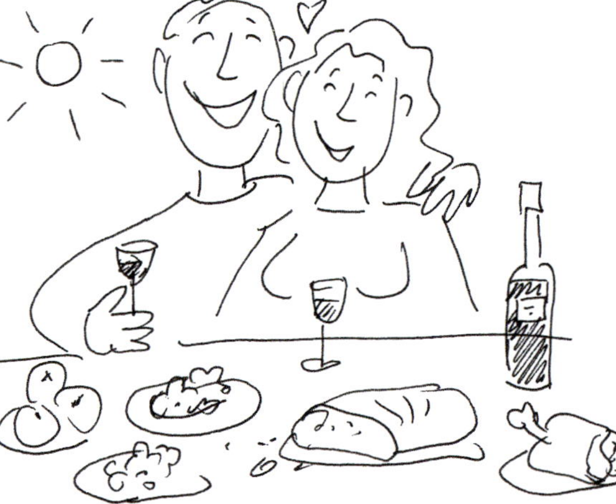

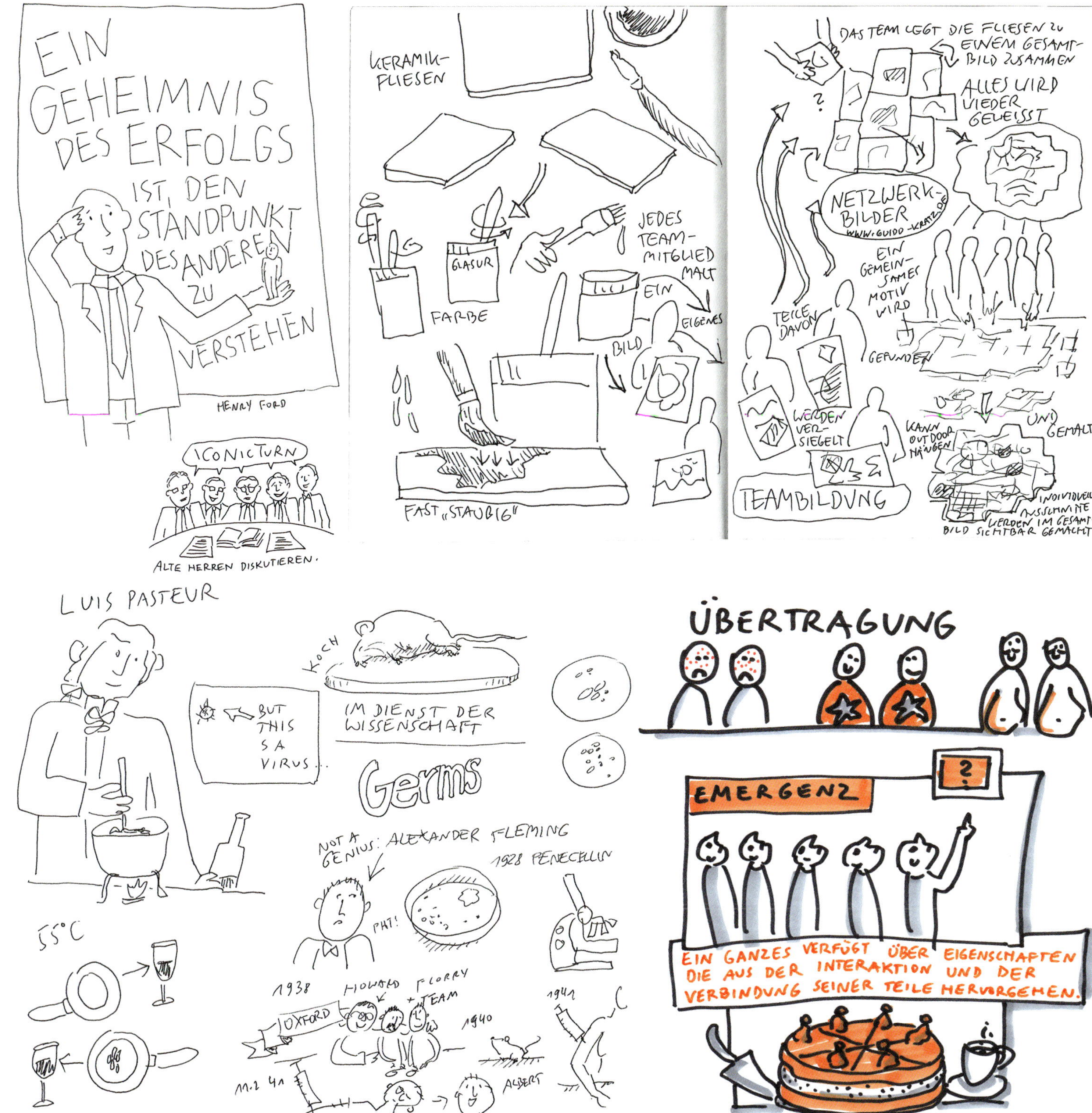
EIN GEHEIMNIS DES ERFOLGS IST, DEN STANDPUNKT DES ANDEREN ZU VERSTEHEN
HENRY FORD
ICONIC TURN
ALTE HERREN DISKUTIEREN.
KERAMIK-FLIESEN
GLASUR
FARBE
JEDES TEAM-MITGLIED MALT EIN EIGENES BILD
FAST „STAUBIG"
DAS TEAM LEGT DIE FLIESEN ZU EINEM GESAMT-BILD ZUSAMMEN
ALLES WIRD WIEDER GELEISST
NETZWERK-BILDER
EIN GEMEIN-SAMES MOTIV WIRD GEFUNDEN
TEILE DAVON WERDEN VER-SIEGELT
KANN OUTDOOR HÄNGEN
UND GEMALT
INDIVIDUELLE AUSSCHNITTE WERDEN IM GESAMT-BILD SICHTBAR GEMACHT
TEAMBILDUNG
LUIS PASTEUR
BUT THIS IS A VIRUS...
KOCH
IM DIENST DER WISSENSCHAFT
Germs
NOT A GENIUS: ALEXANDER FLEMING
1928 PENECELLIN
PHT!
55°C
1938
HOWARD FLORRY + TEAM
OXFORD
1940
1941
ALBERT
ÜBERTRAGUNG
EMERGENZ
?
EIN GANZES VERFÜGT ÜBER EIGENSCHAFTEN DIE AUS DER INTERAKTION UND DER VERBINDUNG SEINER TEILE HERVORGEHEN.

ERKLÄREN

ÜBUNG:

Erklären Sie etwas mit möglichst vielen Bildern und wenig Text. So etwa, wie es die Moritatensänger im Mittelalter getan hätten. Achten Sie auf »den roten Faden«, der sich durch die Bildgeschichte zieht. Halten Sie es so einfach, dass auch ein Kindergartenkind verstehen kann, worum es geht. Tragen Sie es dann jemandem vor.

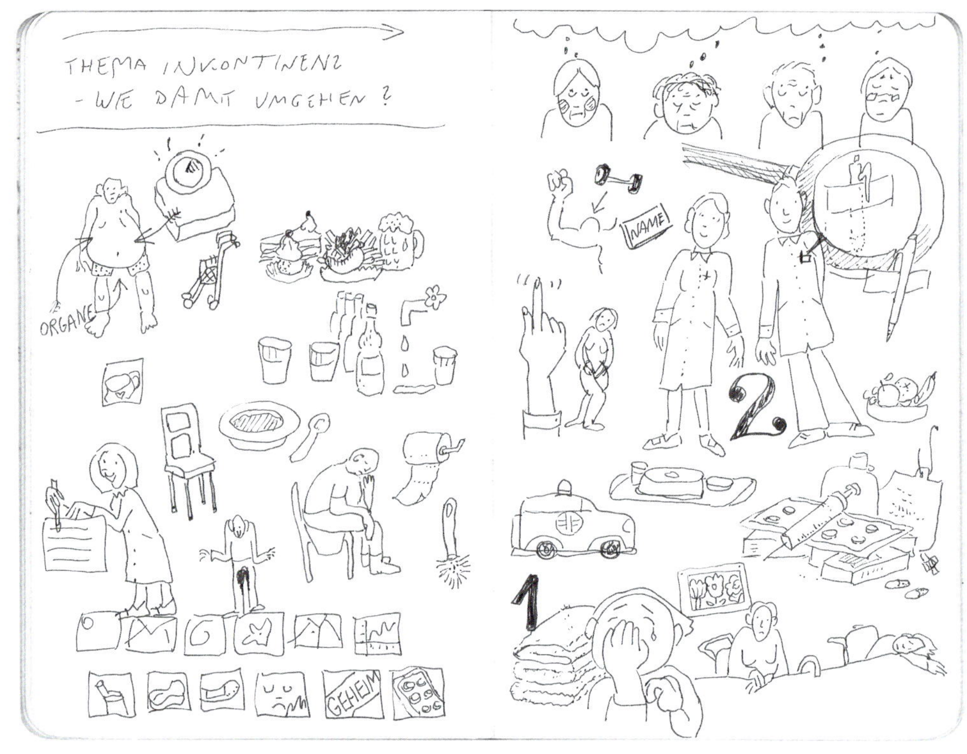

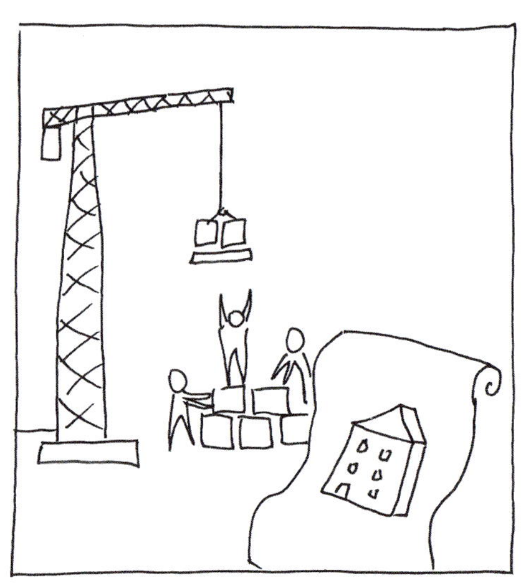

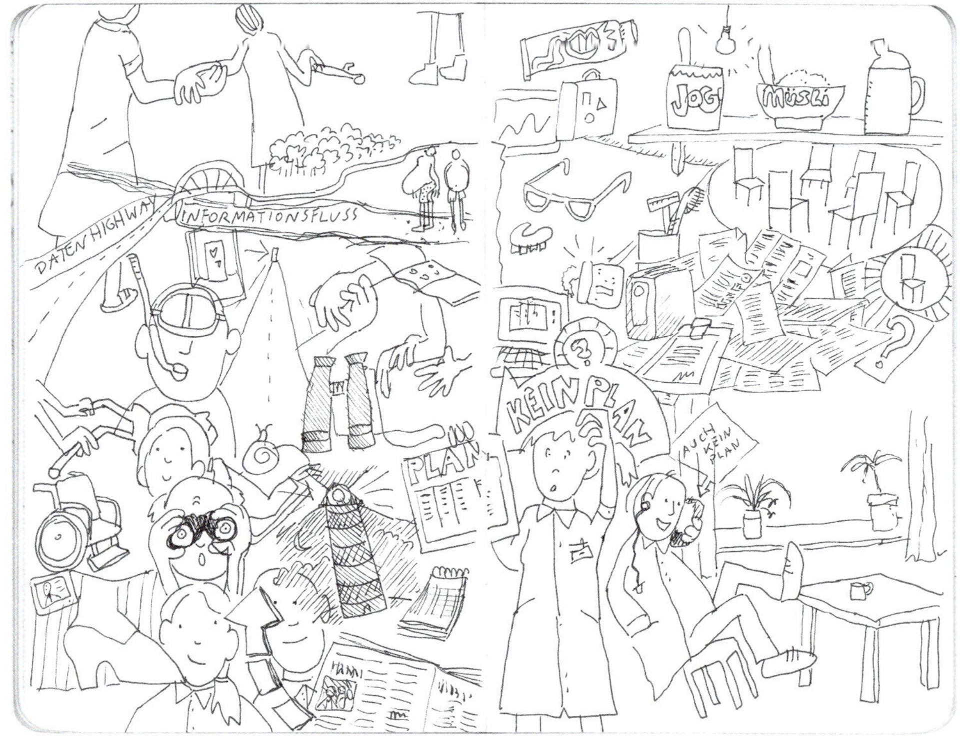

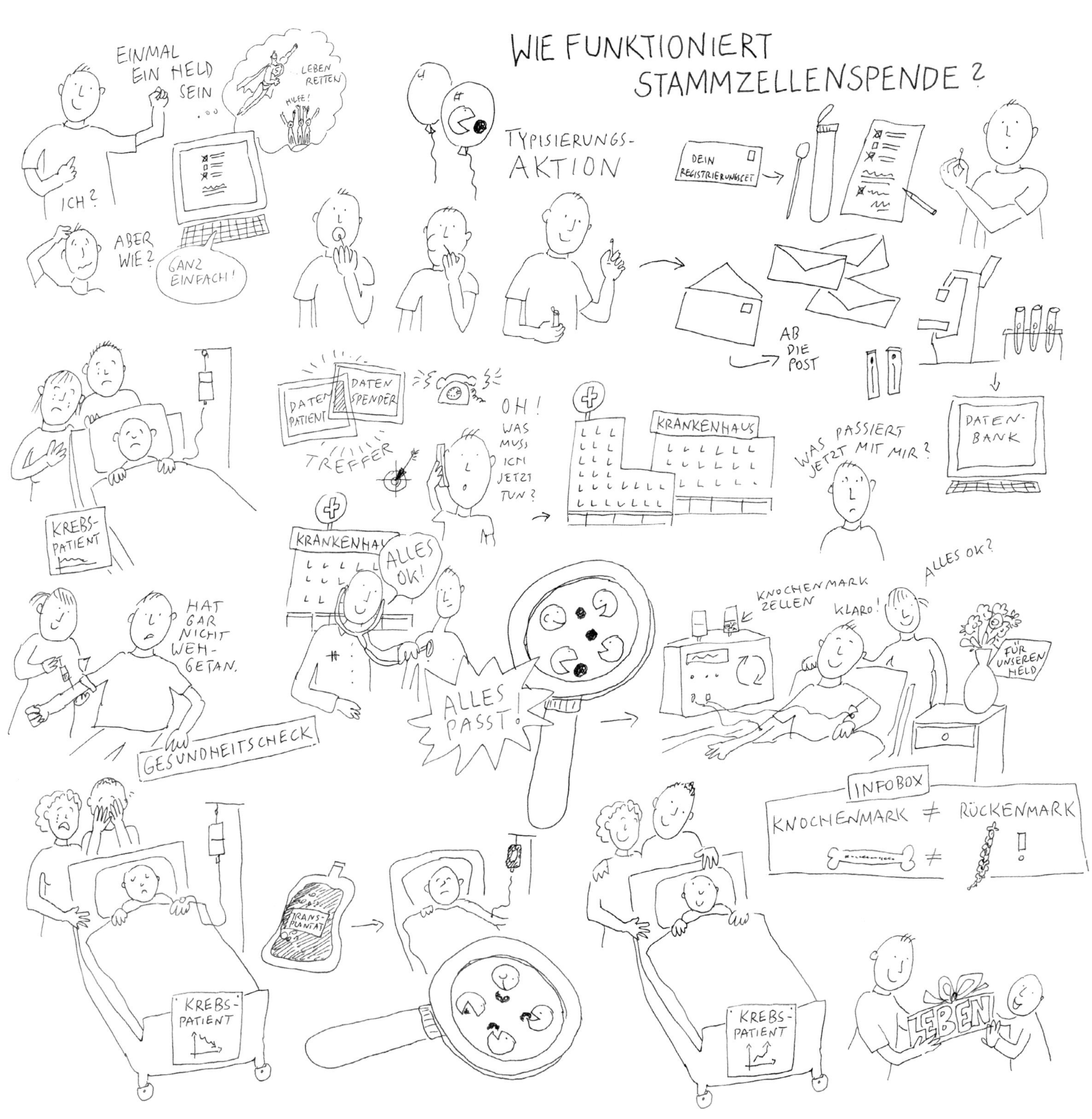
WIE FUNKTIONIERT STAMMZELLENSPENDE?
EINMAL EIN HELD SEIN ...
LEBEN RETTEN
HILFE!
ICH?
ABER WIE?
GANZ EINFACH!
TYPISIERUNGS-AKTION
DEIN REGISTRIERUNGSSET
AB DIE POST
DATEN PATIENT
DATEN SPENDER
TREFFER
OH! WAS MUSS ICH JETZT TUN?
KRANKENHAUS
WAS PASSIERT JETZT MIT MIR?
DATENBANK
KREBS-PATIENT
HAT GAR NICHT WEH-GETAN.
GESUNDHEITSCHECK
KRANKENHAUS
ALLES OK!
ALLES PASST!
KNOCHENMARK ZELLEN
KLARO!
ALLES OK?
FÜR UNSEREN HELD
INFOBOX
KNOCHENMARK ≠ RÜCKENMARK
≠
!
TRANS-PLANTAT
KREBS-PATIENT
KREBS-PATIENT
LEBEN

SCHNELLIGKEIT

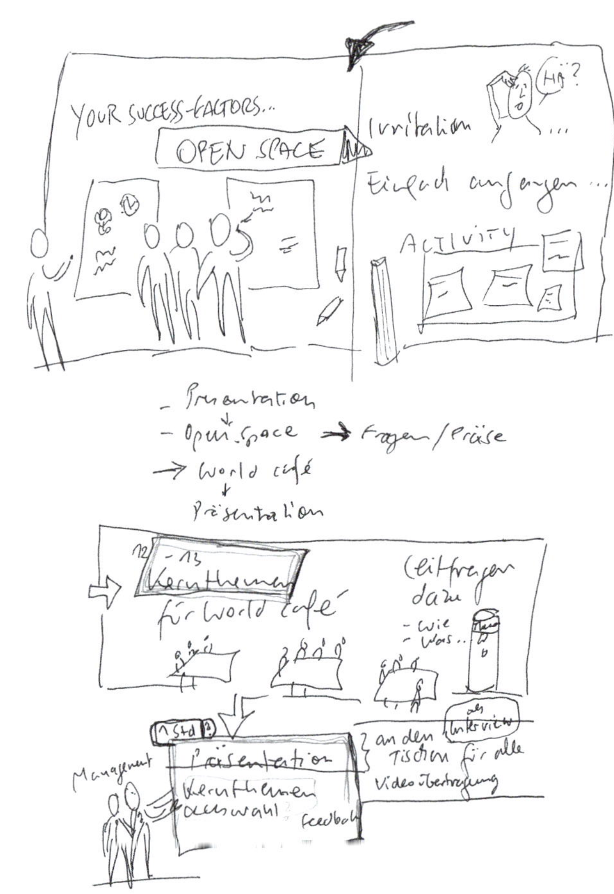

Wenn ich nur für mich mitschreibe oder mir Dinge notiere, die ich einfach nicht vergessen will, dann ist mir vor allem die Schnelligkeit wichtig. Die Aufmerksamkeit liegt in dem Moment beim Inhalt, nicht beim Bild. Diese Notizen erfüllen ausschließlich den Erinnerungszweck und brauchen keinen kommunikativen Effekt. Da es niemand außer mir nachvollziehen können muss, kommt es mir nicht auf Übersichtlichkeit an.

Wenn Sketchnotes aber dafür gedacht sind, andere teilhaben zu lassen, muss es schnell gehen und trotzdem übersichtlich sein. Das fordert mehr Konzentration auf das Bild, wie es beim Erstellen eines Graphic Recordings in der Live-Situation ja auch sein muss.

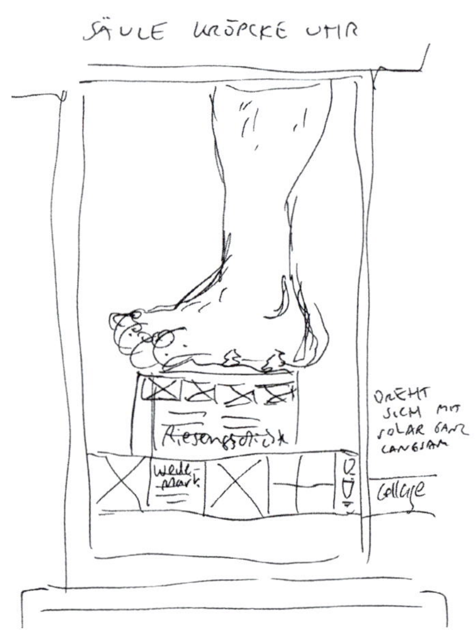

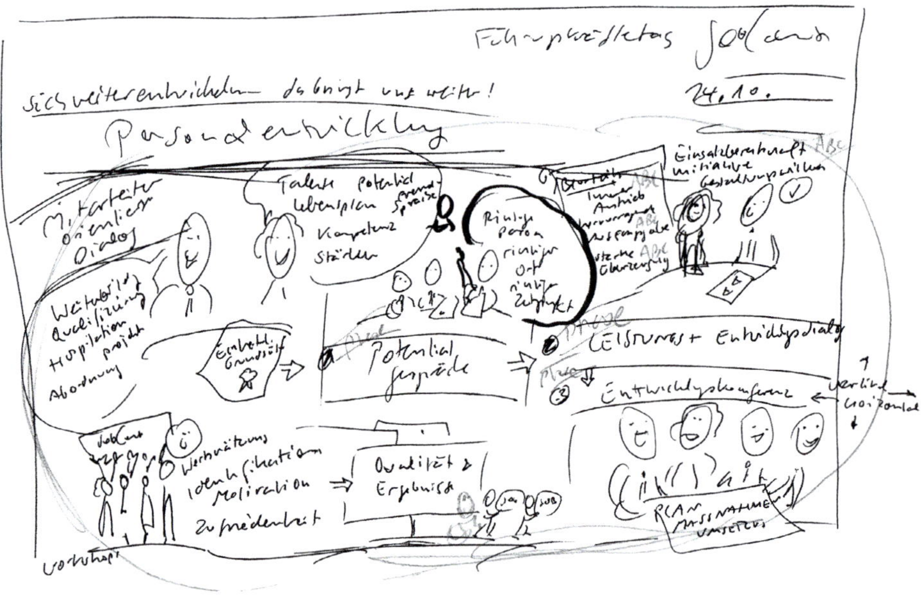

Bildhafte Notizen: Die Aufmerksamkeit liegt mehr auf dem Inhalt als beim Bild.

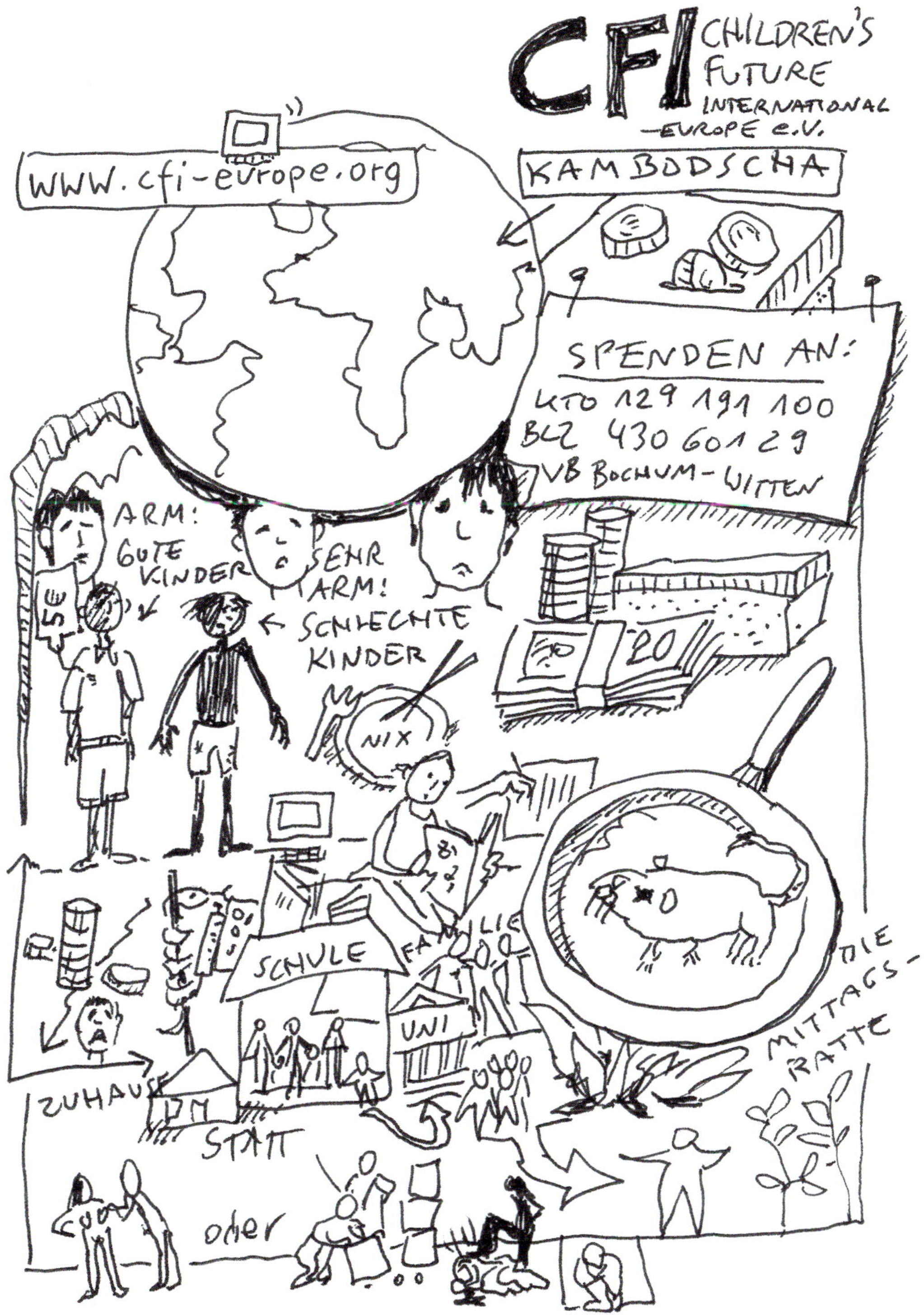

Sketchnote: Die Aufmerksamkeit liegt beim Hören und gleichzeitig beim Zeichnen. Dieser Input war ca. acht Minuten lang.

NOCH MEHR ÜBUNGEN

Basics

Experimentieren Sie. Zeichnen Sie bei jeder sich bietenden Gelegenheit. Beim Telefonieren, beim Fernsehen, Kaffeetrinken oder Radiohören.

Füllen Sie Flächen mit Linien und Schraffuren und schaffen Sie damit unterschiedlich helle und dunkle Zonen.

Zeichnen Sie Kreise, bis sie auf Anhieb einigermaßen rund werden.

Zeichnen Sie Dinge mit geschlossenen Augen, z. B. ein unbekanntes Weltraumwesen, ein Spaghettigericht oder einen Tiefseefisch.

Zeichnen Sie Menschen in verschiedenen Situationen.

Setzen Sie sich in ein Café und zeichnen Sie die Menschen in der Umgebung.

Suchen Sie ein schönes Zitat und schreiben Sie es in verschiedenen Schriften und Größen ab. Zeichnen Sie dazu ein passendes Bildelement.

Arbeiten Sie mit Farbe. Probieren Sie auch Pastellkreide, Filzstifte, Buntstifte oder Aquarellfarbe aus.

Bildsprache

Dokumentieren Sie Ihr Frühstück eines normalen Tages.

Schaffen Sie sich ein Büchlein an, in dem Sie Bildvokabeln zu definierten Themenbereichen sammeln, z. B. Berufe, Naturphänomene, Erfindungen, Ernährung, Finanzwirtschaft oder Symbole.

Schreiben Sie zufällig ausgewählte Begriffe aus der Tageszeitung ab und überlegen Sie sich, wie Sie diese ergänzend visualisieren können.

Schreiben Sie ab. Kopieren Sie die Schriftzüge von Verpackungen und Etiketten, die Überschriften von Zeitschriften, Anzeigen oder Speisekarten.

Zeichnen Sie Ihren nächsten Einkaufszettel.

Gestalten Sie Ihre nächste (Geburtstags-)Einladung als Sketchnote.

Zeichnen Sie ein Blatt voller kleiner Rahmen und füllen Sie diese mit Bildern zu einem Thema, z. B. Gartenfest, Grippe oder Märchenstunde.

Setzen Sie Ihr Lieblingsrezept zeichnerisch um.

Stellen Sie Gegensätze dar: Freude – Trauer, Stress – Entspannung, Kreativität – Bürokratie, Armut – Reichtum, Gesundheit – Krankheit, …

Arbeiten Sie die Charakteristika für verschiedene Bereiche heraus und zeichnen Sie z. B. das Jahr im Garten, Inklusion, Carsharing, Teezeremonie oder Massentierhaltung.

Zeichnen Sie Hände in verschiedenen Positionen, z. B. Zeigen, Greifen oder Gestikulieren.

Erklären Sie, wie etwas funktioniert oder wie man etwas und wofür anwendet, z. B. Staubsauger, Desinfektionsmittel, Lockenwickler, Golfspielen, Tiefkühlerbsen, Internet, Schulsystem, Weltwirtschaft, …

Entwickeln Sie eine kleine Figur, die Sie selber darstellt. Machen Sie das Gleiche für andere wichtige Personen in Ihrem Leben.

Zeichnen Sie eine Mindmap zu einem bestimmten Thema, z. B. Urlaubsplanung oder Ihre berufliche Zukunft, und benutzen Sie so viele Symbole, wie es geht.

Übersetzen Sie verschiedene Sprichwörter in Bildsprache.

Schnelligkeit – der rote Faden

Zeichnen Sie eine TV-Kochsendung mit und konzentrieren Sie sich auf den roten Faden, die Darstellung der vorgestellten Rezepte.

Suchen Sie sich Vorträge auf YouTube und zeichnen Sie mit.

Zeichnen Sie eine Reportage im TV mit.

Hören Sie sich live einen Vortrag an und zeichnen Sie mit.

Hören Sie sich live eine Literaturlesung an und zeichnen Sie mit.

Hören Sie eine Gesprächs- oder Diskussionsrunde im Radio (oder live) und zeichnen Sie mit.

Zeichnen Sie den Gesprächsverlauf mit, wenn Sie sich mit Freunden unterhalten.

Zeichnen Sie während der Arbeit in Meetings mit.

Nehmen Sie eine Ihrer Sketchnotes und reduzieren Sie sie in einer neuen Zeichnung auf das absolut Wesentliche.

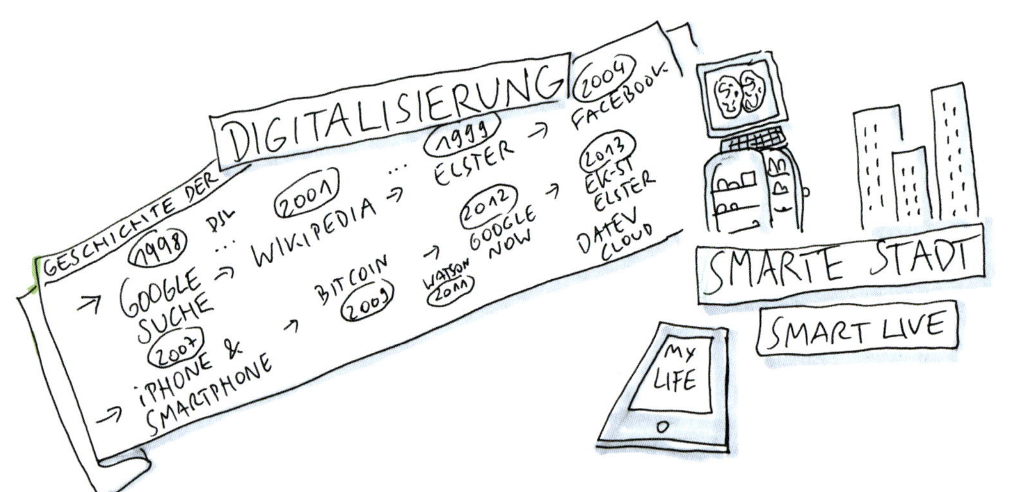

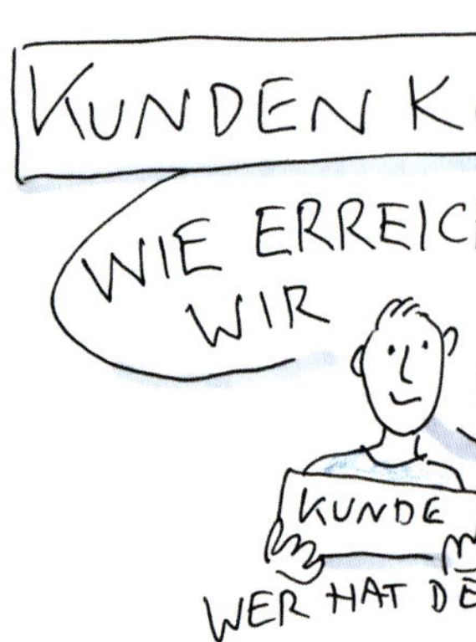

GRAPHIC

KAPITEL 4

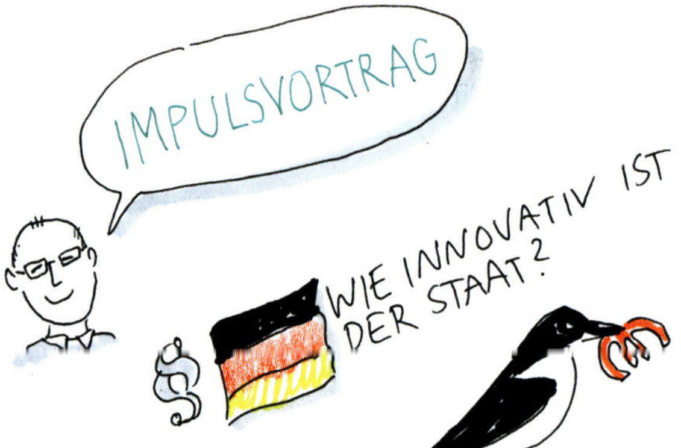

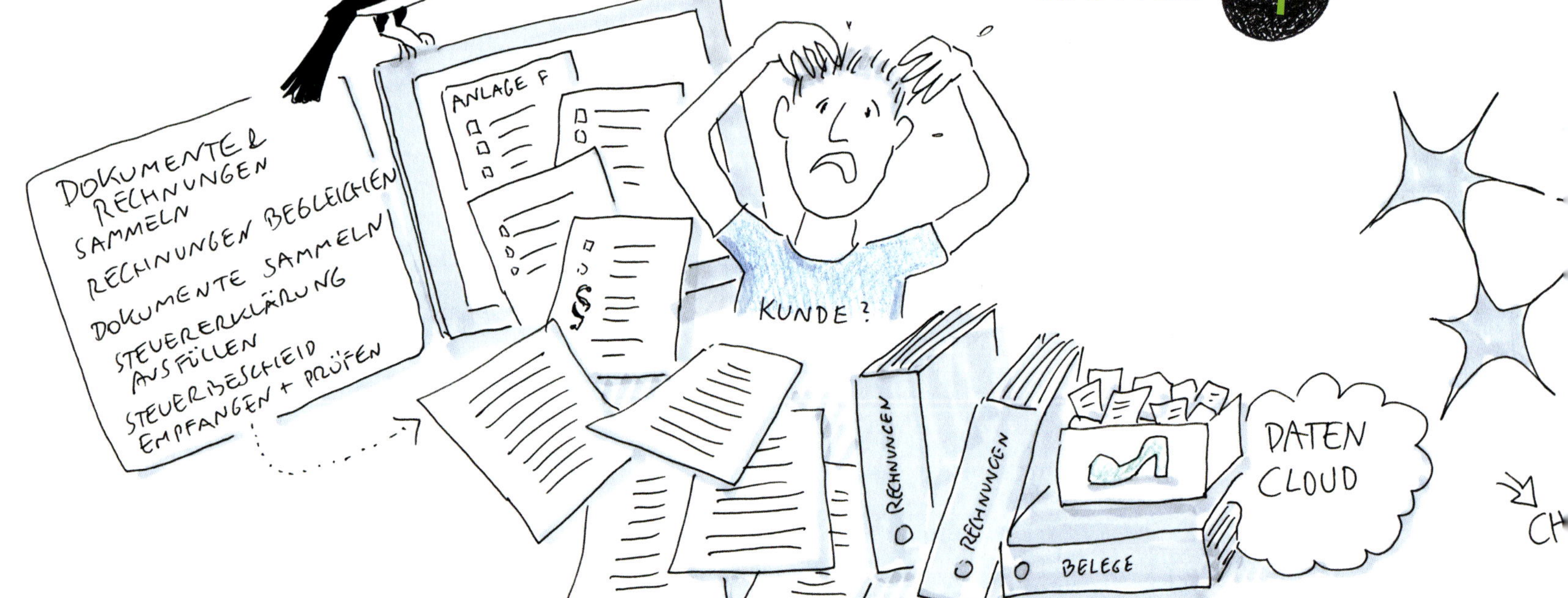

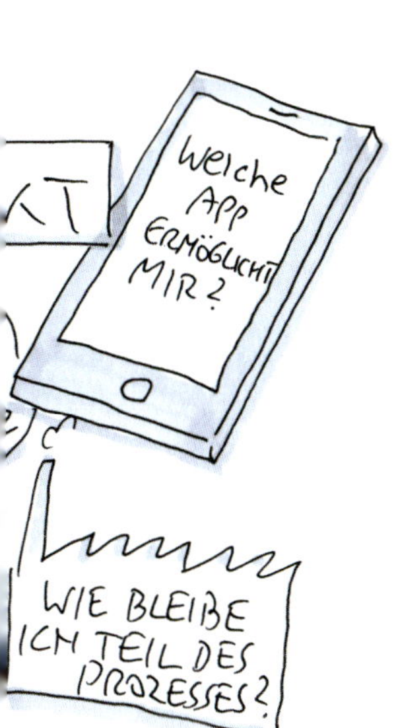
Welche APP ERMÖGLICHT MIR?
WIE BLEIBE ICH TEIL DES PROZESSES?

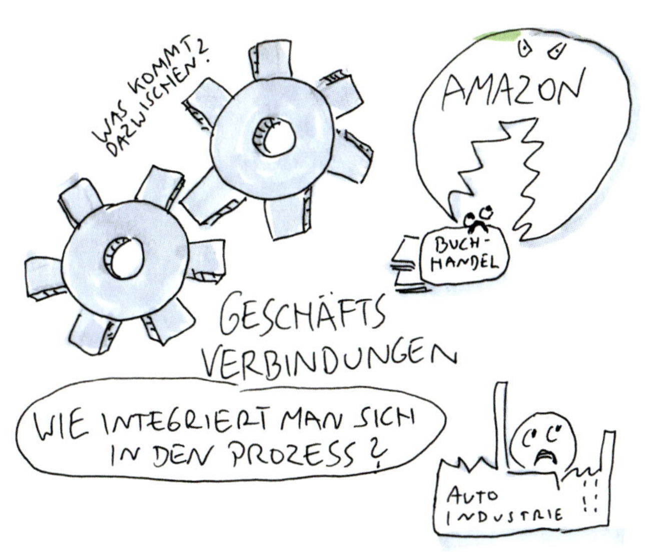
WAS KOMMT DAZWISCHEN?
AMAZON
BUCH-HANDEL
GESCHÄFTS VERBINDUNGEN
WIE INTEGRIERT MAN SICH IN DEN PROZESS?
AUTO INDUSTRIE

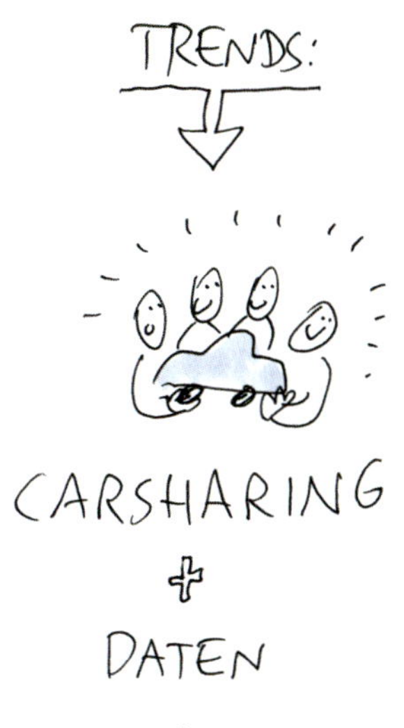
TRENDS:
CARSHARING
+
DATEN
=
AUTONOMES AUTO

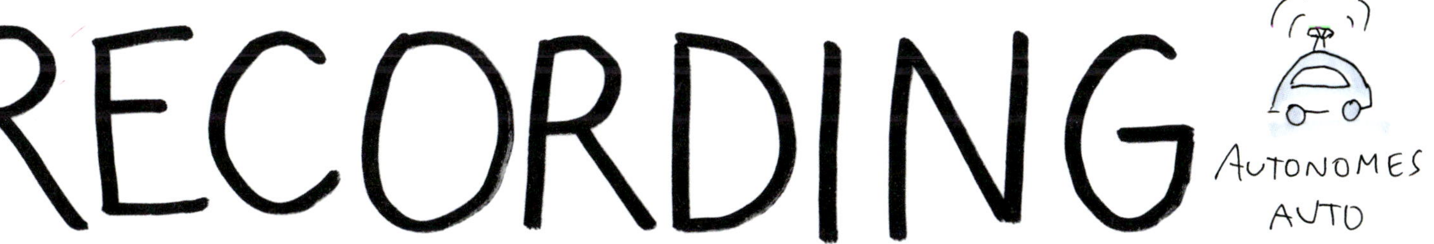
RECORDING

PASST IN ZEILE 96
AUGMENTED REALITY

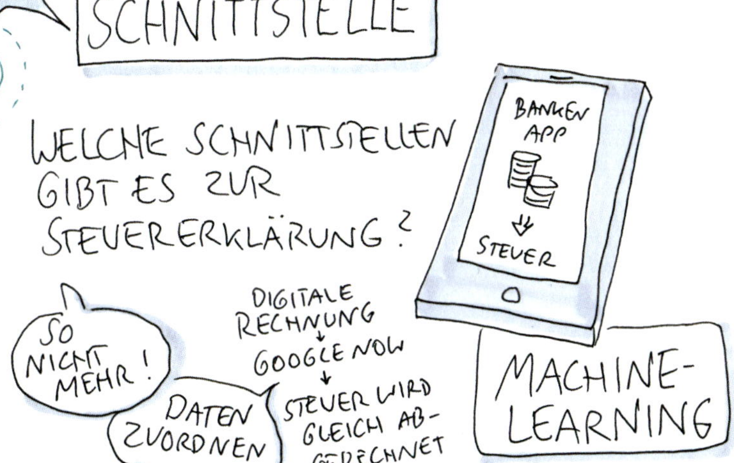
HERAUSFORDERUNG SCHNITTSTELLE
WELCHE SCHNITTSTELLEN GIBT ES ZUR STEUERERKLÄRUNG?
BANKEN APP
STEUER
SO NICHT MEHR!
DATEN ZUORDNEN
DIGITALE RECHNUNG
GOOGLE NOW
STEUER WIRD GLEICH AB-GERECHNET
MACHINE-LEARNING

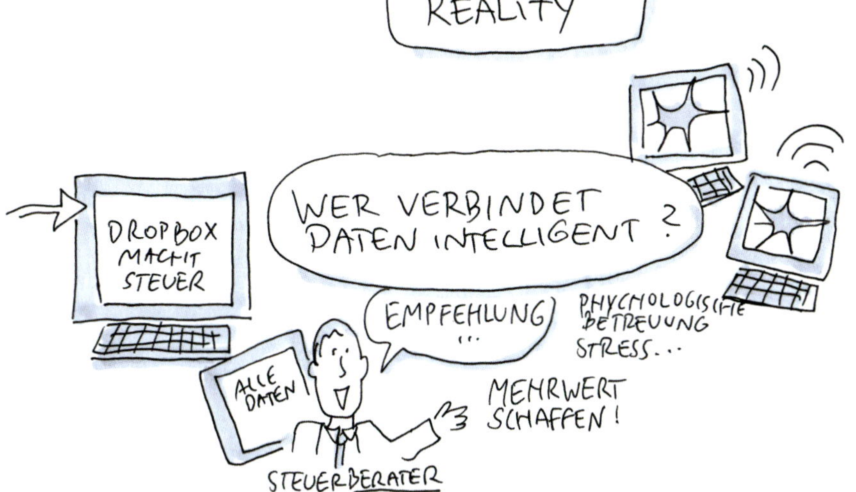
DROPBOX MACHT STEUER
WER VERBINDET DATEN INTELLIGENT?
EMPFEHLUNG ...
PHYCHOLOGISCHE BETREUUNG STRESS...
ALLE DATEN
MEHRWERT SCHAFFEN!
STEUERBERATER

WAS IST GRAPHIC RECORDING ?

Graphic Recording ist englisch und heißt grafisch aufnehmen oder festhalten. Auch die Begriffe Visual Recording oder visuelles Protokoll sind gebräuchlich. Gemeint ist die Anfertigung eines protokollhaften Bildes während einer Veranstaltung. Graphic Recording dient dem Reflektieren von Informationen und ist die perfekte Merkhilfe z. B. für die Feedbackrunde oder die Nacharbeit bei Veranstaltungen. Komplexe Inhalte oder Prozesse werden im Überblick erfassbar und verständlich. Wissen wird in eine (be)greifbare Form gebracht, die Bilder schaffen einen emotionalen Zugang. Unterschiedliche Perspektiven und Zusammenhänge werden deutlich. Graphic Recording ist unterhaltend. Es macht neugierig, wenn man zusehen kann, wie ein großflächiges Bild entsteht. Das gemeinsame Betrachten fördert den kommunikativen Austausch. Graphic Recording weckt das innere Kind im Betrachter und macht deutlich mehr Freude als ein klassisches Textprotokoll.

Ich visualisiere simultan, live und analog und arbeite dabei oft prozessbegleitend z. B. bei Workshops oder Seminaren, ohne aktiv in den Prozess einzugreifen. In ergebnisorientierter Arbeit halte ich Vorträge oder Präsentationen fest. Mit Hilfe eines Tablet-Computers und entsprechender Software ist Graphic Recording auch digital möglich. Ein Graphic Recorder hat das Glück, die unterschiedlichsten Arbeitsgebiete zu begleiten, das ist sehr spannend.

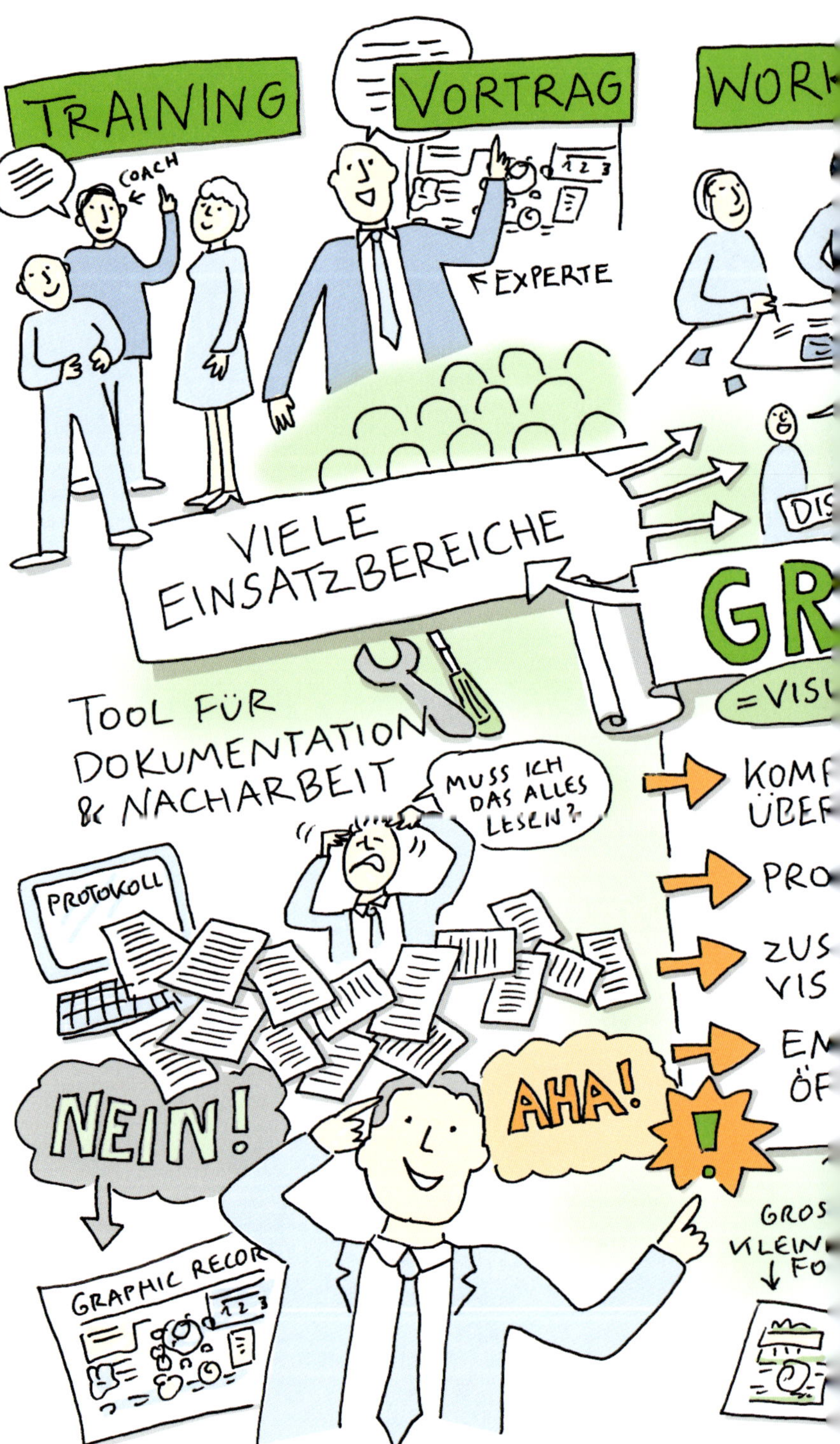

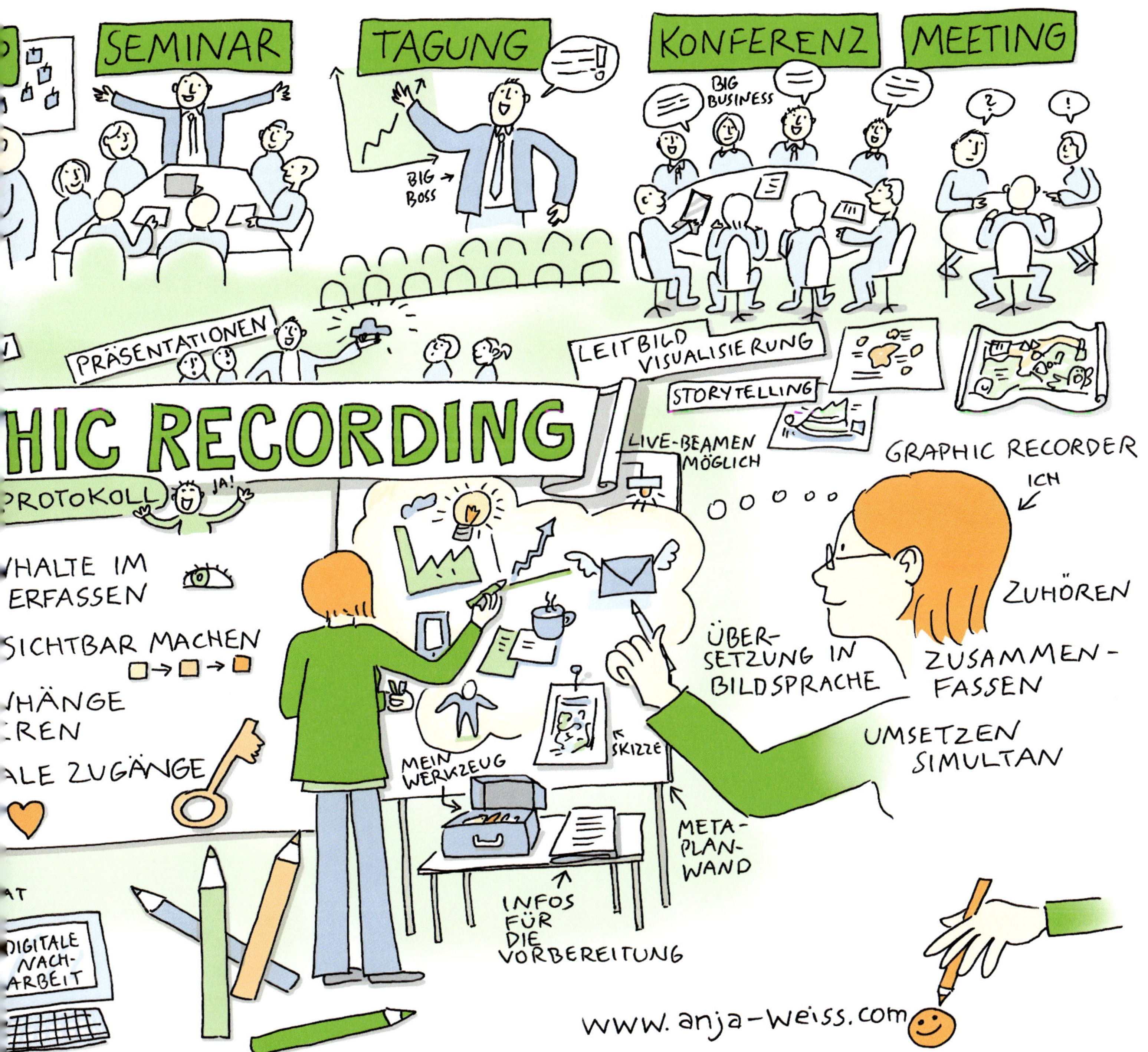

Wie lässt sich Graphic Recording besser darstellen als mit einer Zeichnung?

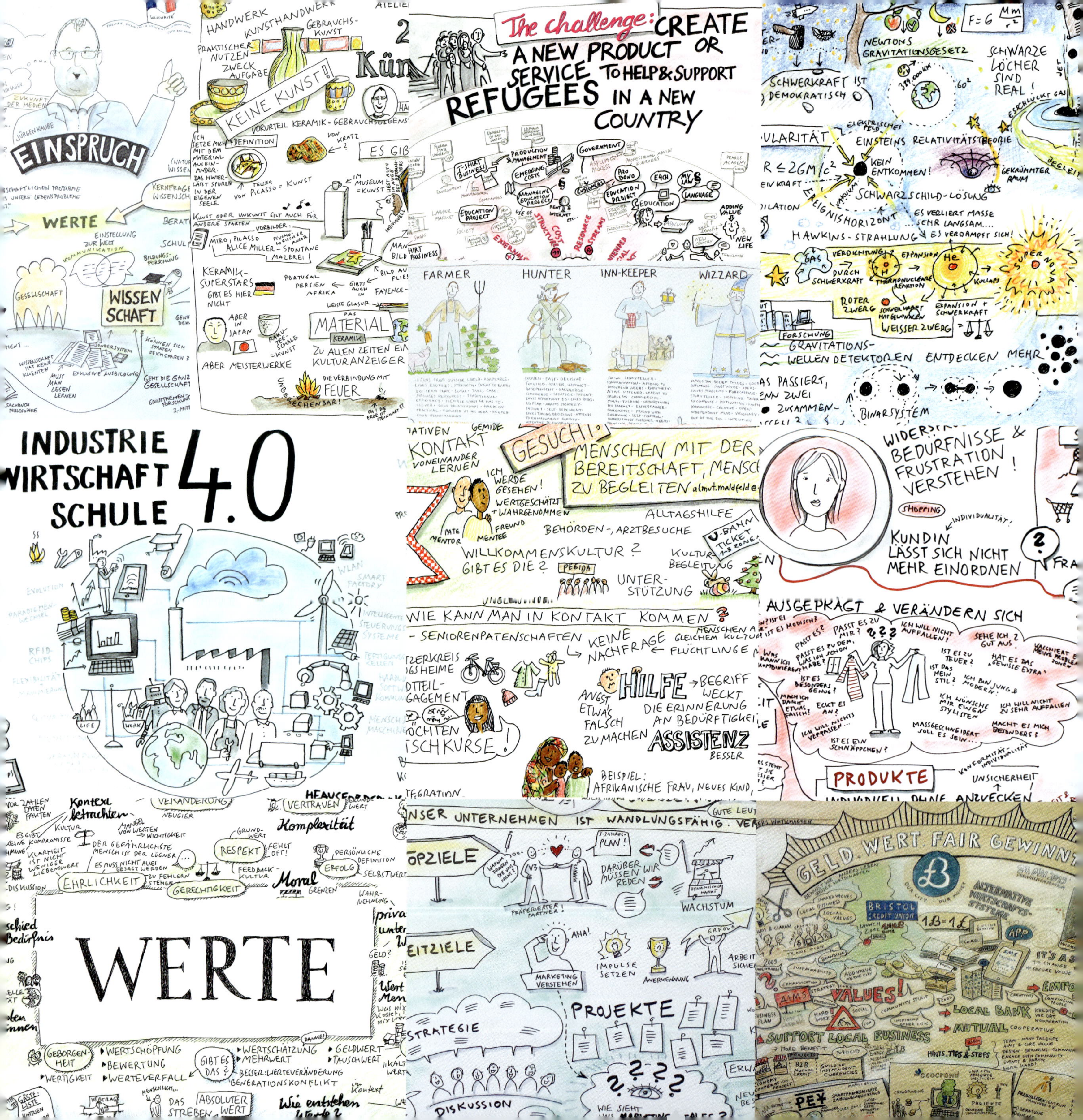
EINSPRUCH
WERTE
GESELLSCHAFT
WISSEN SCHAFT
HANDWERK
KUNSTHANDWERK
GEBRAUCHS-KUNST
KEINE KUNST!
MATERIAL
FEUER
The challenge: CREATE A NEW PRODUCT OR SERVICE TO HELP & SUPPORT REFUGEES IN A NEW COUNTRY
FARMER
HUNTER
INN-KEEPER
WIZZARD
NEWTONS GRAVITATIONSGESETZ
SCHWARZE LÖCHER SIND REAL!
SCHWERKRAFT IST DEMOKRATISCH
EINSTEINS RELATIVITÄTSTHEORIE
SCHWARZSCHILD-LÖSUNG
EREIGNISHORIZONT
HAWKINS-STRAHLUNG
WEISSER ZWERG
GRAVITATIONS-WELLEN DETEKTOREN ENTDECKEN MEHR
BINÄRSYSTEM
INDUSTRIE
WIRTSCHAFT
SCHULE
4.0
GESUCHT:
MENSCHEN MIT DER BEREITSCHAFT, MENSCHEN ZU BEGLEITEN
WILLKOMMENSKULTUR? GIBT ES DIE?
BEHÖRDEN-, ARZTBESUCHE
ALLTAGSHILFE
UNTER-STÜTZUNG
WIE KANN MAN IN KONTAKT KOMMEN?
HILFE
ASSISTENZ
KUNDIN LÄSST SICH NICHT MEHR EINORDNEN
BEDÜRFNISSE & FRUSTRATION VERSTEHEN!
AUSGEPRÄGT & VERÄNDERN SICH
PRODUKTE
WERTE
RESPEKT
EHRLICHKEIT
GERECHTIGKEIT
VERTRAUEN
Komplexität
Moral
UNSER UNTERNEHMEN IST WANDLUNGSFÄHIG.
PROJEKTE
STRATEGIE
DISKUSSION
WACHSTUM
GELD. WERT. FAIR GEWINNT
VALUES!
LOCAL BANK
MUTUAL
SUPPORT LOCAL BUSINESS

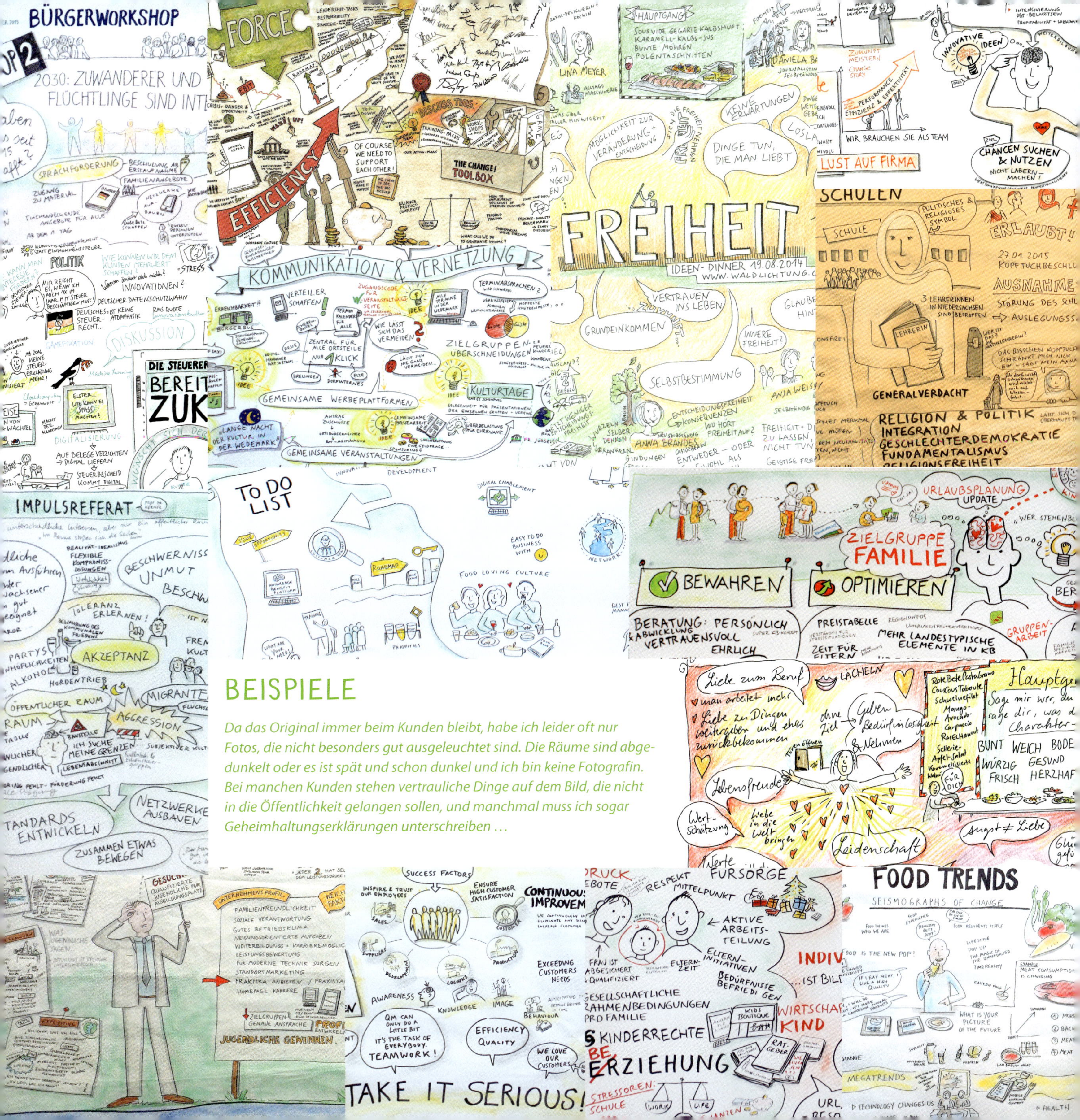

BEISPIELE

Da das Original immer beim Kunden bleibt, habe ich leider oft nur Fotos, die nicht besonders gut ausgeleuchtet sind. Die Räume sind abgedunkelt oder es ist spät und schon dunkel und ich bin keine Fotografin. Bei manchen Kunden stehen vertrauliche Dinge auf dem Bild, die nicht in die Öffentlichkeit gelangen sollen, und manchmal muss ich sogar Geheimhaltungserklärungen unterschreiben …

VORBEREITUNG

Graphic Recording sind eigentlich Sketchnotes, die auf großem Format in der Öffentlichkeit bei einer Veranstaltung simultan erstellt werden. Da muss es schnell gehen und auf Anhieb sitzen. Jeder Auftrag ist neu und anders, und immer braucht es eine gute Vorbereitung.

Wenn eine Anfrage von einem potentiellen Kunden kommt, müssen vorab alle noch offenen Fragen geklärt werden. Viele der anfragenden Personen haben Graphic Recording noch nie live erlebt und ich muss ein wenig erklären, wie der Prozess abläuft. Passt der Termin? Wird etwas Besonderes vom Graphic Recording erwartet (z. B. dass bestimmte Gebäude abgebildet werden sollen oder das Ganze später auf A5 noch lesbar sein soll)? Wo findet die Veranstaltung statt? Wenn alles passt, schreibe ich ein Angebot mit Tagessatz, Reisekosten und nehme gleich verschiedene Optionen für die digitale Nachbearbeitung der entstandenen Bilder hinzu. Den Termin halte ich selbstverständlich bis zu der Bestätigung des Angebots oder einer Absage frei.

Einmal bekam ich eine Anfrage für die Begleitung einer zweistündigen Firmenveranstaltung mit Graphic Recording. Gewünscht war ein Format von 3 x 10 m. Ich brauchte einen Moment, um zu realisieren, dass es sich dabei um 30 m² handelt. In zwei Stunden hätte ich ein Graphic Recording schon rein physisch auf dieser Fläche nicht erstellen können. Ich hätte zudem auf einem Gerüst arbeiten müssen. Aber auch für gelegentliche Eventmalerei gibt es gute Lösungen. In den allermeisten Fällen fragen Auftraggeber aber ein »ganz normales« Graphic Recording an.

Wenn das Angebot bestätigt wird, ist es ein Auftrag und es folgt ein erstes Briefinggespräch.

Das Briefing

Mit dem Auftraggeber bzw. dem zuständigen Ansprechpartner kläre ich die genauen Rahmenbedingungen ab. Worum geht es inhaltlich genau? Ist es ein ergebnisorientiertes Graphic Recording, d. h., die Inhalte stehen vorab fest, wie bei einem Vortrag oder einer Präsentation, oder ist es prozessorientiert und ergebnisoffen, wie bei einem Barcamp oder einem Seminar? Gibt es für Prozessarbeit einen Coach? Welche Möglichkeiten habe ich zur Vorbereitung und zur Einarbeitung in das Themenumfeld? Gibt es einen Input und dazu eine Folienpräsentation, die ich vorab einsehen kann? Wie ist das Setting der Veranstaltung? Arbeite ich an der Pinnwand oder wird ein anderes Format, z. B. ein Flipchartformat, gewünscht? Soll ein Bild entstehen oder werden es mehrere, wenn es z. B. einen Input und eine Workshopphase gibt? Was passiert während der Veranstaltung mit fertiggestellten Bildern? Ich mache meinerseits Vorschläge und so entsteht ein Plan.

Graphic Recording erfordert volle Aufmerksamkeit. Mehr als drei Vorträge à eine Stunde in Folge verlangen einem viel Konzentration ab. Man muss lernen, wo die eigenen Grenzen sind, und entsprechende Pausen einplanen.

Das Papier

Das Papier gehört zum eigenen Handwerkszeug, genau wie die Stifte. Ich zeichne ausschließlich auf Papier, in der Regel auf Standardpinnwandgröße (Metaplanwand). Sie sind an nahezu jedem Veranstaltungsort verfügbar. Es gibt geschlossene und zusammengesetzte Pinnwände, die haben in der Mitte eine horizontale Spalte und sind nicht so gut geeignet.

Manche Graphic Recorder bringen ihre eigene Stellwand mit, so dass sie mit noch größeren Formaten arbeiten können. Am Anfang habe ich mit dem Papier gearbeitet, das mir die Veranstalter vor Ort zur Verfügung gestellt haben. Das war in den meisten Fällen unbefriedigend, denn entweder war das Papier dünn, grau und so saugfähig, dass meine Stifte am Ende kaum noch schrieben, oder es war weiß, hatte aber eine so geschlossene Oberfläche, dass es überhaupt nicht saugfähig war, die Farbstifte verschmierten und die Pastellkreide nicht darauf haftete. Oder, was oft der Fall war, das Papier war braun und zerknickt. Moderatoren scheinen mit dieser Art Papier zufrieden zu sein, ich war es nicht. Zu allen »grünen« Themen passt es allerdings sehr gut und mit weißer Kreide lassen sich schöne Effekte erzielen. Bei einem Auftrag war weißes Papier verabredet, es hing aber das braune an der Wand. Auf Nachfrage wurde mir dann ein weißes Papiertischtuch mit Prägemuster angeboten. Da habe ich doch lieber auf dem braunen Papier gearbeitet. Inzwischen bringe ich immer mein eigenes, im Fachhandel gekauftes weißes Papier mit. Die Bilder sehen damit gleich besser aus. Für den Transport rolle ich das Papier zusammen und bewahre es in einer Kunststoffrolle mit Trageband auf.

Manchmal ist es gut, bereits im Vorfeld etwas vorzuarbeiten. Das Logo des Auftraggebers, Titel und Zeitpunkt der Veranstaltung sind vorab bekannt. Besonders bei komplizierteren Logos ist das Vorarbeiten angebracht, sonst hält man sich unter Umständen ziemlich lange damit auf. Aber machen Sie vorab nicht zu viel. Das Livezeichnen ist schließlich Teil des Events.

Wie wird das Graphic Recording genutzt?

Ich überlasse das Original inklusive aller Nutzungsrechte dem Auftraggeber. Ist das Graphic Recording für eine Nachnutzung vorgesehen? Soll es gedruckt werden? Ich mache darauf aufmerksam, dass es die Möglichkeit gibt, das Bild professionell zu scannen und es illustrativ weiter zu verarbeiten. Wenn es später in ein A4-Handbuch passen soll, bemühe ich mich, auf allzu kleine Schrift zu verzichten.

ZWEI LISTEN

Material

- Ausreichend schwarze und graue Stifte vorrätig haben und ggf. besorgen. Unbedingt Ersatzstifte dabeihaben. Farbige Stifte auf die Unternehmensfarben abstimmen.
- Papier und Ersatzpapier
- Pastellkreiden und Taschentücher zum Verwischen
- Bleistift
- Radiergummi und einen großen Pinsel zum Wegwischen der Radierkrümel
- Schere
- Pinnnadeln
- Tesafilm
- Tipp-Ex
- Smartphone oder Laptop
- Ersatzbrille (falls nötig)
- Pflaster (Papier kann schneiden!)
- LED-Kopflampe
- Fotoapparat
- Skizzenblock oder -buch
- eine Schnur, falls man große Kreise zeichnen muss
- Kniehilfe oder Hocker (falls nötig)
- Visitenkarten und Werbematerial

Wichtige Fragen

- Ablaufplan und Hintergrundinformationen zur Vorbereitung (Recherche zum Thema) und für die eigene Terminplanung abfragen.
- Lässt sich der Ort mit Bahn und Bus erreichen?
- Muss ich ggf. eine Übernachtung einplanen oder selber organisieren?
- Wie sind die Raumbedingungen?
- Wo steht die Wand?
- Lassen sich Dinge zu Hause vorbereiten – sollen z. B. komplizierte Logos abgebildet sein?
- Gibt es Moderation? Gerade in der Prozessbegleitung ist es gut, Rücksprache mit dem Moderator/der Moderatorin zu halten, um den Ablauf und die Ziele der Veranstaltung zu klären.
- Gibt es eine Folienpräsentation? Falls ja, fragen, ob man sie vorab einsehen kann.
- Gibt es Zeit zum Nacharbeiten?
- Wohin mit dem Bild, wenn es fertig ist? Schön ist ein zentraler Ort, wo es gesehen wird. Nur so kann es seinen Zweck erfüllen, ein Fokuspunkt zu sein und Menschen ins Gespräch zu bringen.
- Gibt es eine Versorgung oder muss ich mich selber um Snacks und Getränke kümmern?

NOCH MEHR ÜBUNGEN

Zeichnen Sie bei öffentlichen Veranstaltungen oder bei Meetings am Arbeitsplatz mit. Lassen Sie sich gerne dabei zuschauen.

Sammeln Sie alle Ihre Arbeiten und legen Sie sich ein digitales Portfolio an, am besten auf einer gut gestalteten Webseite.

Verschenken Sie ein Graphic Recordig zum Geburtstag. Zeichnen Sie auf der Feier mit und gestalten Sie live ein Geburtstagsbild. Sie können Ihre eigenen Erlebnisse mit dem Geburtstagskind und Aussagen und Anekdoten der Gäste visualisieren.

Suchen Sie nach einer Veranstaltung, die Geld für einen guten Zweck sammelt. Bieten Sie Ihre Dienste als Graphic Recorder an und zeichnen Sie vor Ort. Visualisieren Sie live das Thema der Veranstaltung, Eindrücke und Aussagen der Besucher.

Gestalten Sie sich eine Visitenkarte, einen Flyer oder eine Postkarte und reichen Sie sie bei jeder Gelegenheit weiter, vor allem, wenn Sie beim Zeichnen angesprochen werden.

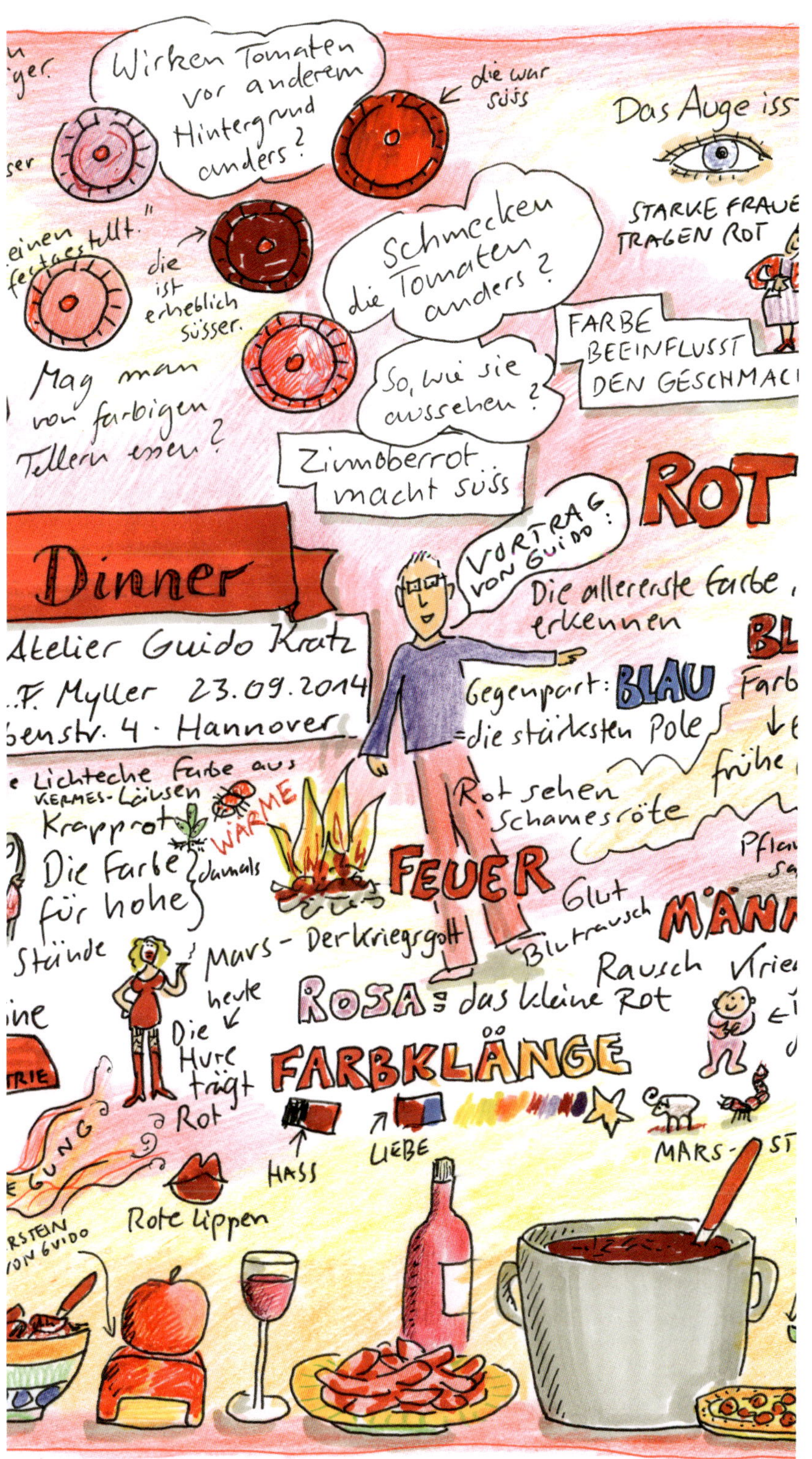

RECHERCHE

Recherche ist unbedingt notwendig, um sich ins Thema einzuarbeiten und in der Live-Situation die entsprechenden Bildvokabeln parat zu haben. Man sollte eine ungefähre Vorstellung von den Inhalten der Veranstaltung haben.

Manchmal habe ich nur die Kurzbeschreibung aus dem Programm, aber über den Redner und sein Thema lässt sich in der Regel im Internet einiges finden. Manchmal bekomme ich vorab schon das Skript der Veranstaltung. Das ist ein Glücksfall, weil ich das Bild dann planen kann und es so in der Regel schöner wird.

Ich mache mir immer eine Skizze, um vorab die Fläche für die wichtigsten Punkte aufzuteilen. Aber Achtung: Immer Platz für Eventualitäten und spontane Änderungen bereithalten!

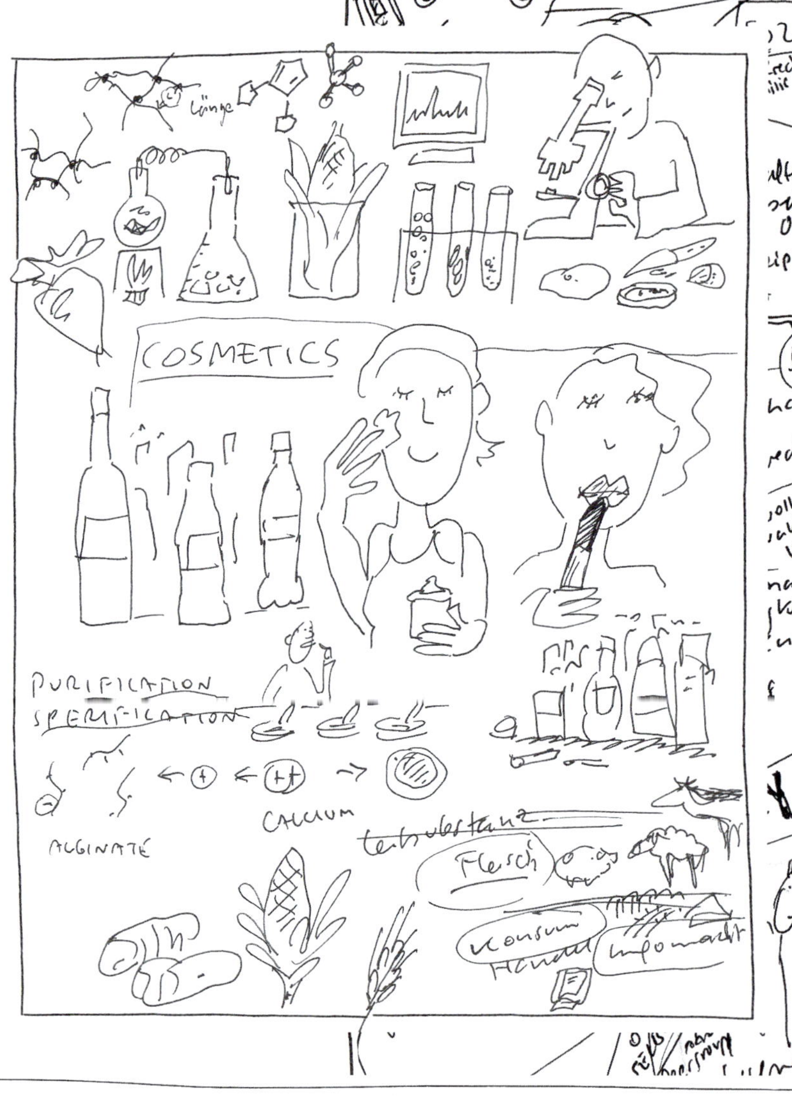

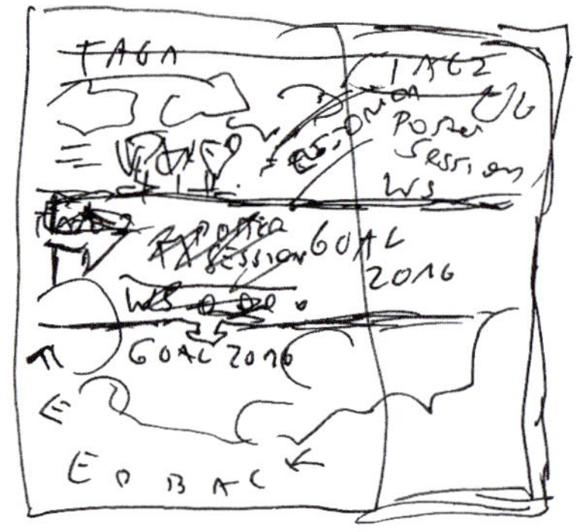

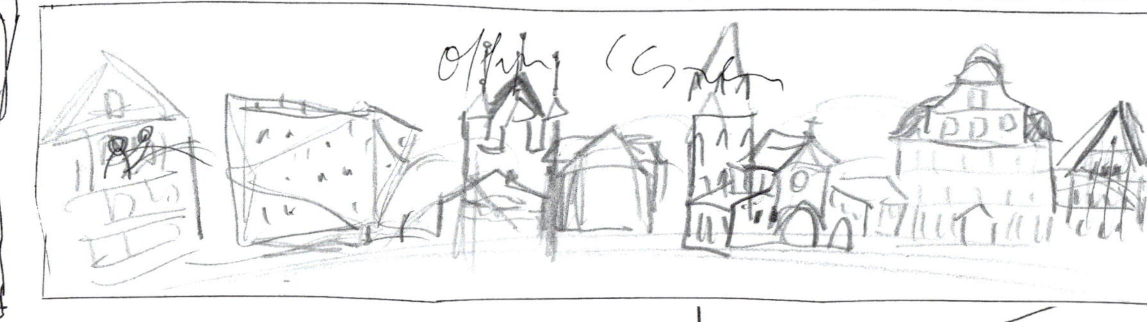

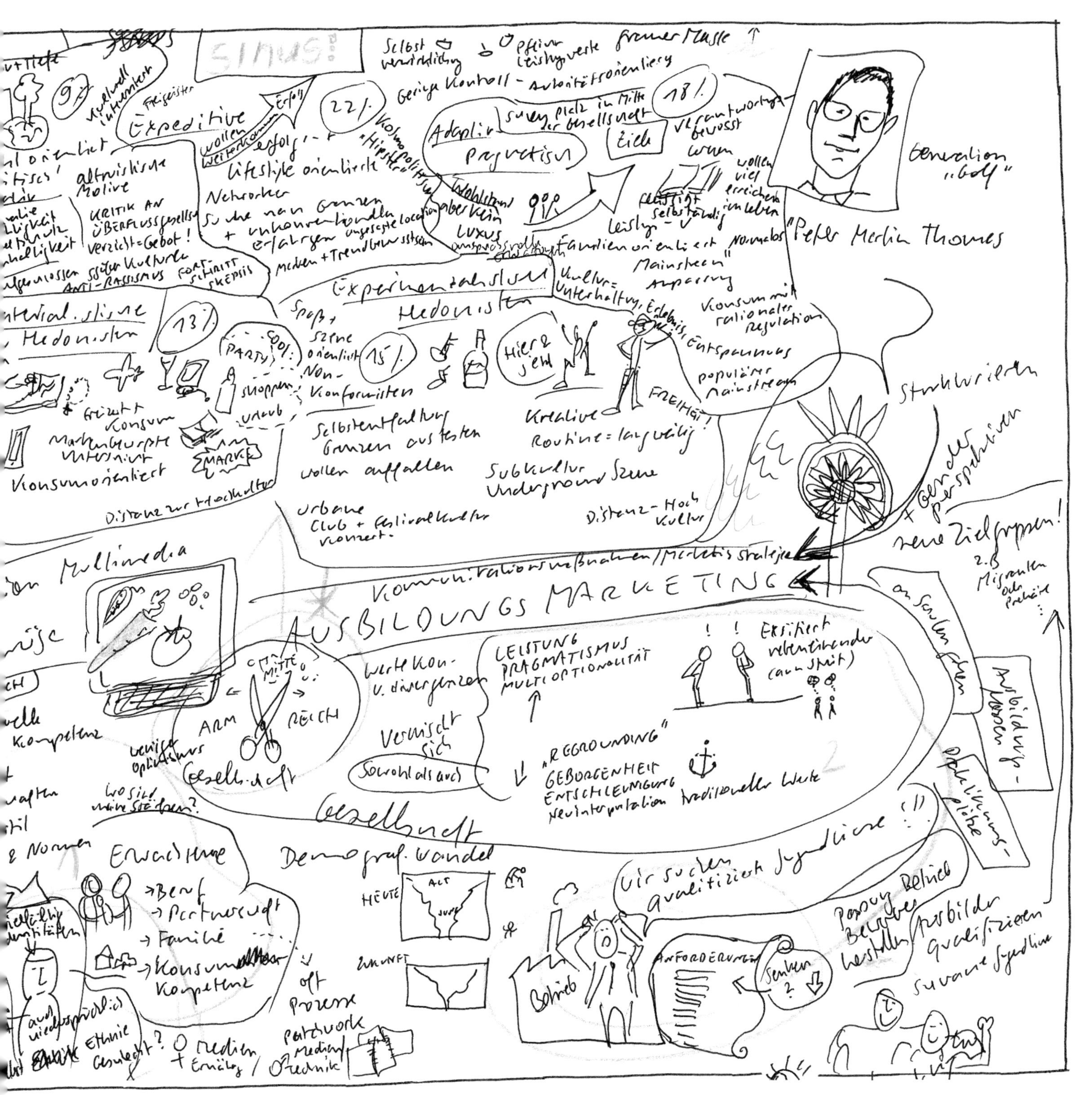
SINUS!
Expeditive
Erfolg
lifestyle orientierte
Netzworker
altruistische Motive
KRITIK AN ÜBERFLUSSGESELLSCHAFT
Verzicht = Gebot!
ANTI-RASSISMUS
FORTSCHRITT SKEPSIS
Medien + Trendbewusstsein
Selbstverwirklichung
Geringe Kontrolle – autoritätsorientiert
Adaptiv
pragmatisch
sicheren Platz in Mitte der Gesellschaft
Ziele
verantwortungsbewusst
Wohlstand aber kein Luxus
leistungs-
fleißig
selbständig
wollen viel erreichen im Leben
Generation „Golf"
„Peter Merlin Thomas"
Familienorientiert
Normalos
„Mainstream"
sparsam
Experimentalist
Hedonisten
Spaß + Szene orientiert
Non-Konformisten
15%
13%
22%
18%
9%
PARTY
shoppen
Urlaub
Hier & jetzt
Kultur = Unterhaltung, Erlebnis, Entspannung
Konsum mit rationaler Regulation
populärer Mainstream
FREIHEIT!
Kreative
Routine = langweilig
Selbstentfaltung
Grenzen austesten
wollen auffallen
Subkultur
Underground Szene
Urbane Club + Festivalkultur
Konzert
Distanz zur Hochkultur
Distanz – Hochkultur
Freizeit + Konsum
Markenbewusste
konsumorientiert
Multimedia
Kommunikationsmaßnahmen / Marketingstrategie
AUSBILDUNGS MARKETING
Strukturieren
+ Gender perspektiven
neue Zielgruppen!
z.B. Migranten oder Frauen …
an Schulen gehen
Ausbildungsmessen
Öffentlichkeitsarbeit
MITTE
ARM
REICH
Gesellschaft
Werte Konvergenzen u. divergenzen
Vermischt sich
Sowohl als auch
LEISTUNG
PRAGMATISMUS
MULTIOPTIONALITÄT
„REGROUNDING"
GEBORGENHEIT
ENTSCHLEUNIGUNG
Neuinterpretation traditioneller Werte
Existiert nebeneinander (auch Streit)
Gesellschaft
Demograf. Wandel
HEUTE
ZUKUNFT
ALT
JUNG
Erwachsene
→ Beruf
→ Partnerschaft
→ Familie
→ Konsum Kompetenz
oft Prozesse
Patchwork
Wir suchen qualifiziert Jugendliche (!)
ANFORDERUNGEN
Senken?
Betrieb
Ausbilder qualifizieren
Ethnie
Geschlecht?
Medien

ALTERNATIVE WIRTSCHAFTSKONZEPTE
GEMEINWOHL-ÖKONOMIE
POSTWACHSTUMS-ÖKONOMIE
SOLIDARISCHE LANDWIRTSCHAFT
REGIONAL-ENTWICKLUNG
CRADLE TO CRADLE
SHARE-ECONOMY
SOLAWI
attac
URBAN FUTURES
INITIATIVEN BÜNDELN
KONZEPTE ZUGÄNGLICH MACHEN
GRÜNDUNGEN FÖRDERN
LADEN
UNTERNEHMEN SICHTBAR MACHEN
21-22.2.2015
Utopianale
KICK OFF EVENT
TRANSITION NETZWERK
KICK OF IN HANNOVER:
POSITIVE SZENARIEN ENTWICKELN
REconomy
USA
MEXICO
BRASILIEN
PORTUGAL
LETTLAND
BELGIEN
KROATIEN
UK SEIT 2012
ITALIEN
NEW ECONOMY
DEUTSCHLAND
RECOACH-PROGRAMM
START-UPS
SUSTAINABILITY JAMS
FAIR
RESILIENT
RESSOURCENBALANCIERT
NACHHALTIG
GERECHT
GEMEINDE-EIGENTUM
REPORTING
EIGENE WÄHRUNG
NETZWERK
WER KOMMT
GENERATION Y
NEUE PERSPEKTIVEN
KEIN SINN!
Werte wandel
Globalism
Identität
Gehalt
poster session
WORKSHOP
3-4
GELD. WERT. FAIR
BRISTOL POUND
OUR CITY OUR MONEY
TRANSITION
2012 launch
BRISTOL CREDIT UNION
local business shared values
community spirit
inspiring others
system change
APP
TEAM
HOW TO
BUSINESS PLAN
communication strategy
STADT
ecocrowd
Projekte
Transitiontown
HANNOVER STADT IM WANDEL
Global denken lokal handeln
POST OIL CITY
Projekte
Regionale Selbständigkeit
Bürgergärten
Miteinandgärten
Bürgerenergie
Transparent
Peak oil
Gruppen
Angebote
Klimawandel
GEMEINWOHL ÖKONOMIE
Wirtschaft
WERTE PARADOX
Gesellschaft
MACHT-WIRTSCHAFT
PROFIT
GEIZ
VERTRAUEN
WERTSCHÄTZUNG
GIER
KONKURRENZ
KOOPERATION
EGOISMUS
= Gewinnmaximierung ≠ Bedürfnisbefriedigung
Ressourcen
Einkommen
Wertewandel in Unternehmen
Ethische Markt
WÜRDE!
Was ist unser Zweck?
GemeinWOHL
ökol. Nachhaltigkeit
Ziel

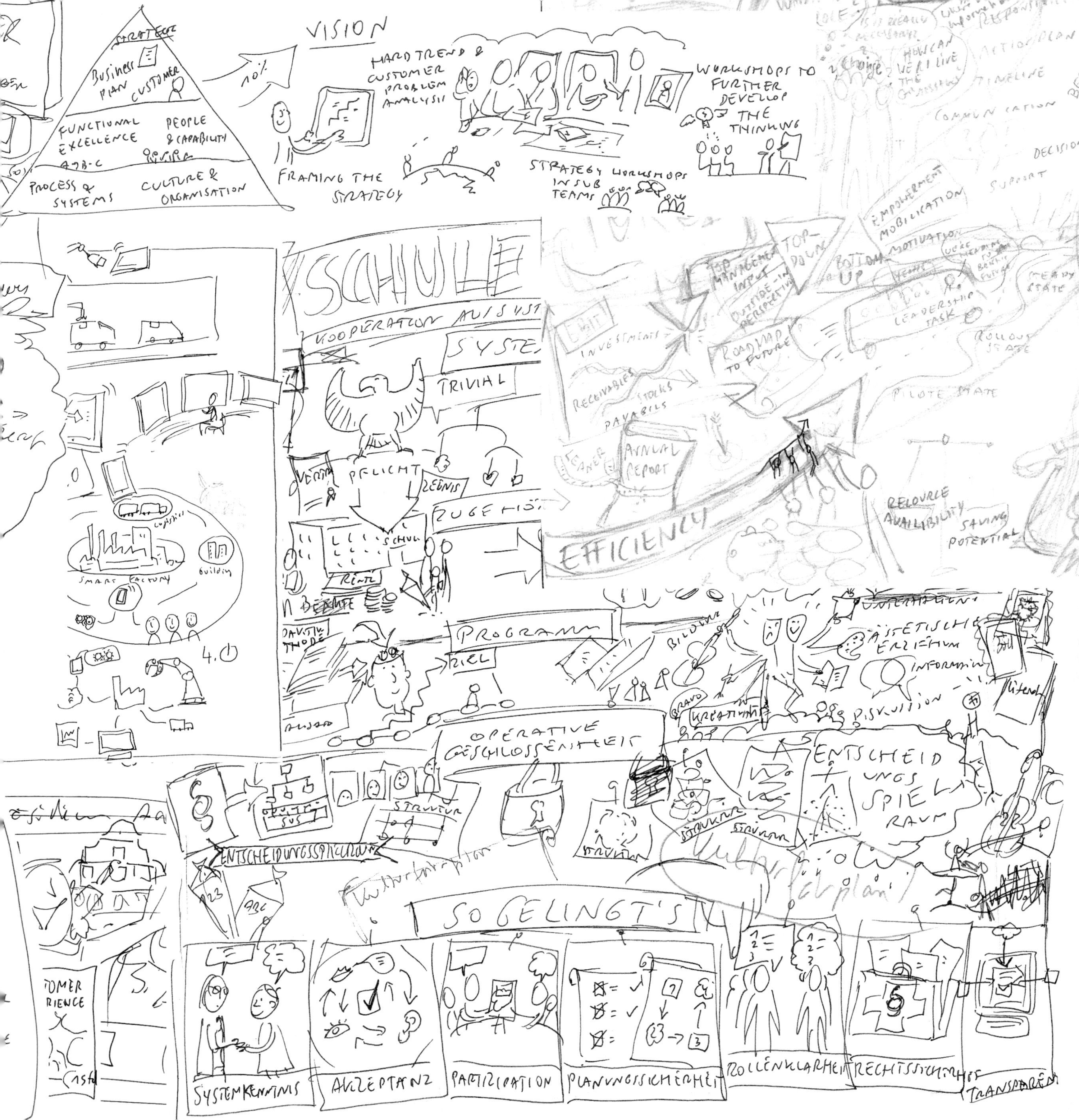

STRATEGIE
Business plan
CUSTOMER
FUNCTIONAL EXCELLENCE
PEOPLE & CAPABILITY
PROCESS & SYSTEMS
CULTURE & ORGANISATION
10%
VISION
HARD TREND & CUSTOMER PROBLEM ANALYSIS
WORKSHOPS TO FURTHER DEVELOP THE THINKING
FRAMING THE STRATEGY
STRATEGY WORKSHOPS IN SUB TEAMS
SCHULE
KOOPERATION AUS SYSTEM
SYSTE
TRIVIAL
PFLICHT
ZUGEHÖ
SCHUL
PROGRAMM
ZIEL
4.0
SMART FACTORY
building
logistics
EMPOWERMENT
MOBILIZATION
MOTIVATION
TOP-DOWN
BOTTOM UP
TOP MANAGEMENT INPUT
OUTSIDE-IN PERSPECTIVE
ROADMAP TO FUTURE
LEADERSHIP TASK
EBIT
INVESTMENTS
RECEIVABLES
STOCKS
PAYABLES
ANNUAL REPORT
EFFICIENCY
PILOTE STATE
ROLLOUT STATE
STEADY STATE
RESOURCE AVAILABILITY
SAVING POTENTIAL
ACTION PLAN
TIMELINE
COMMUNICATION
DECISION
SUPPORT
RESPONSI
ÄSTHETISCHE ERZIEHUNG
INFORMATION
DISKUSSION
KREATIVITÄT
BILDUNG
OPERATIVE GESCHLOSSENHEIT
STRUKTUR
ENTSCHEIDUNGSSPIELRAUM
ENTSCHEID UNGS SPIEL RAUM
SO GELINGT'S
SYSTEMKENNTNIS
AKZEPTANZ
PARTIZIPATION
PLANUNGSSICHERHEIT
ROLLENKLARHEIT
RECHTSSICHERHEIT
TRANSPARENZ

DIE LIVE-VISUALISIERUNG

Ich komme in der Regel eine gute Stunde vor der Veranstaltung, um mich einzurichten. Vor Ort bespreche ich mit meinem Ansprechpartner, wo ich am besten platziert werden kann, und nehme die bestellten Metaplanwände in Empfang. Manche Veranstalter haben Sorge, dass das Zeichnen die Aufmerksamkeit vom Geschehen vorne abzieht. Diese Sorge ist allerdings unbegründet. Das Graphic Recording ist ein Zusatzgeschehen, das die Zuschauer gerne im Blick haben, aber es ist nicht wichtiger als das, was auf der Bühne passiert. Für meine Arbeit brauche ich unbedingt einen freien Blick auf die Präsentation und den Redner. Ich muss mich konzentrieren und gut verstehen können, was gesprochen wird. Hinten oder direkt neben einer Tür ist kein glücklicher Platz, da man leicht abgelenkt werden kann. Von Vorteil ist es auch, etwas Licht zu haben. Außerdem brauche ich einen Stuhl oder ein Tischchen zum Ablegen der Arbeitsmaterialien und zum Sitzen, wenn es längere Pausen gibt.

Wenn ich meinen Platz habe und das Papier hängt, kann ich schon den Titel der Veranstaltung, Logos etc. zeichnen. Manchmal bringe ich das bereits vorbereitet mit, insbesondere, wenn es viele oder komplizierte Logos sind. Mir hilft es, wenn ich das Format vorab mit Bleistift grob in die verschiedenen Teile der Veranstaltung unterteile, die ich durch das Briefing und den Ablaufplan kenne. Bietet es sich an, von oben nach unten zu arbeiten, oder ist ein zentraler Aufbau besser? Ich lasse immer etwas Platz, um Unvorhersehbares einzuplanen. Bleibt später hier und da weißer Raum, ist das für die Gesamtoptik von Vorteil, da so die einzelnen Elemente besser zur Wirkung kommen. Verbindende Elemente und Schmuckrahmen kann ich später immer noch ergänzen. Wenn die Stifte bereitliegen, die Skizze, der Ablaufplan und alle relevanten Informationen zur Hand sind, schalte ich das Handy aus und warte, bis es losgeht.

Gibt es einen Begrüßungsteil oder eine Einleitung, von der nicht verabredet ist, dass ich dabei mitzeichne, nutze ich die Gelegenheit, um in meinem Skizzenbuch eigene Sketchnotes zu machen. Das ist gut zum Warmwerden und es kann für das spätere Bild von Vorteil sein. Vielleicht habe ich am Ende noch ungefüllten Platz auf dem großen Bild und kann dann noch Elemente aus den Skizzen einfügen.

Wenn es losgeht, brauche ich volle Aufmerksamkeit und Konzentration. Wichtig ist es, den roten Faden herauszuhören, mich auf die wesentlichen Aussagen zu konzentrieren, sie größer darzustellen oder ins Zentrum zu stellen. Die Nebenaussagen können kleiner abgebildet werden, so betone ich die inhaltliche Wertung und der Betrachter kann später in das Bild »eintauchen«, um die Details nachzuvollziehen. Da es während der Arbeit schnell gehen muss, schreibe ich Aussagen mit Bleistift ins Format und arbeite sie nach, wenn der Redner ausholt, Dinge wiederholt oder vielleicht ein Filmausschnitt gezeigt wird. Text und Bilder zeichne ich mit einem schwarzen Stift. Fehler lasse ich vorerst stehen und umkringel sie mit Bleistift, um sie später zur Korrektur wiederzufinden. Farbe oder Schatten arbeite ich immer dann ein, wenn es Zeit dafür gibt. Diese Elemente können aber auch später immer noch hinzufügt werden. Wichtig ist, konzentriert zu bleiben und sich nicht ablenken zu lassen. Ich komme während der Erstellung eines Graphic Recordings immer in einen Flow-Zustand. Ich bin ganz in der Arbeit, funktioniere als Werkzeug zwischen dem Gehörten und der Bildfläche. Alles andere blende ich automatisch aus.

Ist der Input vorüber und muss nicht sofort der nächste mitgezeichnet werden, nehme ich mir Zeit für die Nacharbeit. In der Regel muss ich erst eine Pause machen, weil die Teilnehmer jetzt gucken kommen, was ich da die ganze Zeit gemacht habe. Oft entstehen dann kleine Gespräche. Viele machen auch ein Foto vom Bild. Ist die Veranstaltung so organisiert, dass das Bild später noch irgendwo zentral aufgehängt wird, bitte ich immer um ein wenig Geduld, da es ja noch nicht ganz fertig ist …

Um das Bild zu vollenden, radiere ich die Vorzeichnungen weg und korrigiere Schreibfehler mit Tipp-Ex. Ich coloriere Bildelemente, setze Schatten, Rahmen oder fasse Bildteile mit einer Hintergrundfarbe (verwischte Pastellkreide) zusammen. So gebe ich dem Bild noch mehr Struktur und Übersichtlichkeit und es wird insgesamt schöner. Zum Schluss mache ich ein Foto für mein Portfolio, hänge das Bild an den besprochenen Platz oder rolle es ein.

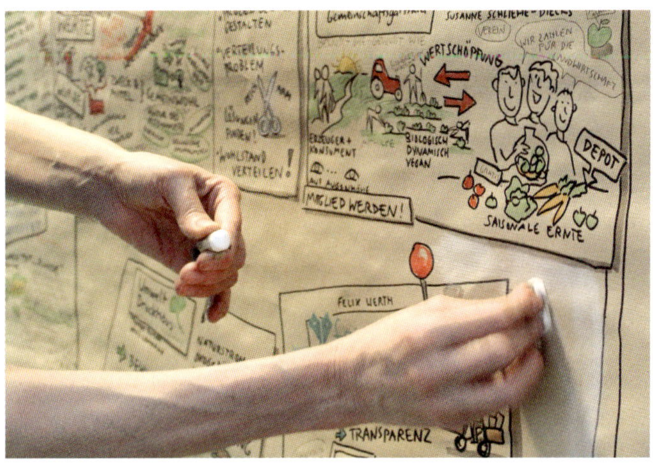

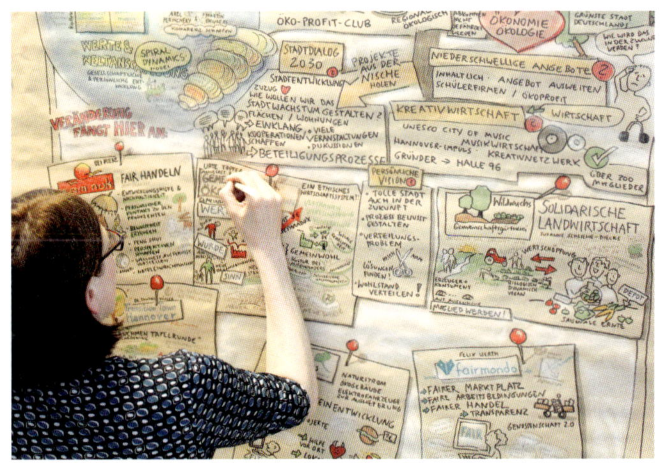

PROZESSE VISUALISIEREN

Der Inhalt eines Vortrags steht fest. Es gibt also eine Chance, sich vorab zu informieren und eine Skizze zu machen, wie die Informationen platziert werden können. Bei der Prozessbegleitung ist das anders. Da steht zwar in der Regel das Thema fest, aber die Ergebnisse sind offen. Bestehende Ablaufpläne können während der Veranstaltung jederzeit angepasst oder verändert werden. Darauf muss ich flexibel reagieren und in der Lage sein, die Bildplanung zwischendurch immer neu anzupassen. Wenn ich als Graphic Recorder solche Gruppenprozesse begleite, mache ich mir immer einen guten Plan, wie ich dabei am besten vorgehe. Gibt es einen externen Moderator, Coach oder Berater, versuche ich unbedingt Kontakt aufzunehmen, um im besten Fall ein Team zu bilden. Ein guter Moderator steuert den Prozess sicher in die Richtung, die die Gruppe vorgibt, und das ergänzt sich gut mit meiner passiv aufzeichnenden Rolle. Ich arbeite sehr gerne in solchen Zweierteams.

Die Gruppen beschäftigen sich mit ihren internen Themen, die nicht für die Öffentlichkeit bestimmt sind. Es ist gut, möglichst viele Einzelbeiträge zu erfassen. So findet sich später jeder wieder und erfährt dadurch auch eine persönliche Wertschätzung. Bilder, die während einer Prozessbegleitung entstehen, werden eher unübersichtlich, wie Suchbilder, manchmal sogar chaotisch, halten aber auch immer die herrschende Atmosphäre fest. Die herausgearbeiteten Ergebnisse übertrage ich auf ein neues Bild, an dem ich parallel zu den prozesshaften Bildern arbeite. So gibt es am Ende ein Bild, das auch gruppenfremden Menschen vorzeigbar ist und keine intimen Details oder verfänglichen Aussagen enthält.

Immer wieder werde ich gebeten, Workshops zu visualisieren. Workshops lassen sich nur bedingt begleiten, da ich natürlich nicht überall gleichzeitig sein kann. Ich gehe dabei in der Regel so vor, dass ich pro Workshop und Thema ein Bild anlege und jeweils ein größeres Bildelement zentral zeichne. Die Bilder stehen an einem zentralen Ort und ich gehe in die Gruppen, um jeweils Zwischenergebnisse, Kernaussagen oder einzelne Beiträge zu notieren, um sie nach und nach auf das jeweilige Bild zu übertragen. Arbeiten alle zum gleichen Thema in Kleingruppen, entsteht ein Bild, auf dem sich im Laufe der Workshopphase alle Gruppenbeiträge sammeln. Wenn die Workshopphase vorüber ist, gibt es meistens eine kurze Präsentation zu den Ergebnissen. Die Bilder sind zu dem Zeitpunkt bereits vorzeigbar und ich kann sie noch ergänzen.

Wenn es sich um große Gruppen oder Veranstaltungen mit vielen verschiedenen Workshops handelt, schaffe ich das nicht allein. Dann visualisiere ich entweder eine mit dem Veranstalter abgestimmte Auswahl oder es gibt mehrere Graphic Recorder, die parallel arbeiten oder aber eine Möglichkeit finden, gemeinsam etwas entstehen zu lassen.

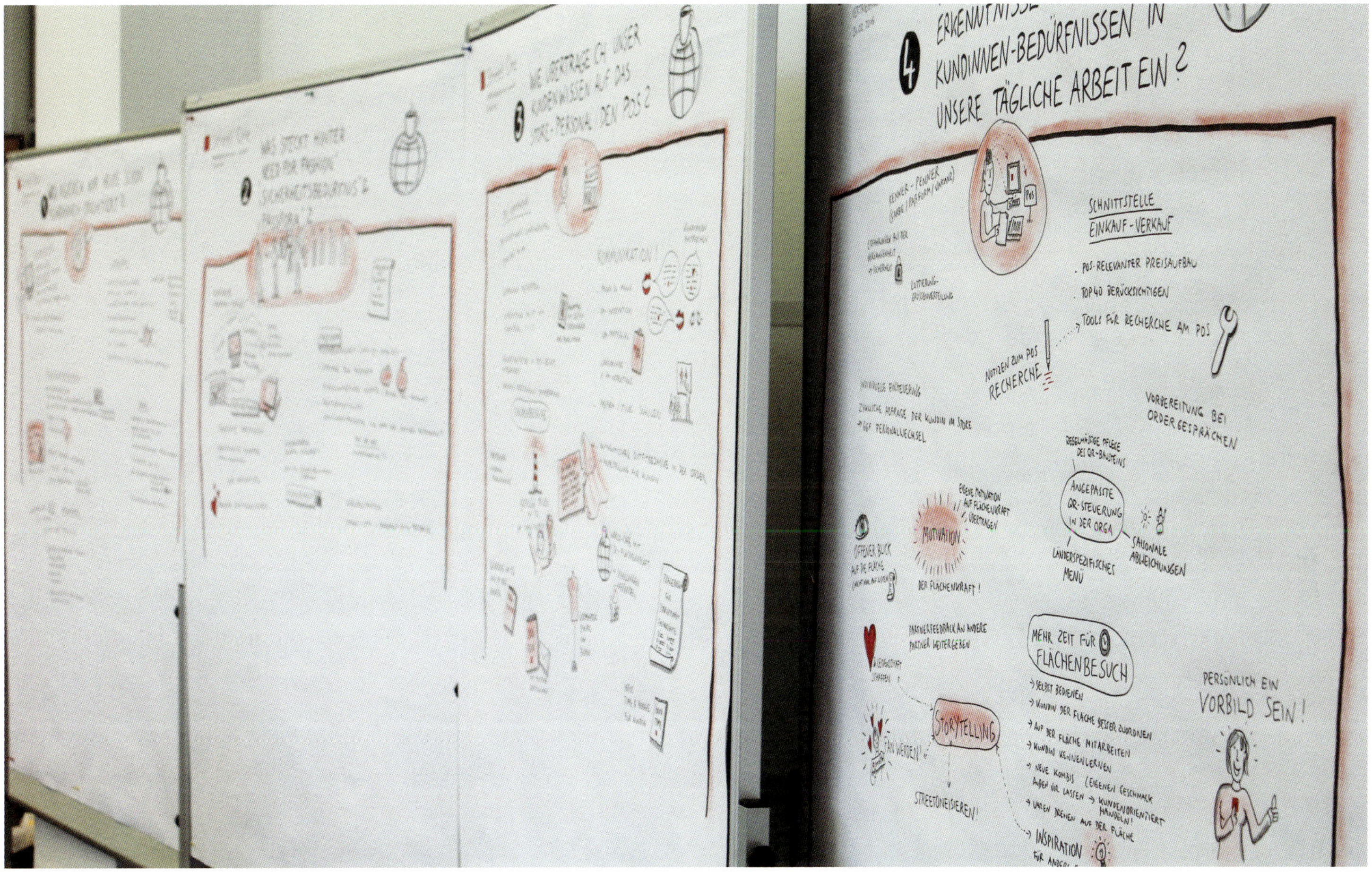

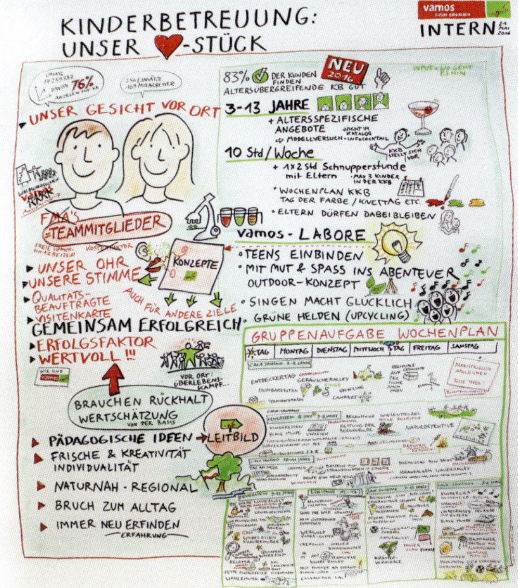
KINDERBETREUUNG:
UNSER ♥-STÜCK
vamos
INTERN
83% DER KUNDEN FINDEN ALTERSÜBERGREIFENDE KB GUT
NEU 2016
UNSER GESICHT VOR ORT
3-13 JAHRE
+ ALTERSSPEZIFISCHE ANGEBOTE
10 Std / Woche
+ 1x2 Std Schnupperstunde mit Eltern
• WOCHENPLAN KKB
TAG DER FARBE / KNETTAG ETC.
• ELTERN DÜRFEN DABEIBLEIBEN
FMA'S
=TEAMMITGLIEDER
vamos - LABORE
• TEENS EINBINDEN
• MIT MUT & SPASS INS ABENTEUER
OUTDOOR-KONZEPT
• SINGEN MACHT GLÜCKLICH
• GRÜNE HELDEN (UPCYCLING)
KONZEPTE
UNSER OHR
UNSERE STIMME
QUALITÄTS-BEAUFTRAGTE
VISITENKARTE
AUCH FÜR ANDERE ZIELE
GEMEINSAM ERFOLGREICH
ERFOLGSFAKTOR
WERTVOLL !!!
VOR ORT: ÜBERLEBENSKAMPF...
BRAUCHEN RÜCKHALT
WERTSCHÄTZUNG VON DER BASIS
GRUPPENAUFGABE WOCHENPLAN
MONTAG
DIENSTAG
MITTWOCH
FREITAG
SAMSTAG
PÄDAGOGISCHE IDEEN
LEITBILD
FRISCHE & KREATIVITÄT
INDIVIDUALITÄT
NATURNAH - REGIONAL
BRUCH ZUM ALLTAG
IMMER NEU ERFINDEN
ERFAHRUNG

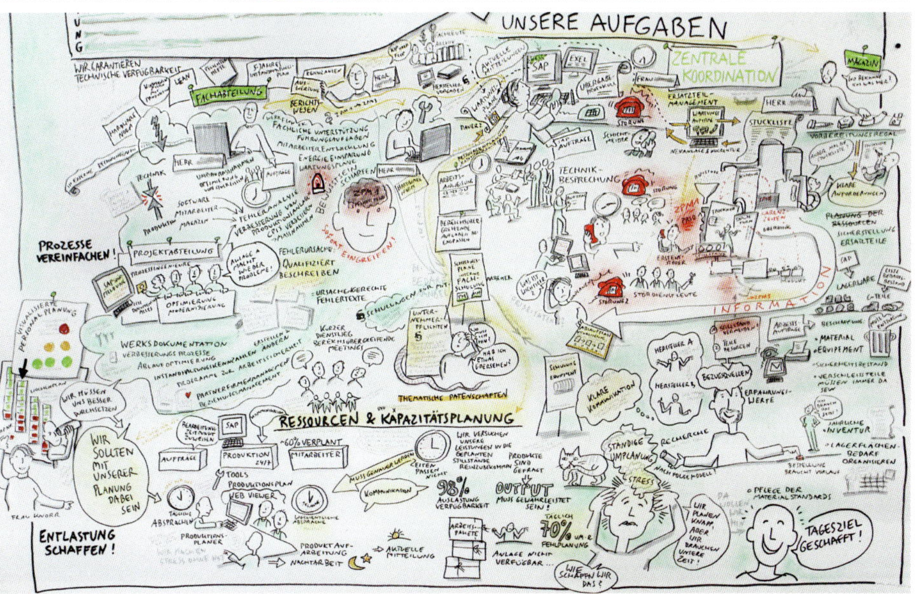
UNSERE AUFGABEN
ZENTRALE KOORDINATION
PROZESSE VEREINFACHEN!
WERKSDOKUMENTATION
INFORMATION
THEMATISCHE PATENSCHAFTEN
RESSOURCEN & KAPAZITÄTSPLANUNG
WIR SOLLTEN MIT UNSERER PLANUNG DABEI SEIN
ENTLASTUNG SCHAFFEN!
98%
OUTPUT
70%
TAGESZIEL GESCHAFFT!

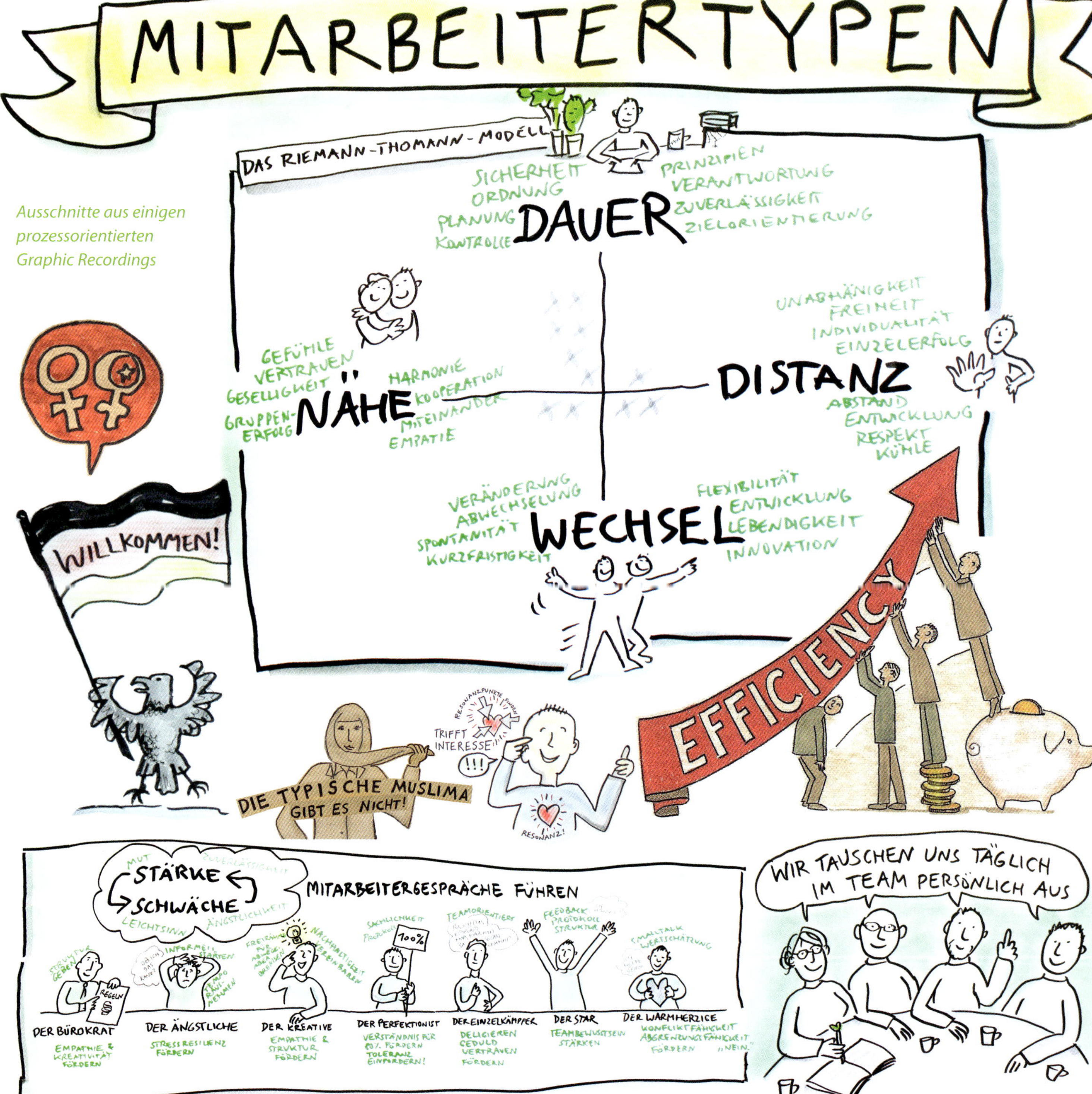

Ausschnitte aus einigen prozessorientierten Graphic Recordings

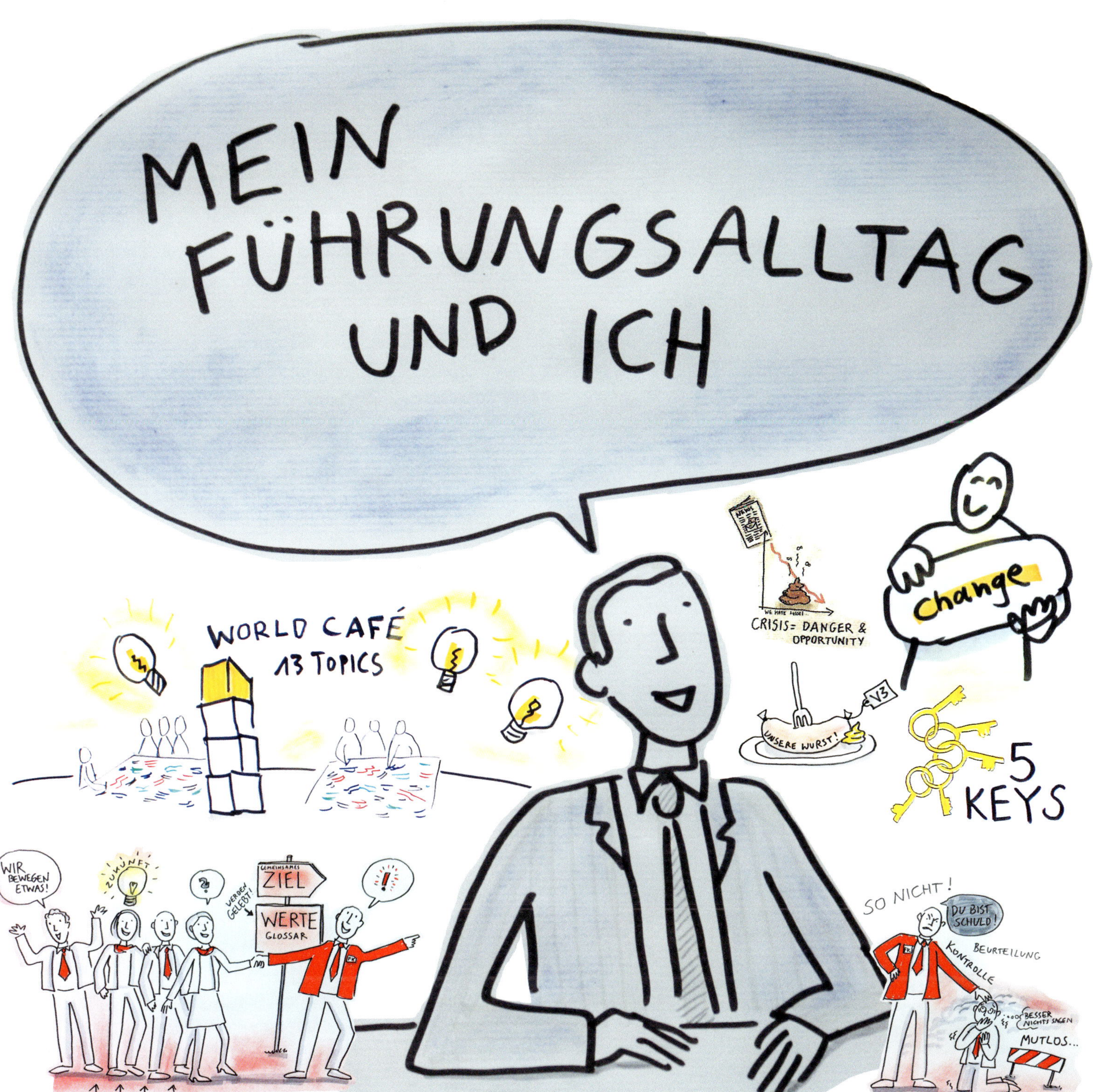

MEIN FÜHRUNGSALLTAG UND ICH
NEWS
WE HATE LOSSES
CRISIS = DANGER & OPPORTUNITY
Change
WORLD CAFÉ
13 TOPICS
UNSERE WURST!
V3
5 KEYS
WIR BEWEGEN ETWAS!
ZUKUNFT
GEMEINSAMES ZIEL
WERDEN GELEBT!
WERTE
GLOSSAR
TALENTE!
SO NICHT!
DU BIST SCHULD!
BEURTEILUNG
KONTROLLE
BESSER NICHTS SAGEN
MUTLOS...
ANGSTKULTUR...

BEISPIEL 1

freiräume.camp 2016. In Vorträgen und Workshops konnten die Teilnehmer dieser Veranstaltung von Erfahrungen aus Unternehmen und Organisationen profitieren, die posthierarchische Wege des Wirtschaftens eingeschlagen haben. Unter dem Motto »Agile Organisationen – Aufbruch der Unternehmensdemokraten« wurden Themen wie Partizipation, Selbstorganisation, Scrum, Design Thinking, Coworking und wie gemeinsames Arbeiten in einem Klima von Wertschätzung und Vertrauen sinngebend und erfolgreich sein kann, behandelt. Ich habe mich in die Themen eingearbeitet und am Veranstaltungstag zwei Workshops und zwei Vorträge visualisiert. Leider habe ich nicht überall gleichzeitig sein können, es war hochinteressant und sehr inspirierend.

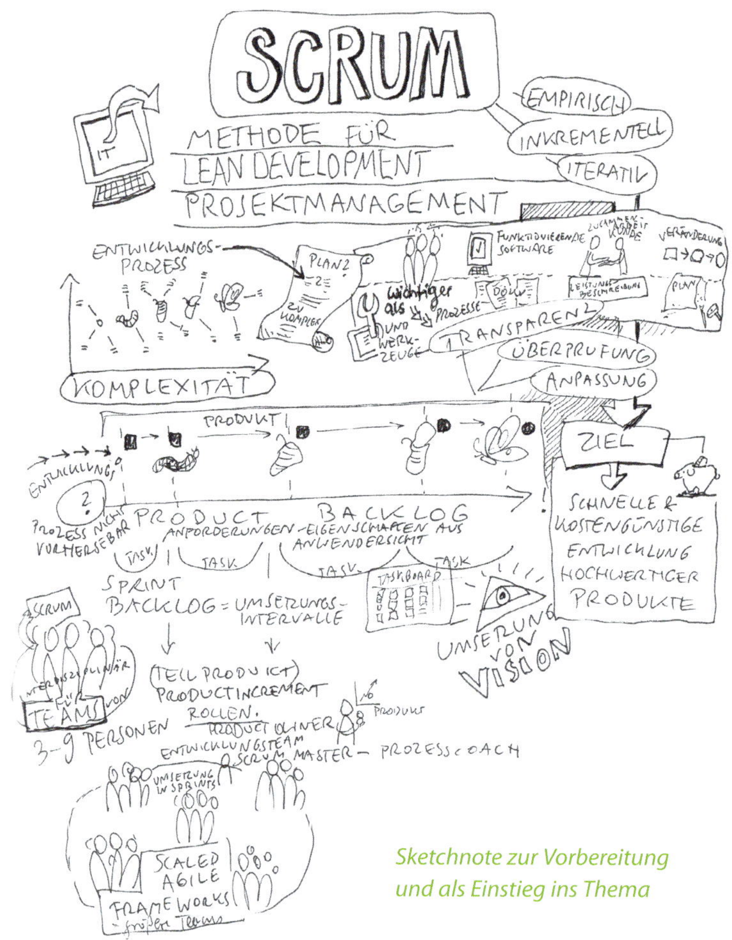

Sketchnote zur Vorbereitung und als Einstieg ins Thema

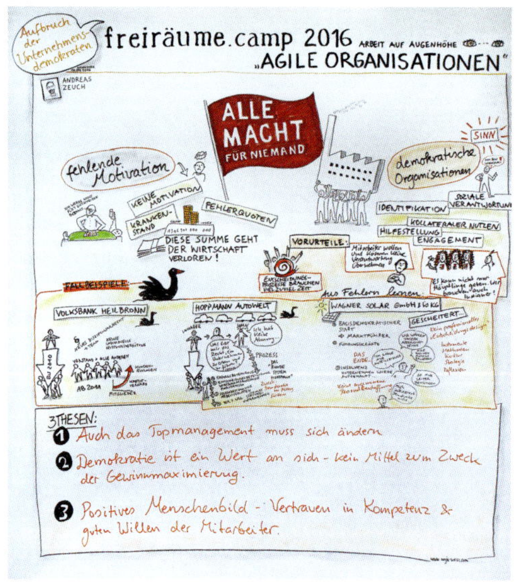

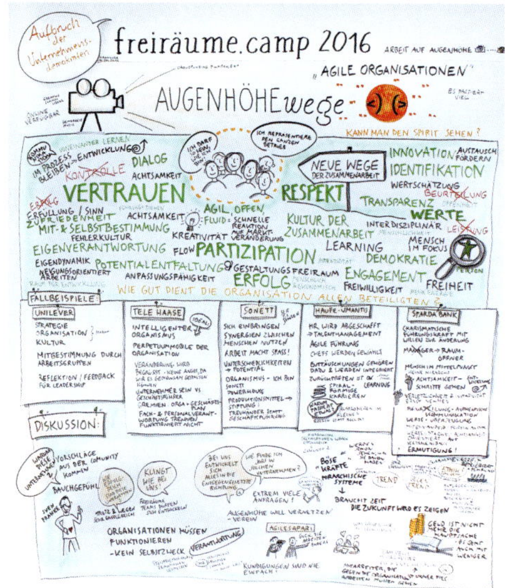

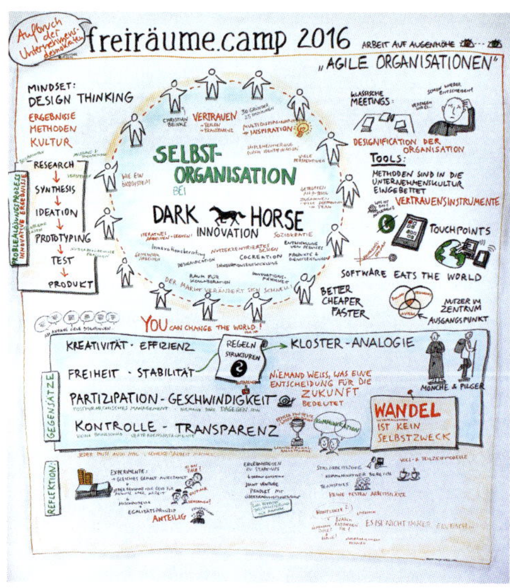

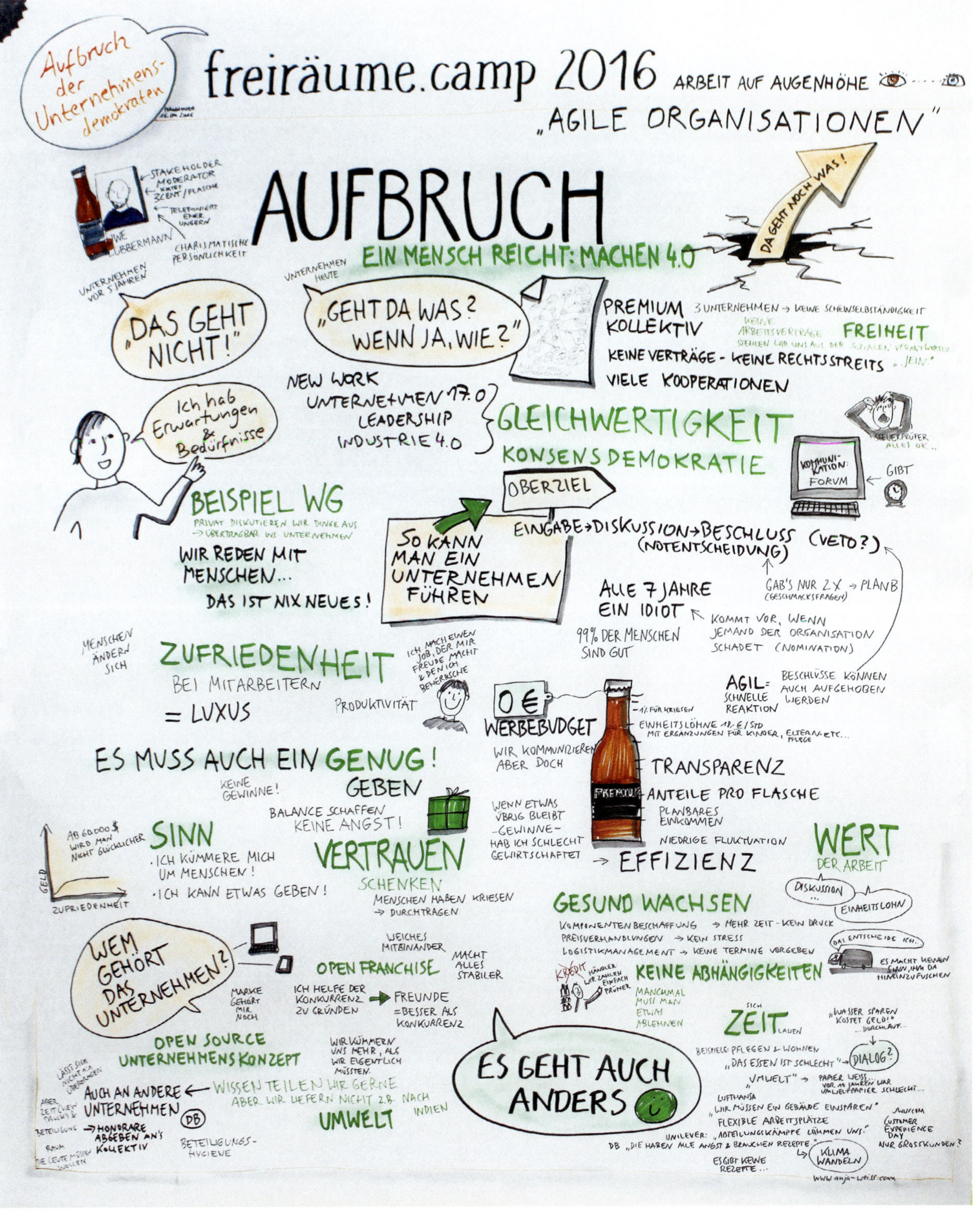
Aufbruch der Unternehmensdemokraten
freiräume.camp 2016
ARBEIT AUF AUGENHÖHE
„AGILE ORGANISATIONEN"
AUFBRUCH
DA GEHT NOCH WAS!
CHARISMATISCHE PERSÖNLICHKEIT
EIN MENSCH REICHT: MACHEN 4.0
UNTERNEHMEN VOR 5 JAHREN
„DAS GEHT NICHT!"
UNTERNEHMEN HEUTE
„GEHT DA WAS? WENN JA, WIE?"
PREMIUM KOLLEKTIV
3 UNTERNEHMEN → KEINE SCHEINSELBSTÄNDIGKEIT
KEINE ARBEITSVERTRÄGE
FREIHEIT
KEINE VERTRÄGE - KEINE RECHTSSTREITS
VIELE KOOPERATIONEN
NEW WORK
UNTERNEHMEN 17.0
LEADERSHIP
INDUSTRIE 4.0
GLEICHWERTIGKEIT
KONSENSDEMOKRATIE
Ich hab Erwartungen & Bedürfnisse
KOMMUNIKATION: FORUM
GIBT
BEISPIEL WG
PRIVAT DISKUTIEREN WIR DINGE AUS → ÜBERTRAGBAR INS UNTERNEHMEN
WIR REDEN MIT MENSCHEN...
DAS IST NIX NEUES!
OBERZIEL
SO KANN MAN EIN UNTERNEHMEN FÜHREN
EINGABE → DISKUSSION → BESCHLUSS (VETO?)
(NOTENTSCHEIDUNG)
GAB'S NUR 2X → PLAN B
ALLE 7 JAHRE EIN IDIOT
KOMMT VOR, WENN JEMAND DER ORGANISATION SCHADET (NOMINATION)
99% DER MENSCHEN SIND GUT
MENSCHEN ÄNDERN SICH
ZUFRIEDENHEIT
BEI MITARBEITERN
= LUXUS
PRODUKTIVITÄT
AGIL = SCHNELLE REAKTION
BESCHLÜSSE KÖNNEN AUCH AUFGEHOBEN WERDEN
0 €
WERBEBUDGET
WIR KOMMUNIZIEREN ABER DOCH
ES MUSS AUCH EIN GENUG! GEBEN
KEINE GEWINNE!
BALANCE SCHAFFEN
KEINE ANGST!
TRANSPARENZ
ANTEILE PRO FLASCHE
PLANBARES EINKOMMEN
NIEDRIGE FLUKTUATION
WENN ETWAS ÜBRIG BLEIBT - GEWINNE - HAB ICH SCHLECHT GEWIRTSCHAFTET
→ EFFIZIENZ
WERT DER ARBEIT
DISKUSSION
EINHEITSLOHN
SINN
· ICH KÜMMERE MICH UM MENSCHEN!
· ICH KANN ETWAS GEBEN!
GELD
ZUFRIEDENHEIT
VERTRAUEN
SCHENKEN
MENSCHEN HABEN KRISEN → DURCHTRAGEN
GESUND WACHSEN
KOMPONENTENBESCHAFFUNG → MEHR ZEIT - KEIN DRUCK
PREISVERHANDLUNGEN → KEIN STRESS
LOGISTIKMANAGEMENT → KEINE TERMINE VORGEBEN
WEM GEHÖRT DAS UNTERNEHMEN?
WEICHES MITEINANDER
MACHT ALLES STABILER
OPEN FRANCHISE
MARKE GEHÖRT MIR NOCH
ICH HELFE DER KONKURRENZ ZU GRÜNDEN
→ FREUNDE = BESSER ALS KONKURRENZ
KEINE ABHÄNGIGKEITEN
MANCHMAL MUSS MAN ETWAS ABLEHNEN
ZEIT
OPEN SOURCE UNTERNEHMENSKONZEPT
WIR KÜMMERN UNS MEHR, ALS WIR EIGENTLICH MÜSSTEN.
ES GEHT AUCH ANDERS
AUCH AN ANDERE UNTERNEHMEN
← WISSEN TEILEN WIR GERNE
ABER WIR LIEFERN NICHT Z.B. NACH INDIEN
UMWELT
DB
→ HONORARE ABGEBEN AN'S KOLLEKTIV
BETEILIGUNGS-HYGIENE
DIALOG?
KLIMA WANDELN
www.anja-weiss.com

BEISPIEL 2

IATUL 2015, Fachkonferenz für Universitätsbibliotheken. Hier sind Fachleute unter sich. Mein Auftrag war, die beiden Keynote-Vorträge, die jeweils 45 Minuten dauerten, zu visualisieren. Das Thema: Text-Data-Mining. Das ist ein Thema, mit dem ich mich überhaupt nicht auskannte und das dazu auch noch in Englisch vorgetragen wurde. Ich hatte nur die Kurzinfo aus dem Programmheft und den Namen des Vortragenden. Mehr konnte ich im Vorfeld nicht in Erfahrung bringen. Ich habe über die Vortragenden und über ihre Themen recherchiert und einiges im Netz gefunden. So konnte ich mich in das Thema einarbeiten und wusste anschließend auch, worum es in etwa gehen würde. Die Recherche hat zwar viel Zeit gebraucht, aber die Vorbereitung hat sich gelohnt. Ich hatte bereits einige Bildmotive parat, die ich einsetzen konnte, und ich habe etwas dazugelernt. Durch die Recherche konnte ich mir einen ungefähren Plan machen, wie ich das Bild aufbauen würde. Vor der Veranstaltung hatte ich dann noch Gelegenheit, zumindest einen der Vortragenden anzusprechen und noch einmal genauer zu hören, worauf er seinen Fokus legen würde. Das hat mir noch etwas für die Gliederung geholfen. Meine Vorbereitungsskizzen konnte ich gut nutzen, um die Struktur des Bildes anzulegen. Dann habe ich das Bild live mit den konkreten Aussagen des Vortrags gefüllt. Ohne die Vorbereitung hätte ich nicht viel verstanden, denn die Folien des Vortrags waren detailreich und sehr fachspezifisch.

http://www.iatulconference2015.org/programme/abstracts-presenters?slide=José-Cotta

Martin Hofmann-Apitius Fraunhofer Institute for Algorithms and Scientific Computing SCAI
martin hoffmann"**Innovative usage of unstructured information sources: From text- and data-mining to model-driven decision-support"**
Nowadays, text and data mining (TDM) are well-established technologies in the information sciences. There are more and more examples for the added value that TDM brings to end users of scientific literature; however, in order to fully leverage the power of TDM, a tight integration of knowledge (extracted from unstructured information sources) and primary data (generated in a well-defined research context) is required for knowledge-driven mining.

In this talk, we will learn about methodology that supports the seamless (nahtlos) integration of knowledge and data; we will also get an idea about the current limitations of automated methods for information extraction and semantic data integration. Based on concrete examples from challenging medical indication areas such as neurodegenerative diseases, I will dmeonstrate how text- and data-mining methods can facilitate disease modelling and how an enhanced (erweiterte) interpretation of experimental clinical data is possible using model-driven mining approaches (Ansätze).

Martin Hofmann-Apitius holds a PhD in Molecular Biology and worked for more than 10 years in experimental molecular biology. The screening for novel genes involved in tumour metastasis lead him into the area of functional genomics and subsequently to applied bioinformatics. Martin Hofmann-Apitius has experience in both, academic (University of Heidelberg (ZMBH), Forschungszentrum Karlsruhe (ITG), German Cancer Research Center (DKFZ)) and industrial (BASF, Boehringer Ingelheim, LION bioscience AG) research. Since 2002 he is leading the Department of Bioinformatics at the Fraunhofer Institute for Algorithms and Scientific Computing (SCAI) in Sankt Augustin (Germany), a governmental non-profit research institute. In July 2006 he has been appointed as a Professor for Applied Life Science Informatics at Bonn-Aachen International Center for Information Technology (B-IT).
Martin Hofmann-Apitius is (co-)author of more than 130 scientific publications. Major scientific contributions were the cloning and identification of the first gene that mediates metastatic potential to tumour cells, the functional annotation of the mouse transriptome, and information extraction methodology used for the semi-automated generation of the first comprehensive, computable model for Alzheimer´s Disease.

Current research activities at the Department of Bioinformatics at Fraunhofer SCAI focus on:
Automated methods for the extraction of relevant information from unstructured information sources such as journal publications, patents and web-based sources, Knowledge-based, mechanistic modelling of neurodegenerative diseases, Mining in real-world data (social networks, patient forums, electronic patient records), Scalable solution for unstructured information mining: HPC & cloud computing
Martin Hofmann-Apitius is initiator and academic coordinator of IMI project AETIONOMY (www.aetionomy.org) (industrial coordinator is Prof. Duncan McHale, UCB Pharma).

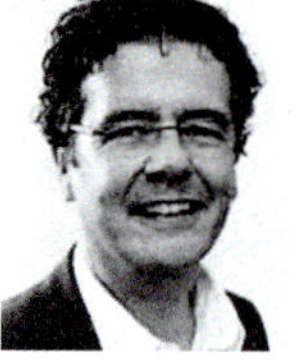

José Cotta Head of Unit for Digital Science within the Communications Networks, Content and Technology (CONNECT) Directorate-General of the European Commission
jose cotta **"From open access to open science: a vision"**
Within the open science debate, the European Commission acts as both a policy maker and a research funder. As policy maker, it works with the Member States to co-ordinate national policies on access to and preservation of scientific information. As a research funder, it sets rules on open access and open research data in Horizon 2020. This presentation will give an overview of the Commission's vision and work regarding open access to scientific publications and open research data, and will put it into the broader context of the emerging policy work on open science.

José Cotta graduated in Mathematics from the University of Lisbon, Portugal in 1978 and has a PhD in Logic Programming. He was researcher in the National Laboratory for Civil Engineering in Lisbon and joined the European Commission in 1986 where he has held various management positions. He is currently the Head of Unit for Digital Science within the Communications Networks, Content and Technology (CONNECT) Directorate-General of the European Commission.

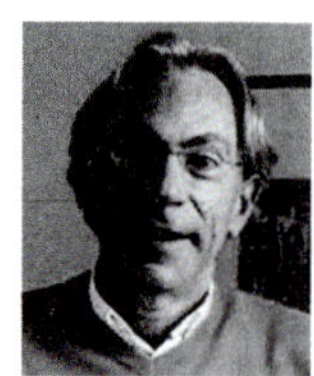

Vorbereitung und Recherche

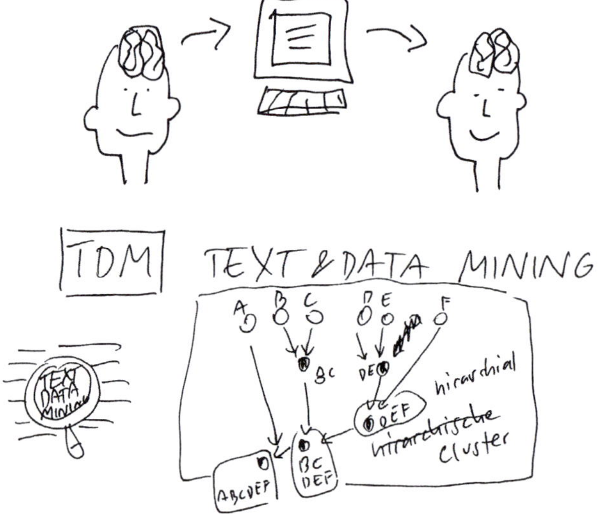

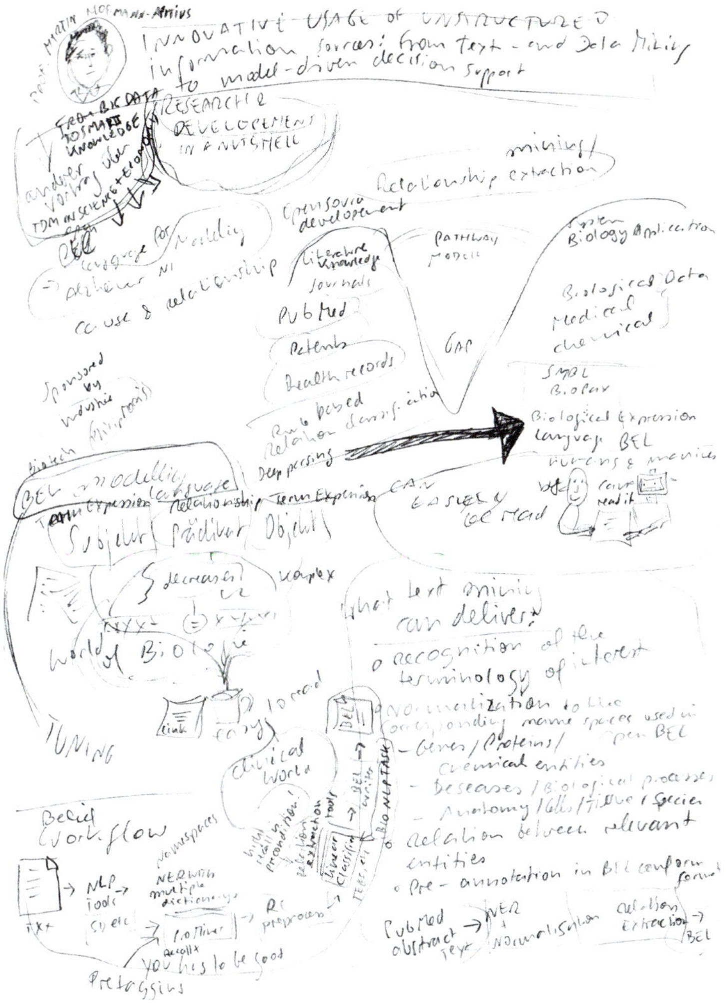

Martin Hofmann-Apitius

Innovative usage of unstructured information sources: from Text- and Data Mining to model-driven decision support

From Big Data to Smart Knowledge

Research & Development in a nutshell

Relationship extraction

Language for cause & relationship

Literature knowledge, Journals, PubMed, Patents, Health records

Pathway model

Gap

System Biology Application

Biological Data, Medical, chemical

Biological Expression Language BEL

Sponsored by industrie

BEL modelling language

Term Expression, Relationship, Term Expression

Subject, Prädikat, Objekt

World of Biology

Clinical World

Tuning

Can easily be read

What text mining can deliver?

- recognition of the terminology of interest
- Normalization to the corresponding name spaces used in open BEL
  - Genes/Proteins/chemical entities
  - Deseases/Biological processes
  - Anatomy/Cells/Tissue/Species
- Relation between relevant entities
- Pre-annotation in BEL conform format

PubMed abstract text → NER + Normalisation → Relation Extraction → BEL

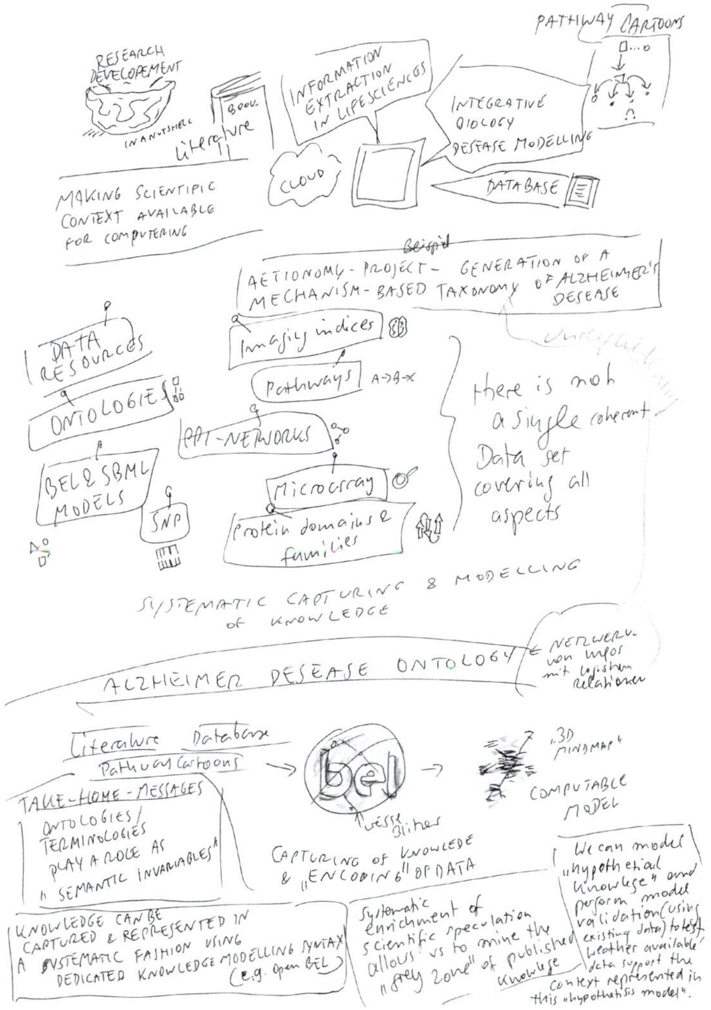

BELIEF Workflow

Text → NLP tools → NER with multiple dictionaries → RE preprocessing → BEL

Pathway Cartoons

Research Development in a nutshell

Literature

Information extraction in lifesciences

Integrative Biology Desease Modelling

Cloud

Database

Making scientific context available for computering

Aetionomy-Project – Generation of a mechanism-based taxonomy of Alzheimer's desease

Data resources

Ontologies

BEL & SBML models

SNP

Imaging indices

Pathways

PPI-Networks

Microarray

Protein domains & families

There is not a single coherent Data set covering all aspects

Systematic capturing & modelling of knowledge

Alzheimer desease ontology

Netzwerk von Infos mit logischen Relationen

Literature, Database, Pathway Cartoons → bel → „3D Mindmap" computable model

Capturing of knowlede & „encoding" of data

Take-home-messages

Ontologies/Terminologies play a role as „semantic invariables"

Knowledge can be captured & represented in a systematic fashion using dedicated knowledge modelling syntax (e.g. open BEL)

Systematic enrichment of scientific speculation allows us to mine the „grey zone" of published knowledge

We can model „hypothetical knowledge" and perform model validation (using existing data) to test whether available data support the context represented in this „hypothesis model".

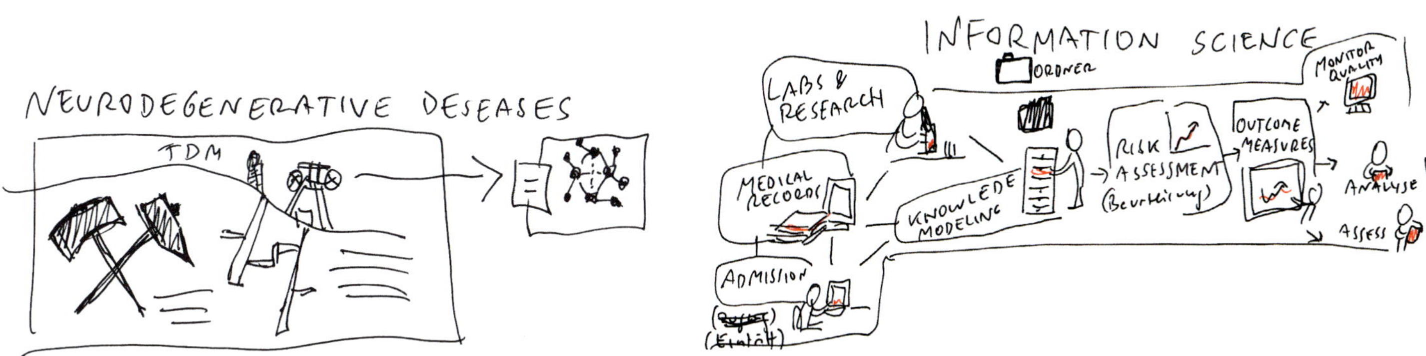

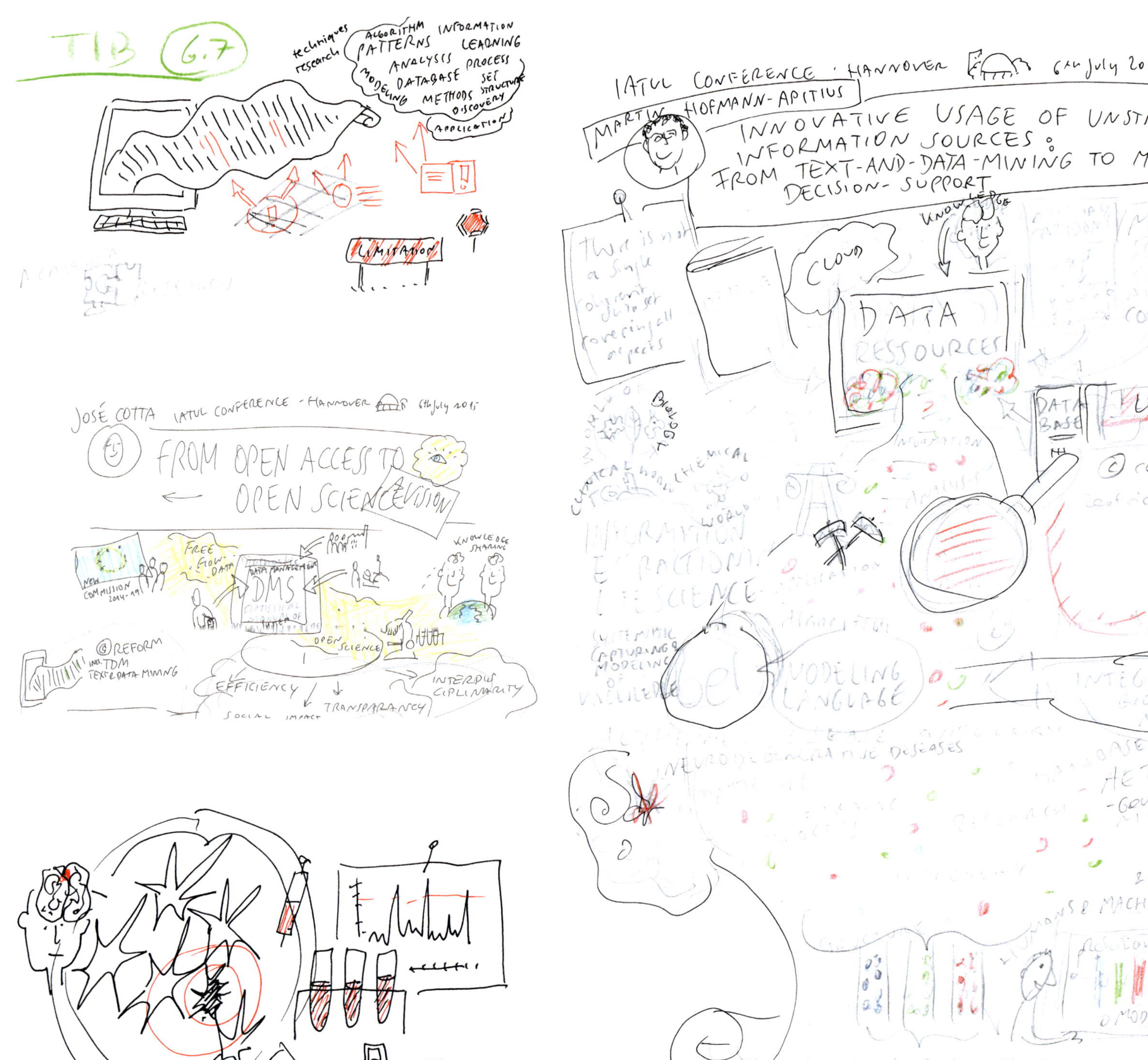

TIB 6.7
techniques
research
ALGORITHM
INFORMATION
PATTERNS
LEARNING
ANALYSIS
PROCESS
DATABASE
SET
MODELING
METHODS
STRUCTURE
DISCOVERY
APPLICATION
LIMITATION
JOSÉ COTTA IATUL CONFERENCE - HANNOVER 6th July 2015
FROM OPEN ACCESS TO OPEN SCIENCE
VISION
FREE FLOW DATA
NEW COMMISSION 2014-19
DMS
KNOWLEDGE SHARING
© REFORM
incl. TDM
TEXT & DATA MINING
OPEN SCIENCE
EFFICIENCY
TRANSPARANCY
INTERDISCIPLINARITY
SOCIAL IMPACT
IATUL CONFERENCE · HANNOVER 6th July 2015
MARTIN HOFMANN-APITIUS
INNOVATIVE USAGE OF UNSTR
INFORMATION SOURCES:
FROM TEXT-AND-DATA-MINING TO MO
DECISION-SUPPORT
There is not a single coherent data set covering all aspects
KNOWLEDGE
CLOUD
DATA
RESSOURCES
DATA BASE
MODELING LANGUAGE
NEURODEGENERATIVE DESEASES

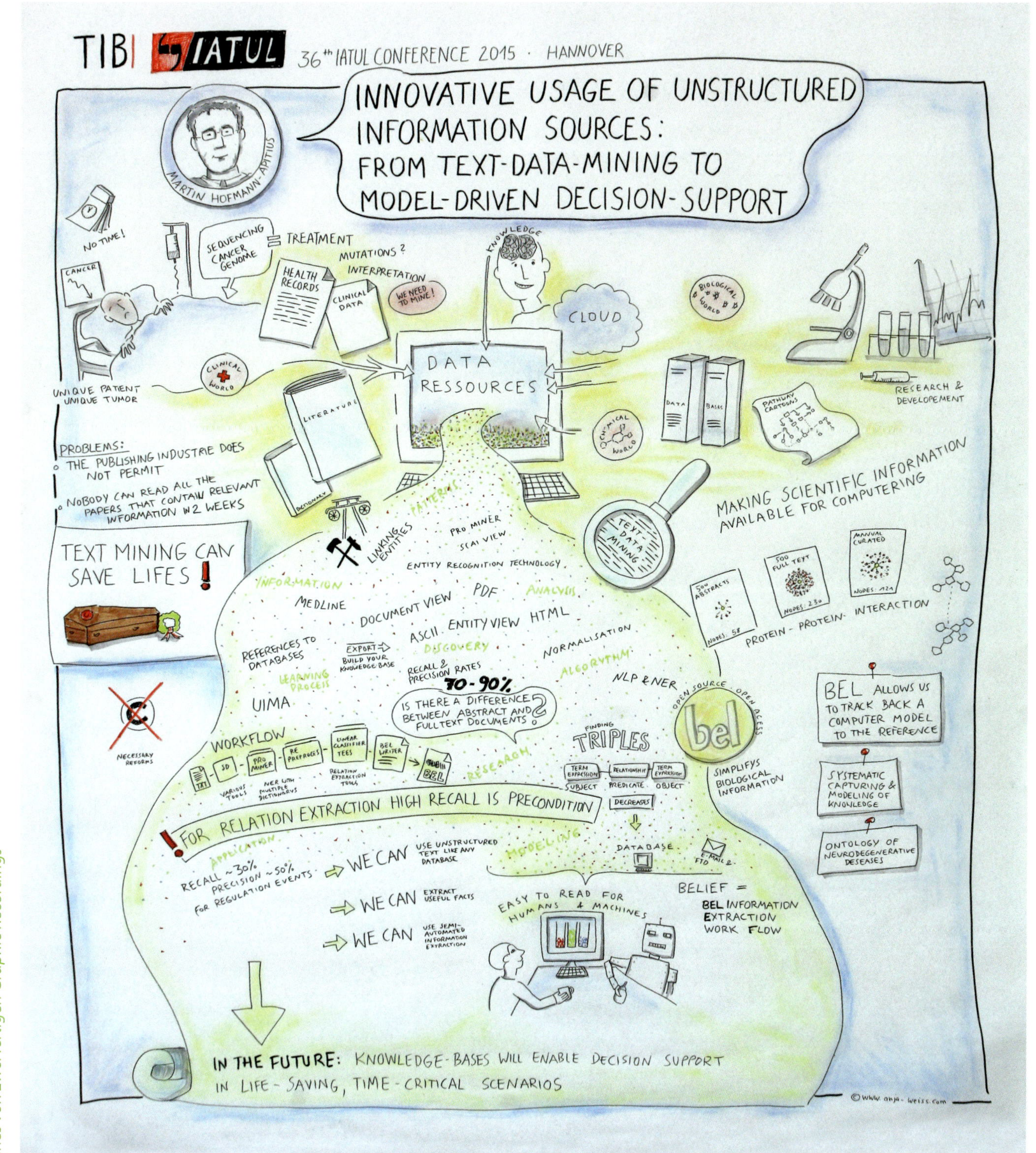

eines von zwei fertigen Graphic Recordings

BEISPIEL 3

Waldlichtung.com. Dieses Bild ist in entspannter Situation während eines Ideen-Dinners® entstanden. Das ist ein spannendes Format: eine angeregte, lockere Diskussionsrunde mit Teilnehmern, die sich nicht kennen, kreativem Menü, Moderation und Graphic Recording zu einem vorgegebenen Thema. Ich saß mit am Tisch und habe die Beiträge auf dem Format A3 visualisiert und mit Buntstift coloriert. Ich kannte das Thema, die Zahl der Teilnehmer und den Menüplan und konnte mir das Bild vorher einteilen. Hier war es mir wichtig, so viele Beiträge wie möglich festzuhalten, damit sich später jeder mit seinen Beiträgen wiederfinden konnte. Das Bild dient als Protokoll und wird im Anschluss an die Veranstaltung per E-Mail an alle Teilnehmer geschickt.

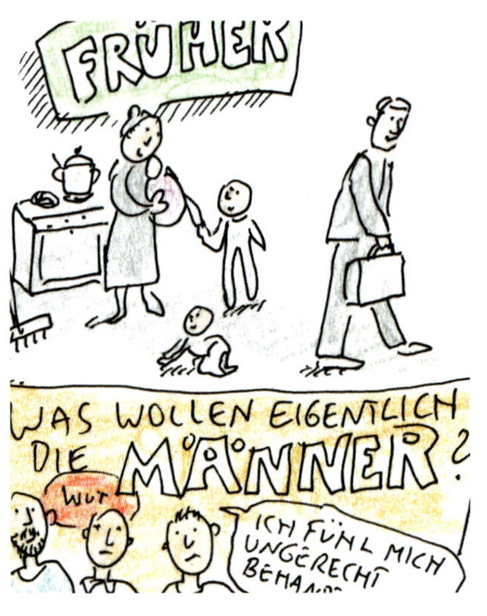

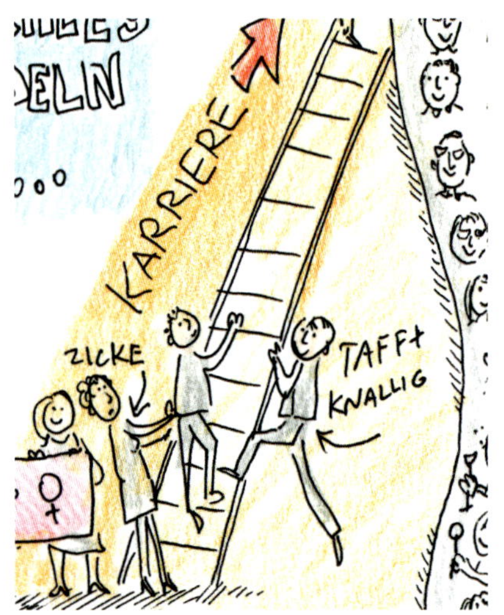

Details

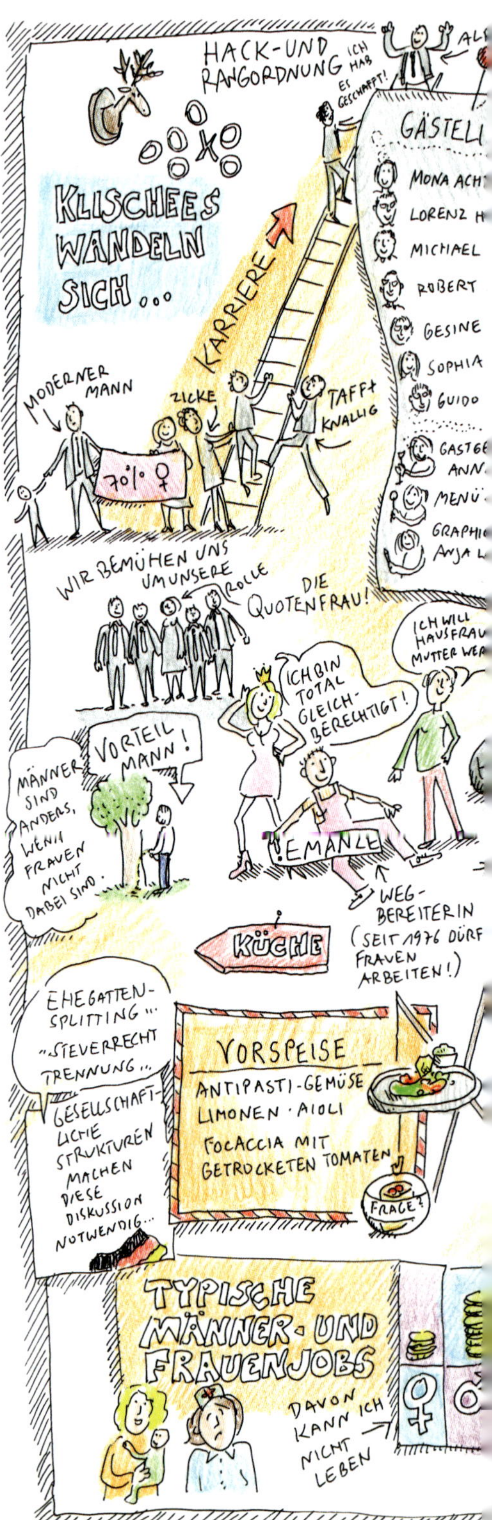

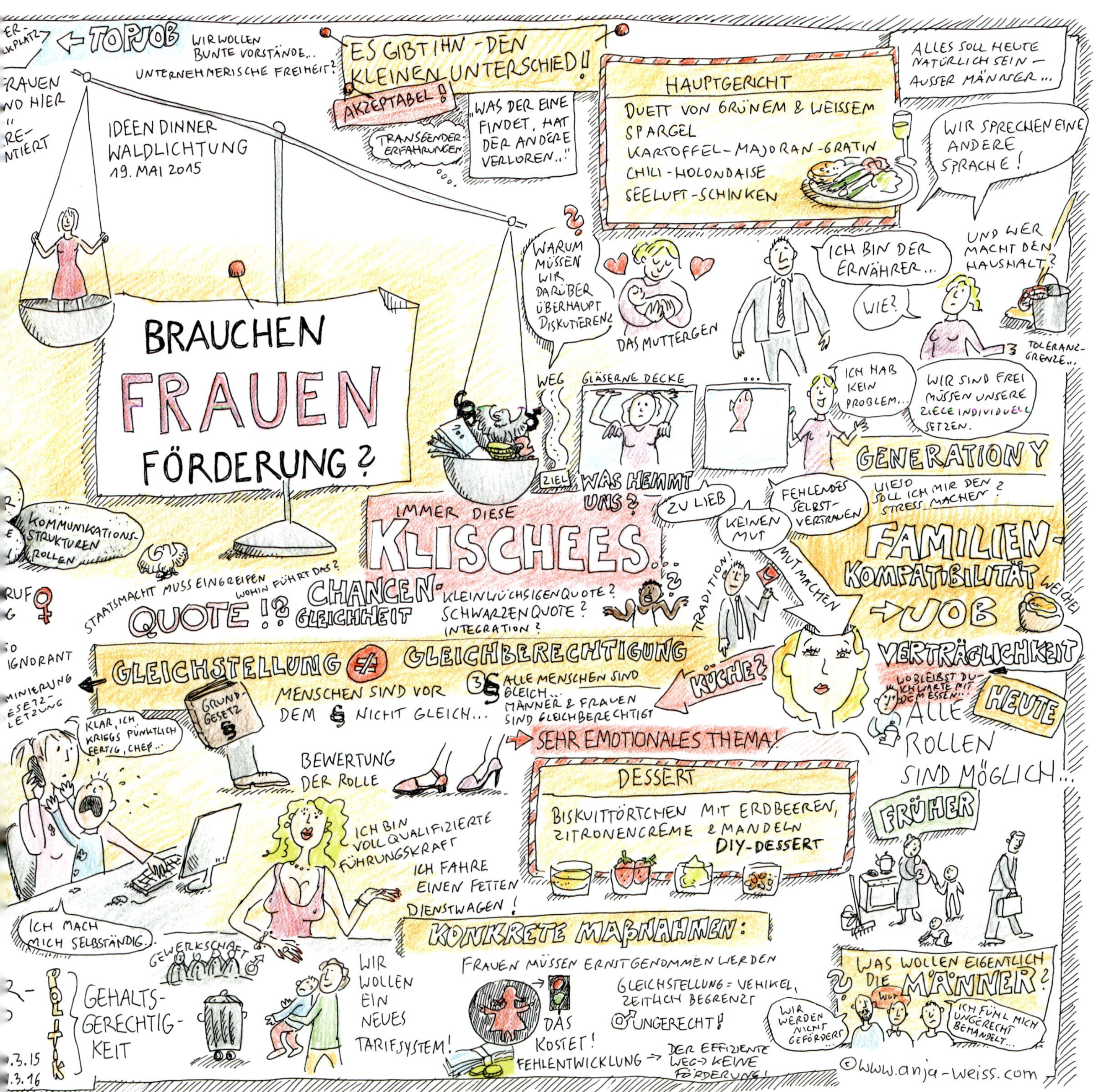
TOPJOB
WIR WOLLEN BUNTE VORSTÄNDE...
UNTERNEHMERISCHE FREIHEIT?
ES GIBT IHN – DEN KLEINEN UNTERSCHIED!
AKZEPTABEL!
TRANSGENDER-ERFAHRUNGEN
„WAS DER EINE FINDET, HAT DER ANDERE VERLOREN..."
HAUPTGERICHT
DUETT VON GRÜNEM & WEISSEM SPARGEL
KARTOFFEL-MAJORAN-GRATIN
CHILI-HOLONDAISE
SEELUFT-SCHINKEN
ALLES SOLL HEUTE NATÜRLICH SEIN – AUSSER MÄNNER...
WIR SPRECHEN EINE ANDERE SPRACHE!
IDEEN DINNER WALDLICHTUNG 19. MAI 2015
BRAUCHEN FRAUEN FÖRDERUNG?
WARUM MÜSSEN WIR DARÜBER ÜBERHAUPT DISKUTIEREN?
DAS MUTTERGEN
ICH BIN DER ERNÄHRER...
WIE?
UND WER MACHT DEN HAUSHALT?
TOLERANZGRENZE...
WEG
ZIEL
GLÄSERNE DECKE
ICH HAB KEIN PROBLEM...
WIR SIND FREI MÜSSEN UNSERE ZIELE INDIVIDUELL SETZEN.
GENERATION Y
WIESO SOLL ICH MIR DEN STRESS MACHEN?
WAS HEMMT UNS?
ZU LIEB
KEINEN MUT
FEHLENDES SELBSTVERTRAUEN
KOMMUNIKATIONSSTRUKTUREN ROLLEN
IMMER DIESE KLISCHEES...
FAMILIEN-KOMPATIBILITÄT
WEICHEI
→ JOB VERTRÄGLICHKEIT
STAATSMACHT MUSS EINGREIFEN
WOHIN FÜHRT DAS?
QUOTE!?
CHANCENGLEICHHEIT
KLEINWÜCHSIGENQUOTE?
SCHWARZENQUOTE?
INTEGRATION?
TRADITION!
MUT MACHEN
GLEICHSTELLUNG ≠ GLEICHBERECHTIGUNG
KÜCHE?
MENSCHEN SIND VOR DEM § NICHT GLEICH...
3 § ALLE MENSCHEN SIND GLEICH... MÄNNER & FRAUEN SIND GLEICHBERECHTIGT
GRUNDGESETZ
IGNORANT
WO BLEIBST DU? ICH WARTE MIT DEM ESSEN...
HEUTE
ALLE ROLLEN SIND MÖGLICH...
KLAR, ICH KRIEGS PÜNKTLICH FERTIG, CHEF...
SEHR EMOTIONALES THEMA!
BEWERTUNG DER ROLLE
DESSERT
BISKUITTÖRTCHEN MIT ERDBEEREN, ZITRONENCREME & MANDELN
DIY-DESSERT
ICH BIN VOLLQUALIFIZIERTE FÜHRUNGSKRAFT
ICH FAHRE EINEN FETTEN DIENSTWAGEN!
FRÜHER
ICH MACH MICH SELBSTÄNDIG.
KONKRETE MAẞNAHMEN:
GEWERKSCHAFT
GEHALTSGERECHTIGKEIT
WIR WOLLEN EIN NEUES TARIFSYSTEM!
FRAUEN MÜSSEN ERNSTGENOMMEN WERDEN
DAS KOSTET!
GLEICHSTELLUNG = VEHIKEL, ZEITLICH BEGRENZT
♂ UNGERECHT!
FEHLENTWICKLUNG → DER EFFIZIENTE WEG → KEINE FÖRDERUNG!
WAS WOLLEN EIGENTLICH DIE MÄNNER?
WIR WERDEN NICHT GEFÖRDERT...
ICH FÜHL MICH UNGERECHT BEHANDELT...
©www.anja-weiss.com

BEISPIEL 4

Stadt Hannover, öffentliche Anhörung. Dieses Graphic Recording ist ein Beispiel, wie sich Dinge auch vereinfachen lassen. Das erste Bild ist während einer öffentlichen Anhörung auf dem Format A3 entstanden und mit Buntstiften coloriert. Ich hatte den Ehrgeiz, protokollhaft zu erfassen, was in der Debatte vor sich ging – und das war eine Menge … Das Bild ist sehr voll und ziemlich unübersichtlich und wie bei einem klassischen Schriftprotokoll hat man nicht wirklich Lust, in die Detailaussagen einzusteigen. Allerdings wurde auch sehr viel geredet, aber nicht wirklich viel gesagt, das wurde mir beim Mitschreiben klar. Aber der rote Faden, das Wesentliche der Aussagen ist verloren gegangen. Die verschiedenen Aussagen wiederholten sich in der ein oder anderen Form. Daher habe ich mir die Mühe gemacht und das Ganze später noch einmal in einem neuen Bild zusammengefasst.

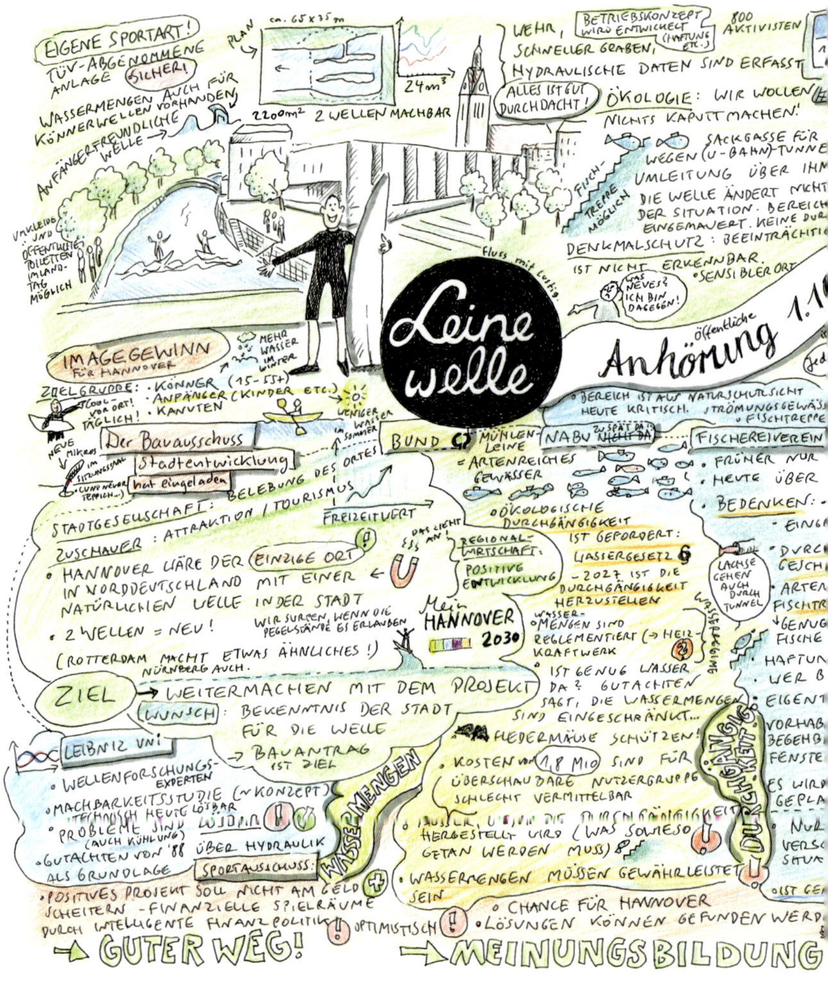

Das zweite Bild ist sehr übersichtlich und daher auch sehr aussagekräftig. Der rote Faden ist hier wieder vorhanden. Ich habe das Bild auf A4 angelegt, gescannt und am Computer bearbeitet und coloriert. Das Bildelement mit dem Logo, dem Surfer und dem Stadtbild fand ich sehr gelungen und habe es deshalb für das neue Bild übernommen. Diese Neubearbeitung ist genau genommen kein Graphic Recording mehr, da es nicht spontan entstanden ist. Aber es ist ein Bild, eine Illustration des Themas, auf Grundlage und im Stil des Graphic Recordings.

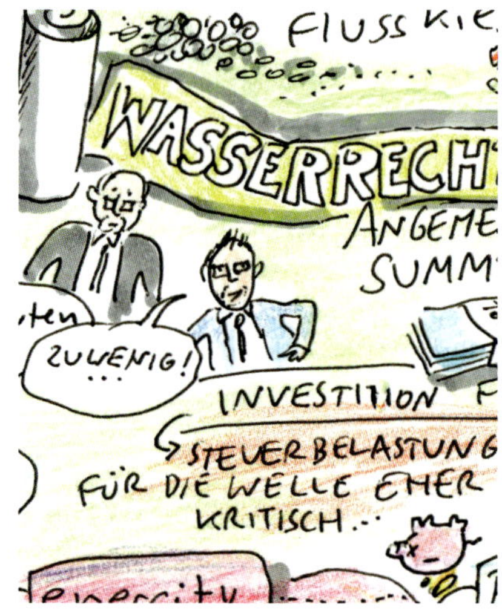

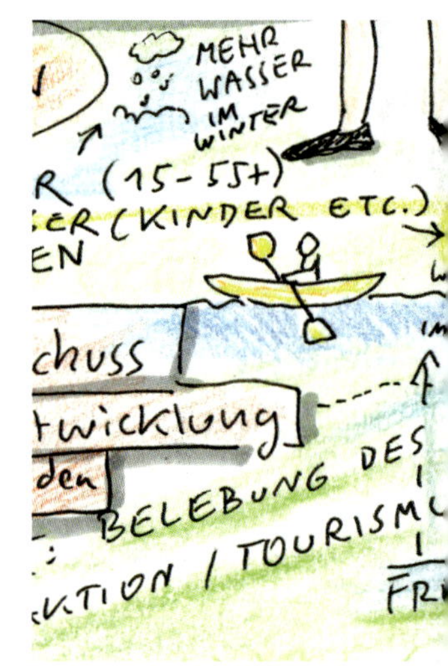

Details

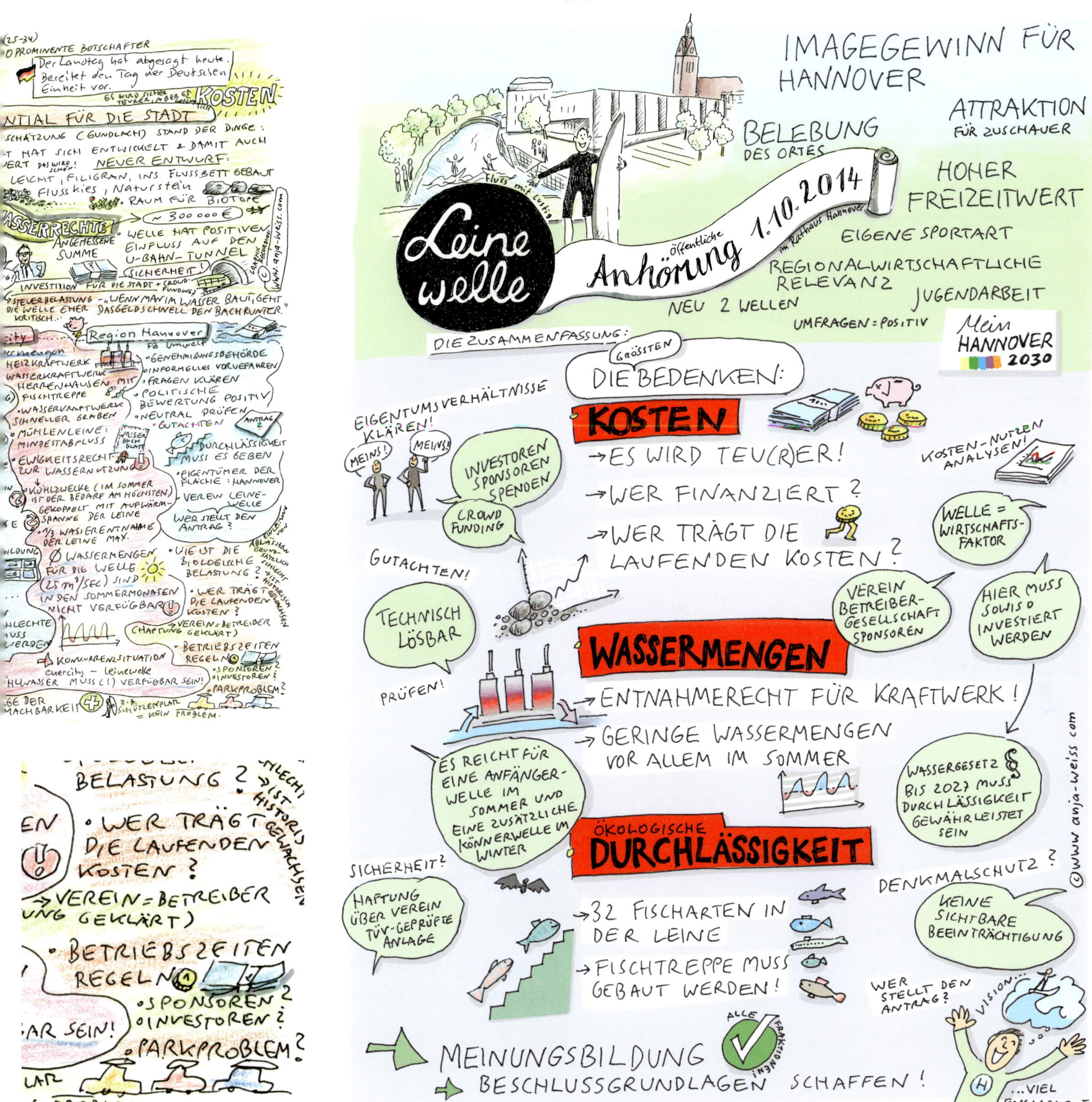

IMAGEGEWINN FÜR HANNOVER
BELEBUNG DES ORTES
ATTRAKTION FÜR ZUSCHAUER
HOHER FREIZEITWERT
EIGENE SPORTART
REGIONALWIRTSCHAFTLICHE RELEVANZ
JUGENDARBEIT
NEU 2 WELLEN
UMFRAGEN = POSITIV
Leine welle
öffentliche Anhörung 1.10.2014 im Rathaus Hannover
Mein HANNOVER 2030
DIE ZUSAMMENFASSUNG:
DIE GRÖSSTEN BEDENKEN:
KOSTEN
→ES WIRD TEU(R)ER!
→WER FINANZIERT?
→WER TRÄGT DIE LAUFENDEN KOSTEN?
EIGENTUMSVERHÄLTNISSE KLÄREN!
MEINS! MEINS!
INVESTOREN SPONSOREN SPENDEN
CROWD FUNDING
KOSTEN-NUTZEN ANALYSEN!
WELLE = WIRTSCHAFTSFAKTOR
GUTACHTEN!
TECHNISCH LÖSBAR
PRÜFEN!
VEREIN BETREIBER-GESELLSCHAFT SPONSOREN
HIER MUSS SOWIESO INVESTIERT WERDEN
WASSERMENGEN
→ENTNAHMERECHT FÜR KRAFTWERK!
→GERINGE WASSERMENGEN VOR ALLEM IM SOMMER
ES REICHT FÜR EINE ANFÄNGERWELLE IM SOMMER UND EINE ZUSÄTZLICHE KÖNNERWELLE IM WINTER
WASSERGESETZ § BIS 2027 MUSS DURCHLÄSSIGKEIT GEWÄHRLEISTET SEIN
ÖKOLOGISCHE DURCHLÄSSIGKEIT
SICHERHEIT?
HAFTUNG ÜBER VEREIN TÜV-GEPRÜFTE ANLAGE
→32 FISCHARTEN IN DER LEINE
→FISCHTREPPE MUSS GEBAUT WERDEN!
DENKMALSCHUTZ?
KEINE SICHTBARE BEEINTRÄCHTIGUNG
WER STELLT DEN ANTRAG?
VISION...
...VIEL ENGAGEMENT
MEINUNGSBILDUNG
ALLE FRAKTIONEN!
BESCHLUSSGRUNDLAGEN SCHAFFEN!
©www.anja-weiss.com

BEISPIEL 5

Gottesdienst. Hier ist noch ein Beispiel, wie sich Dinge vereinfachen lassen. Das erste Bild ist während eines Friedensgebetes in einer überfüllten Kirche auf dem Format A4 entstanden. Hier war es mir vor allem wichtig, die Stimmung einzufangen. Es gefällt mir in seiner Spontaneität auch sehr gut, aber der Text steht etwas gequetscht. Ich wollte es noch stärker auf das Wesentliche reduzieren und dem Bild etwas mehr Leichtigkeit geben. Deshalb habe ich es im Anschluss in Ruhe noch einmal gezeichnet, ebenfalls auf A4, und auch ein wenig Farbe integriert. Das zweite Bild gibt die Stimmung, die Anteilnahme und die Hoffnungen viel besser wieder als das erste.

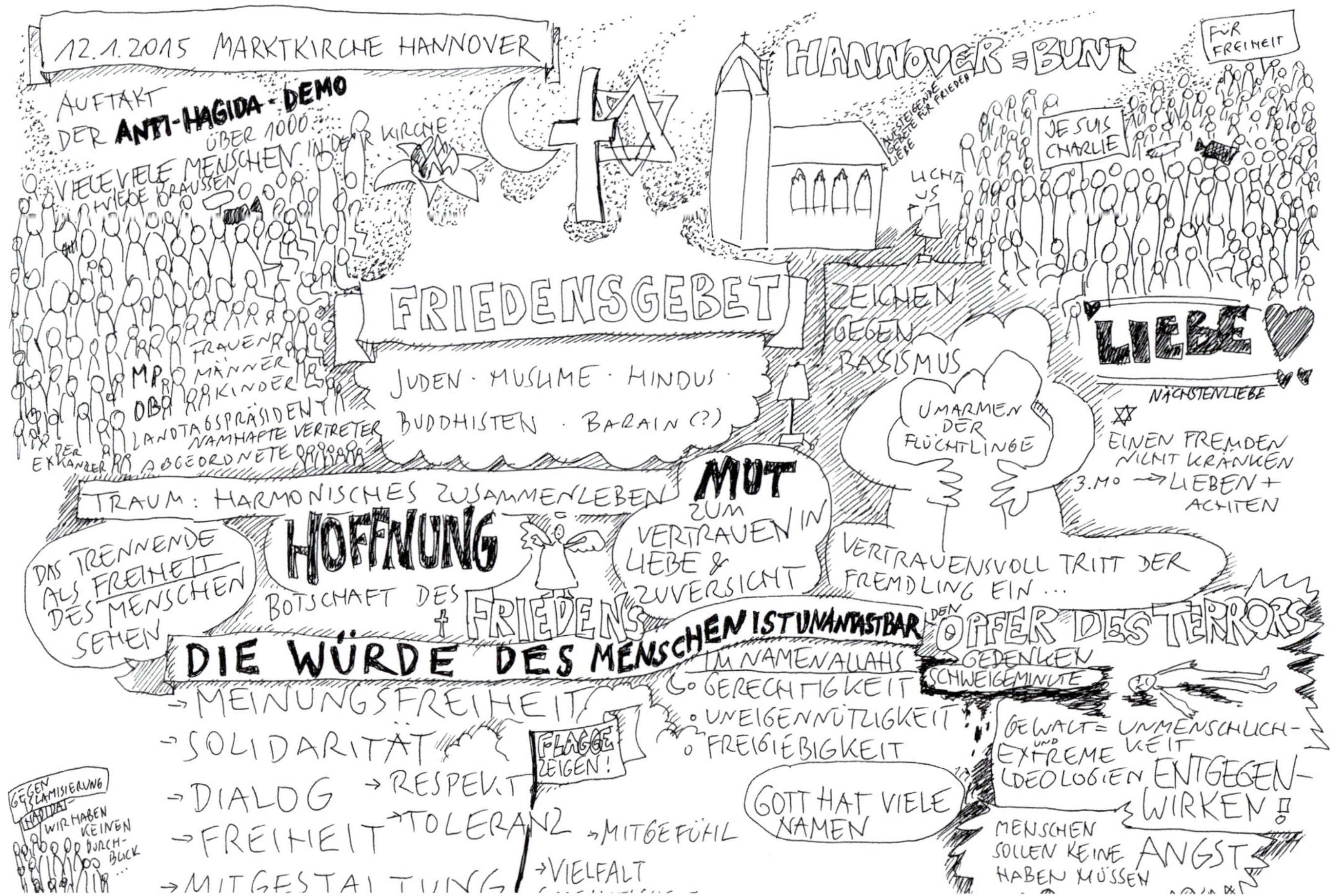

Spontan entstanden

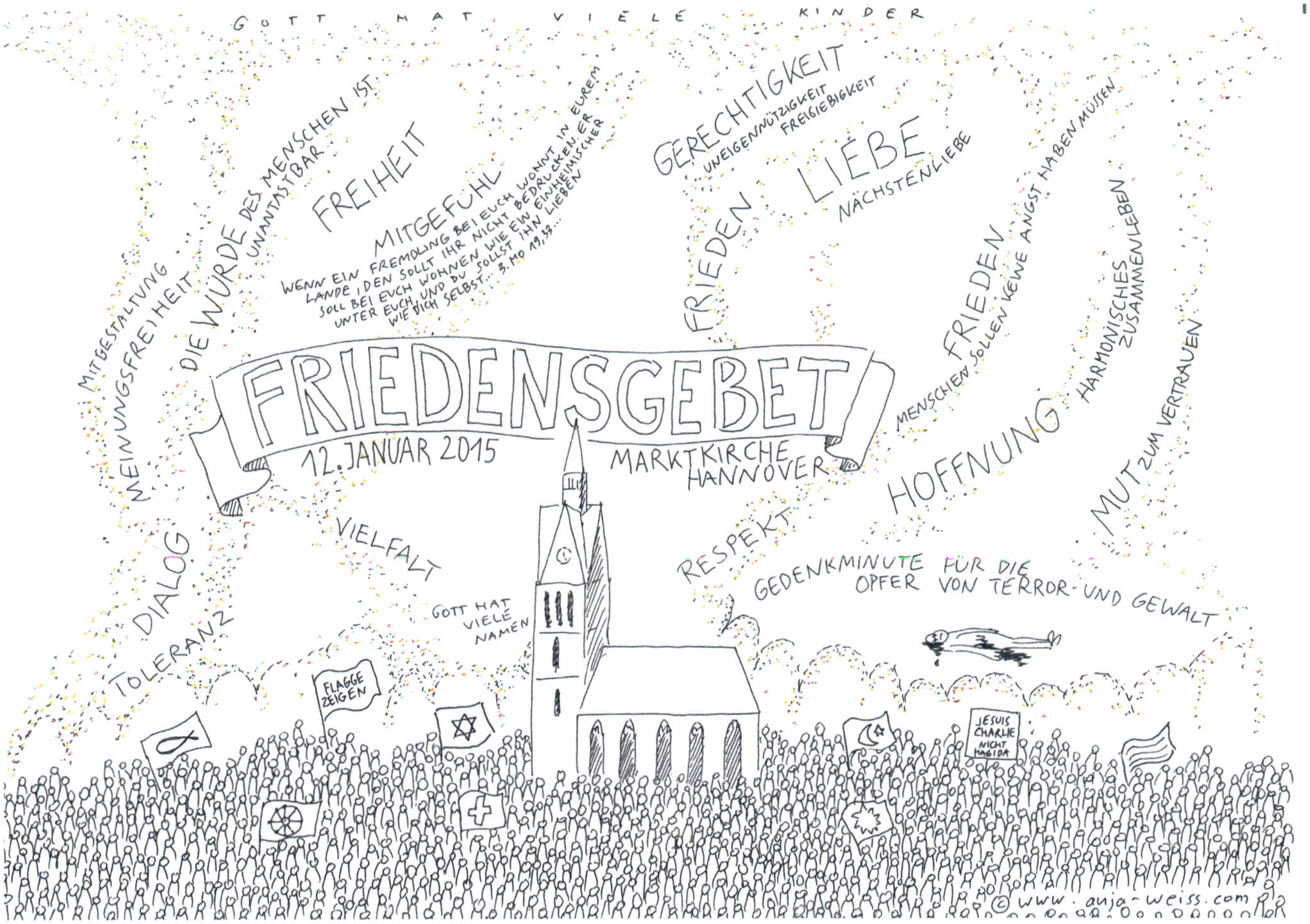

Nachgearbeitet

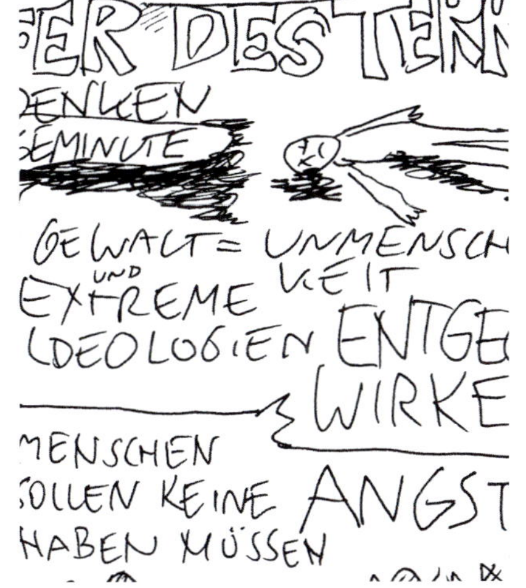

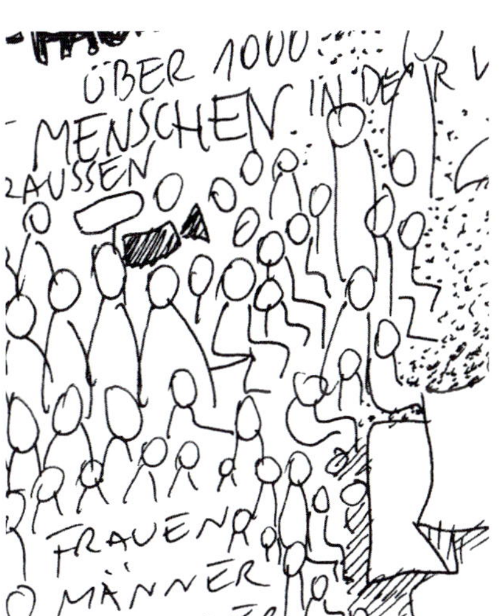

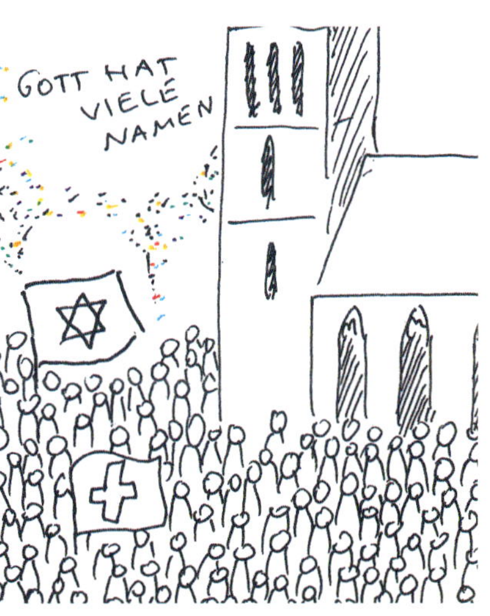

Details

BEISPIEL 6

Fachtagung Werkstattschule & Bildungswerk ver.di. Bei dieser Veranstaltung gab es einen Vortrag und eine Workshopphase, also ergebnisorientiertes und prozessorientiertes Graphic Recording. Das ist eine beliebte Mischung bei Tagungen. Fünf Workshops lassen sich aber bei begrenzter Zeit nicht vollständig begleiten. Daher habe ich die Hauptmotive mit der Logoleiste zu Hause vorgearbeitet. Ich habe alle Workshopräume ein- oder zweimal besucht und meine Eindrücke schlaglichtartig notiert. Die großen Bilder waren zentral im Forum platziert. Dort habe ich dann die Notizen übertragen und Farbe ins Bild gebracht. Am Ende gab es im Forum eine kurze Fazitrunde. So konnte ich die einzelnen Bilder vervollständigen.

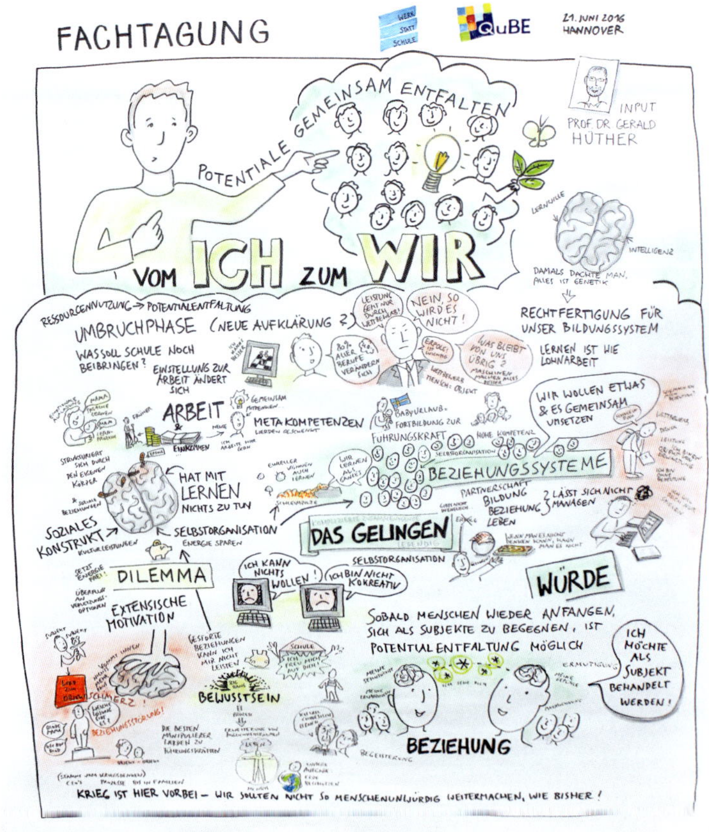

Vortrag Prof. Dr. Gerald Hüther

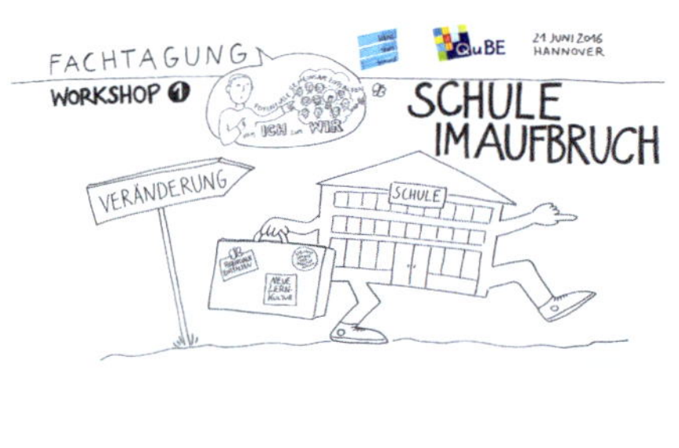

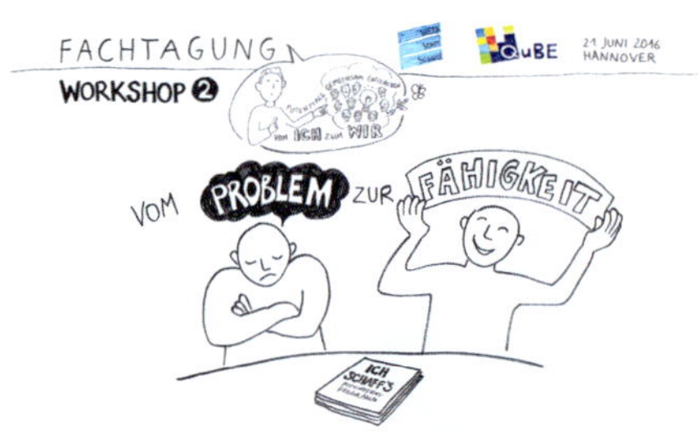

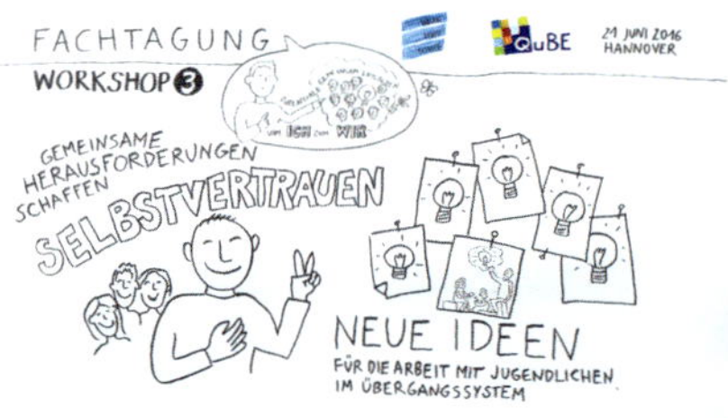

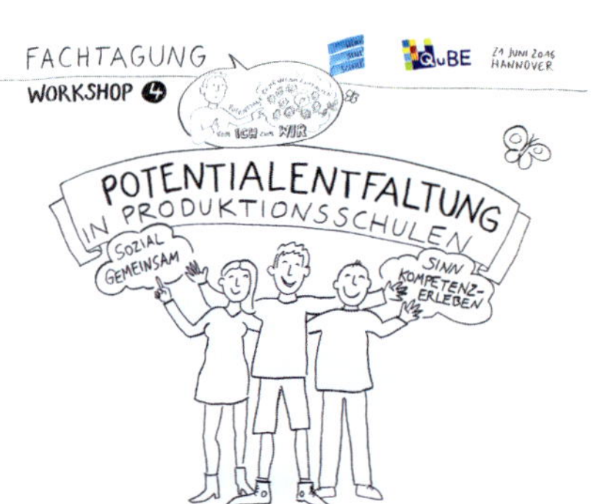

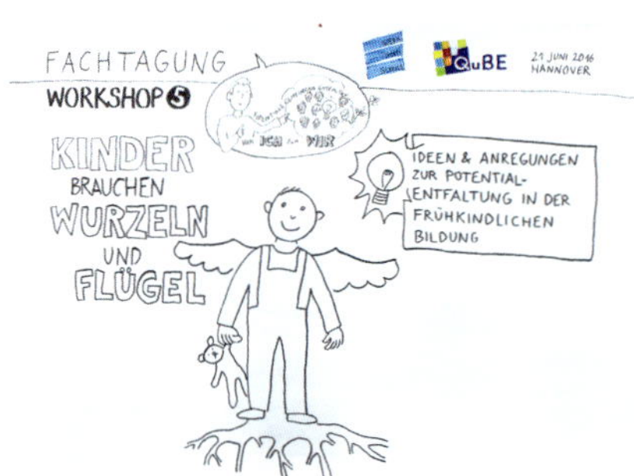

Vorbereitete Motive

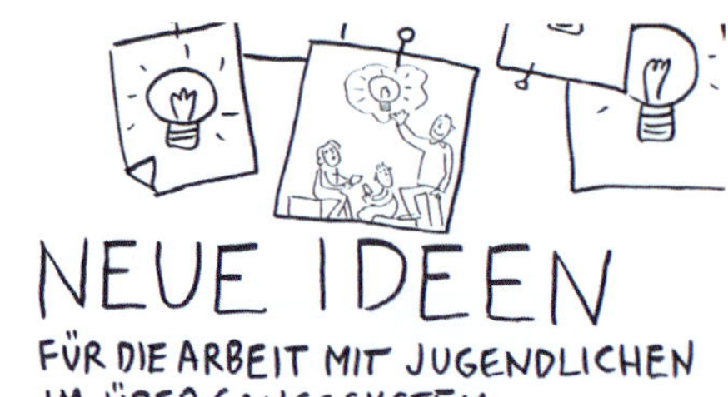

Ausschnitt

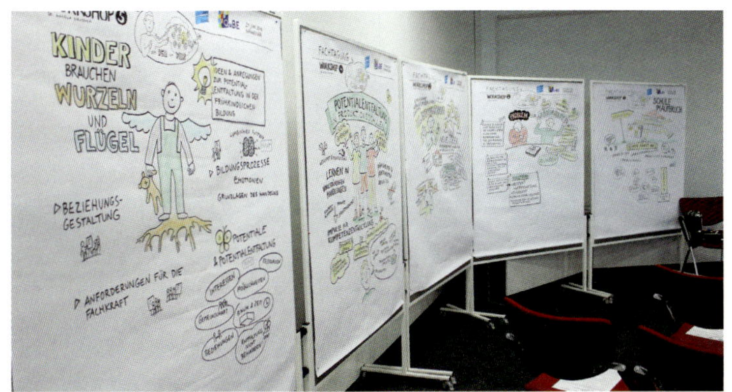

Vor der Schlussrunde

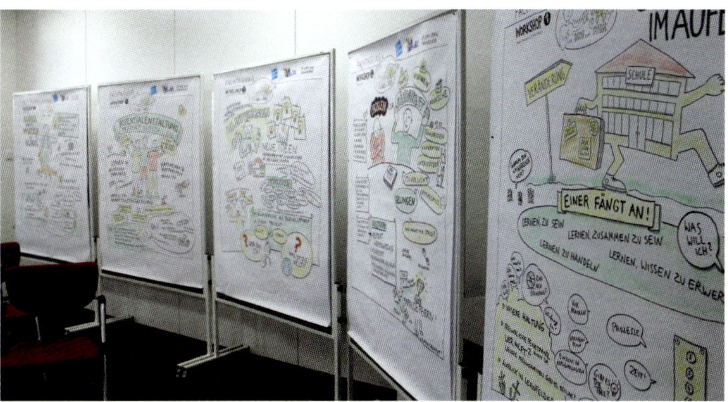

Nach der Schlussrunde

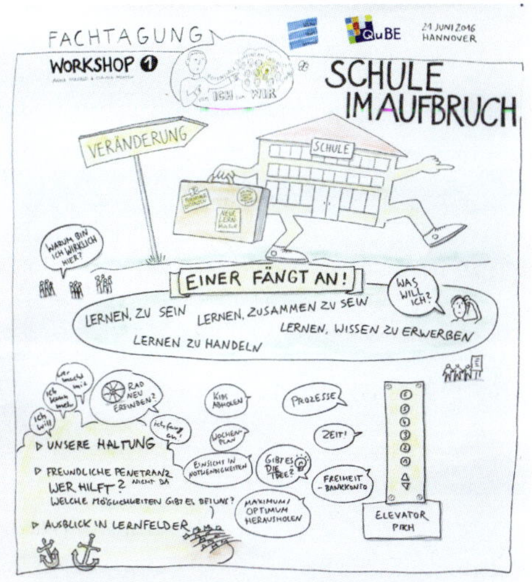

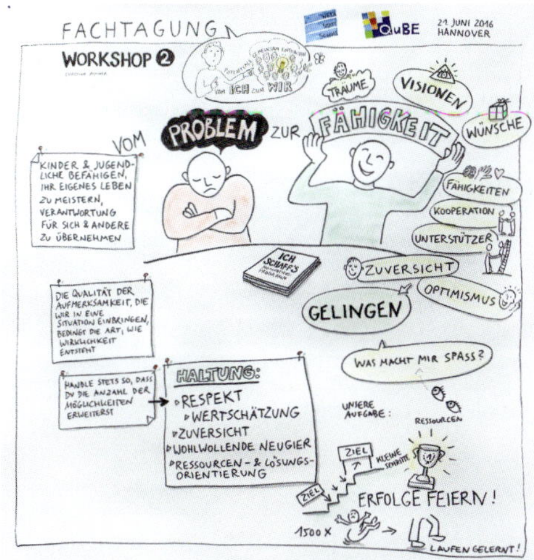

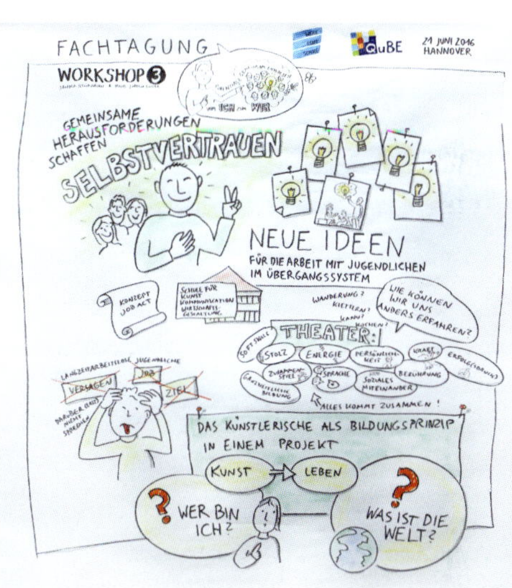

Abgeschlossene Motive

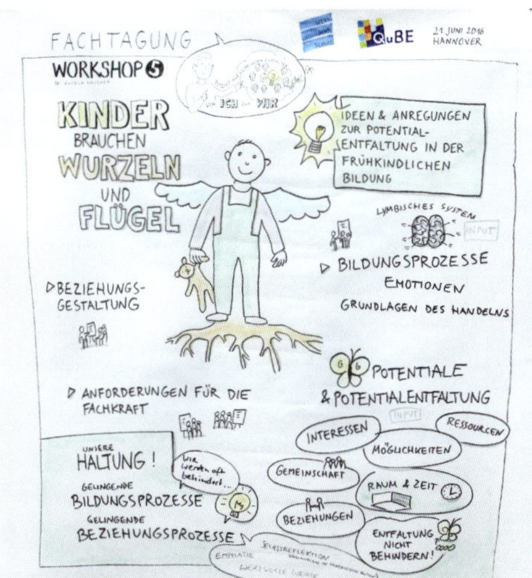

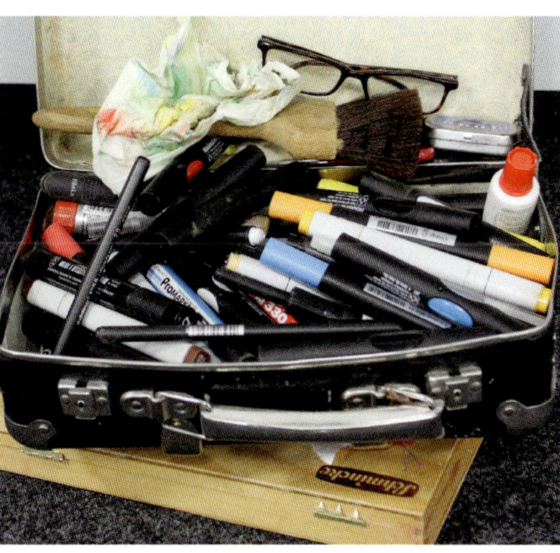

Mein Materialkoffer nach der Veranstaltung

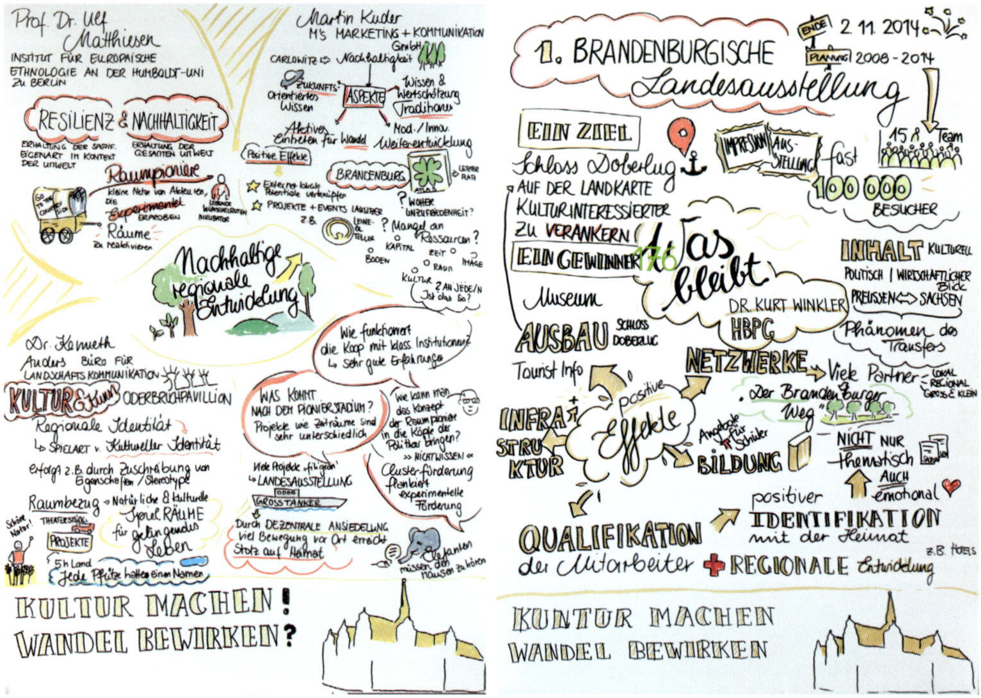

Tanja Wehr · www.sketchnotelovers.de

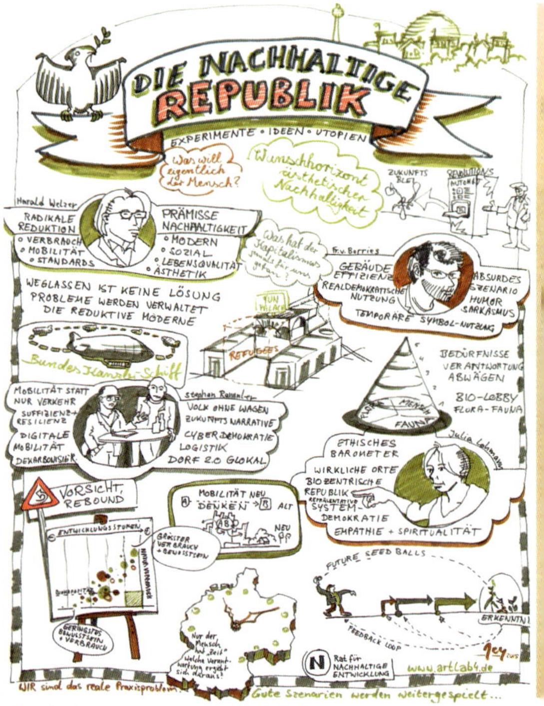

Joy Lohmann · www.artlab4.de

BEISPIELE VON KOLLEGEN

Tanja Föhr · www.tanjafoehr.com

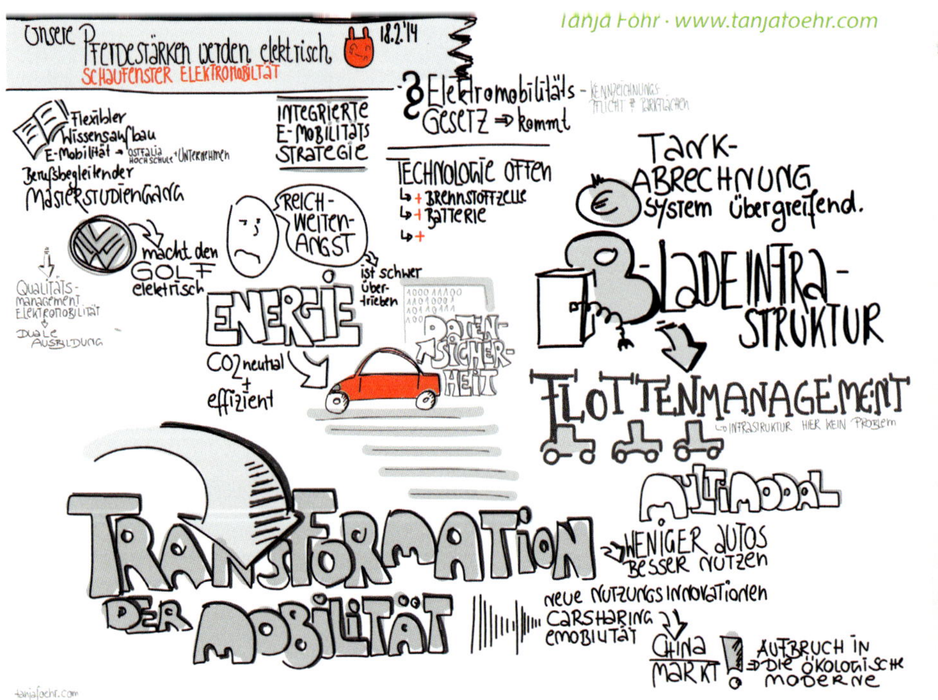

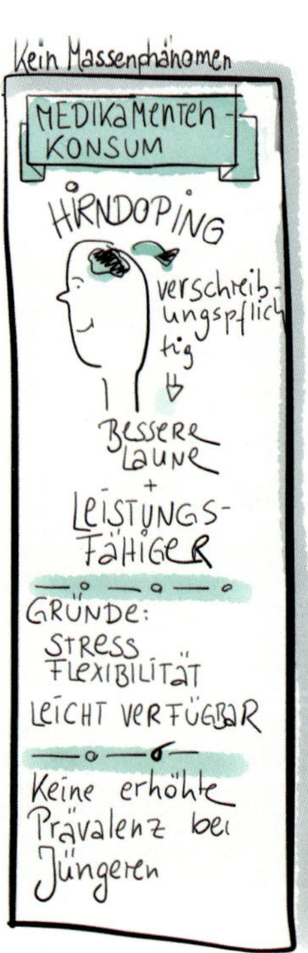

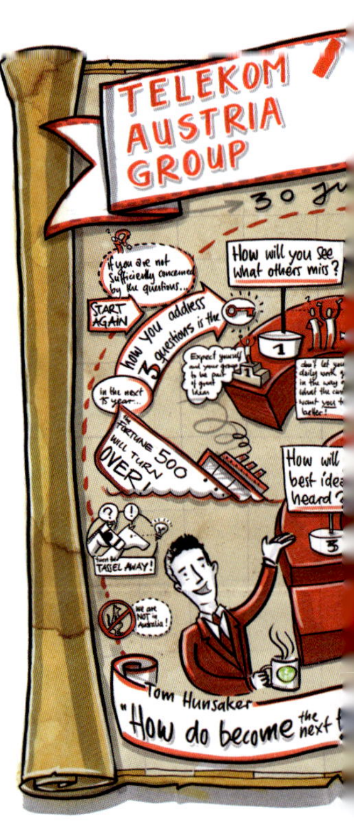

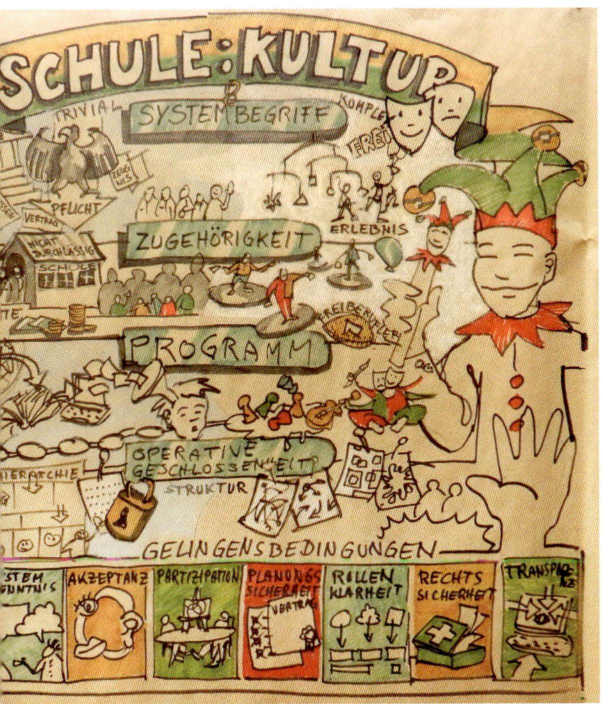

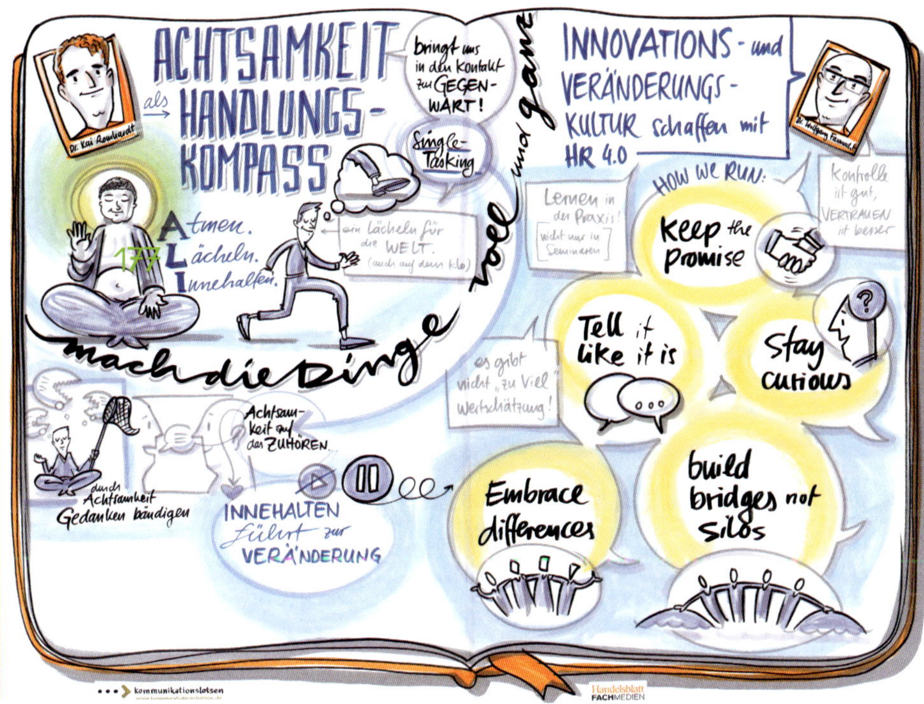

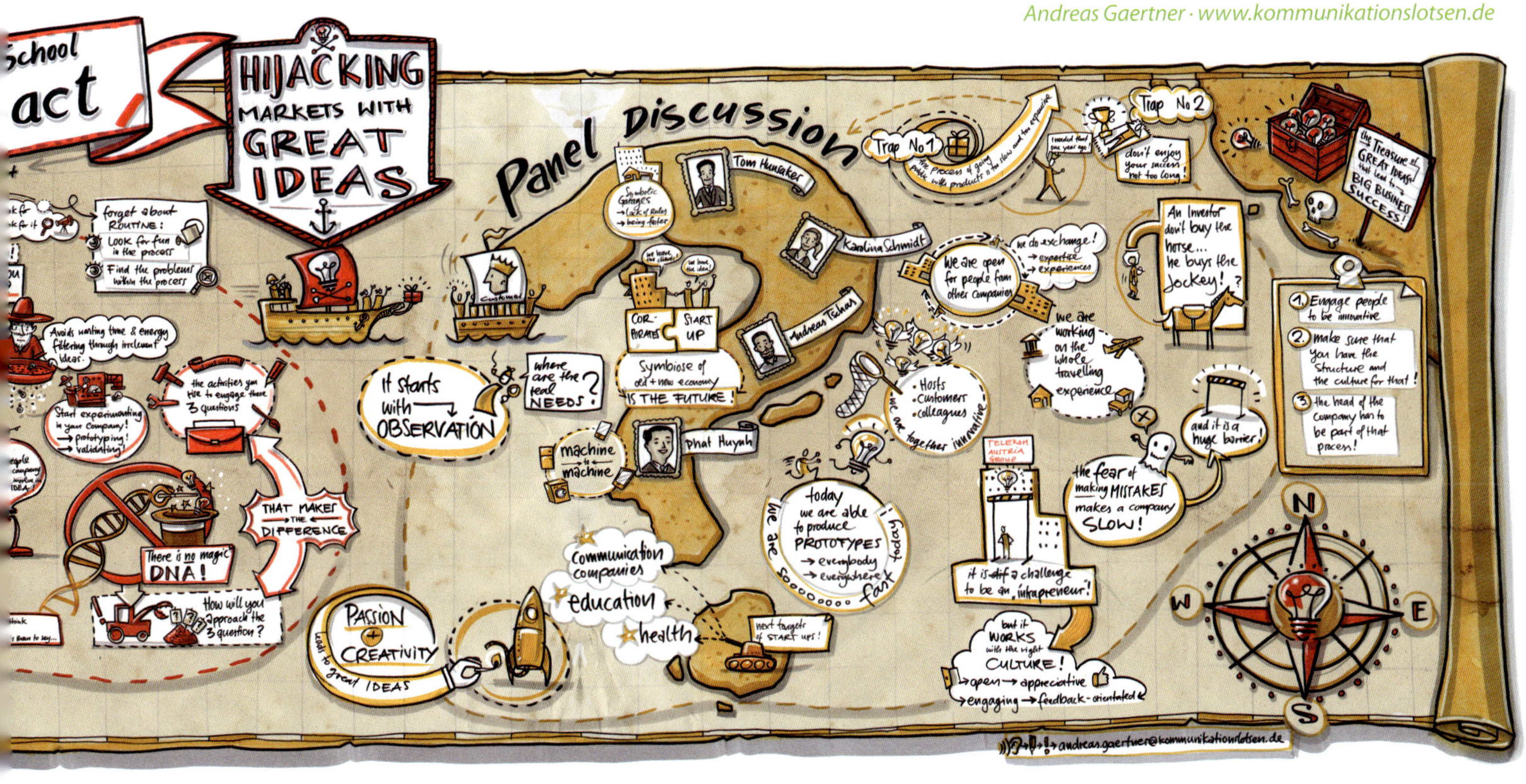

Andreas Gaertner · www.kommunikationslotsen.de

TIPPS & TRICKS

Wenn es zu schnell geht

Cool bleiben! Wenn ein Input inhaltlich sehr komplex ist und der Redner auch noch sehr schnell spricht, komme ich mit dem Erfassen der Inhalte manchmal nicht mit. In solchen Fällen notiere ich mir entweder die Stichworte mit Bleistift direkt auf das Format und lasse entsprechend Platz drumherum oder ich erfasse erst nur den Text und ergänze passende Bildelemente später. Im Laufe der Veranstaltung oder im Anschluss arbeite ich dann nach, ergänze Text und Bilder und radiere die Bleistiftnotizen weg, damit sie nicht durchscheinen, bevor ich mit Farbe arbeite. Die Radierkrümel können hässliche Schmierereien verursachen. Daher habe ich immer einen großen weichen Pinsel zum Wegfegen dabei.

Wenn der Platz nicht reicht

Wenn der Platz nicht reicht, die Veranstaltung zeitlich dem Ende nahe ist und dann aber im letzten Moment noch echte inhaltliche Highlights auftauchen oder die Diskussion in eine Verlängerung geht, gibt es ein Problem. Mir ist das zwar noch nicht passiert, aber ich rechne immer damit. Für den Fall habe ich immer Extrapapier, Schere und Kleber parat. Mein Plan ist, dann auf einem neuen Papier weiter zu arbeiten und im Anschluss z. B. Sprechblasen oder Container auszuschneiden und sie an den Rand des entstandenen Bildes zu heften, also sozusagen an das Format anzubauen. Es gibt Kollegen, die arbeiten mit querformatigem Papier von der Rolle. Auf diese Art kann man linear arbeiten und immer entsprechend dem Bedarf Fläche zugeben. Dafür braucht man allerdings spezielles Equipment.

Mit Fehlern umgehen

Graphic Recording erfordert volle Aufmerksamkeit. Fehler passieren da einfach. Zwei meiner Lieblingsfehler sind die Worte »Standard« und »eigentlich« – ich muss immer überlegen, ob sie mit »d« oder »t« geschrieben werden. Auch Namen oder Fachabkürzungen lassen sich bei einmaligem Hören nicht immer schnell erfassen. Halten Sie sich nicht damit auf. Bleiben Sie fehlerfreundlich. Es gibt viele Methoden, mit falsch geschriebenen Worten umzugehen. Manchmal kommen Korrekturen aus dem Publikum oder bei intimeren Veranstaltungen bitte ich immer darum, mir zu helfen und mich aufmerksam zu machen, wenn ich etwas nicht richtig erfasst habe. Korrekturen sind mit Tipp-Ex oder dem Überkleben mit dem verwendeten Papier möglich. Man kann Fehler aber auch einfach durchstreichen und das richtige Wort danebenschreiben.

Wenn man nicht versteht, worum es gerade geht

Ich fühle mich sicher, wenn ich genau weiß, worum es bei einer Veranstaltung geht und wovon die Rede ist. Aber das ist nicht immer der Fall. Manche Themengebiete fallen mir persönlich leichter als andere. Das hat etwas mit dem eigenen Vorwissen und mit Vorlieben zu tun.

Ich muss das jeweilige Fachgebiet nicht wirklich bis ins Detail verstehen. Ich bin Zeichnerin und bin in meinem Fachgebiet Expertin. Daher brauche ich auch z.B. nicht jede fachinterne Abkürzung zu kennen. Hauptsache die Akteure wissen, wovon die Rede ist. Aber ich bin ein guter Maßstab für schlechte Präsentationen. Ein Vortrag – auch ein Fachvortrag – sollte möglichst gut strukturiert und verständlich sein. Wenn es chaotisch zugeht, spiegelt sich das in meinem Bild wider.

Bei sehr komplexen Inhalten und umfangreichen Präsentationen mit Folien voller Zahlen, Daten und Fakten, die in kürzester Zeit vorgetragen werden, sollte man sich aber besonders gut vorbereiten und sich in das Thema einlesen. In Absprache mit dem Auftraggeber und wenn es eine vorbereitete Präsentation gibt, kann man auch vorschlagen, das Bild vorgezeichnet mitzubringen und dann live nachzuzeichnen.

Sonderwünsche

Wenn der Wunsch nach einem besonders großen Format besteht und das Erstellen der Zeichnung schon rein physisch einen höheren Zeiteinsatz abverlangt, als die Veranstaltung dauert, sollte unbedingt vorgezeichnet werden. Das ist dann allerdings kein echtes Graphic Recording mehr, da die Inhalte nicht mehr simultan und spontan mitgezeichnet werden. Ich nenne das in einem solchen Fall lieber Eventzeichnerei. Aber die Grenzen sind da manchmal fließend.

Körpereinsatz

Ich habe nach einem Einsatz oft Muskelkater in Armen und Beinen. Am Anfang habe ich mich darüber gewundert, wo das herkommt. Aber da ich in der Regel an einer Metaplanwand arbeite, gibt es Bereiche, die ich nur in der Hocke, auf den Knien oder mit gestreckten Armen erreiche. Nicht immer habe ich einen Stuhl zur Verfügung, um auch im Sitzen arbeiten zu können. Wenn Sie Knieprobleme haben, sollten Sie sich ein Kissen zum Unterlegen mitnehmen oder, wenn Sie sehr klein sind, einen stabilen Hocker zum Draufsteigen. Eine kleine LED-Lampe kann auch sehr nützlich sein, wenn der Raum stark abgedunkelt ist und Sie fast blind arbeiten.

Überfordern Sie sich nicht. Ein dreitägiges Seminar zu begleiten ist nicht nur geistige, sondern auch körperliche Schwerstarbeit. Wenn Sie Ihre ersten Erfahrungen mit Graphic Recording sammeln, werden Sie schnell merken, wo Ihr persönliches Limit im konzentrierten Zuhören ist. Planen Sie unbedingt Pausen ein. Wenn ich zwei Tage gearbeitet habe, kann ich nicht am Tag darauf die nächste Veranstaltung begleiten. Meine Gedanken müssen erst zur Ruhe kommen, damit ich mich wieder auf neue Themen einlassen kann.

NACHARBEIT

Was passiert anschließend mit dem fertigen Bild?
In der Regel wird das Bild noch während des Events ausgestellt und bei der Gelegenheit von vielen Teilnehmern bewundert, abfotografiert und oft sofort in diverse soziale Netzwerke eingespeist. Es ist sehr befriedigend, weil es immer sofort Zuschauerreaktionen und ein spontanes Feedback vom Auftraggeber gibt. Das passiert natürlich nur bei öffentlichen Veranstaltungen. Ich überlasse das Bild immer inklusive aller Nutzungsrechte dem Auftraggeber. So gibt es später keine Probleme mit der weiteren Verwendung. Der Auftraggeber ist dann frei und kann das Bild in digitalisierter Form für die Nachbereitung der Veranstaltung, für interne Zwecke oder für sonstige Werbemaßnahmen in Print- und Onlinemedien einsetzen. Man kann mit dem Kunden vereinbaren, dass bei jeder Veröffentlichung der eigene Name genannt wird.

Im Anschluss an die Veranstaltung kann das Bild entweder so wie es ist oder auf stabilen Karton aufgezogen oder gerahmt in den Räumlichkeiten des Unternehmens aufgehängt werden. Ich erlebe oft, dass sich die Kunden selber darum kümmern möchten. Vielleicht bedeutet das, dass das Graphic Recording noch ein paar Tage mit Kreppband an eine graue Wand in einem engen dunklen Durchgangsflur angeklebt wird – wenn überhaupt – und dann bald in irgendeinem staubigen Archiv oder wahrscheinlich sogar eher im Altpapier verschwindet. Ich schreibe in der Nacharbeitsphase mindestens noch eine Mail mit meinen Eindrücken aus der Veranstaltung. Manchmal sind die Auftraggeber selber nicht auf der Veranstaltung anwesend. In diesen Fällen bitte ich nachträglich um ein schriftliches Feedback.

In einem Fall gab es kein Feedback. Einmal hatte ich eine Führungskräfteveranstaltung in einer Behörde begleitet (mein Honorar wurde also aus Steuergeldern beglichen). Ich hatte den Auftrag, die entstandenen Bilder auch digital und druckbar zu liefern. Meine Ansprechpartnerin war dann aber nicht mehr erreichbar und der Stellvertreter fragte am Telefon mit frostiger Stimme: »Und was soll ich jetzt damit?« … Aber das war eine Ausnahme, in den allermeisten Fällen wird meine Arbeit wertgeschätzt und entsprechend gut behandelt.

Digitalisierung und Reproduktion
Haben Sie während der Arbeit im Blick, was im Anschluss mit dem Bild geplant ist. Soll es reproduziert und im klassischen A4-Format nutzbar sein, dann achten Sie darauf, dass Ihre Schrift nicht zu klein wird, auch nicht, wenn eine kleinere, zweite Textebene eingeplant ist, z.B. für Kommentare aus dem Publikum. Später in der Reproduktion und beim Skalieren auf ein kleineres Format kann man zu kleine Schrift nicht mehr gut lesen. In der Regel wird das Bild einem schriftlichen Protokoll angehängt und dann

wahrscheinlich auf dem Standard-A4-Drucker ausgedruckt. Die beste Möglichkeit, das Bild digital zu nutzen, ist ein professioneller Scan. In Druckereien oder in gut ausgestatteten Copyshops kann man große Formate scannen lassen. Das ist ein Zusatzangebot, das man dem Kunden machen kann. Viele Kunden kümmern sich aber Inhouse oder beauftragen für die Digitalisierung einen Fotografen oder ihre Werbeagentur.

Ich mache immer Fotos von meiner Arbeit für mein eigenes Portfolio, aber die sind für eine professionelle Weiterverarbeitung in der Regel nicht gut geeignet. In der Regel werden sie unscharf, da ich oft in in schlecht beleuchteten Räumen arbeite oder es nach der Veranstaltung bereits dunkel ist.

Bildbearbeitung

Wenn ein professioneller Scan vorliegt, bearbeite ich das digitale Bild mit einem Standard-Bildbearbeitungsprogramm am Computer. So lassen sich eventuelle Fehler korrigieren, Schriften begradigen und ausgleichen und Ungewolltes herausretuschieren. Es lassen sich einzelne Bildausschnitte herauslösen und als Einzelbilder abspeichern oder neu kombinieren. In einem Fall war es Kundenwunsch, inhaltlich einiges umzubauen. Das ist eine etwas aufwendigere Bildbearbeitung, aber digital ebenfalls gut zu realisieren.

Illustration

Das Graphic Recording ist durch die Darstellung und Begleitung der Veranstaltung ein wesentlicher Teil des Unternehmensprozesses. Ich finde es sehr befriedigend, wenn aus einem prozessorientierten Graphic Recording in der Nacharbeit auch eine Illustration oder eine Abfolge von Illustrationen entstehen soll. Auf diese Weise nutzt ein Unternehmen das volle Potential, das in der Arbeit steckt.

Dieses Vorgehen in mehreren Schritten bietet sich bei Unternehmensprozessen an. Das können z. B. Workshops zu Unternehmenszielen, Werten, Visionen oder dem Unternehmensleitbild sein. Man kann die illustrative Aufarbeitung als Option in das Angebot für das Graphic Recording mit aufnehmen.

Wenn es eine illustrative Nachbearbeitung gibt, habe ich die Möglichkeit, die entstandenen Bildelemente zu überarbeiten, sie inhaltlich neu zu ordnen und zusammenzustellen und alles »ordentlicher« zu zeichnen, da ich nicht mehr schnell sein und spontan reagieren muss. So entsteht ein geplantes Bild, das dann als Plakat, in einer Broschüre oder auf der Website des Unternehmens veröffentlicht werden kann. Der Prozess hat einen sichtbaren Abschluss und ein anfassbares Ergebnis. Das Unternehmen kann dann die Ergebnisse des Prozesses im weiteren Arbeitsverlauf nutzen und nach außen kommunizieren.

KAPITEL 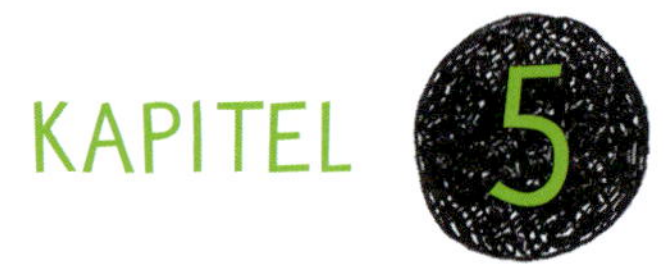

ILLUSTRATION

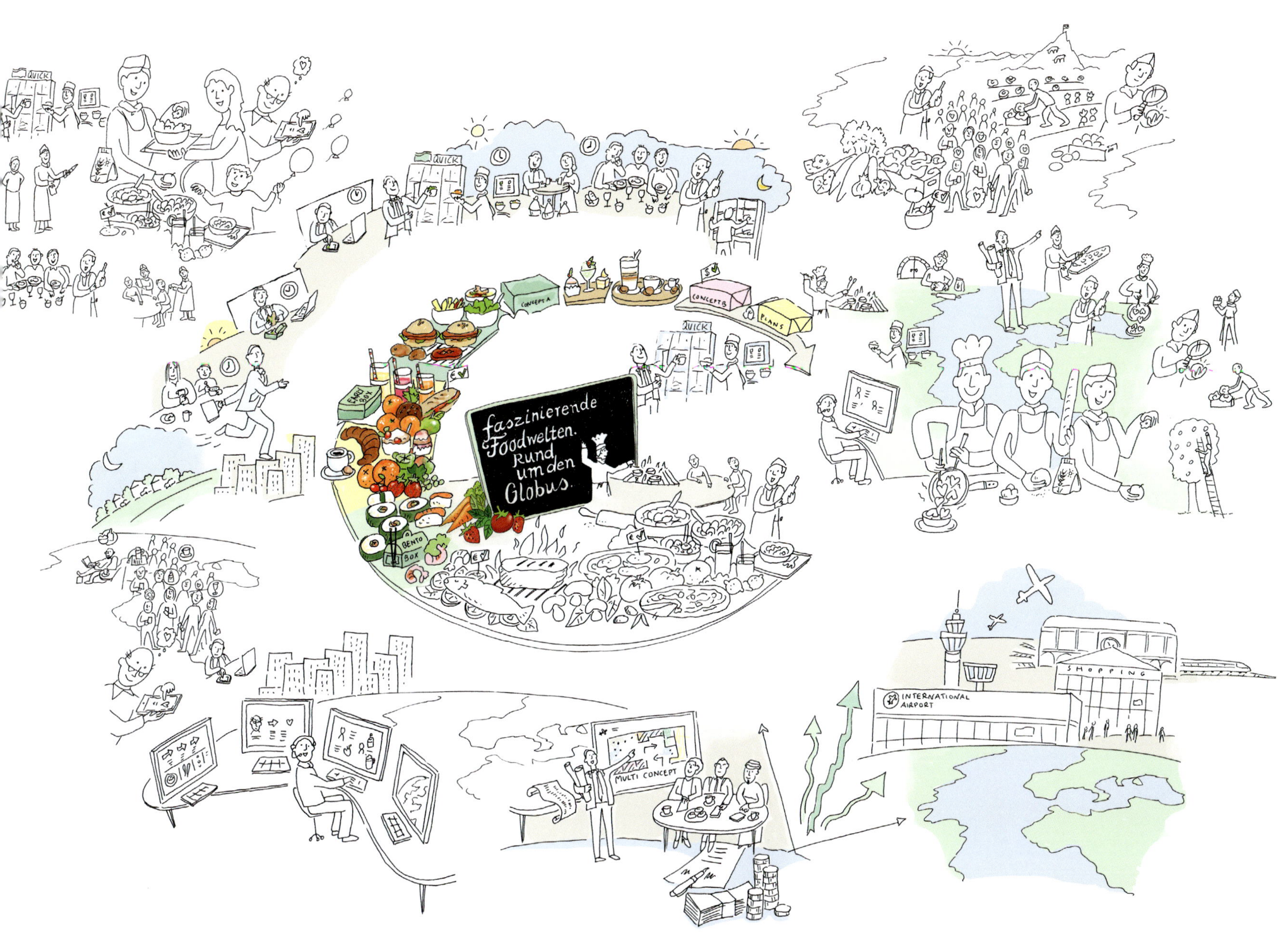
faszinierende Foodwelten. Rund um den Globus.
QUICK
CONCEPT A
CONCEPT B
PLANS
BENTO BOX
MULTI CONCEPT
INTERNATIONAL AIRPORT
SHOPPING

ILLUS

Von Sketchnotes oder Graphic Recording ist es zur Illustration nur ein kleiner Schritt. Eine Illustration ist ein Bild oder eine Bildabfolge, die einen Text oder eine Aussage untermalt. Sie entsteht geplant. Jeder Illustrator hat seine eigene Technik. Viele Illustratoren arbeiten analog und farbig mit gemischten Techniken, aber viele illustrieren auch direkt digital. Der schwarz-weiße Zeichenstil von Sketchnotes hat eine ganz eigene Lebendigkeit und lässt sich gut weiterverarbeiten. Wenn mal eine Linie nicht stimmt, der Rest aber schon, lässt sich das digital nacharbeiten. Die Zeichnung wird gescannt, bearbeitet und coloriert. Ich nutze die Möglichkeiten des Bildbearbeitungsprogramms oder arbeite mit eingescannten Farbflächen, die ich hinter die Zeichnung lege.

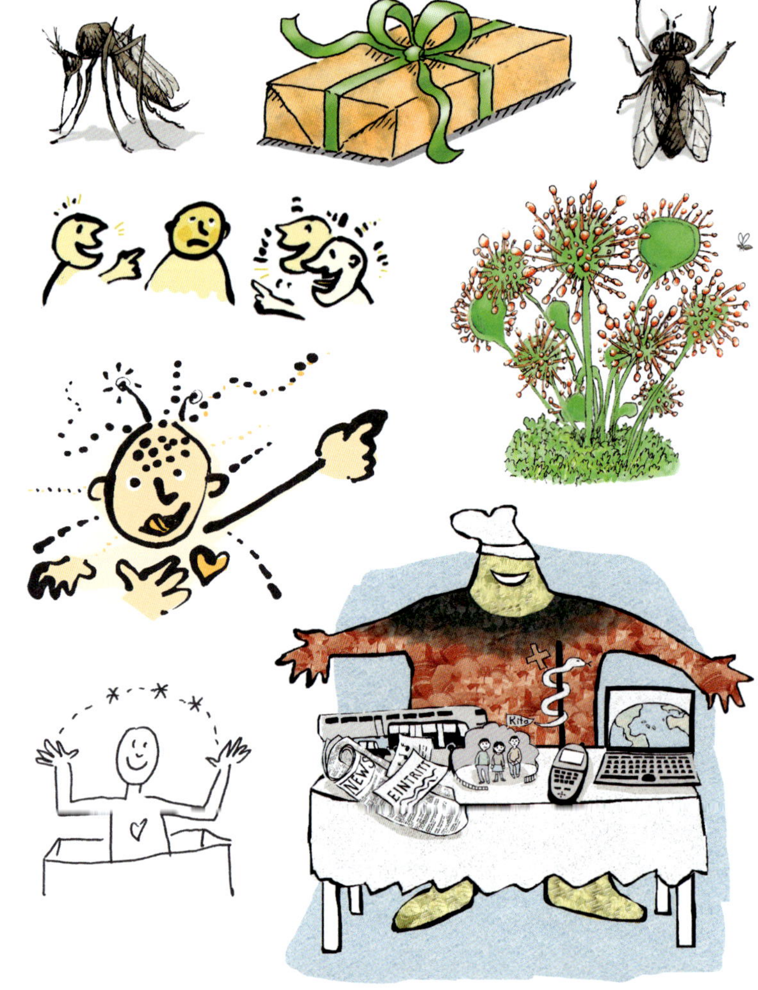

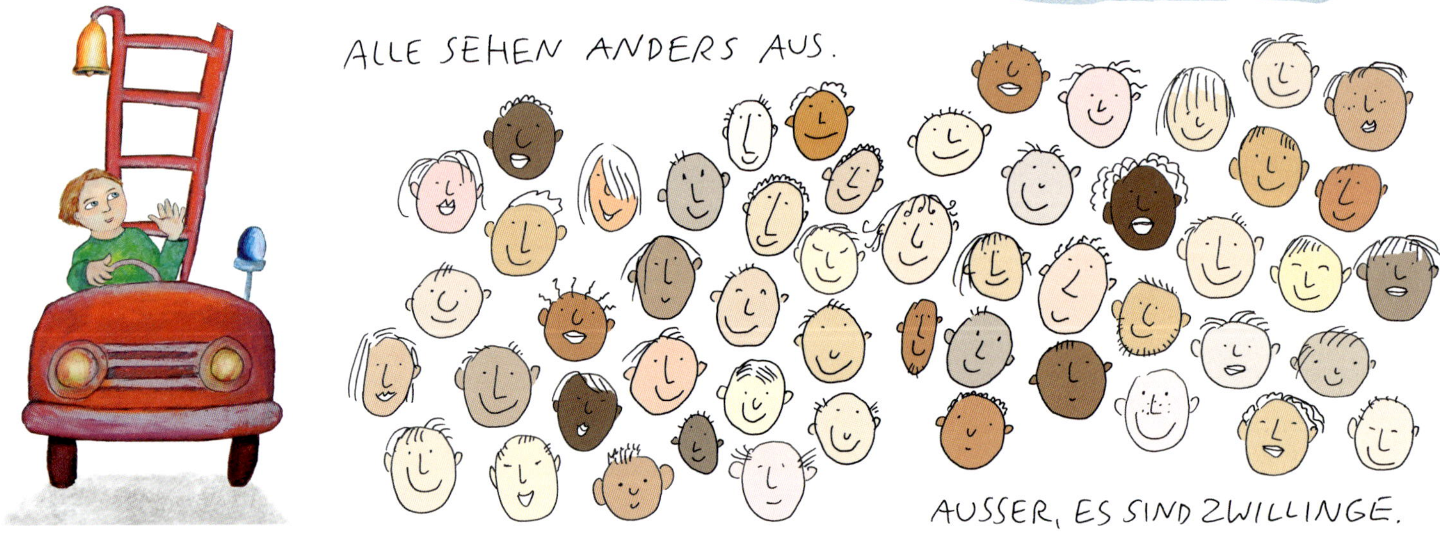

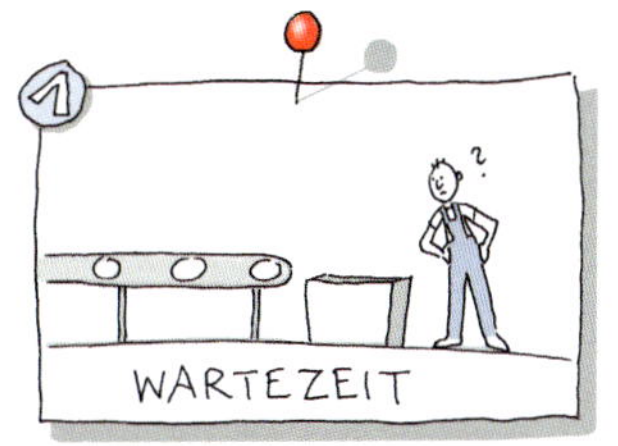

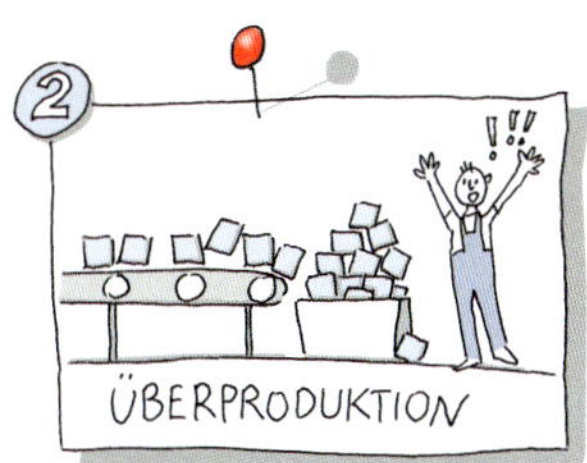

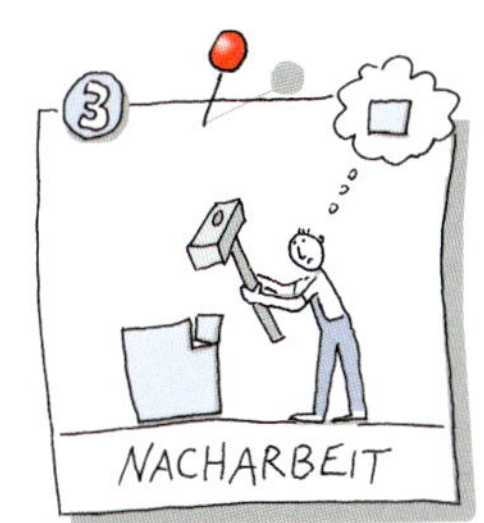

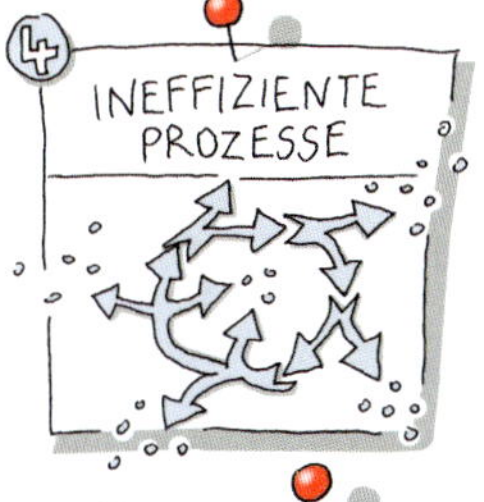

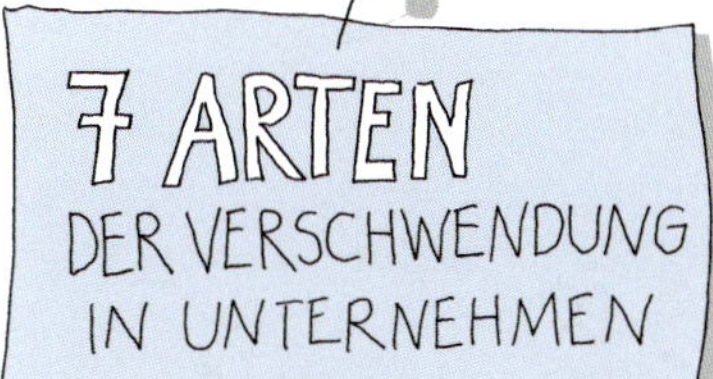

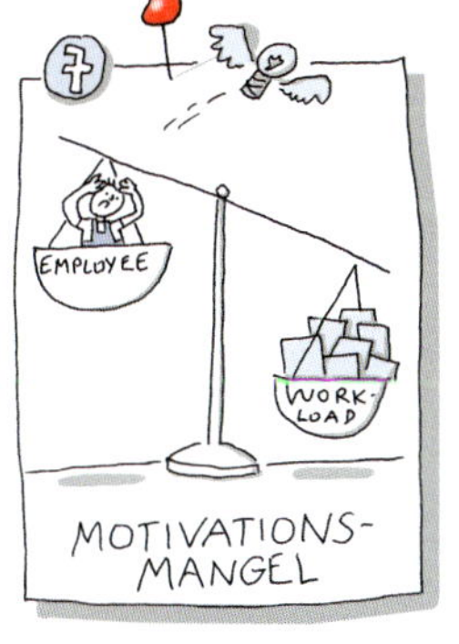

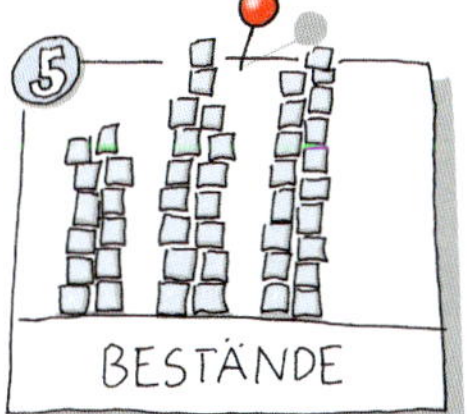

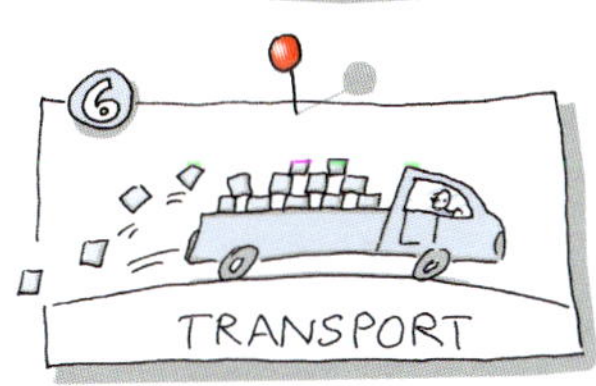

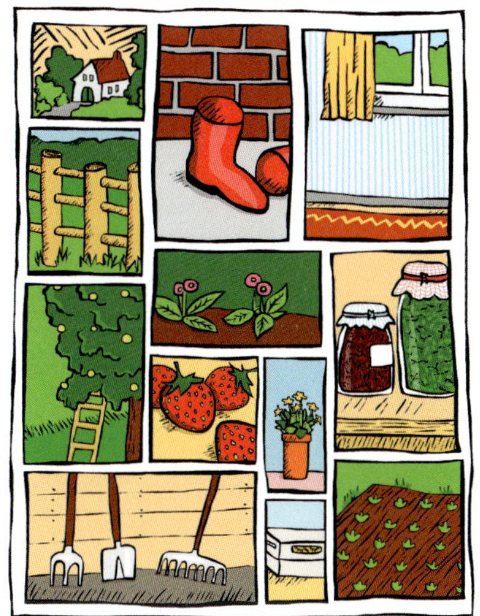

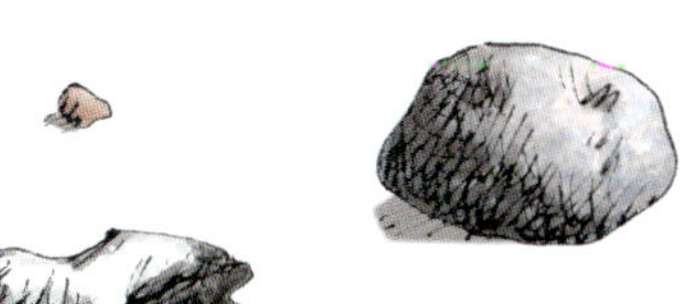

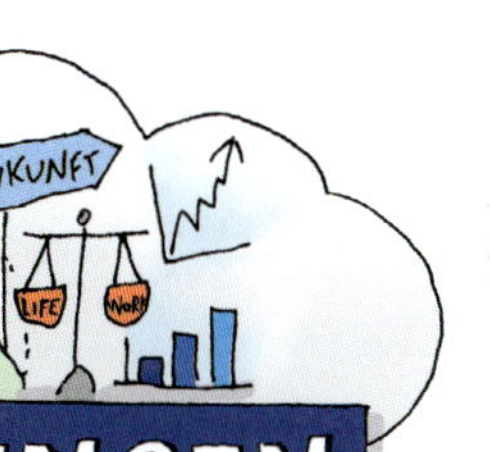

RAHMENBEDINGUNGEN

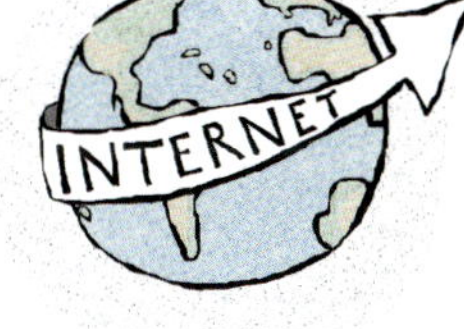

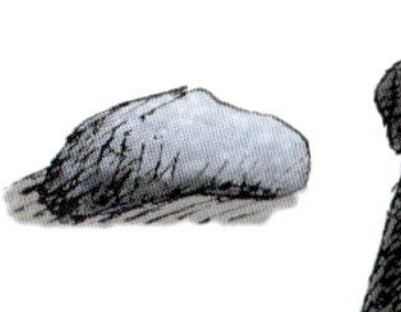

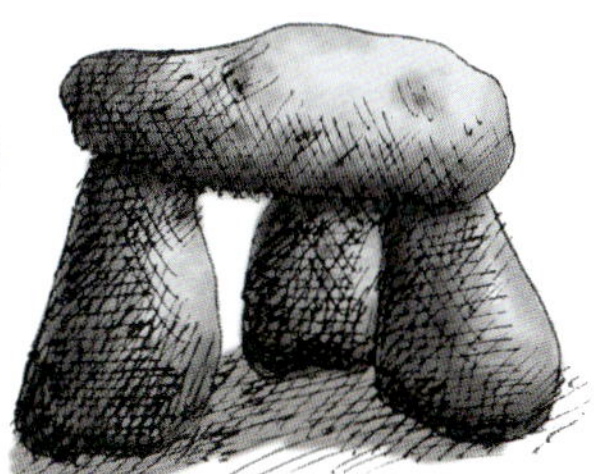

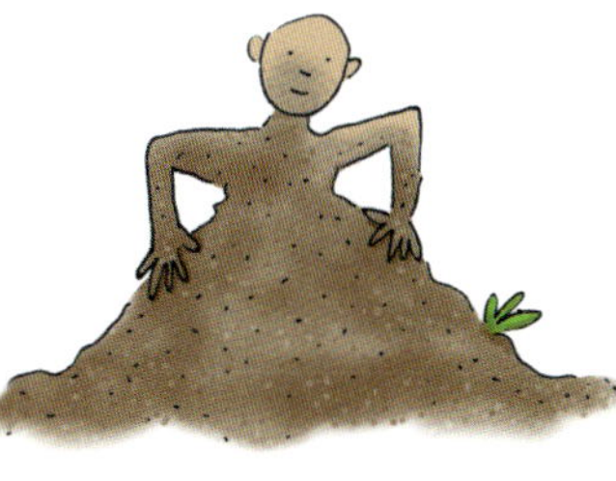

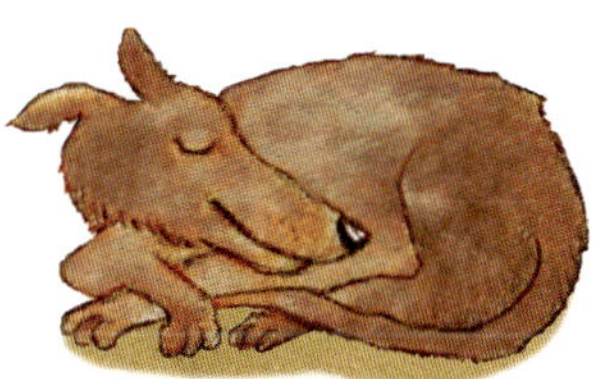

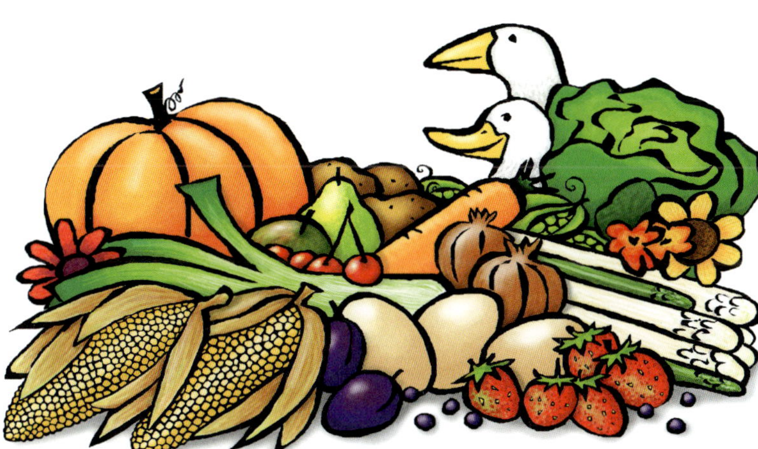

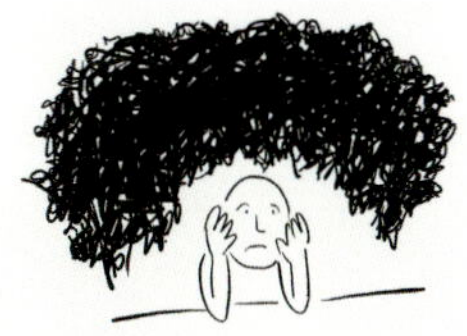

BEISPIELE

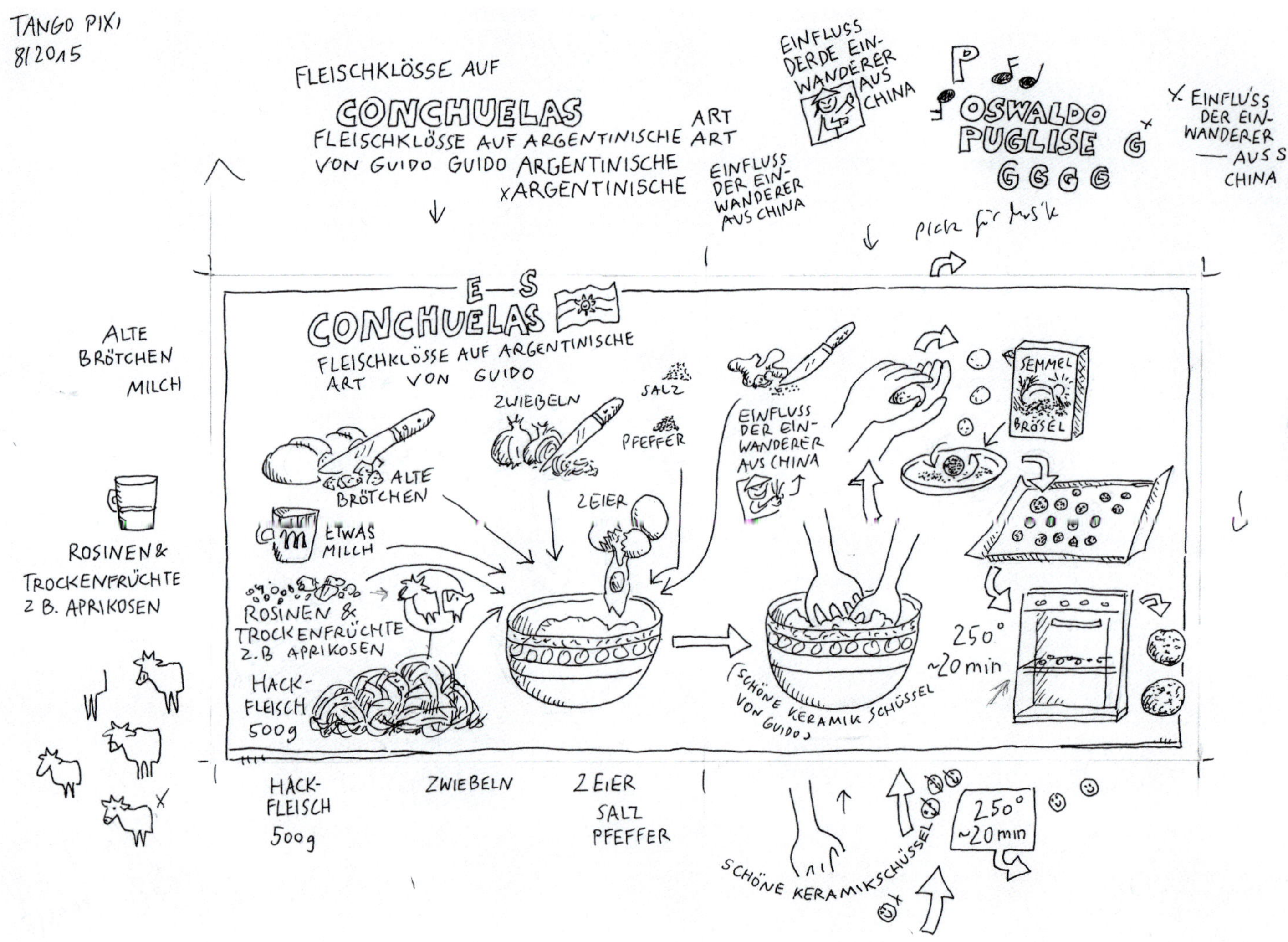

Unbearbeiteter Rohscan

Bearbeiteter Scan

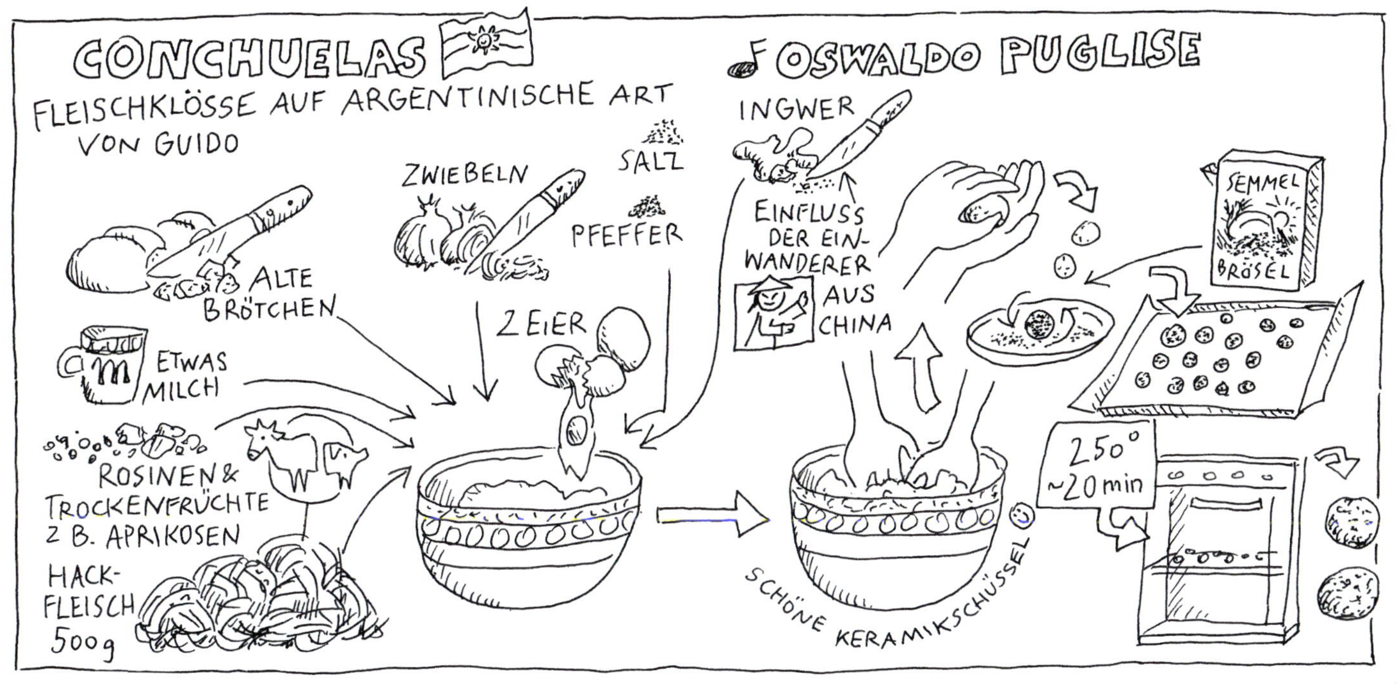

Fertige Illustration

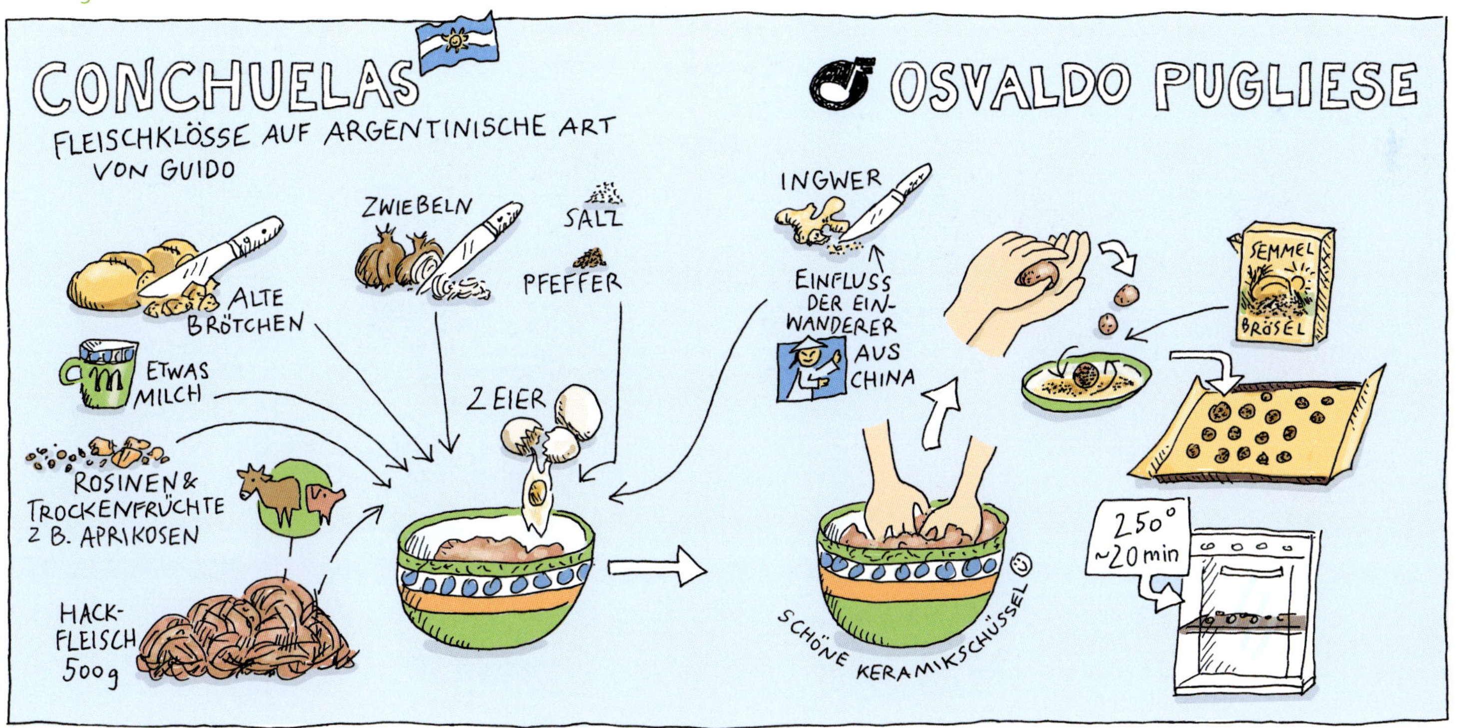

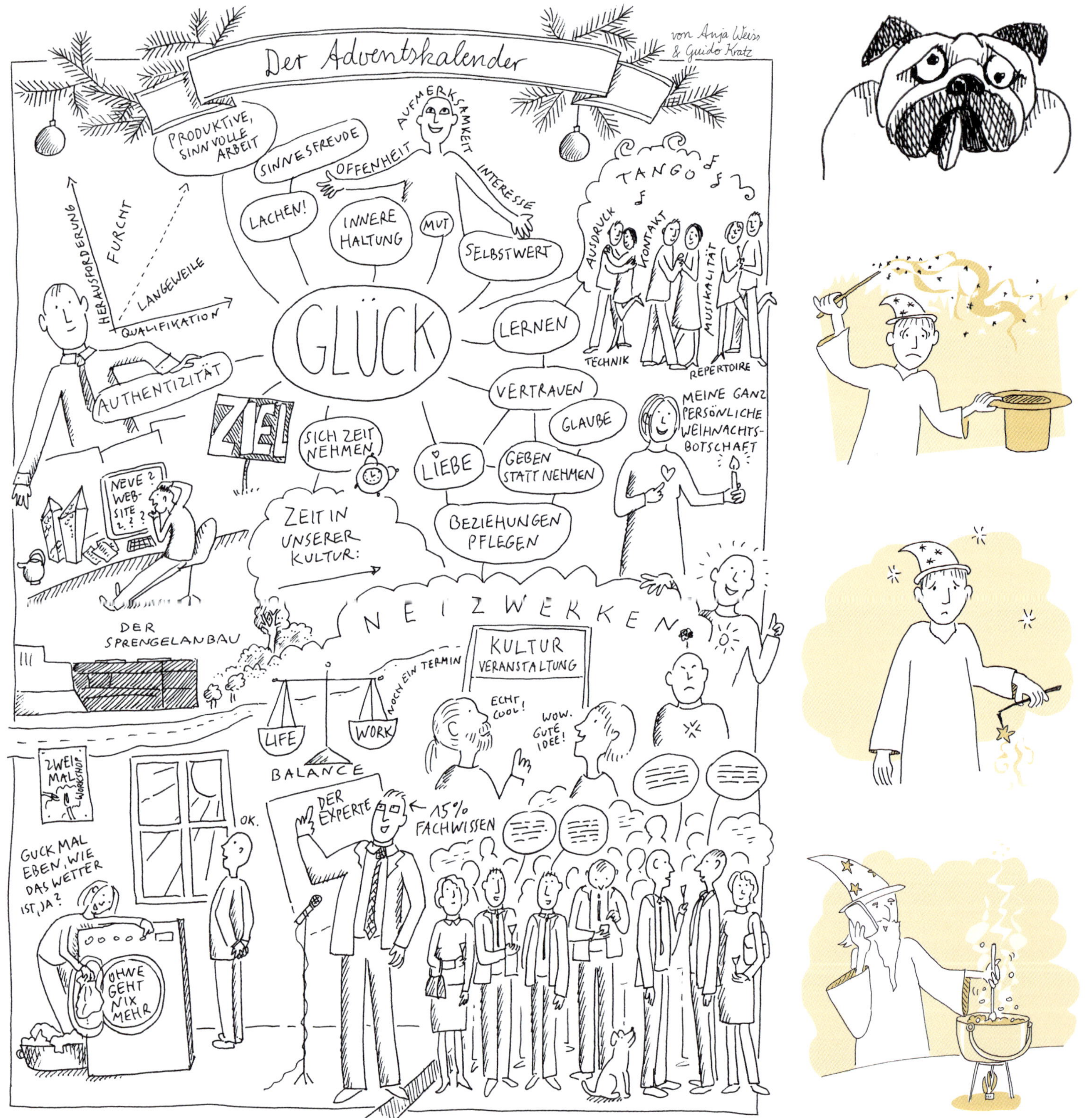
Der Adventskalender
von Anja Weiss & Guido Kratz
PRODUKTIVE, SINNVOLLE ARBEIT
SINNESFREUDE
AUFMERKSAMKEIT
OFFENHEIT
INTERESSE
LACHEN!
INNERE HALTUNG
MUT
SELBSTWERT
HERAUSFORDERUNG
FURCHT
LANGEWEILE
QUALIFIKATION
GLÜCK
LERNEN
TANGO
AUSDRUCK
KONTAKT
MUSIKALITÄT
TECHNIK
REPERTOIRE
AUTHENTIZITÄT
ZIEL
VERTRAUEN
GLAUBE
MEINE GANZ PERSÖNLICHE WEIHNACHTSBOTSCHAFT
SICH ZEIT NEHMEN
LIEBE
GEBEN STATT NEHMEN
NEUE WEBSITE ???
ZEIT IN UNSERER KULTUR:
BEZIEHUNGEN PFLEGEN
NETZWERKEN
DER SPRENGELANBAU
KULTUR VERANSTALTUNG
NOCH EIN TERMIN
LIFE
WORK
BALANCE
ECHT COOL!
WOW. GUTE IDEE!
ZWEI MAL WORKSHOP
OK.
DER EXPERTE
15% FACHWISSEN
GUCK MAL EBEN, WIE DAS WETTER IST, JA?
OHNE GEHT NIX MEHR

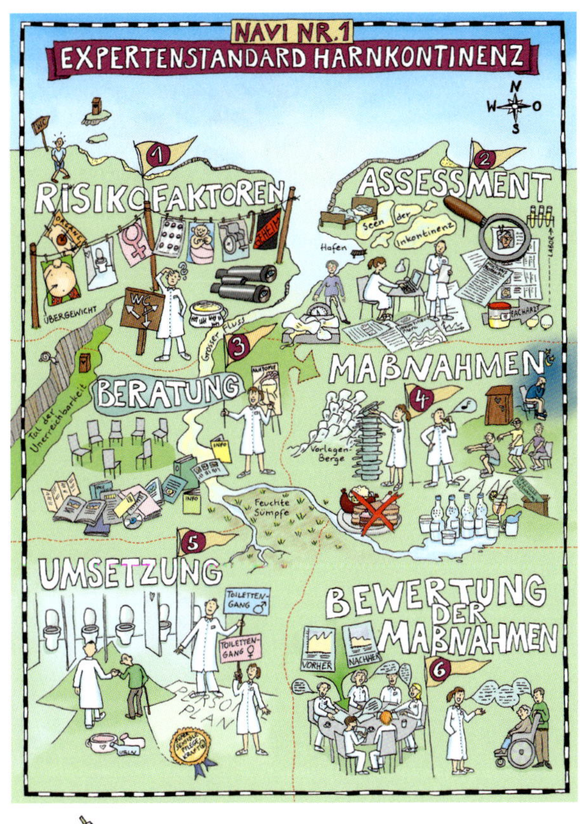
NAVI NR. 1
EXPERTENSTANDARD HARNKONTINENZ
N
W
O
S
WC
1
RISIKOFAKTOREN
ÜBERGEWICHT
WC
2
ASSESSMENT
Seen der Inkontinenz
Hafen
LABOR
FACHARZT
3
Grosser Fluss
BERATUNG
Tal der Unerreichbarkeit
ANATOMIE
INFO
INFO
MAßNAHMEN
4
Vorlagen-Berge
Feuchte Sümpfe
5
UMSETZUNG
TOILETTEN-GANG ♂
TOILETTEN-GANG ♀
BEWERTUNG DER MAßNAHMEN
VORHER
NACHHER
6

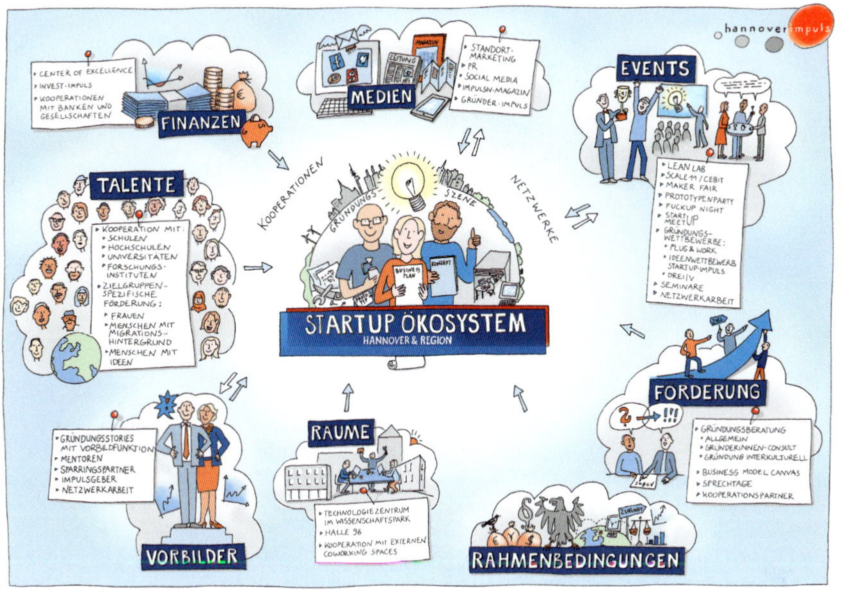
hannoverimpuls
FINANZEN
CENTER OF EXCELLENCE
INVEST-IMPULS
KOOPERATIONEN MIT BANKEN UND GESELLSCHAFTEN
MEDIEN
ZEITUNG
MAGAZIN
STANDORT-MARKETING
PR
SOCIAL MEDIA
IMPULSN-MAGAZIN
GRÜNDER-IMPULS
EVENTS
LEAN LAB
SCALE 11 / CEBIT
MAKER FAIR
PROTOTYPENPARTY
FUCKUP NIGHT
START UP MEETUP
GRÜNDUNGS-WETTBEWERBE:
PLUG & WORK
IDEENWETTBEWERB STARTUP-IMPULS
DREI|V
SEMINARE
NETZWERKARBEIT
TALENTE
KOOPERATION MIT:
SCHULEN
HOCHSCHULEN
UNIVERSITÄTEN
FORSCHUNGS-INSTITUTEN
ZIELGRUPPEN-SPEZIFISCHE FÖRDERUNG:
FRAUEN
MENSCHEN MIT MIGRATIONS-HINTERGRUND
MENSCHEN MIT IDEEN
KOOPERATIONEN
GRÜNDUNGS-SZENE
NETZWERKE
BUSINESS PLAN
KONZEPT
STARTUP ÖKOSYSTEM
HANNOVER & REGION
FÖRDERUNG
ZIEL
GRÜNDUNGSBERATUNG
ALLGEMEIN
GRÜNDERINNEN-CONSULT
GRÜNDUNG INTERKULTURELL
BUSINESS MODEL CANVAS
SPRECHTAGE
KOOPERATIONSPARTNER
VORBILDER
GRÜNDUNGSSTORIES MIT VORBILDFUNKTION
MENTOREN
SPARRINGSPARTNER
IMPULSGEBER
NETZWERKARBEIT
RAUME
TECHNOLOGIEZENTRUM IM WISSENSCHAFTSPARK
HALLE 96
KOOPERATION MIT EXTERNEN COWORKING SPACES
RAHMENBEDINGUNGEN
ZUKUNFT

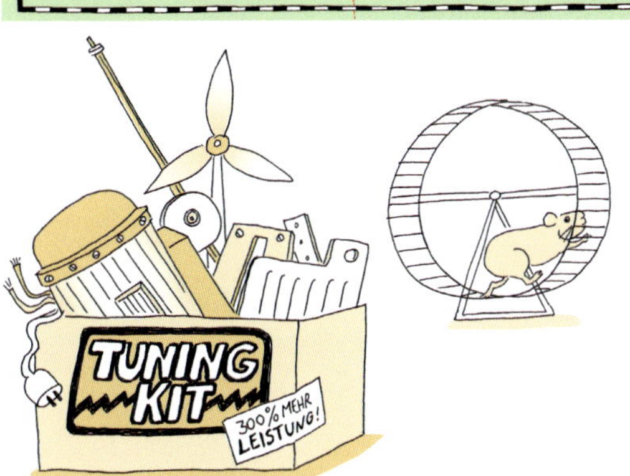
TUNING KIT
300% MEHR LEISTUNG!

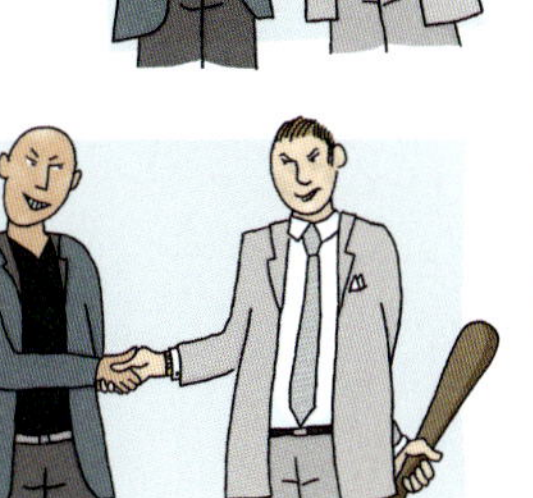

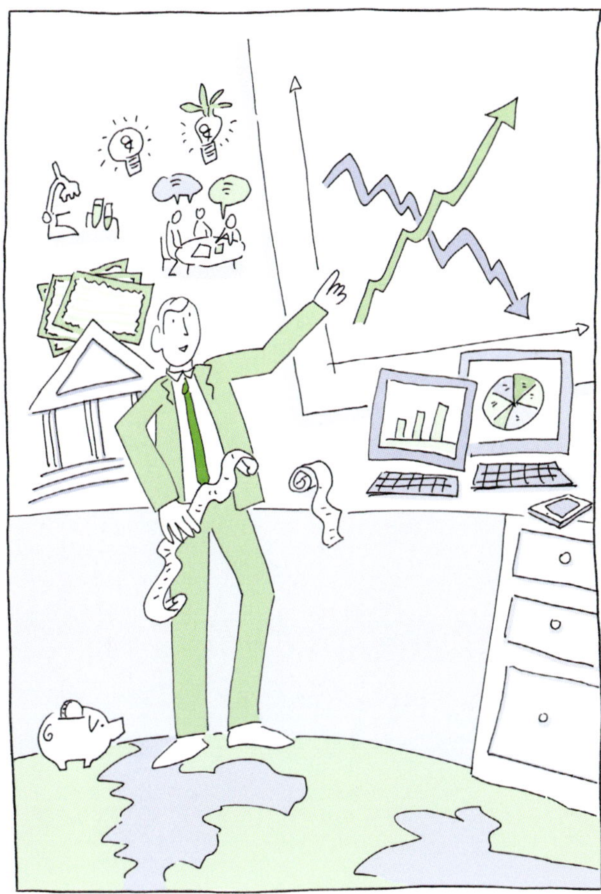

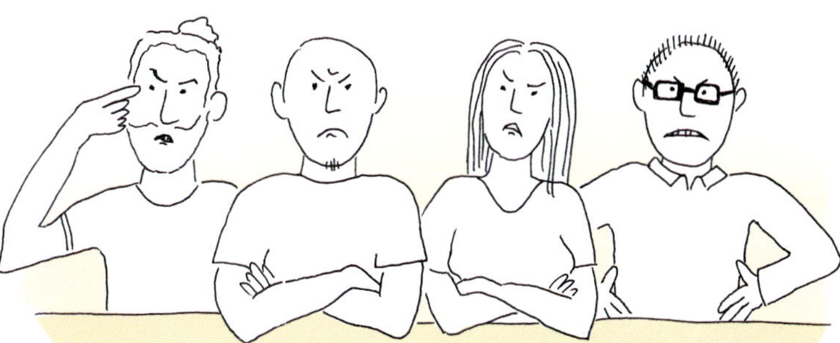

STORYTELLING

Storytelling heißt nichts anderes als »Geschichten erzählen«. Durch eine Erzählung wird Wissen als Metapher weitergegeben. Das ist eine ganz alte Technik, um Menschen etwas zu vermitteln, was für das persönliche Leben Bedeutung hat. Schon die Gleichnisse in der Bibel greifen diese Methode auf. Eine Geschichte bietet einen emotionalen Zugang zu Lerninhalten und wird oft besser verstanden und angenommen als frontale Lehre. Die Zuhörer können als Teil der Geschichte eingebunden sein, das fördert die Identifikation. Storytelling wird heute gerne in der Bildung, im Wissensmanagement, zur Vermittlung von Unternehmensleitsätzen oder -werten oder als Methode zur Problemlösung eingesetzt.

Eine Geschichte lässt sich natürlich wunderbar in Bildern ausdrücken. Als Büchlein, Poster, Comic oder Erklärfilm – es gibt unendlich viele Möglichkeiten …

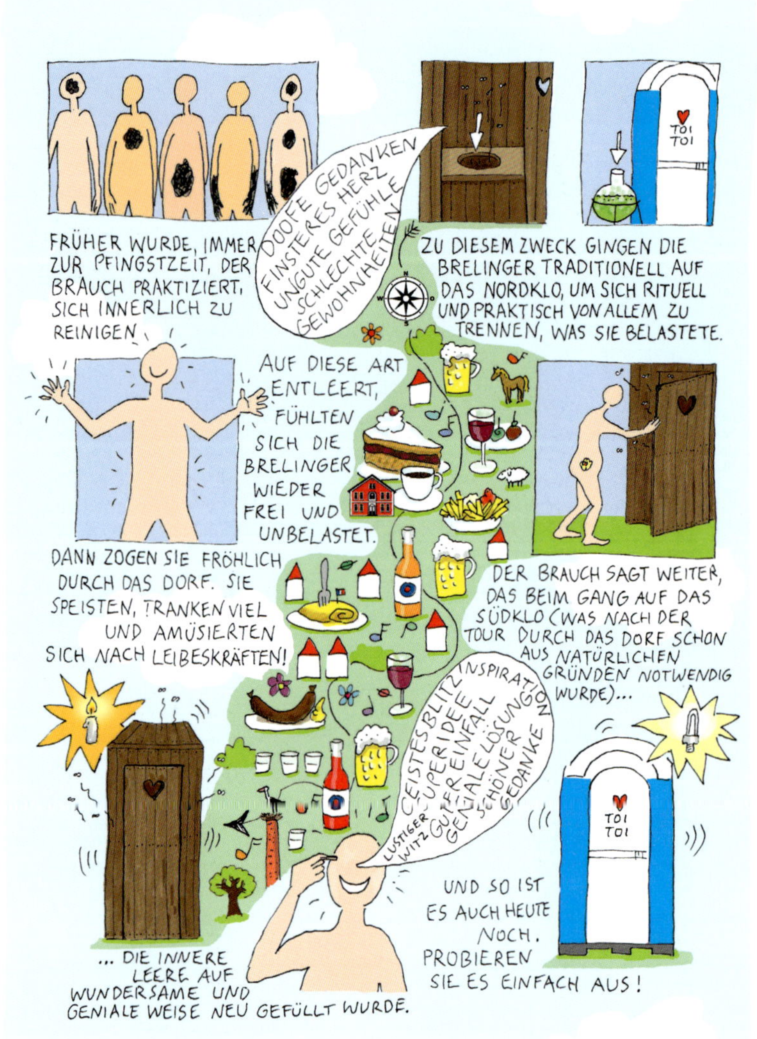

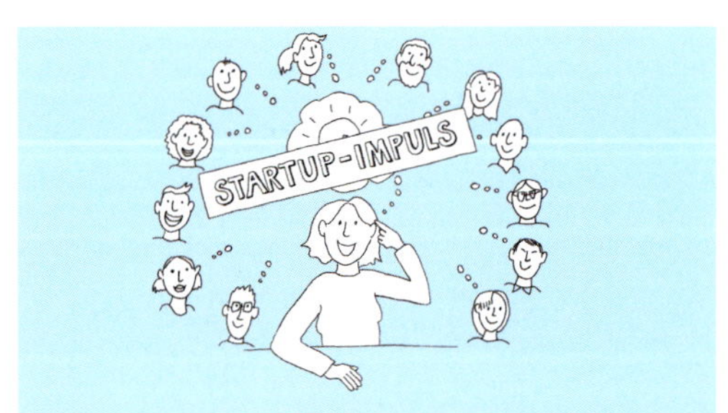

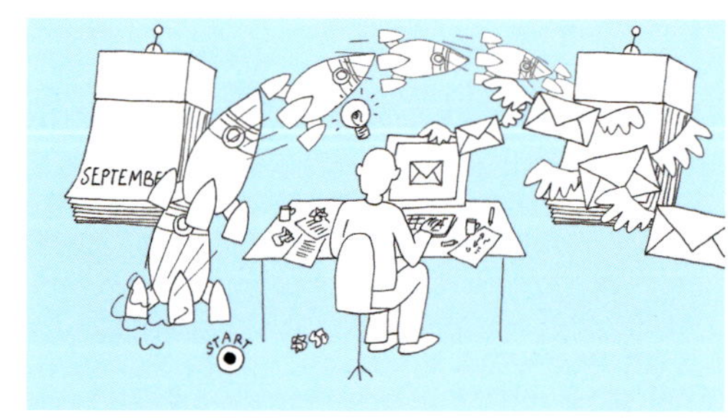

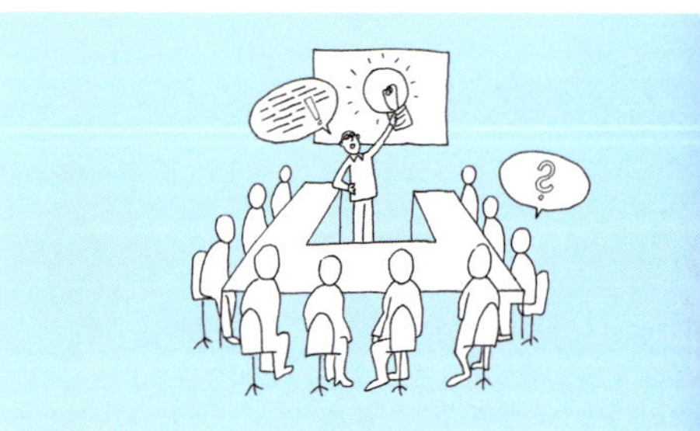

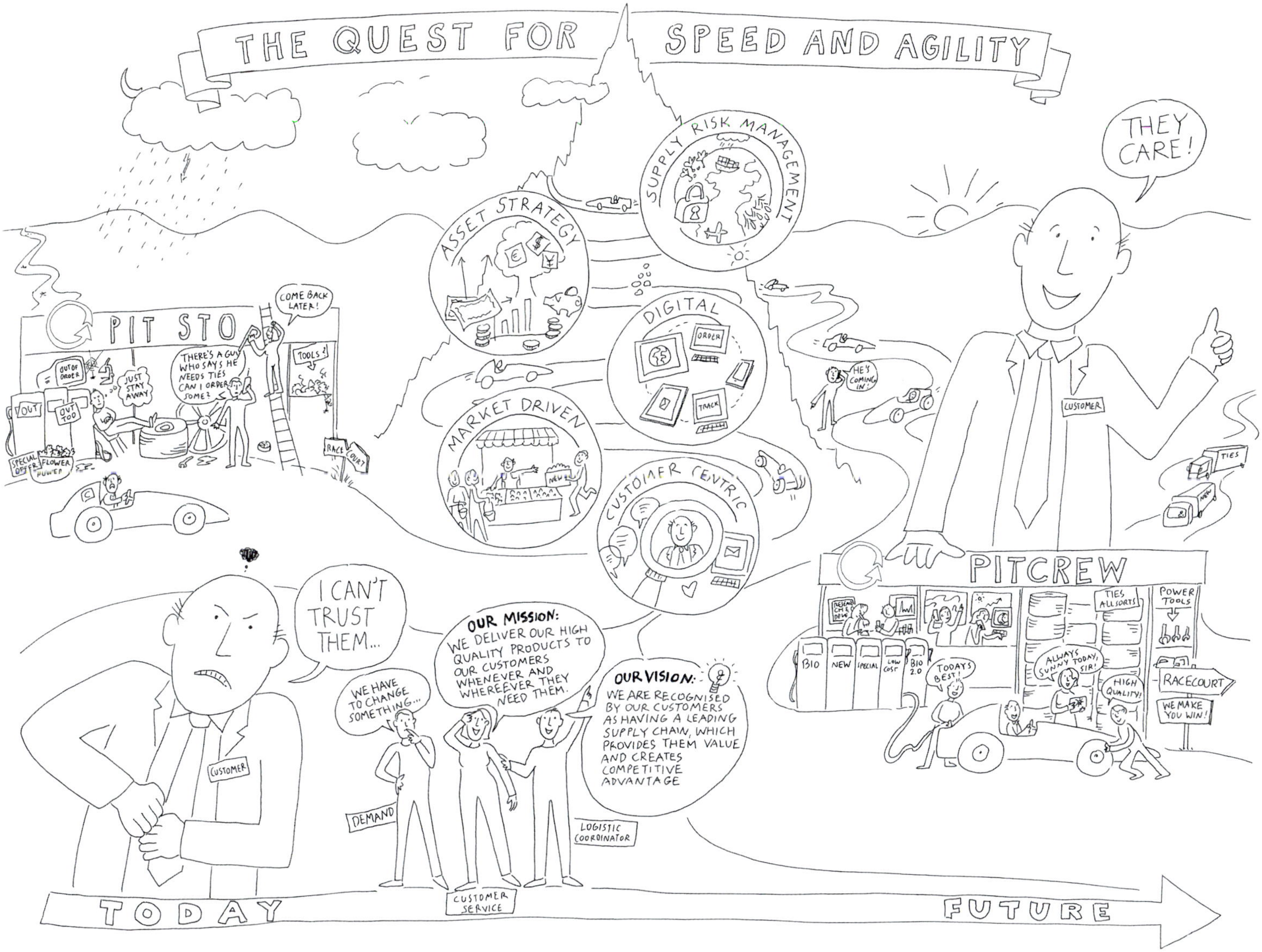

THE QUEST FOR SPEED AND AGILITY

PIT STO
COME BACK LATER!
OUT OF ORDER
JUST STAY AWAY
THERE'S A GUY WHO SAYS HE NEEDS TIES CAN I ORDER SOME?
TOOLS?!
OUT
OUT TOO
SPECIAL OFFER
FLOWER POWER
RACE COURT

ASSET STRATEGY
SUPPLY RISK MANAGEMENT
DIGITAL
ORDER
TRACK
MARKET DRIVEN
NEW
CUSTOMER CENTRIC
HE'S COMING IN!

THEY CARE!
CUSTOMER
TIES
NEW

I CAN'T TRUST THEM...
CUSTOMER

OUR MISSION: WE DELIVER OUR HIGH QUALITY PRODUCTS TO OUR CUSTOMERS WHENEVER AND WHEREEVER THEY NEED THEM.

WE HAVE TO CHANGE SOMETHING...

OUR VISION: WE ARE RECOGNISED BY OUR CUSTOMERS AS HAVING A LEADING SUPPLY CHAIN, WHICH PROVIDES THEM VALUE AND CREATES COMPETITIVE ADVANTAGE

DEMAND
CUSTOMER SERVICE
LOGISTIC COORDINATOR

PITCREW
TIES ALLSORTS
POWER TOOLS
BIO
NEW
SPECIAL
LOW COST
BIO 2.0
TODAYS BEST!
ALWAYS SUNNY TODAY, SIR!
HIGH QUALITY!
RACECOURT
WE MAKE YOU WIN!

TODAY
FUTURE

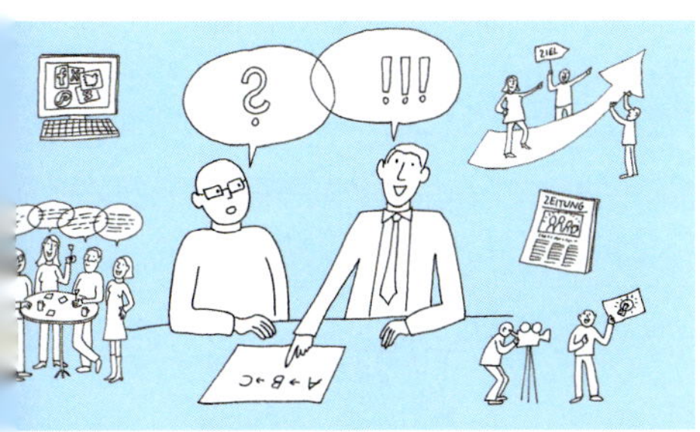

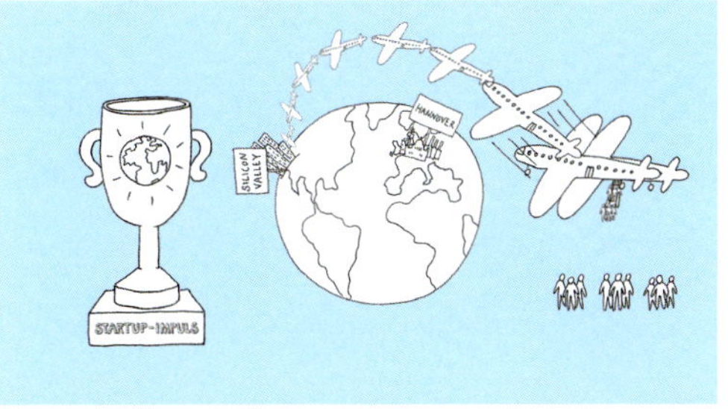

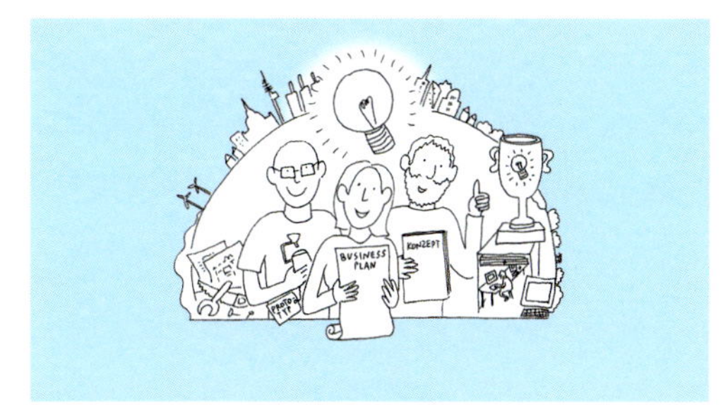

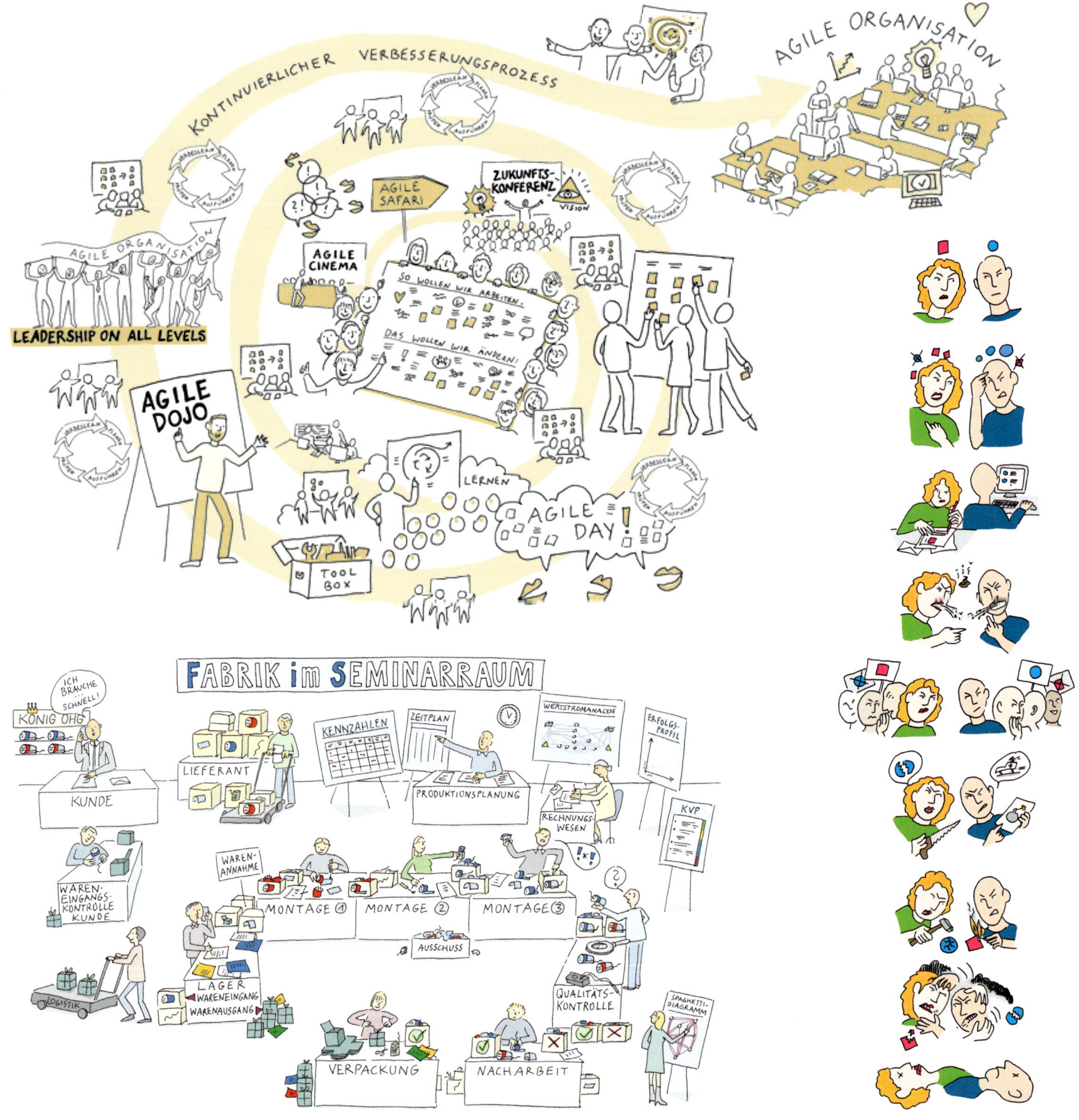
KONTINUIERLICHER VERBESSERUNGSPROZESS
AGILE ORGANISATION
AGILE SAFARI
ZUKUNFTS-KONFERENZ
VISION
AGILE CINEMA
AGILE ORGANISATION
LEADERSHIP ON ALL LEVELS
SO WOLLEN WIR ARBEITEN:
DAS WOLLEN WIR ÄNDERN!
AGILE DOJO
LERNEN
AGILE DAY!
TOOL BOX
FABRIK im SEMINARRAUM
ICH BRAUCHE ... SCHNELL!
KÖNIG OHG
KUNDE
LIEFERANT
KENNZAHLEN
ZEITPLAN
PRODUKTIONSPLANUNG
WERTSTROMANALYSE
ERFOLGS-PROFIL
RECHNUNGS-WESEN
KVP
WAREN-EINGANGS-KONTROLLE KUNDE
WAREN-ANNAHME
MONTAGE ①
MONTAGE ②
MONTAGE ③
AUSSCHUSS
LAGER
WARENEINGANG
WARENAUSGANG
LOGISTIK
QUALITÄTS-KONTROLLE
SPAGHETTI-DIAGRAMM
VERPACKUNG
NACHARBEIT

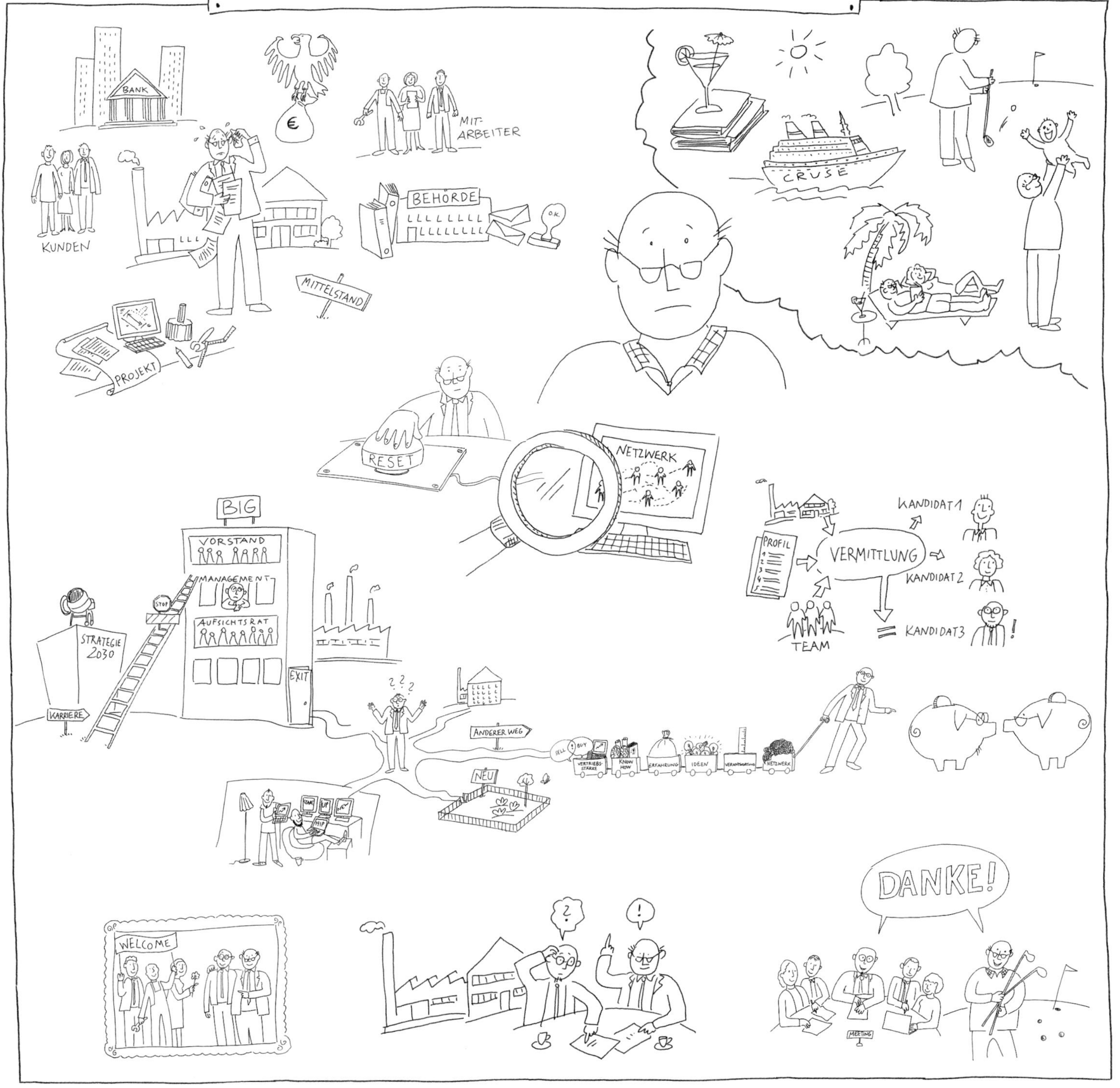
NACHFOLGE IM MITTELSTAND
BANK
€
MIT-
ARBEITER
KUNDEN
BEHÖRDE
O.K.
MITTELSTAND
PROJEKT
CRUSE
RESET
NETZWERK
BIG
VORSTAND
MANAGEMENT
AUFSICHTSRAT
STOP
STRATEGIE
2030
EXIT
KARRIERE
ANDERER WEG
NEU
PROFIL
VERMITTLUNG
KANDIDAT 1
KANDIDAT 2
KANDIDAT 3
TEAM
ERFAHRUNG
IDEEN
NETZWERK
WELCOME
DANKE!
MEETING

ZUM SCHLUSS

Dieses Buch ist zu dem Zweck entstanden, Ihnen Mut zu machen, selber mit dem Zeichnen zu beginnen. Die Basisübungen am Anfang ermöglichen einen leichten Einstieg. Die vielen Abbildungen geben Ihnen Anregungen und inspirieren zum Ausprobieren. Wie auch immer Sie die Methode des Sketchnotings anwenden werden, es wird sich auf jeden Fall lohnen. Sicher haben Sie bald Ihre Freude daran. Vielleicht kopieren Sie am Anfang, aber Sie werden schnell Ihren eigenen Stil entwickeln.

Vieles lässt sich theoretisch erklären, aber um das Selbermachen kommt man nicht herum. Neue Fähigkeiten lassen sich eben nur durch Ausführen derselben antrainieren. Also üben, üben, üben Sie ! Nutzen Sie jede Gelegenheit. Sie werden merken, wie das Bildvokabular wächst und Sie an Sicherheit gewinnen. Lassen Sie sich nicht entmutigen, falls mal etwas danebengeht. Nehmen Sie Fehler als Lernschritte an, das nächste Mal klappt es besser. Akzeptieren Sie Ihre Grenzen. Es wird immer Menschen geben, die etwas besser können und deren Arbeit uns besser gefällt als die eigene. Aber das macht gar nichts, denn Sketchnotes sind ein Mittel zum Zweck, und den im Blick zu behalten, das ist wichtig. Also zeichnen Sie einfach drauflos! Ich wünsche Ihnen dabei viel Freude!

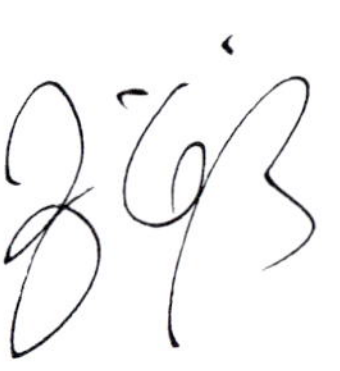

Interessante Links:

- http://www.neuronation.de/science/kunst-staerkt-gehirn-und-lindert-stress
- http://www.iconicturn.de

Die Sketchnotecommunity im Internet:

- http://sketchnotearmy.com
- https://www.flickr.com/photos/tags/Sketchnotes/
- https://mobile.twitter.com/hashtag/sketchnotes?lang=de
- https://www.pinterest.com (Suchbegriffe: Sketchnotes und Graphic Recording)

DANK

Ich danke allen Mutmachern und Unterstützern, die dazu beigetragen haben, dass dieses Buch entstehen konnte.

Allen voran danke ich Gott, an den ich glaube, dass er alle Dinge erst möglich macht, und auf den zu vertrauen eine wirklich gute Sache ist. Ich danke meinem Liebsten, meinen Kindern, meinen Eltern und Freunden.

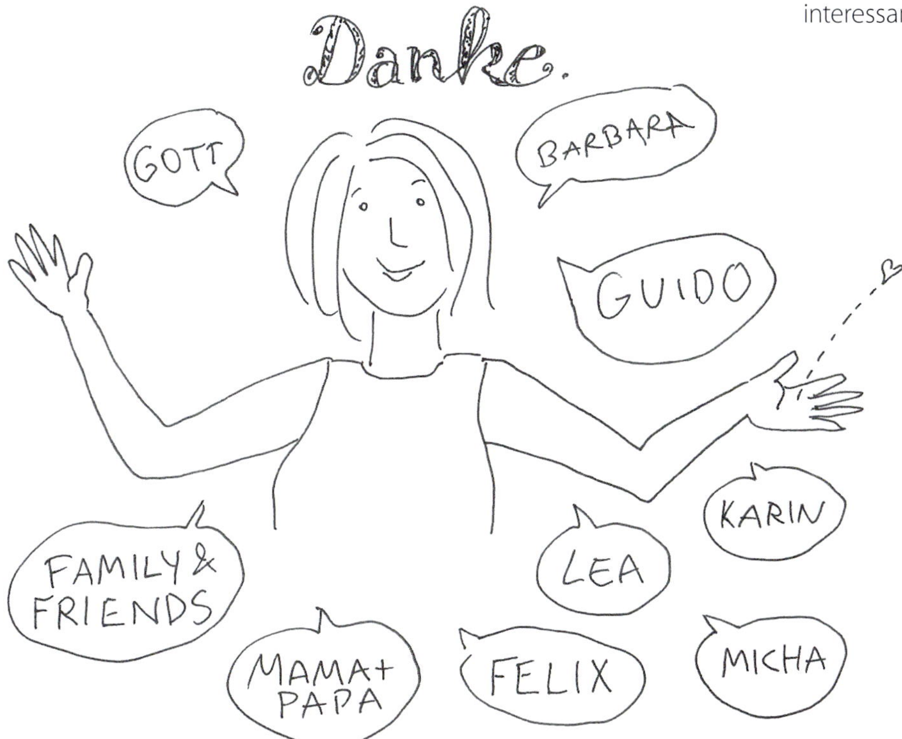

Vielen Dank besonders auch allen Freunden und Kollegen, die mir ihre Arbeiten zur Abbildung in diesem Buch zur Verfügung gestellt haben:

Emil Bodo · Jeff Chi · Paula Föhr · Tanja Föhr · Andreas Gärtner · Andrea Gerber · Guido Kratz · Petra Nitschke · Lea Oelmann · Vincente Pieri · Manfred Schlösser · Veronika Walter · Tanja Wehr · und viele andere …

Danke an meine Kunden, die mir immer wieder neue Einblicke in ihre vielen verschiedenen spannenden und interessanten Arbeitswelten gewähren.